波木星龍［監修］

神占開運暦

2016

平成二十八年

八幡書店蔵版

八幡書店

幸運の扉『神占開運暦』を開く勇気

―まえがきに代えて―

波木星龍

どのようなことであっても、物事を始めるときには多少の勇気は必要です。それと多少の緊張感はあった方が良いものです。本書のページをめくることは〝幸運の扉〟を開くことにつながるもので、無意識にあなたはそのスタートラインに立ったのだ、と理解してください。

他の「暦」関係の書籍に比べ、濃く深い内容を凝縮してある本書は、ちょっぴり重い扉かもしれません。けれども類似本にはない〝幸運の鍵〟がそこかしこにちりばめられています。その「鍵」を受け取るかどうかは、あなた自身にゆだねられているのです。重い扉の向こうには、もう一人のあなたが〝新しい世界〟を案内すべく控えているのです。もう暗闇の中で、頬杖をついたり、膝を抱える必要はないのです。

古代王朝の時代から、人は「暦」の中に〝幸運〟を見付けようと努力してきました。古今東西、「開運暦」や「幸運暦」を求めなかった民族はいません。誰もが、〝幸運の扉〟を開こうと、年の瀬が近づくと「暦」に手を伸ばしたのです。

本書では、類似本からそのまま引用したような箇所は一か所もなく、すべて監修者の検証やチェックを経て、信用できるデータや理論を基に記述してあります。内外の流派や研究者で意見が異なっているものに関しては、それぞれの根拠を述べて誰もが納得できるよう心を砕きました。

もくじ

【占星開運暦】

個々の運勢に関しては、他書とは異なり、生まれ年、生まれ月、生まれ日それぞれの角度から、今年の運勢が読み取れるよう工夫しました。

多くの人達が興味を抱く方位に関しても、興味深く、本格的な二種類の方位盤を用意し、読者が吟味しやすいよう対比してあります。凶方位が多すぎて実用性を欠く方位盤ではありません。

一年の計画や予定が立てやすい暦を作成することが「開運暦」監修者としての責務です。ともすれば東洋系に傾きがちな「暦」の情報ですが、本書では西洋「天文暦」からの情報も取り込み、偏らないよう配慮しました。

このような書籍の場合、幸運の発信者は、誰もが読みやすく、理解しやすい書き方をしなければ活用してもらえません。同時に読者である受信者の方も、偏見を持たない真摯で素直な受け入れ状態が求められます。両者の想いが見事にマッチした時、「開運暦」は何倍もの効果をもたらし、あなたに〝幸運の道〟を歩ませることでしょう。

本書には、新年の運気以外にも、さまざまな角度から「先天運」や「目的別運勢」を知る占いが多数提供されています。その〝質・量〟とも類似本の追従を許しません。

全てが信頼できる占いであり、歴史的裏付けを持った興味深い占術ばかりです。中には秘伝的内容を公開しているものもあり、一人でも多くの人に〝宝船のような本〟として愛され続けることを願っています。

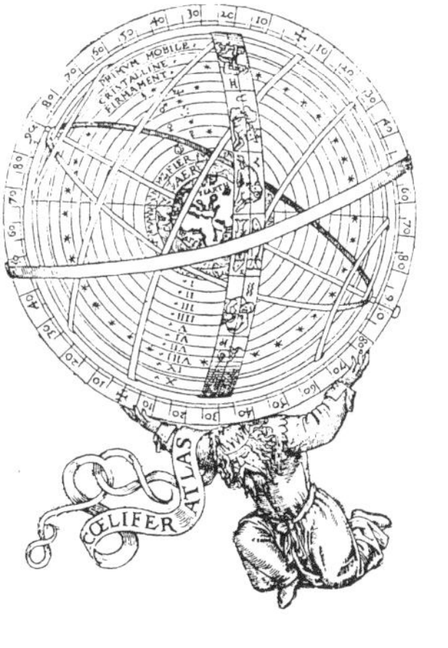

【神聖開運術】

本書 開運暦の特徴

●正統な吉凶方位盤、二種類を掲載。
●類書にないマヤ暦、惑星暦を掲載。
●四種の占術で、日本の運勢を記述。
●三方向から、あなたの運勢を詳述。
●手相・人相の秘伝的な見方を掲載。
●独解・四柱推命による判断が可能。
●家相・風水の新しい開運法が可能。
●珍しい測字・墨色による判断方法。

日本の「開運暦」が歩んだ道程（みちのり）

日本で現在の「開運暦」に相当する「具注暦」が使われ始めたのは八世紀半ばの頃からです。日本は最初独自の暦を持たなかったので、中国から輸入された暦をそのまま利用していました。すべて漢文の暦で、「暦注」と呼ばれる〝占い上の注記〟が多かったので「具注暦」と呼ばれていました。つまり、日本の暦は最初から「開運暦」として登場していたのです。奈良・平安時代の「具注暦」は前年の11月1日、最初に天皇へ献上され、その後、貴族達にも配布されました。平安時代の終わりくらいには「仮名暦」が登場し、暦注も和風に改められました。

江戸時代になると、全国各地に地方色豊かな暦が出現し始めます。様々なデザインの「大小暦」や「絵暦」が登場したのもこの頃です。けれども徐々に暦日が不統一となり、改暦の必要が生じて、日本人の天文学者・渋川春海による「貞享暦」が採用され、それを基にした伊勢神宮による「暦」が「本暦」と定められました。暦博士は「暦注」のみの担当者へ変わったのです。明治6年、それまでの太陰暦は廃止され、太陽暦の「グレゴリオ暦」が採用され、それに合わせて「神宮暦」から暦注の多くが省かれるようになりました。そして昭和21年の「暦の自由化」まで、神社経由以外の配布は表向き禁止となったのです。但し、民間の「高島暦」だけは「運勢暦」という名称で〝占いの書籍〟扱いとして販売が許され、九星主体の「運勢暦」が全国で販売網を確立しました。日本の「暦」に、九星主体が多いのは、このような経緯があったからです。そして現代は江戸時代の後期にも似て、様々な形式の「開運暦」が出現してきています。

海外の「開運暦」が歩んだ道程（みちのり）

海外の「開運暦」に相当しているのは、ヨーロッパでは「占星暦（アルマナック）」です。中世期以降、様々な形式で出版され続けていて、現在も一年間ごとの出生天体図用の「占星暦」と、月ごとで運勢雑誌形式の「占星暦」とがあります。そして純粋にホロスコープだけを扱うものと、タロット等、他の占いや生活情報を組み合わせたものとがあります。

かつて日本でも「ノストラダムスの大予言」で注目を集めた占星家ノストラダムスは、１５５３年～１５６６年迄「占星暦」を毎年発行し続けていました。占いだけでなく、気象予測、農耕情報、医療情報、祭典儀礼などが詰まった彼の「占星暦」は大変評判が良く、本国のフランス語版だけでなく、イタリア語版、ドイツ語版、英語版なども訳出され、各地で発売されたのです。欧米の場合、年間用「占星暦」は、単独で執筆する場合が多いのが特徴です。ロンドン大火災を予言したことで有名なウイリアム・リリーも長期に渉って「占星暦」を執筆した占星家です。１６６０年代には40万部も売り切ったと伝えられます。その後、占い人気は低迷し、１８００年代に入るまで際立った「占星暦」は見受けられません。やがて、オールド・ムーア、ラファエル、ザドキエルといった神秘学に精通した面々が、それぞれ「占星暦」を執筆・発行し始めます。「ムーアの占星暦」は大衆向けに徹して人気を集め、「ザドキエルの占星暦」はマニアックな人達からの支持を得ました。「ラファエルの占星暦」は、やや専門的で開運暦としての要素に乏しいのですが、現在でも受け継がれ「占星暦」として売れ続けています。

平成二十八年・皇紀2676年の略暦総覧

西暦　二〇一六年
皇紀　二六七六年

国民の祝祭日

元日	1月1日
成人の日	1月11日
建国記念の日	2月11日
春分の日	3月20日
昭和の日	4月29日
憲法記念日	5月3日
みどりの日	5月4日
こどもの日	5月5日
海の日	7月18日
山の日	8月11日
敬老の日	9月19日
秋分の日	9月22日
体育の日	10月10日
文化の日	11月3日
勤労感謝の日	11月23日
天皇誕生日	12月23日

民間行事

節分	2月3日
聖バレンタインデー	2月14日
桃の節句	3月3日
端午の節句	5月5日
母の日	5月8日
父の日	6月19日
七夕	7月7日
七五三	11月15日
クリスマス	12月25日

九星　二黒土星年
干支　丙申年

春分　3月20日13時30分
秋分　9月22日23時21分

節気月の開始日

小寒節	1月6日
立春節	2月4日
啓蟄節	3月5日
清明節	4月4日
立夏節	5月5日
芒種節	6月5日
小暑節	7月7日
立秋節	8月7日
白露節	9月7日
寒露節	10月8日
立冬節	11月7日
大雪節	12月7日

星座月の開始日

みずがめ座	1月21日
うお座	2月19日
おひつじ座	3月20日
おうし座	4月20日
ふたご座	5月20日
かに座	6月21日
しし座	7月22日
おとめ座	8月23日
てんびん座	9月22日
さそり座	10月23日
いて座	11月22日
やぎ座	12月21日

夏至　6月21日07時35分
冬至　12月21日19時43分

満月の月日時

1月24日10時46分
2月23日03時20分
3月23日21時01分
4月22日14時24分
5月22日06時14分
6月20日20時02分
7月20日07時57分
8月18日18時27分
9月17日04時05分
10月16日13時23分
11月14日22時52分
12月14日09時06分

九星の遁甲

陰遁の開始日　6月11日
陽遁の開始日　12月8日

歳徳神（恵方）

丙（南南東）

天徳神　癸（北北東）
月徳神　壬（北北西）
歳禄神　巳（南南東）

奇門吉格

青竜返首　南東
丙奇得使　南西

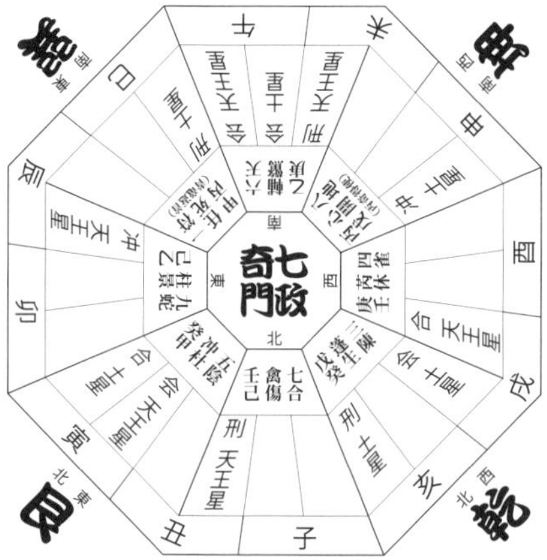

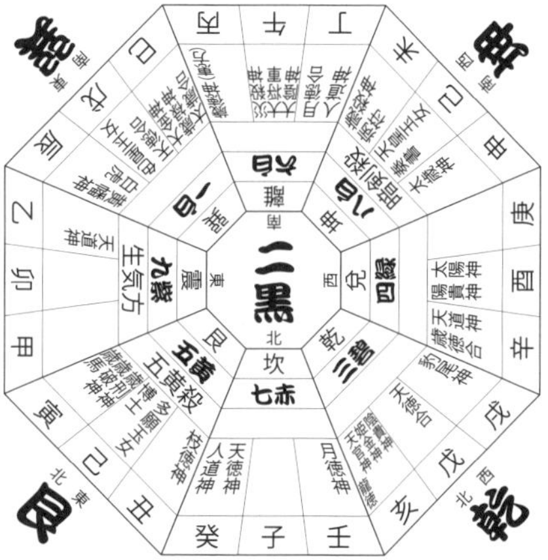

2016年 丙申年 吉凶方位盤

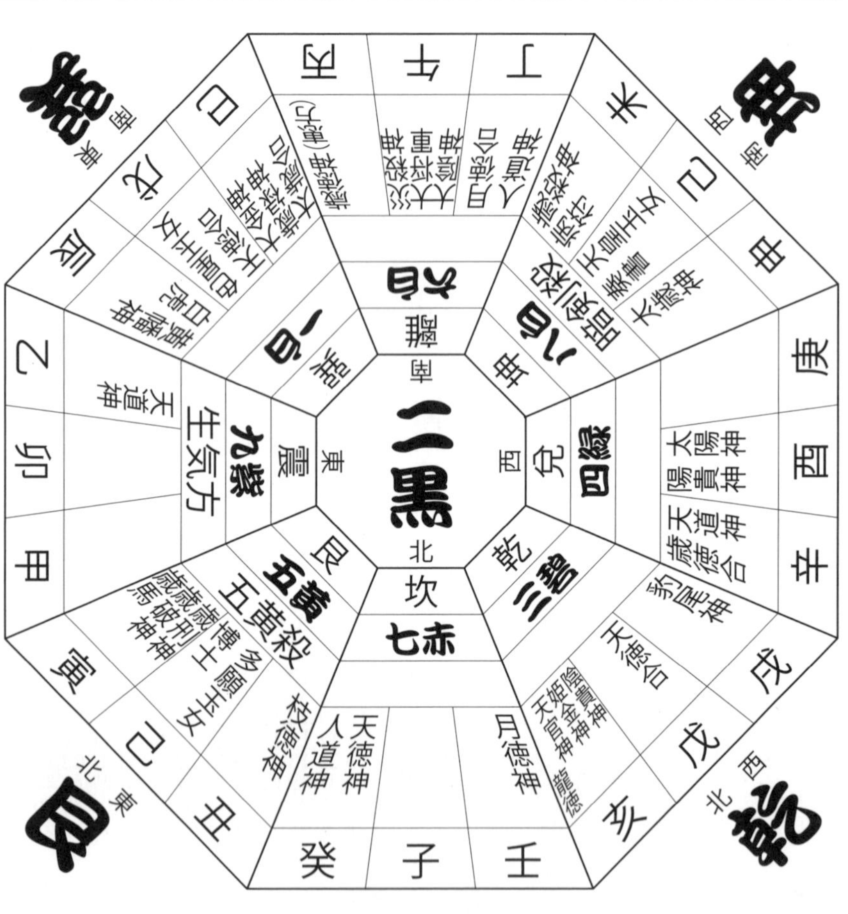

2016 丙申年方位盤の解説

九星方位盤では「二黒」の年であり、【生気方】が廻っている東と、「一白」が廻った南東が幸運をもたらしてくれます。一方【五黄殺】の北東、【暗剣殺】の南西への住居の移動や就職・転任は避けた方が無難です。【五黄殺】は自ら問題を起こす方位で、【暗剣殺】は危険な相手やトラブルが潜んでいる方位です。**神殺方位盤**では《24方位》に分かれ、俗に「恵方」とも呼ばれる【歳徳神】は丙方位（南南東）に在り、吉神としての【歳徳合】が辛方位（西北西）、【天徳神】が癸方位（北北東）、【月徳神】が壬方位（北北西）で、これらが幸運の方位です。一方、凶神としての【歳破神】【歳刑神】が廻る寅方位（東北東）に向かうと物事が敗れて、【歳殺神】【病符】が廻る未方位（南南西）に向かうと病気や怪我への注意が必要です。

2016年 七政・奇門 吉凶方位盤

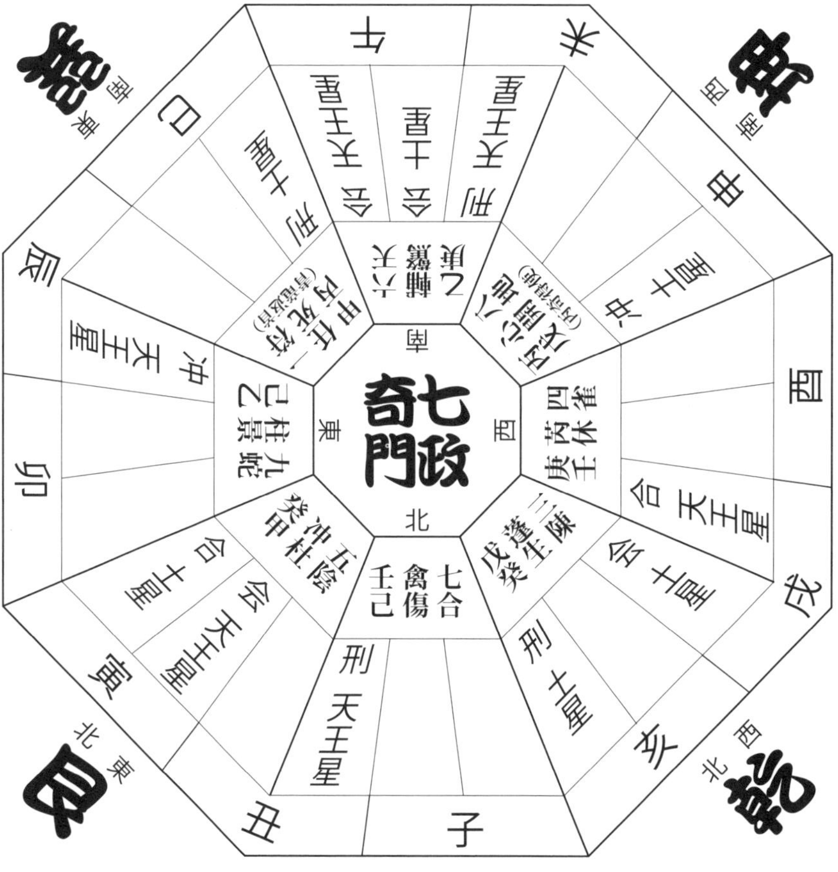

2016年 七政・奇門年盤解説

奇門遁甲盤では、吉格の【青竜返首】が南東に廻って名誉運をもたらし、【丙奇得使】が南西に廻って金運をもたらしてくれます。その一方、【壬儀・傷門】の北方位に向かうと大いに傷つき、【癸儀・杜門】の北東方位に向かうと行く手に障害が待ち受けるでしょう。

七政方位盤では《24方位》分割、午方位（南）30度間がもっとも良好で、【会・土星】15度間は土地の購入、家の新築に幸運をもたらし、【会・天王星】15度間は住居・職場の移動、海外旅行で才能発揮する方位です。他に、戌方位(北西)30度間も吉で、【会・土星】15度間は不動産に、【合・天王星】15度間は就職・入学に幸運をもたらしてくれます。一方、【冲・天王星】の辰・15度間は事故・災難に要注意、【冲・土星】の申・15度間は金銭トラブルや病気に要注意です。

二〇一六年 干支暦 による幸運をあなたに

２０１６年は「干支暦」上では「丙申」の年で、1月6日の「小寒」から予兆は表れますが、その作用が本格化するのは2月4日の立春以降です。「丙」は〝太陽〟を象徴する十干で、王侯・貴族・宮殿、文化・芸術・演芸、美容・ファッションなどを表しています。そういう分野で、これまでスポットライトを浴びて来なかった人に、大きなチャンスや幸運が授けられやすい年です。また「丙」は「辛」と〝干合〟するので、宝飾関係、医療関係、ＩＴ関係、金融関係に携わっている人には「結婚」や「同棲」という形で、企業には「合併」や「提携」という形で、相性の良い相手と〝一体化するチャンス〟を授けてくれる年です。総じて3月と8月の交渉や取引は、今後の人生を幸運へと導いてくれるものとなります。

一方、「申」は〝稲光〟を象徴する十二支で、米や麦など田畑の収穫、生命の交配、伸縮性ある素材、スピードを競い合う競技に注目が集まりやすいことを表わしています。また移動性ある職業や流行を扱う業種も注目分野です。そういう分野にとって「申」は、5月に〝支合〟となって新たな出逢いをもたらし、4月や12月は〝三合〟となって強力なサポートを受けやすい時期となります。2月は〝支冲〟となってライバルが出現しやすいので、対立は極力避けるべきです。四柱命式で生まれ日の十干が「丙」の人には、独立や結婚のチャンスが与えられ、生まれ日が「庚」の人には収入増が期待できる年です。「辛」の人には求愛者や援助者が現れ、「壬」の人は目上からの恩恵や引立てが得られることでしょう。「甲」の人には海外旅行のチャンスが生じやすい一年となるでしょう。

二〇一六年 天文暦 による幸運をあなたに

２０１６年の「天文暦」上では、1月は海王星と火星が１２０度で、南の島への旅行が幸運をもたらし、2月は木星と火星が60度で、埒の開かない問題を法廷闘争に持ち込むと有利です。4月は天王星とドラゴンヘッドが１５０度で、神経質な状況に追い込まれやすく、新たな仲間を得ていくなら5月が良いでしょう。その5月は土星と木星が90度で、財産分与や遺産相続では妨害を受けやすく、大金が動く取引とか契約とかも6月の方が好都合に運びます。6月は冥王星とドラゴンヘッドが１２０度、冥王星と木星が１２０度、海王星と土星が90度で、過去からの因縁が働きやすい惑星配置です。休止させていた物事を復活させるエネルギーも得られそう。未婚女性の場合は、親戚が仲介するお見合いで良縁を掴みやすい時です。但し、マリンスポーツや釣りには要注意で、気象情報が警告を発している時に水辺に向かってはいけません。7月は天王星と火星が１５０度で、アクシデントが生じやすく、危険な国や地域に出掛けてはいけません。また高速道路でのスピードの出し過ぎや危険を伴う乗り物にも注意が必要です。8月は天王星と木星が１５０度で、衝動買いに走りやすく、住宅や車など大きな買い物は時期をずらしましょう。9月は天王星と火星が１２０度で、飛行機を使ったひんぱんな移動はトラブルを生じがちです。10月は海王星と木星が１５０度で、ギャンブルや投資に良好でチャンス到来です。11月は冥王星と木星が90度で、オークションやリサイクルに幸運をもたらし、12月は天王星と木星が１８０度で、海外旅行や海外取引で大きな収穫が得られます。

平成28年（2016年）の観音百籤「吉」

「神籤暦（みくじれき）」からの御言葉（おことば）

この神籤は、幸運ののろしは揚れり、歓喜殺到す。ただ他からの陰謀術策に陥らざるよう充分注意して進めば運気ますます発揚すべし。

破壊を重ねて後に望み事が叶う
先々には必ず喜び事が待つ
目上からの恩恵や助力も得る
やがて四方を照すほど財宝をつむ

神籤原文

破改重成望
前途喜亦寧
貴人相助處
祿馬照前程

「神籤暦」はその年にそった『観音百籤』から選択された御言葉を現代語として意訳し記載するものです。その年ごとの〝神託〟として内容が「吉」であっても「凶」であっても〝アドバイス〟として受け入れましょう。

個々への神託（しんたく）

【事業】改善、変更後に成功する。
【試験】初めてより二度目が吉。
【金銭】長期的には大財を得る。
【出産】破水に注意。
【願望】失敗の後に成功する。
【婚姻】目上からの縁談は大吉。
【訴訟】長引いたものは勝利。
【旅行】仕事を兼ねた旅が大吉。
【疾病】医師の言葉に従えば治る。
【待人】遅れるが必ず来る。
【売買】遠方取引は財運を招く。
【普請】リフォームが幸運を呼ぶ。
【失物】時間はかかるが発見される。

ホロスコープによる2016年【日本の運勢】

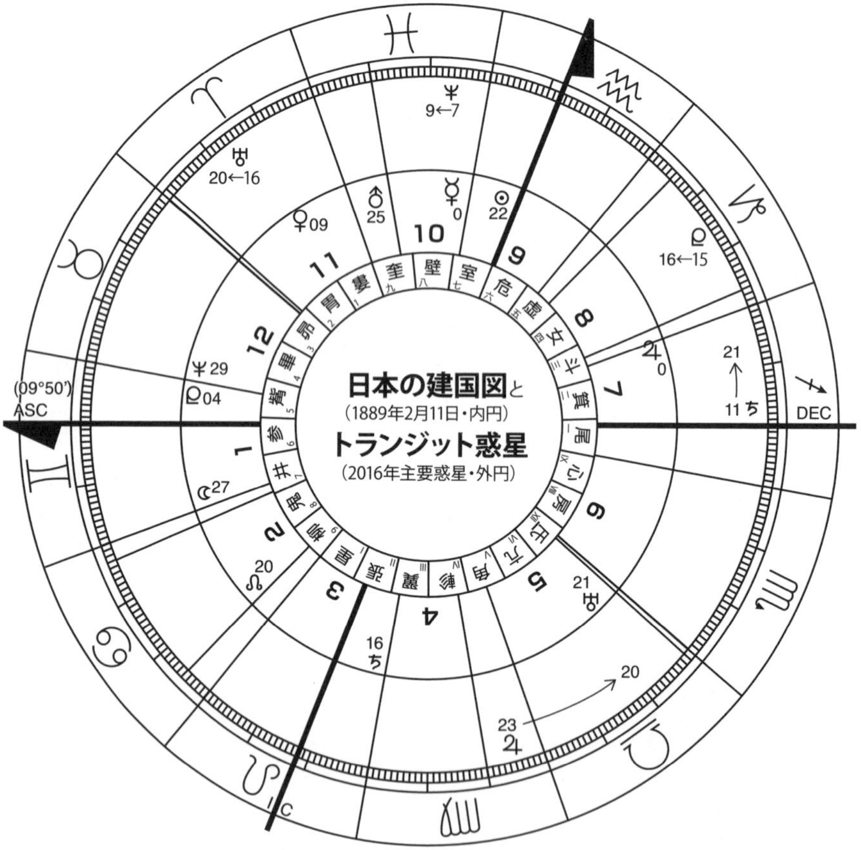

2016年 西洋占星術による解説

年間を通じてトランジット（移動中）の木星が第5ハウス、土星が第7ハウス、天王星が第11ハウスに留まっています。したがって特別大きな変動が起きるとは考えにくく、昨年からの引継ぎ的事象や出来事が多いでしょう。芸能やファッション、ゲームやエンターテイメントを表わす第5ハウスを木星が通過していくのは、国民の多くが「華やかなもの」「楽しいもの」を求めがちな傾向を表わしています。土星が第7ハウスに留まるのは「結婚」に〝夢〟を求めるのではなく、〝切実な必要性〟を感じる人たちが増えて来ることを表わします。日本の国としても「パートナー択び」が重要な年で、他国との連帯や交渉に難しい舵取りが要求され、同盟国との間でギクシャクしやすい状態に陥りやすく、特に3月と11月は要注意です。

ホロスコープから読み解く　日本の平成二十八年の出来事

政治 経済

天王星がＭＣとアスペクトする３月は政権内部に亀裂やアクシデントが生じやすい時です。太陽とアスペクトする５月と10月は重要法案を通すとか、新たな国や地域と友好関係を結ぶのにふさわしい時です。海王星がＡＳＣとアスペクトする10～12月にかけては政治的混乱が生じやすい時で政権内部の問題に苦慮するでしょう。木星が金星とアスペクトする８月は日本企業が新たな国や地域との間で共同開発をするのに良い時期で、最適なパートナーを得られそうです。冥王星が土星とアスペクトする冬場は他国からの領域侵犯、地下資源や埋蔵物に関するトラブル、地価に関する問題が浮上しそうです。

社会 事件

社会的事件として問題となりそうなのは外国が絡んだ形での架空投資的な詐欺事件です。外資によるリゾート施設計画や将来のカジノ構想に対して世間の関心度が強まりそうです。レジャー産業や風俗産業が大きく様変わりしていく様子も注目を集めそうです。社会現象として関心が高まるのは高齢者の住宅事情や再婚事情です。特に土地・家屋の相続問題を抱えた高齢者の住宅・再婚事情です。夫婦別居や別姓のさまざまな形も社会現象として取り上げられます。一時的かもしれませんが出生率減少に歯止めがかかりそうです。インターネット絡みの男女殺傷事件もＴＶや週刊誌が採り上げそうです。

芸能 スポーツ

スポーツでは大金が動きやすい年で、プロチームの大型買収とか身売りとかが生じやすいでしょう。或いは海外マネーが日本のプロチームに投資するとか、優秀な選手のスポンサーになろうとします。芸能界でも海外に拠点を移す芸能人が増え、海外で活躍することを目指すアーティストが増えそうです。宗教的な普及活動にのめり込んでいる芸能人も話題となりそうです。家族や事務所など周囲の反対を押し切って、入籍・結婚する人気女優が出て来そうです。タレントの投資ブームも話題となりそうです。夫婦とか恋人同士で新たな事業・商売を始め一時的に大成功する人たちも出て来そうです。

自然 災害

自然界の脅威は日本ではそれほど大惨事とはなりませんが、海外では各地で猛威を振るう年です。日本では大寒波と大雪から一年がスタートしそうです。局地的な大寒波や豪雪に見舞われる地域は山間の町や村に多いようです。冬山の遭難も多く、いったん遭難してしまうと、発見しにくいのが特徴です。夏場は局地的な集中豪雨で山や崖が崩れやすいのが特徴です。台風の予報が出ているのに旅行して巻き添えを食うようなケースが出て来やすいでしょう。地震の人的被害はそれほど心配ないのですが、重要な建造物の崩壊に注意が必要です。大型漁船やタンカーの座礁・沈没・火災も要注意です。

干支・九星による2016年【日本の運勢】

2016年 干支・九星術による解説

丙申・二黒の中宮年は180年ごとに起こります。つまり、同一の干支九星年は1836年にも存在しました。その年、米の自由化が行われ、酒造が一部で禁止となり、密輸入の取り締まりが強化されました。2016年も同じような出来事が生じてくる可能性は否定できません。九星では五黄殺が「官禄宮」に廻り、組織官僚や巨大企業に司法の手が入りやすい年で、行政の不正や不備、金銭の問題が発覚しやすいことでしょう。暗剣殺は「財帛宮」に廻ってドル円相場で急変生じやすく、円急落してインフレが一気に進む可能性もあります。四緑が「遷移宮」に廻って訪日外国人は多く、首都圏のホテルや飲食店、接客型サービスは繁盛するでしょう。七赤が「結婚宮」に廻ってシングルマザーの低年齢化が問題となりそうです。

干支・九星から読み解く　日本の平成二十八年の出来事

政治 経済

重要政治家や企業家の中に、予期せぬアクシデントに巻き込まれるとか、危機一髪状態に陥る方が出て来そうです。政党の中に、解党してしまう党が出て来ることでしょう。訪日外国人が増加するため、それに伴う問題やトラブルがクローズアップされます。政府の経済政策に対する是非が様々な角度から論じられるようになります。国民の間に明らかに経済格差が広がっていくからです。ドル円が大きく下落するため、輸入品の高騰を招くようになります。外国人による土地や住宅の購入が飛躍的に増え、それに伴う不動産の上昇に歯止めをかけるため、何らかの規制が設けられるようになります。

社会 事件

六白が「疾厄宮」に廻って、老後を健康で過ごすための各種の方法に注目が集まり、健康法だけでなく、各種の勉強会とかサークル活動などにも注目が集まります。全国各地の特異な公共サービスや特異な観光名所も盛んに報道されるでしょう。男女間の三角関係や不倫トラブルの「別れ際」の殺傷事件も起こりそうです。輸出入に関する犯罪が多くなり、さまざまな規制と防止策が設けられそうです。家庭用電化製品として画期的な商品が登場します。派手で奇抜な露出型ファッションが若い女性たちの間で流行しそうです。財運を呼ぶと言われる噂が広がって一部の神社・仏閣が人気を集めます。

芸能 スポーツ

サッカーや野球やゴルフなど戸外のスポーツ競技で大きな事件やアクシデントが起こりそうです。日本を舞台にした世界的なスポーツ競技大会が次々と決定されます。経営破たんする芸能事務所やプロダクション、大きな借金を抱える芸能人やスポーツ選手に注目が集まります。タレントが詐欺事件に巻き込まれる可能性もあります。芸能人やスポーツ選手の薬物汚染も次々と摘発されます。巨費を投じる大型映画やドラマが製作されます。大物芸能人の独立問題が暗礁に乗り上げるとか、訴訟に持ち込まれるとかします。有名人同士の国際的なカップル誕生や国際結婚が世界的にも注目を集めます。

自然 災害

大規模な冬山の猛吹雪による遭難報道から一年がスタートします。北国では大雪による飛行機やJRの欠航・運休が相次ぐようになります。海外ツアー客が立ち往生してしまうケースも起こりやすいでしょう。海外旅行でも寒波や水害で移動できず支障が出るケースが生れそうです。また海外旅行中に、大事故に遭うとか行方不明となってしまう日本人が出てくる可能性があります。住宅が川の氾濫で押し流される、崖崩れで押しつぶされる、火山噴火で温泉旅館が消滅するなどしやすいようです。温泉は宣伝やサービスの仕方次第で観光客溢れる地域と、全く寂れてしまう地域と二極分化していきます。

周易占による2016年【日本の運勢】

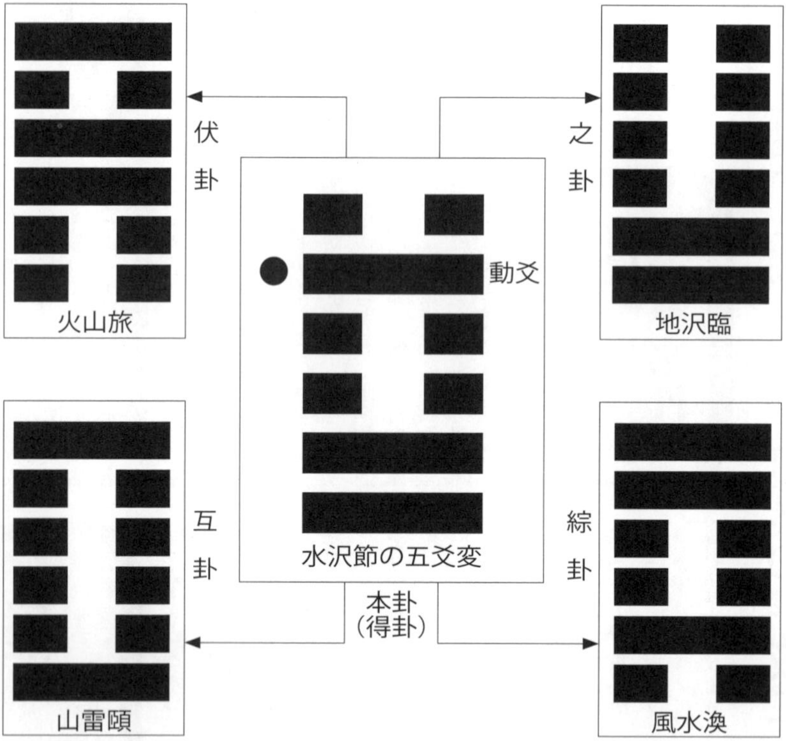

2016年 周易占法による解説

易占では本卦に「水沢節」の五爻変が出ていて、比較的安定した一年になるものと考えられます。もちろん、安定しているとはいうものの伏卦に「火山旅」が出ているので、アベノミクス政策の〝旅の途中〟としての不安と焦燥感を漂わせての安定に過ぎません。観光名所での火災も生じやすい年です。旅行や移動に伴っての各種トラブルや事件も頻発するようになります。互卦には「山雷頤」が出ていて、国内では経済格差が広がって、さまざまな論争が巻き起こります。又、ユニークな飲食店が次々と産まれて、飲食店同士の競争が激化してくる状態です。綜卦には「風水渙」が出ていて対外的には各国との関係でギクシャクした状況が出て来ると思われます。大自然の風水害による事故や被害も何かと生じやすいことでしょう。

周易占法から読み解く　日本の平成二十八年の出来事

政治経済

表面上は安定して見える安倍政権ですが、「水沢節」は節目で〃いったん振出しに戻る〃状況を産みやすい卦です。政府方針の見直しとか、重要法案の見直しとか、組閣の再編とか、何らかの形で再出発が必要です。他党内に「政界再編」を画策する動きが活発となるかもしれません。諸外国から投資資金が向かいやすい状況が生まれるかもしれません。経済面では「プチセレブ」的な人達が増える一方で、貧困層との間に経済格差が拡大していきます。物価はインフレ目標に遠く及ばず、中々上向いてくれません。少子化対策の一環としての「結婚祝い金」制度などが話題を集めるかもしれません。

社会事件

之卦として出ている「地沢臨」は、若者が海外に出向いていく形で、若い企業家や創立間もない企業の海外進出が目覚ましい年となります。また国内よりも海外で評価される新たな発明・発見・研究の多い年でもあります。海外で活躍するアーティストの日本逆輸入が話題となるかもしれません。飲食店や飲食物は二極化が進み、高級志向の店と低価格志向の店と二つに分かれます。寒冷地域では冬場の豪雪、西日本では夏場の局地的豪雨による孤立状態が同情を集めます。山の雪崩による遭難事件や行方不明が多いのも特徴です。大学や企業による早くからの人材獲得合戦も世間の関心を集めそうです。

芸能スポーツ

重要なスポーツ大会が何らかの理由から急きょ中止されるとか延期になるかもしれません。男性のスター選手は相次いで海外へ旅立っていきます。スポーツ界では女性同士の〃場外バトル〃に注目が集まり、私生活でも抗争を繰り広げます。芸能人の経済事情が話題となりやすい年で、賃上げ要求とかギャラの不払い問題とか、労使関係の改善などが話題を集めるでしょう。タレントから別な職業への転職成功組も取り上げられやすい時で、特に夫婦の飲食店経営の成功例、株や不動産による投資成功例も注目されるでしょう。元スポーツ女子選手の妊娠・出産も大きく取り上げられることでしょう。

自然災害

気象災害で一番懸念されるのは、冬場の北国は「雪」による災害と、夏場の九州・四国は「雨」による災害です。それと冬場の北国は大寒波にも襲われやすく、夏場の関東・東海は猛暑にも襲われやすいようです。地震の場合には地震そのものより「津波」の方に注意が必要です。国際船のアクシデント的な海難事故にも関心が集まりそうです。団体旅行や修学旅行中の集中豪雨による被害も注目を集めそうです。住宅地付近での大きな陥没事故や地下作業中のアクシデントによる災難、豪雨による崖崩れが孤立の地域を生み出します。夏場の海や川による水難事故も多く、天候の急変を伴っています。

タロットによる2016年【日本の運勢】

ホロスコープ
スプレッド

2016年 タロット占術による解説

総合運は「節制」のカードであり、第1ハウスには「正義」、第4ハウスと第9ハウスには「審判」のカードが表出し、いずれも微妙なバランスを保って〝中立的立場〟に徹していくべきことを告げているカードと言えます。したがって、2016年は国際的には緊張感が出て来る中で、正義感を発揮しながら微妙な立ち位置を堅持し、世界を相手に対応していくべき年と言えそうです。経済面では第2ハウスに「星」、第8ハウスに「月」と正反対の意味を表わすカードが表出され、輝ける繁栄への期待と、窮地に立たされる不安が交錯していることを表わしています。株価や地価の上昇が見込まれ、大企業と輸出産業の業績は右肩上がりが期待されます。その一方、それらの恩恵を受けられない貧民層が拡大する可能性も見逃せません。

タロットから読み解く 日本の平成二十八年の出来事

政治 経済

第10ハウスに「女帝」が出ていて、華やかな女性政治家、及び女性実業家に世間的注目が集まりそうです。又、政治の法改正の中で「妊娠」「婚姻」の問題がクローズアップされそうです。第7ハウスに「恋人」が出ているので、複数の国家としてのパートナー候補が名乗りを上げて、どの国を選択しようか迷う可能性が出て来そうです。見掛け上の経済は「日本の復活」を高らかに告げていますが、その実態は楽観できるものでなく、ブレーキの利かない暴走車のように〝経済格差〟を拡げてしまいそうです。雇用関係の問題点が「愚者」のカードで浮き彫りにされ、双方に亀裂が生じやすいでしょう。

社会 事件

総合運としての「節制」のカードは、さまざまな分野で〝規制が掛かる年〟であることを告げています。新たな金融商品、融資方法、金融機関の誕生が考えられます。第4ハウスの「審判」は、昔の建造物や古民家をリノベーションして過疎化した地域全体が続々蘇っていく可能性を物語っています。第5ハウスの「太陽」からは大型で斬新な「未来型テーマパーク構想」が持ち上がりそうです。第11ハウスと第12ハウスの「戦車」からは新たに戦争や紛争が生じた地域に自衛隊を派遣するかどうか、実戦に加わるかどうか、論議を呼びそうです。また、「通り魔」的な若者の犯罪が多く発生します。

芸能 スポーツ

芸能や芸術の世界では若くて才能のあるニューヒーローやヒロインが続々と誕生します。スポーツの世界では様々なスポーツの分野で「新記録」や「世界記録」が達成されそうです。またスポーツでは個人競技よりも〝ペアで行う競技〟や〝チームプレイとしての競技〟に人々の興味や関心が集中します。特に、新しいレジャー型のスポーツが急速にスポーツ人口を増やします。芸能面では、歌手の「ファッション」「ダンス」が注目されて大ヒット曲が誕生しそうです。映画はシリアスなものより娯楽大作やアニメ作品、恋愛ストーリーに人気が集中しそうです。大物スポーツ選手が亡くなります。

自然 災害

自然災害では海外に関連した報道が多くなります。海外旅行中や新婚旅行中に事故や災難に遭って、夫の方だけが亡くなってしまうケースが悲しみを誘いそうです。日本国内では台風被害がもっとも注目を集めそうです。大きな地震の心配はありませんが、海外の地震の影響からの津波被害には注意が必要です。気象的には冬場は寒波、夏場は猛暑が訪れやすく、それまでは低温と長雨の気候が続き、農作物に影響が出やすいでしょう。また夏場に日本を襲ってくる台風は地域的集中豪雨で河川の氾濫をもたらすでしょう。火山噴火にも注意は必要で、特に九州方面の活火山にその可能性があります。

2016年

平成二十八年 一月【睦月（むつき）】

乙未 三碧 年（2月3日迄）

太陽暦	七曜	干支暦	九星暦	節気と朔望	太陰暦	星宿	六曜	マヤ暦	惑星暦	祝祭と行事	予定欄
1日	金	壬午	一白		11月22日	角	友引	—		元旦・初詣・月徳	
2日	土	癸未	二黒	◐ 14:30 下弦	23日	亢	先負	•／—	☿→♒	皇居一般参賀 二十三夜祭	
3日	日	甲申	三碧		24日	氐	仏滅	••／—	♂→♏		
4日	月	乙酉	四緑		25日	房	大安	•••／—		大発会・御用始	
5日	火	丙戌	五黄		26日	房	赤口	••••／—			

干支・九星暦 己丑 三碧 月

「干支暦」「九星暦」上では1月6日から2月3日までを「1月生まれ」とします。

太陽暦	七曜	干支暦	九星暦	節気と朔望	太陰暦	星宿	六曜	マヤ暦	惑星暦	祝祭と行事	予定欄
6日	水	丁亥	六白	小寒 7:08	27日	心	先勝	＝		摩利支天祭（初亥）	
7日	木	戊子	七赤		28日	尾	友引	•／＝		七草・万倍日	
8日	金	己丑	八白		29日	箕	先負	••／＝		初薬師	
9日	土	庚寅	九紫		30日	斗	仏滅	•••／＝	☿→♑	毘沙門天祭・月徳	
10日	日	辛卯	一白	● 10:31 新月	12月1日	女	赤口	•		万倍日・初金比羅	
11日	月	壬辰	二黒		2日	虚	先勝	••		成人の日・鏡開	
12日	火	癸巳	三碧		3日	危	友引	•••			
13日	水	甲午	四緑		4日	室	先負	••••		三隣亡	
14日	木	乙未	五黄		5日	壁	仏滅	—			

※本書の「マヤ暦」は、〝キチェ・マヤ族〟による「神聖暦」を記載しています。
※本書の「惑星暦」は、各惑星が星座宮を移動した日のみ記載しています。

日付	曜日	干支	九星	暦注	月相	旧暦	宿	六曜	マヤ数字	天体	行事
15日	金	丙申	六白			6日	奎	大安	6		小正月
16日	土	丁酉	七赤			7日	婁	赤口	7		初聖天
17日	日	戊戌	八白		8:26 上弦	8日	胃	先勝	8		防災とボランティアの日
18日	月	己亥	九紫	土用入 1:43		9日	昴	友引	9		初観音
19日	火	庚子	一白			10日	觜	先負	10		万倍日・月徳
20日	水	辛丑	二黒			11日	参	仏滅	11		
21日	木	壬寅	三碧	大寒 0:27		12日	井	大安	12	☉→♒	初大師
22日	金	癸卯	四緑			13日	鬼	赤口	13		十三夜祭・万倍日
23日	土	甲辰	五黄			14日	柳	先勝	1		
24日	日	乙巳	六白		10:46 満月	15日	星	友引	2		初愛宕・初地蔵
25日	月	丙午	七赤			16日	張	先負	3	♀→♑	三隣亡・初天神
26日	火	丁未	八白			17日	翼	仏滅	4		文化財防火デー
27日	水	戊申	九紫			18日	軫	大安	5		国旗制定記念日
28日	木	己酉	一白			19日	角	赤口	6		初不動
29日	金	庚戌	二黒			20日	角	先勝	7		月徳
30日	土	辛亥	三碧			21日	亢	友引	8		
31日	日	壬子	四緑			22日	氐	先負	9		万倍日・八専入

天文・太陽暦

みずがめ座 ♒

「天文暦」上では、1月21日から2月18日までを「みずがめ座生まれ」とします。

※本書の「星宿暦」は、正午12時における〝27星宿位置〟で記載しています。

2016年 平成二十八年 二月【如月(きさらぎ)】

丙申 二黒 年（2月4日から）

干支・九星暦 庚寅 二黒 月

太陽暦	七曜	干支暦	九星暦	節気と朔望	太陰暦	星宿	六曜	マヤ暦	惑星暦	祝祭と行事	予定欄
1日	月	癸丑	五黄	◐ 12:28 下弦	12月23日	房	仏滅	=		二十三夜祭	
2日	火	甲寅	六白		24日	心	大安	• =			
3日	水	乙卯	七赤		25日	尾	赤口	•• =		節分・万倍日	
4日	木	丙辰	八白	立春 18:46	26日	箕	先勝	••• =		月徳	
5日	金	丁巳	九紫		27日	斗	友引	•		殉教記念日	
6日	土	戊午	一白		28日	女	先負	••		稲荷祭・万倍日	
7日	日	己未	二黒		29日	虚	仏滅	•••			
8日	月	庚申	三碧	● 23:39 新月	正月1日	危	先勝	••••		旧正月・帝釈天祭	
9日	火	辛酉	四緑		2日	室	友引	—			
10日	水	壬戌	五黄		3日	壁	先負	• —			
11日	木	癸亥	六白		4日	奎	仏滅	•• —		建国記念日・三隣亡	
12日	金	甲子	七赤		5日	婁	大安	••• —		大黒天祭	
13日	土	乙丑	八白		6日	胃	赤口	•••• —		万倍日	
14日	日	丙寅	九紫		7日	昴	先勝	=	☿ ↓ ♒	聖バレンタインデー 月徳	

「干支暦」「九星暦」上では2月4日から3月4日までを「2月生まれ」とします。

※本書の「マヤ暦」は、〝キチェ・マヤ族〟による「神聖暦」を記載しています。
※本書の「惑星暦」は、各惑星が星座宮を移動した日のみ記載しています。

日	曜	干支	九星	節気・月相	旧暦	星宿	六曜	マヤ数字	マヤ暦	惑星	行事
15日	月	丁卯	一白	16:46 上弦	8日	畢	友引	11			涅槃会
16日	火	戊辰	二黒		9日	觜	先負	12			
17日	水	己巳	三碧		10日	参	仏滅	13		♀→♒	弁財天祭
18日	木	庚午	四緑		11日	井	大安	1			万倍日
19日	金	辛未	五黄	雨水 14:34	12日	鬼	赤口	2		☉→♓	
20日	土	壬申	六白		13日	柳	先勝	3			十三夜祭
21日	日	癸酉	七赤		14日	星	友引	4			
22日	月	甲戌	八白		15日	張	先負	5			上元・太子会
23日	火	乙亥	九紫	3:20 満月	16日	翼	仏滅	6			皇太子誕生日・三隣亡
24日	水	丙子	一白		17日	軫	大安	7			月徳
25日	木	丁丑	二黒		18日	角	赤口	8			万倍日
26日	金	戊寅	三碧		19日	亢	先勝	9			天赦日
27日	土	己卯	四緑		20日	氐	友引	10			旧二十日正月
28日	日	庚辰	五黄		21日	房	先負	11			
29日	月	辛巳	六白		22日	心	仏滅	12			

天文・太陽暦

うお座 ♓

「天文暦」上では、2月19日から3月19日までを「うお座生まれ」とします。

※本書では、一般の「開運暦」で記載されることが多い「中段（十二直）」や「下段」は現代人に不必要と考え、省いてあります。

※「干支暦」「九星暦」上では、「二十四節気」の「立春」（黄経315度を太陽が通過する日時・毎年2月4日ころ）から翌年「立春」までを一年として扱います。

※本書の「太陰暦」は正確には「太陰太陽暦」であり、明治5年まで日本でも公式に採用されていた「旧暦」とも呼ばれる暦です。

※本書の「星宿暦」は、正午12時における〝27星宿位置〟で記載しています。

2016年

平成二十八年 三月【弥生（やよい）】

丙申 二黒 年

太陽暦	七曜	干支暦	九星暦	節気と朔望	太陰暦	星宿	六曜	マヤ暦	惑星暦	祝祭と行事	予定欄
1日	火	壬午	七赤		正月23日	尾	大安	••• ═		二十三夜祭・万倍日	
2日	水	癸未	八白	◐ 8:11 下弦	24日	箕	赤口	•		百手式	
3日	木	甲申	九紫		25日	斗	先勝	••		ひな祭・耳の日	
4日	金	乙酉	一白		26日	斗	友引	•••			

干支・九星暦 **辛卯** **一白** 月

「干支暦」「九星暦」上では3月5日から4月3日までを「3月生まれ」とします。

太陽暦	七曜	干支暦	九星暦	節気と朔望	太陰暦	星宿	六曜	マヤ暦	惑星暦	祝祭と行事	予定欄
5日	土	丙戌	二黒	啓蟄 12:44	27日	女	先負	••••	☿→♓		
6日	日	丁亥	三碧		28日	虚	仏滅	―	♂→♐		
7日	月	戊子	四緑		29日	危	大安	• ―		消防記念日	
8日	火	己丑	五黄		30日	壁	赤口	•• ―		国際女性デー	
9日	水	庚寅	六白	● 10:54 新月	2月1日	奎	友引	••• ―		万倍日・三隣亡	
10日	木	辛卯	七赤		2日	婁	先負	•••• ―		二日灸	
11日	金	壬辰	八白		3日	胃	仏滅	═			
12日	土	癸巳	九紫		4日	昴	大安	• ═	♀→♓	二月堂お水取り	
13日	日	甲午	一白		5日	畢	赤口	•• ═		旧初午・月徳	
14日	月	乙未	二黒		6日	觜	先勝	••• ═		ホワイトデー	

※本書の「マヤ暦」は、〝キチェ・マヤ族〟による「神聖暦」を記載しています。
※本書の「惑星暦」は、各惑星が星座宮を移動した日のみ記載しています。

天文・太陽暦

おひつじ座 ♈

日	曜日	干支	九星	月相・節気	旧暦	星宿	六曜	マヤ数字	天文	行事
15日	火	丙申	三碧		7日	参	友引	•		
16日	水	丁酉	四緑	◐ 2:03 上弦	8日	井	先負	••		万倍日
17日	木	戊戌	五黄		9日	鬼	仏滅	•••		春彼岸・春社
18日	金	己亥	六白		10日	柳	大安	••••		金龍の舞
19日	土	庚子	七赤		11日	星	赤口	—		
20日	日	辛丑	八白	春分 13:30	12日	張	先勝	•—	☉→♈	春分の日
21日	月	壬寅	九紫		13日	翼	友引	••—		振替休日・三隣亡 十三夜祭・万倍日
22日	火	癸卯	一白		14日	軫	先負	•••—	☿→♈	放送記念日
23日	水	甲辰	二黒	○ 21:01 満月	15日	角	仏滅	••••—		月徳・世界気象デー
24日	木	乙巳	三碧		16日	亢	大安	——		
25日	金	丙午	四緑		17日	氐	赤口	•——		電気記念日
26日	土	丁未	五黄		18日	房	先勝	••——		
27日	日	戊申	六白		19日	心	友引	•••——		
28日	月	己酉	七赤		20日	心	先負	•		万倍日
29日	火	庚戌	八白		21日	尾	仏滅	••		
30日	水	辛亥	九紫		22日	箕	大安	•••		
31日	木	壬子	一白		23日	斗	赤口	••••		二十三夜祭・八専入

「天文暦」上では、3月20日から4月19日までを「おひつじ座生まれ」とします。

※本書の「星宿暦」は、正午12時における〝27星宿位置〟で記載しています。

2016年

平成二十八年 四月【卯月（うづき）】

丙申 二黒 年

※本書の「マヤ暦」は、〝キチェ・マヤ族〟による「神聖暦」を記載しています。
※本書の「惑星暦」は、各惑星が星座宮を移動した日のみ記載しています。

太陽暦	七曜	干支暦	九星暦	節気と朔望	太陰暦	星宿	六曜	マヤ暦	惑星暦	祝祭と行事	予定欄
1日	金	癸丑	二黒	◐ 0:17 下弦	2月24日	女	先勝				
2日	土	甲寅	三碧		25日	虚	友引			万倍日・三隣亡・月徳	
3日	日	乙卯	四緑		26日	危	先負			神武天皇祭	

干支・九星暦 壬辰 九紫 月

「干支暦」「九星暦」上では4月4日から5月4日までを「4月生まれ」とします。

太陽暦	七曜	干支暦	九星暦	節気と朔望	太陰暦	星宿	六曜	マヤ暦	惑星暦	祝祭と行事	予定欄
4日	月	丙辰	五黄	清明 17:28	27日	室	仏滅				
5日	火	丁巳	六白		28日	壁	大安				
6日	水	戊午	七赤		29日	奎	赤口		☿↓♉ ♀↓♈	三隣亡	
7日	木	己未	八白	● 20:24 新月	3月1日	婁	先負			青柴垣神事	
8日	金	庚申	九紫		2日	胃	仏滅			帝釈天祭・花祭り	
9日	土	辛酉	一白		3日	畢	大安	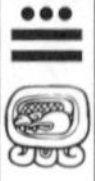		桃の節句	
10日	日	壬戌	二黒		4日	觜	赤口			月徳・女性の日	
11日	月	癸亥	三碧		5日	参	先勝			メートル法公布記念日	
12日	火	甲子	四緑		6日	井	友引			万倍日・大黒天祭	
13日	水	乙丑	五黄		7日	鬼	先負				
14日	木	丙寅	六白	◑ 12:59 上弦	8日	柳	仏滅			ポスト愛護週間	

日付	曜日	干支	九星	節気・月相	旧暦	宿	六曜	天体	行事
15日	金	丁卯	七赤		9日	星	大安		万倍日・曳山狂言
16日	土	戊辰	八白	土用入 22:48	10日	張	赤口		春土用
17日	日	己巳	九紫		11日	翼	先勝		弁財天祭
18日	月	庚午	一白		12日	軫	友引		三隣亡・発明の日
19日	火	辛未	二黒		13日	角	先負		十三夜祭
天文・太陽暦 おうし座 ♉									
20日	水	壬申	三碧	穀雨 0:29	14日	亢	仏滅	☉→♉	月徳・郵政記念日
21日	木	癸酉	四緑		15日	氐	大安		
22日	金	甲戌	五黄	○ 14:24 満月	16日	氐	赤口		
23日	土	乙亥	六白		17日	房	先勝		世界本の日
24日	日	丙子	七赤		18日	心	友引		万倍日
25日	月	丁丑	八白		19日	尾	先負		
26日	火	戊寅	九紫		20日	箕	仏滅		天赦日
27日	水	己卯	一白		21日	斗	大安		万倍日
28日	木	庚辰	二黒		22日	女	赤口		
29日	金	辛巳	三碧		23日	虚	先勝		昭和の日・二十三夜祭
30日	土	壬午	四緑	◐ 12:29 下弦	24日	危	友引	♀→♉	三隣亡・月徳

「天文暦」上では、4月20日から5月19日までを「おうし座生まれ」とします。

※「節気暦」上の「土用」期間は〝四立〟（立春・立夏・立秋・立冬）直前の18日余間で、「立秋」の前だけにあるのではありません。

※本書の「星宿暦」は、正午12時における〝27星宿位置〟で記載しています。

2016年

平成二十八年 五月【皐月(さつき)】 丙申 二黒 年

干支・九星暦 癸巳 八白 月

太陽暦	七曜	干支暦	九星暦	節気と朔望	太陰暦	星宿	六曜	マヤ暦	惑星暦	祝祭と行事	予定欄
1日	日	癸未	五黄		3月25日	室	先負			八十八夜・メーデー	
2日	月	甲申	六白		26日	壁	仏滅			聖武天皇祭	
3日	火	乙酉	七赤		27日	奎	大安			憲法記念日	
4日	水	丙戌	八白		28日	婁	赤口			みどりの日	
5日	木	丁亥	九紫	立夏 10:42	29日	胃	先勝			こどもの日・三隣亡	
6日	金	戊子	一白		30日	昴	友引	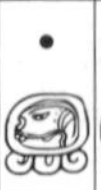			
7日	土	己丑	二黒	● 4:30 新月	4月1日	畢	仏滅				
8日	日	庚寅	三碧		2日	觜	大安			母の日・月徳 毘沙門天祭	
9日	月	辛卯	四緑		3日	参	赤口			万倍日	
10日	火	壬辰	五黄		4日	鬼	先勝	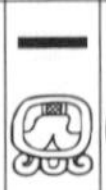		万倍日	
11日	水	癸巳	六白		5日	柳	友引				
12日	木	甲午	七赤		6日	星	先負	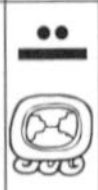		天赦日 ナイチンゲールの日	
13日	金	乙未	八白		7日	張	仏滅	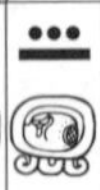			
14日	土	丙甲	九紫	◐ 2:02 上弦	8日	翼	大安			種痘記念日	

「干支暦」「九星暦」上では5月5日から6月4日までを「5月生まれ」とします。

※本書の「マヤ暦」は、"キチェ・マヤ族"による「神聖暦」を記載しています。
※本書の「惑星暦」は、各惑星が星座宮を移動した日のみ記載しています。

天文・太陽暦

ふたご座 ♊

「天文暦」上では、5月20日から6月20日までを「ふたご座生まれ」とします。

15日	日	丁酉	一白		9日	軫	赤口	═		葵祭り
16日	月	戊戌	二黒		10日	角	先勝	• ═		
17日	火	己亥	三碧		11日	角	友引	•• ═		三隣亡
18日	水	庚子	四緑		12日	亢	先負	••• ═		月徳・国際親善デー
19日	木	辛丑	五黄		13日	氐	仏滅	•		十三夜祭
20日	金	壬寅	六白	小満 23:36	14日	房	大安	••	☉↓♊	ローマ字の日
21日	土	癸卯	七赤		15日	心	赤口	•••		万倍日
22日	日	甲辰	八白	○ 6:14 満月	16日	尾	先勝	••••		万倍日
23日	月	乙巳	九紫		17日	箕	友引	━		
24日	火	丙午	一白		18日	斗	先負	• ━	♀↓♊	
25日	水	丁未	二黒		19日	女	仏滅	•• ━		
26日	木	戊申	三碧		20日	虚	大安	••• ━		
27日	金	己酉	四緑		21日	危	赤口	•••• ━	♂↓♏	
28日	土	庚戌	五黄		22日	室	先勝	═		月徳
29日	日	辛亥	六白	◑ 21:12 下弦	23日	壁	友引	• ═		三隣亡・二十三夜祭
30日	月	壬子	七赤		24日	奎	先負	•• ═		八専入
31日	火	癸丑	八白		25日	婁	仏滅	••• ═		

※本書の「星宿暦」は、正午12時における〝27星宿位置〟で記載しています。

2016年 平成二十八年 六月【水無月(みなづき)】 丙申 二黒 年

太陽暦	七曜	干支暦	九星暦	節気と朔望	太陰暦	星宿	六曜	マヤ暦	惑星暦	祝祭と行事	予定欄
1日	水	甲寅	九紫		4月26日	胃	大安	1		電波の日・写真の日	
2日	木	乙卯	一白		27日	昴	赤口	2		万倍日	
3日	金	丙辰	二黒		28日	畢	先勝	3		万倍日	
4日	土	丁巳	三碧		29日	觜	友引	4			
5日	日	戊午	四緑	芒種 14:49 ● 12:00 新月	5月1日	参	大安	5		万倍日	
6日	月	己未	五黄		2日	井	赤口	6			
7日	火	庚申	六白		3日	鬼	先勝	7		帝釈天祭	
8日	水	辛酉	七赤		4日	柳	友引	8			
9日	木	壬戌	八白		5日	星	先負	9		菖蒲(あやめ)の節句	
10日	金	癸亥	九紫		6日	張	仏滅	10		入梅・時の記念日	
11日	土	甲子	九紫		7日	翼	大安	11		大黒天祭	
12日	日	乙丑	八白	◐ 17:10 上弦	8日	軫	赤口	12			
13日	月	丙寅	七赤		9日	角	先勝	13		三隣亡・月徳	
14日	火	丁卯	六白		10日	亢	友引	1	☿→♊		

干支・九星暦 甲午 七赤 月

「干支暦」「九星暦」上では6月5日から7月6日までを「6月生まれ」とします。

※本書の「マヤ暦」は、"キチェ・マヤ族"による「神聖暦」を記載しています。
※本書の「惑星暦」は、各惑星が星座宮を移動した日のみ記載しています。

日	曜日	干支	九星	月相・節気	マヤ暦	星宿	六曜	マヤ数	天体	行事
15日	水	戊辰	五黄		11日	氐	先負	••		
16日	木	己巳	四緑		12日	房	仏滅	•••		弁財天祭・万倍日
17日	金	庚午	三碧		13日	心	大安	••••		万倍日・十三夜祭
18日	土	辛未	二黒		14日	尾	赤口	—		海外移住の日
19日	日	壬申	一白		15日	箕	先勝	•/—	♀→♋	
20日	月	癸酉	九紫	○ 20:02 満月	16日	斗	友引	••/—		
21日	火	甲戌	八白	夏至 7:34	17日	斗	先負	•••/—	☉→♋	
22日	水	乙亥	七赤		18日	女	仏滅	••••/—		
23日	木	丙子	六白		19日	虚	大安	＝		月徳・沖縄慰霊の日
24日	金	丁丑	五黄		20日	危	赤口	•/＝		御田植祭り
25日	土	戊寅	四緑		21日	室	先勝	••/＝		三隣亡
26日	日	己卯	三碧		22日	壁	友引	•••/＝		国連憲章調印記念日
27日	月	庚辰	二黒		23日	奎	先負	•		二十三夜祭
28日	火	辛巳	一白	◐ 3:19 下弦	24日	婁	仏滅	••		万倍日・貿易記念日
29日	水	壬午	九紫		25日	胃	大安	•••		万倍日
30日	木	癸未	八白		26日	昴	赤口	••••		夏大祓

天文・太陽暦

かに座 ♋

「天文暦」上では、6月21日から7月21日までを「かに座生まれ」とします。

※本書の「九星暦」は〝陰遁〟の開始日を「夏至」にもっとも近い「甲子」日、〝陽遁〟の開始日を「冬至」にもっとも近い「甲子」日に定めています。

※本書の「星宿暦」は、正午12時における〝27星宿位置〟で記載しています。

2016年

平成二十八年 七月【文月（ふみづき）】 丙申 二黒 年

※本書の「マヤ暦」は、〝キチェ・マヤ族〟による「神聖暦」を記載しています。
※本書の「惑星暦」は、各惑星が星座宮を移動した日のみ記載しています。

干支・九星暦 乙未 六白 月

「干支暦」「九星暦」上では7月7日から8月6日までを「7月生まれ」とします。

太陽暦	七曜	干支暦	九星暦	節気と朔望	太陰暦	星宿	六曜	マヤ暦	惑星暦	祝祭と行事	予定欄
1日	金	甲申	七赤		5月27日	觜	先勝	―		半夏生・国民安全の日	
2日	土	乙酉	六白		28日	参	友引	•/―		ユネスコ加盟記念日	
3日	日	丙戌	五黄		29日	井	先負	••/―		月徳	
4日	月	丁亥	四緑	● 20:01 新月	6月1日	鬼	赤口	•••/―			
5日	火	戊子	三碧		2日	柳	先勝	••••/―			
6日	水	己丑	二黒		3日	星	友引	―/―			
7日	木	庚寅	一白	小暑 1:03	4日	張	先負	•/―/―			
8日	金	辛卯	九紫		5日	翼	仏滅	••/―/―			
9日	土	壬辰	八白		6日	軫	大安	•••/―/―		ほおずき市	
10日	日	癸巳	七赤		7日	角	赤口	•		千日詣	
11日	月	甲午	六白		8日	亢	先勝	••		万倍日・三隣亡 天赦日・月徳	
12日	火	乙未	五黄	◐ 9:52 上弦	9日	氐	友引	•••	♀→♌	草の市	
13日	水	丙申	四緑		10日	房	先負	••••			
14日	木	丁酉	三碧		11日	房	仏滅	―	☿→♌	万倍日・検疫記念日	

天文・太陽暦　しし座 ♌

日付	曜日	干支	九星	暦注	旧暦	宿	六曜	マヤ数字	惑星	行事
15日	金	戊戌	二黒		12日	心	大安	• —		お盆
16日	土	己亥	一白		13日	尾	赤口	•• —		十三夜祭・十王詣
17日	日	庚子	九紫		14日	箕	先勝	••• —		初伏
18日	月	辛丑	八白		15日	斗	友引	•••• —		海の日
19日	火	壬寅	七赤	土用入 15:03	16日	女	先負	— —		夏土用
20日	水	癸卯	六白	○ 7:57 満月	17日	虚	仏滅	• — —		恐山大祭
21日	木	甲辰	五黄		18日	危	大安	•• — —		月徳
22日	金	乙巳	四緑	大暑 18:30	19日	室	赤口	••• — —	☉ ↓ ♌	
23日	土	丙午	三碧		20日	壁	先勝	•		三隣亡・万倍日
24日	日	丁未	二黒		21日	奎	友引	••		地蔵盆
25日	月	戊申	一白		22日	婁	先負	•••		
26日	火	己酉	九紫		23日	胃	仏滅	••••		万倍日・二十三夜祭
27日	水	庚戌	八白	◑ 8:00 下弦	24日	昴	大安	—		中伏
28日	木	辛亥	七赤		25日	畢	赤口	• —		
29日	金	壬子	六白		26日	觜	先勝	•• —		八専入
30日	土	癸丑	五黄		27日	参	友引	••• —		土用丑の日
31日	日	甲寅	四緑		28日	井	先負	•••• —	☿ ↓ ♍	月徳

「天文暦」上では、7月22日から8月22日までを「しし座生まれ」とします。

※本書の「星宿暦」は、正午12時における〝27星宿位置〟で記載しています。

2016年 平成二十八年 八月【葉月(はづき)】 丙申 二黒 年

太陽暦	七曜	干支暦	九星暦	節気と朔望	太陰暦	星宿	六曜	マヤ暦	惑星暦	祝祭と行事	予定欄
1日	月	乙卯	三碧		6月29日	鬼	仏滅	▬▬			
2日	火	丙辰	二黒		30日	柳	大安	• ▬▬		学制発布記念日 ねぶた祭り	
3日	水	丁巳	一白	● 5:45 新月	7月1日	星	先勝	•• ▬▬	♂↓♐	竿灯祭り	
4日	木	戊午	九紫		2日	張	友引	••• ▬▬		万倍日・三隣亡	
5日	金	己未	八白		3日	翼	先負	•			
6日	土	庚申	七赤		4日	軫	仏滅	••		帝釈天祭	
7日	日	辛酉	六白	立秋 10:53	5日	角	大安	•••	♀↓♍		
8日	月	壬戌	五黄		6日	亢	赤口	••••		月徳	
9日	火	癸亥	四緑		7日	氐	先勝	▬		たなばた星祭・三隣亡	
10日	水	甲子	三碧		8日	房	友引	• ▬		大黒天祭・万倍日	
11日	木	乙丑	二黒	◐ 3:21 上弦	9日	心	先負	•• ▬		山の日	
12日	金	丙寅	一白		10日	尾	仏滅	••• ▬		阿波踊り	
13日	土	丁卯	九紫		11日	箕	大安	•••• ▬		盆踊り	
14日	日	戊辰	八白		12日	斗	赤口	▬▬		国民皆泳の日	

干支・九星暦 丙申 五黄 月

「干支暦」「九星暦」上では8月7日から9月6日までを「8月生まれ」とします。

※本書の「マヤ暦」は、〝キチェ・マヤ族〟による「神聖暦」を記載しています。
※本書の「惑星暦」は、各惑星が星座宮を移動した日のみ記載しています。

天文・太陽暦

おとめ座 ♍

日	曜	干支	九星	暦注	旧暦	星宿	六曜	マヤ数	惑星	行事
15日	月	己巳	七赤		13日	女	先勝	•／＝		弁財天祭・十三夜祭 精霊流し
16日	火	庚午	六白		14日	虚	友引	••／＝		大文字五山送り火・末伏
17日	水	辛未	五黄		15日	危	先負	•••／＝		中元・盂蘭盆・万倍日
18日	木	壬申	四緑	○ 18:27 満月	16日	室	仏滅	•		月徳
19日	金	癸酉	三碧		17日	壁	大安	••		
20日	土	甲戌	二黒		18日	奎	赤口	•••		
21日	日	乙亥	一白		19日	婁	先勝	••••		三隣亡
22日	月	丙子	九紫		20日	胃	友引	—		万倍日
23日	火	丁丑	八白	処暑 1:38	21日	昴	先負	•／—	⊙→♍	綱火
24日	水	戊寅	七赤		22日	畢	仏滅	••／—		
25日	木	己卯	六白	◐ 12:41 下弦	23日	觜	大安	•••／—		二十三夜祭・六斎念仏
26日	金	庚辰	五黄		24日	参	赤口	••••／—		火伏せ祭り
27日	土	辛巳	四緑		25日	井	先勝	＝		
28日	日	壬午	三碧		26日	鬼	友引	•／＝		月徳
29日	月	癸未	二黒		27日	柳	先負	••／＝		万倍日
30日	火	甲申	一白		28日	星	仏滅	•••／＝	♀→♎	
31日	水	乙酉	九紫		29日	張	大安	•		二百十日

「天文暦」上では、8月23日から9月21日までを「おとめ座生まれ」とします。

※本書の「星宿暦」は、正午12時における〝27星宿位置〟で記載しています。

2016年

平成二十八年 九月【長月(ながつき)】 丙申 二黒 年

太陽暦	七曜	干支暦	九星暦	節気と朔望	太陰暦	星宿	六曜	マヤ暦	惑星暦	祝祭と行事	予定欄
1日	木	丙戌	八白	● 18:03 新月	8月1日	翼	友引	••		八朔・防災の日	
2日	金	丁亥	七赤		2日	軫	先負	•••		三隣亡	
3日	土	戊子	六白		3日	角	仏滅	••••		万倍日	
4日	日	己丑	五黄		4日	亢	大安	—			
5日	月	庚寅	四緑		5日	氐	赤口	• / —		毘沙門天祭	
6日	火	辛卯	三碧		6日	房	先勝	•• / —			
7日	水	壬辰	二黒	白露 13:51	7日	心	友引	••• / —		飾山囃子	
8日	木	癸巳	一白		8日	尾	先負	•••• / —			
9日	金	甲午	九紫	◑ 20:49 上弦	9日	箕	仏滅	=	♃→♎		
10日	土	乙未	八白		10日	箕	大安	• / =		二百二十日	
11日	日	丙申	七赤		11日	斗	赤口	•• / =		万倍日	
12日	月	丁酉	六白		12日	女	先勝	••• / =		水路記念日	
13日	火	戊戌	五黄		13日	虚	友引	•		十三夜祭	
14日	水	己亥	四緑		14日	危	先負	••			

干支・九星暦 丁酉 四緑 月

「干支暦」「九星暦」上では9月7日から10月7日までを「9月生まれ」とします。

※本書の「マヤ暦」は、〝キチェ・マヤ族〟による「神聖暦」を記載しています。
※本書の「惑星暦」は、各惑星が星座宮を移動した日のみ記載しています。

日	曜日	干支	九星	節気・月相	宿	六曜	マヤ数字	惑星	行事・暦注
15日	木	庚子	三碧		室	仏滅	•••		十五夜・月徳
16日	金	辛丑	二黒		壁	大安	••••		流鏑馬
17日	土	壬寅	一白	○ 4:05 満月	奎	赤口	—		三隣亡・地車祭り
18日	日	癸卯	九紫		婁	先勝	• —		万倍日
19日	月	甲辰	八白		胃	友引	•• —		敬老の日・秋彼岸
20日	火	乙巳	七赤		畢	先負	••• —		動物愛護週間
21日	水	丙午	六白		觜	仏滅	•••• —		
22日	木	丁未	五黄	秋分 23:21	参	大安	═	☉ ↓ ♎	秋分の日
23日	金	戊申	四緑	◑ 18:56 下弦	井	赤口	• ═		秋社・二十三夜祭 天赦日・万倍日
24日	土	己酉	三碧		鬼	先勝	•• ═		清掃の日
25日	日	庚戌	二黒		柳	友引	••• ═	♀ ↓ ♏	月徳
26日	月	辛亥	一白		星	先負	•		
27日	火	壬子	九紫		張	仏滅	••	♂ ↓ ♑	八専入
28日	水	癸丑	八白		翼	大安	•••		
29日	木	甲寅	七赤		軫	赤口	••••		三隣亡
30日	金	乙卯	六白		角	先勝	—		万倍日

天文・太陽暦

てんびん座 ♎

「天文暦」上では、9月22日から10月22日までを「てんびん座生まれ」とします。

※本書の「干支暦」日は、三千五百年以上前から循環し続けている「殷（商）王朝」期からの暦を基に記載されています。

※本書の「星宿暦」は、正午12時における〝27星宿位置〟で記載しています。

2016年 平成二十八年 十月【神無月（かんなづき）】

丙申 二黒 年

太陽暦	七曜	干支暦	九星暦	節気と朔望	太陰暦	星宿	六曜	マヤ暦	惑星暦	祝祭と行事	予定欄
1日	土	丙辰	五黄	● 9:11 新月	9月1日	亢	先負	• ―		法の日・芸術祭	
2日	日	丁巳	四緑		2日	氐	仏滅	•• ―			
3日	月	戊午	三碧		3日	房	大安	••• ―			
4日	火	己未	二黒		4日	心	赤口	•••• ―			
5日	水	庚申	一白		5日	心	先勝	― ―		万倍日・帝釈天祭・月徳	
6日	木	辛酉	九紫		6日	尾	友引	• ― ―		国際協力の日	
7日	金	壬戌	八白		7日	箕	先負	•• ― ―	☿ → ♎		
8日	土	癸亥	七赤	寒露 5:33	8日	斗	仏滅	••• ― ―			
9日	日	甲子	六白	◐ 13:33 上弦	9日	女	大安	•		菊の節句・大黒天祭	
10日	月	乙丑	五黄		10日	虚	赤口	••		**体育の日**	
11日	火	丙寅	四緑		11日	危	先勝	•••		月徳・火事祭り	
12日	水	丁卯	三碧		12日	室	友引	••••			
13日	木	戊辰	二黒		13日	壁	先負	―		十三夜祭	
14日	金	己巳	一白		14日	奎	仏滅	• ―		弁財天祭・鉄道の日	

干支・九星暦 戊戌 三碧 月

「干支暦」「九星暦」上では10月8日から11月6日までを「10月生まれ」とします。

※本書の「マヤ暦」は、"キチェ・マヤ族"による「神聖暦」を記載しています。
※本書の「惑星暦」は、各惑星が星座宮を移動した日のみ記載しています。

天文・太陽暦

さそり座 ♏

15日	土	庚午	九紫		15日	婁	大安		万倍日・三隣亡
16日	日	辛未	八白	○ 13:23 満月	16日	胃	赤口		
17日	月	壬申	七赤		17日	昴	先勝		神嘗祭・貯蓄の日
18日	火	癸酉	六白		18日	畢	友引	♀↓♐	万倍日
19日	水	甲戌	五黄		19日	觜	先負		
20日	木	乙亥	四緑	土用入 8:23	20日	井	仏滅		皇后誕生日
21日	金	丙子	三碧		21日	鬼	大安		月徳
22日	土	丁丑	二黒		22日	柳	赤口		鞍馬の火祭り
23日	日	戊寅	一白	霜降 8:46 ◑ 4:14 下弦	23日	星	先勝	☉↓♏	二十三夜祭
24日	月	己卯	九紫		24日	張	友引		国連デー
25日	火	庚辰	八白		25日	翼	先負	☿↓♏	
26日	水	辛巳	七赤		26日	軫	仏滅		原子力の日
27日	木	壬午	六白		27日	角	大安		万倍日・三隣亡
28日	金	癸未	五黄		28日	亢	赤口		速記の日
29日	土	甲申	四緑		29日	亢	先勝		
30日	日	乙酉	三碧		30日	氐	友引		万倍日
31日	月	丙戌	二黒	● 2:38 新月	10月1日	房	仏滅		月徳・ハロウィーン

「天文暦」上では、10月23日から11月21日までを「さそり座生まれ」とします。

※本書の「星宿暦」は、正午12時における〝27星宿位置〟で記載しています。

2016年

平成二十八年 十一月 【霜月（しもつき）】

丙申 二黒 年

太陽暦	七曜	干支暦	九星暦	節気と朔望	太陰暦	星宿	六曜	マヤ暦	惑星暦	祝祭と行事	予定欄
1日	火	丁亥	一白		10月2日	心	大安			灯台記念日・計量記念日	
2日	水	戊子	九紫		3日	尾	赤口				
3日	木	己丑	八白		4日	箕	先勝			文化の日	
4日	金	庚寅	七赤		5日	斗	友引				
5日	土	辛卯	六白		6日	女	先負				
6日	日	壬辰	五黄		7日	虚	仏滅				
7日	月	癸巳	四緑	立冬 8:48	8日	危	大安				
8日	火	甲午	三碧	◐ 4:51 上弦	9日	室	赤口			月徳	
9日	水	乙未	二黒		10日	壁	先勝		♂→♒	十日夜	
10日	木	丙申	一白		11日	奎	友引			尻摘祭り	
11日	金	丁酉	九紫		12日	婁	先負			酉の市・万倍日	
12日	土	戊戌	八白		13日	胃	仏滅		♀→♑	万倍日・十三夜祭	
13日	日	己亥	七赤		14日	昴	大安		☿→♐	三隣亡	
14日	月	庚子	六白	○ 22:52 満月	15日	畢	赤口			下元	

干支・九星暦 己亥 二黒 月

「干支暦」「九星暦」上では11月7日から12月6日までを「11月生まれ」とします。

※本書の「マヤ暦」は、〝キチェ・マヤ族〟による「神聖暦」を記載しています。
※本書の「惑星暦」は、各惑星が星座宮を移動した日のみ記載しています。

日	曜日	干支	九星	節気・月相	旧暦	宿	六曜	マヤ数字	太陽	行事
15日	火	辛丑	五黄		16日	觜	先勝	•• ══		七五三
16日	水	壬寅	四緑		17日	参	友引	••• ══		
17日	木	癸卯	三碧		18日	井	先負	•		
18日	金	甲辰	二黒		19日	鬼	仏滅	••		月徳
19日	土	乙巳	一白		20日	柳	大安	•••		恵比寿講
20日	日	丙午	九紫		21日	星	赤口	••••		
21日	月	丁未	八白	◑ 17:33 下弦	22日	張	先勝	━		
天文・太陽暦 **いて座** ♐										「天文暦」上では、11月22日から12月20日までを「いて座生まれ」とします。
22日	火	戊申	七赤	小雪 6:22	23日	翼	友引	• ━	⊙ ↓ ♐	二十三夜祭・神農祭
23日	水	己酉	六白		24日	軫	先負	•• ━		勤労感謝の日・万倍日
24日	木	庚戌	五黄		25日	角	仏滅	••• ━		万倍日
25日	金	辛亥	四緑		26日	亢	大安	•••• ━		三隣亡
26日	土	壬子	三碧		27日	氐	赤口	══		八専入・ペンの日
27日	日	癸丑	二黒		28日	房	先勝	• ══		
28日	月	甲寅	一白		29日	心	友引	•• ══		月徳・税関記念日
29日	火	乙卯	九紫	● 21:18 新月	11月1日	尾	大安	••• ══		
30日	水	丙辰	八白		2日	箕	赤口	•		

※「六曜暦」のルーツは中国の唐代・季淳風の『六壬掌訣』にあり、日本では江戸末期から現在のような名称・順序となっています。

※本書の「星宿暦」は、正午12時における〝27星宿位置〟で記載しています。

2016年

平成二十八年 十二月【師走(しわす)】

丙申 二黒 年

太陽暦	七曜	干支暦	九星暦	節気と朔望	太陰暦	星宿	六曜	マヤ暦	惑星暦	祝祭と行事	予定欄
1日	木	丁巳	七赤		11月3日	斗	先勝	••		皇孫敬宮誕生日	
2日	金	戊午	六白		4日	女	友引	•••			
3日	土	己未	五黄		5日	女	先負	••••	☿ ↓ ♑	霜月祭り・秩父夜祭り	
4日	日	庚申	四緑		6日	虚	仏滅	—		帝釈天祭・人権週間	
5日	月	辛酉	三碧		7日	危	大安	• —		万倍日	
6日	火	壬戌	二黒		8日	室	赤口	•• —		万倍日	
7日	水	癸亥	一白	大雪 1:41 ◐ 18:03 上弦	9日	壁	先勝	••• —		万倍日	
8日	木	甲子	一白		10日	奎	友引	•••• —	♀ ↓ ♒	大黒天祭 万倍日・天赦日	
9日	金	乙丑	二黒		11日	婁	先負	— —		皇太子妃誕生日	
10日	土	丙寅	三碧		12日	胃	仏滅	• — —		三隣亡・終金毘羅	
11日	日	丁卯	四緑		13日	昴	大安	•• — —		十三夜祭	
12日	月	戊辰	五黄		14日	畢	赤口	••• — —			
13日	火	己巳	六白		15日	参	先勝	•		弁財天祭・煤払い	
14日	水	庚午	七赤	○ 9:06 満月	16日	井	友引	••		義士祭	

干支・九星暦 庚子 一白 月

「干支暦」「九星暦」上では12月7日から1月5日までを「12月生まれ」とします。

※本書の「マヤ暦」は、〝キチェ・マヤ族〟による「神聖暦」を記載しています。
※本書の「惑星暦」は、各惑星が星座宮を移動した日のみ記載しています。

日付	曜日	干支	九星	節気・月相	旧暦	宿	六曜	マヤ数字	天体	行事
15日	木	辛未	八白		17日	鬼	先負	•••		年賀特別郵便
16日	金	壬申	九紫		18日	柳	仏滅	••••		月徳・念仏の口止
17日	土	癸酉	一白		19日	星	大安	—		羽子板市
18日	日	甲戌	二黒		20日	張	赤口	• / —		
19日	月	乙亥	三碧		21日	翼	先勝	•• / —	♂ → ♓	万倍日
20日	火	丙子	四緑		22日	軫	友引	••• / —		万倍日
21日	水	丁丑	五黄	冬至 19:44 ◐ 10:56 下弦	23日	角	先負	•••• / —	☉ → ♑	二十三夜祭・納大師
22日	木	戊寅	六白		24日	亢	仏滅	=		三隣亡
23日	金	己卯	七赤		25日	氐	大安	• / =		**天皇誕生日**
24日	土	庚辰	八白		26日	房	赤口	•• / =		納め地蔵
25日	日	辛巳	九紫		27日	心	先勝	••• / =		クリスマス・終天神
26日	月	壬午	一白		28日	尾	友引	•		月徳
27日	火	癸未	二黒		29日	箕	先負	••		
28日	水	甲申	三碧		30日	箕	仏滅	•••		御用納め
29日	木	乙酉	四緑	● 15:53 新月	12月1日	斗	赤口	••••		
30日	金	丙戌	五黄		2日	女	先勝	—		大納会
31日	土	丁亥	六白		3日	虚	友引	• / —		冬大祓・万倍日

天文・太陽暦

やぎ座 ♑

「天文暦」上では、12月21日から1月20日までを「やぎ座生まれ」とします。

※本書の「星宿暦」は、正午12時における"27星宿位置"で記載しています。

暦

各種暦法の解説

太陽暦

現在、日本で〝正式な暦〟として使用されているのは、太陽暦の一種である「グレゴリオ暦」です。ヨーロッパでは1582年から使用された暦ですが、日本では旧暦の【明治5年12月3日】から使用された暦で、この日がグレゴリオ暦上【明治6年1月1日】となりました。太陽暦とは、年間の長さを均一に保ち、季節とのずれを防ごうとする目的の暦です。歴史上では古代エジプト王国が365日間として、もっとも古くから採用しています。

節気暦

大枠として扱えば、「太陽暦」の中に含まれるのが「節気暦」です。占術家の中には「太陰暦」の一種であるかのよう誤解されている方がいますが、あくまで太陽の運行に基づく暦の一種です。古代中国で三千年ほど前から数百年もの時間をかけ徐々に完成させ、現在でも日本や中華圏で広く用いられている暦の一種です。厳密に言うと、〝12の節気〟と〝12の中気〟を合わせた〝24の節気〟によって構成されている暦のことです。その基本は〝二至・二分・四立〟で、年間の日照時間を基に、日照時間がもっとも短い「冬至」、もっとも長い「夏至」、昼夜を等分にする「春分・秋分」が基準点となっている暦です。この四つの基準点それぞれの中間地点が〝四立〟で、「立春」「立夏」「立秋」「立冬」となります。「立春」を一年の起点としているのですが、それは四季の中で「春」を〝最初の季節〟と観立てているからです。そういう点では四季の変化が存在している北半球地域に特有の太陽暦だとも言えます。実際の季節との間にずれがあるよう感じるのは、〝光の季節〟を基準としているからで、通常感じる〝気温による季節〟を基準とはしていないからです。〝光の季節〟は毎年常に一定で、気温のように年ごと季節が変化するという心配がありません。節気暦上の〝節気区分〟は、そのまま「干支暦」や「九星暦」で用いる〝各月の区分〟に相当しています。また〝中気区分〟の方は、占星術の「天文暦」で用いる〝星座宮区分〟に相当しています。

干支暦

干支暦は文字通り「十干」と「十二支」による暦で、三千五百年以上前、古代中国の殷（商）王朝で開発された暦です。但し、現在のような年・月・日・時すべてに干支配当がされるようになったのは、二千年ほど前からです。原初の干支暦は、日付記載法として登場したもので、月には〝数字月〟が使用されています。干支暦を開発した殷（商）王朝の人々は、自分たち〝王朝一族〟が用いる「神聖暦」的意味合いの暦を作り出したので、まさか三千五百年後の今日まで使用し続けられるとは考えもしなかったと思います。干支暦はその構造上、年干支は60年ごと循環し、月干支は5年ごと循環し、時刻干支は5日ごと循環します。

九星暦

九星暦の発祥については種々伝説が遺されていますが、歴史考証的には不明としか言いようがありません。ただ「周易」や「八方位」との関連が深いので、それらの成立と相前後することは間違いありません。九星暦の配布方法、特に〝日の九星〟における「陰遁」「陽遁」の切り替えに関しては、その流派や研究者によって違いがあり、どれが正しいとも一概に言い切れません。また中華圏においては、男女間によって〝生年九星の配布が異なる〟という主張もあります。但し〝生月九星〟では男女の違いを説きません。

太陰暦

太陰暦には事実上二種類があります。その一つは、主としてイスラム世界で用いられる「回教暦」とも呼ばれる純粋な太陰暦のことです。一年を354日（潤年は355日）とする太陰暦では、太陽暦に比べて〝季節が移動していく〟のが特徴です。その季節的な移動を閏月で調節したのが「太陰太陽暦」で世界中の農業地域で用いられてきました。現在でも太陽暦と併用している国も少なくありません。日本でも明治5年まで使用し、俗に「旧暦」とも呼ばれています。中華圏では「農暦」という名称で重要視されています。太陰暦は月の朔望に基づくので、1日は必ず新月で、15日は満月が多いものです。

星宿暦

星宿暦は厳密に言うと「太陰暦」の一種です。つまり太陰である「月」の通り道としての白道、或いは赤道付近にある「星座＝星宿」を指しての名称だからです。月による天周の日数は27・3余日なので、その月の〝毎夜の宿〟という意味での星座（恒星群）が「星宿」となります。〝27星宿〟と観立てる占星術もあれば、〝28星宿〟と観立てる占星術もあります。両方とも間違いではなく、中国では方位に合わせる関係から〝28星宿〟を採用するケースが多く、インドでは12星座に合わせる関係から〝27星宿〟を採用するケースが多いのです。厳密に言えば、月の星宿位置は、日ごと移り変わるのではなく、時刻によって切り替わるのです。

六曜暦

中国の宋代に「六壬時課」という名称でスタートした〝時刻占い〟です。一千年ほど前の宋代は、占いにとっての〝黄金期〟で優れた占術家を多数輩出し、各種占術が考案された時代です。その一つが「六壬時課」だったのです。暦としての起源は、古代中国に存在した「六行説」にあるとも言われ、一年を六行にするため、正月と七月、二月と八月、三月と九月、四月と十月、五月と十一月、六月と十二月を対とします。六行の各朔日に「大安」、「留連」、「速喜」、「赤口」、「小吉」、「空亡」の名称を順に与え、循環形式の〝時刻占い〟が誕生したのです。

惑星暦

本書に掲載の惑星暦は「天文暦」の一種で、太陽・水星・金星・火星・木星等の〝星座移動日〟を記載したものです。本来の惑星暦は、個々の惑星について詳細な星座度数を掲載すべきですが、欧米で毎年出版される「幸運暦」と違って、日本では個々の「ホロスコープ（天宮図）」に対する理解度が低いので、星座度数を載せても価値があると思われません。けれども日本の場合「星座占い」への関心度は高いので、そういう意味で各惑星の星座移動により影響が出て来る分野の可能性を予測する方法の一助として、他の暦にはない惑星暦を掲載したのです。日本では〝出生時刻不明〟が多いために正しい天宮図が作れないことが多いのです。

マヤ暦

中米のマヤ地域には、歴史上さまざまな暦が存在していました。意味不明の石碑による「長期暦」や、絵文書による「金星暦」「太陰暦」等があります。けれども、彼らが日常的に使用していたのは365日の「太陽暦」と、260日の「神聖暦」です。マヤの神聖暦は呪術的意味合いが強く、20日間ごと繰り返される「守護神」主体の暦です。実際には「1」〜「13」までの数字と各守護神が組み合わさって暦日を形成しますが、それは丁度、中国の干支暦が十干と十二支の組合せで暦日を形成しているのと同様です。神聖暦上の一か月は20日間なので、その13か月で〝一年260日間〟となります。この期間は〝焼き畑農業〟や〝雨季の期間〟が関わっていると思われますが、判然としていません。占いとして重要なのは「守護神」の意味と役割です。近年「マヤ暦」には、偽装されたマヤ暦が出まわっているので注意が必要です。

暦

暦日の意味と吉凶

太陽暦

立春
黄経３１５度地点を太陽が通過する日。旧暦「正月節」の開始。四季の「春」が始まる日。

雨水
黄経３３０度地点を太陽が通過する日。「正月節」の中気。雪や氷が解けて水に変わる日。

啓蟄
黄経３４５度地点を太陽が通過する日。旧暦「二月節」の開始。虫が地上に這い出て来る日。

春分
黄経０度（春分点）を太陽が通過する日。「二月節」の中気。一般的には「彼岸の中日」。

清明
黄経15度を太陽が通過する日。旧暦「三月節」の開始。草木に清朗の気があふれ出す日。

穀雨
黄経30度を太陽が通過する日。「三月節」の中気。百穀を潤す恵みの春雨が降り始める日。

立夏
黄経45度を太陽が通過する日。旧暦「四月節」の開始。暦の上で四季の「夏」が始まる日。

小満
黄経60度を太陽が通過する日。「四月節」の中気。万物長じて自然界にパワー満ち始める日。

芒種
黄経75度を太陽が通過する日。旧暦「五月節」の開始。農家が稲や麦の植え付け開始する日。

夏至
黄経90度（夏至点）を太陽が通過する日。「五月節」の中気。北半球では昼が最も長い日。

小暑
黄経１０５度を太陽が通過する日。旧暦「六月節」の開始。夏の暑さが日増しに強まる日。

大暑
黄経１２０度を太陽が通過する日。「六月節」の中気。一年中でもっとも暑さが強まる日。

立秋
黄経１３５度を太陽が通過する日。旧暦「七月節」の開始。暦の四季で「秋」が始まる日。

処暑
黄経１５０度を太陽が通過する日。「七月節」の中気。暑さがおさまり涼風が吹き渡る日。

白露
黄経１６５度を太陽が通過する日。旧暦「八月節」の開始。野草に白露がやどり始める日。

秋分
黄経１８０度を太陽が通過する日。「八月節」の中気。一般的には秋の「彼岸の中日」。

寒露
黄経１９５を太陽が通過する日。旧暦「九月節」の開始。野草に冷たい露がやどる日。

霜降
黄経２１０度を太陽が通過する日。「九月節」の中気。楓が紅葉して寂しく霜の降りる日。

立冬
黄経２２５度を太陽が通過する日。旧暦「十月節」の開始。暦で四季の「冬」が始まる日。

小雪
黄経２４０度を太陽が通過する日。「十月節」の中気。山稜の頂には白銀が眺められる日。

大雪
黄経２５５度を太陽通過する日。旧暦「十一月節」開始。北風吹き山峰積雪に覆われる日。

冬至
黄経２７０度を太陽が通過する日。「十一月節」の中気。北半球では夜がもっとも長い日。

小寒
黄経２８５度を太陽が通過する日。旧暦「十二月節」の開始。暦で「寒の入り」に入る日。

大寒
黄経３００度を太陽が通過する日。「十二月節」の中気。極寒の辛い寒さがやって来る日。

十干・十二支

甲
甲骨文字では「十」と記され、頭蓋骨の形状に由来。十幹では樹木で「統率者」の暗示。

乙
甲骨文字では「乙」と記され、喉仏の形状に由来。十幹では草花で「柔軟性に富む」の暗示。

丙
甲骨文字では「冏」から口を省く形、肩に由来。十幹では陽光で「燃える輝き」の暗示。

丁
甲骨文字では「口」と記され、釘の形状に由来。十幹では灯火で「発見・発明」の暗示。

戊
甲骨文字では「戉」と記され、鉞の形状に由来。十幹では山岳で「環境に従属」の暗示。

己
甲骨文字では「己」と記され、腸の形状に由来。十幹では田園で「情緒性豊か」の暗示。

庚
甲骨文字では「康」の源字に近く、脊椎の形状に由来。十幹では刀剣で「剛腕」の暗示。

辛
甲骨文字では「辛」字に近く、文身針の形状に由来。十幹では宝飾で「理想家」の暗示。

壬
甲骨文字では「I」と記され、脚骨の形状に由来。十幹では河海で「度量がある」の暗示。

癸
甲骨文字では「×」と記され、武器の形状に由来。十幹では雨露で「潔癖感強い」の暗示。

子
甲骨文字では〝幼児頭部〟の形で、毛髪に由来。十二枝では鼠で「殖え始める」の暗示。

丑
甲骨文字では〝手指で結ぶ〟形で「紐」に由来。十二枝では牛で「繋がれる絆」の暗示。

寅
甲骨文字では〝鍾の附いた矢〟で蚯蚓に由来。十二枝では虎で「猛烈な勢い」の暗示。

卯
甲骨文字では〝門の扉〟の形で、戸外に由来。十二枝では兎で「飛び跳ね上る」の暗示。

辰
甲骨文字では〝大蛤〟の形で、新月直前に由来。十二枝では龍で「飛翔していく」の暗示。

巳
甲骨文字では〝蛇〟又〝幼児〟で「巳」に由来。十二枝では蛇で「極点に達する」の暗示。

午
甲骨文字では〝杵〟の形で、「忤」に由来。十二枝では馬で「躍動する最盛期」の暗示。

未
甲骨文字では〝木枝〟の形で、樹木に由来。十二枝では羊で「成熟期が近づく」の暗示。

申
甲骨文字では〝稲光〟の形で、「呻」に由来。十二枝では猿で「身体形成される」の暗示。

酉
甲骨文字では〝酒樽〟の形で、「酒」に由来。十二枝では鶏で「飲み食い旺盛な」の暗示。

戌
甲骨文字では〝鉞〟の形で「滅」に由来。十二枝では犬で「出産し切り離される」の暗示。

亥
甲骨文字では〝豚〟の骨格で「骸」に由来。十二枝では猪で「閉ざされた世界」の暗示。

九星

一白
五行は「水」、定位は真北・坎宮、易卦は「水」、象意は「情愛・苦難・研究・休眠・流動」

二黒
五行は「土」、定位は南西・坤宮、易卦は「地」、象意は「勤労・庶民・日常・家庭・堅実」

三碧
五行は「木」、定位は真東・震宮、易卦は「雷」、象意は「独立・発見・焦燥・喧嘩・発展」

四緑
五行は「木」、定位は南東・巽宮、易卦は「風」、象意は「遠方・交渉・信用・縁談・迷走」

五黄
五行は「土」、定位は原点・中宮、易卦は「無」、象意は「我欲・復活・腐敗・消滅・強引」

六白
五行は「金」、定位は北西・乾宮、易卦は「天」、象意は「健康・事業・神仏・理想・名誉」

七赤
五行は「金」、定位は真西・兌宮、易卦は「沢」、象意は「飲食・金銭・社交・遊興・悦楽」

八白
五行は「土」、定位は北東・艮宮、易卦は「山」、象意は「変革・親族・後継・投機・妨害」

九紫
五行は「火」、定位は真南・離宮、易卦は「火」、象意は「名誉・華麗・離反・学術・別離」

星宿

角
白道距星は「おとめ座アルファ星」。洋服の購入や祝賀パーティーには吉。葬儀には凶。

亢
白道距星は「おとめ座カッパ星」。婚約やプロポーズに吉。住居の移動や旅行には凶。

氐
白道距星は「てんびん座アルファ星」。開店・開業や住居移動に吉。洋服の購入には凶。

房
白道距星は「さそり座パイ星」。旅行、お見合い、婚約、結婚、洋服の購入など全てに吉。

心
白道距星は「さそり座シグマ星」。神仏祭祀、帰省は吉。旅行、移転、建築、葬儀などは凶。

尾
白道距星は「さそり座ミュー星」。開店、開業、結婚は大吉。オシャレ関連の事柄には凶。

箕
白道距星は「いて座ガンマ星」。開店、建築、改修、造園、縫製は大吉。但し葬式は凶。

斗
白道距星は「いて座ファイ星」。衣類の縫製、住居のリノベーションや増改築などに大吉。

女
白道距星は「みずがめ座イプシロン星」。芸能関係は吉。住居の移転や増改築には凶。

虚
白道距星は「みずがめ座ベータ星」。何事の開始も慎まなければいけない日。すべてに大凶。

危
白道距星は「みずがめ座アルファ星」。婚約、入籍、挙式に凶。住居移転や改築の場合も凶。

室
白道距星は「ペガサス座アルファ星」。増改築、庭手入れ、祝い事に大吉。葬式には凶。

壁
白道距星は「ペガサス座ガンマ星」。新築、改築、造園、婚約、入籍、挙式、すべてに大吉。

奎
白道距星は「アンドロメダ座ゼータ星」。美容とオシャレ全てに大吉。芸能関係にも吉。

婁
白道距星は「おひつじ座ベータ星」。洋服の購入、美容とオシャレに大吉。婚約や結婚も吉。

胃
白道距星は「おひつじ座35番星」。万事に凶。家の新築や増改築の開始、葬儀などに大凶。

昴
白道距星は「おうし座17番星」。大吉日。どのようなことの開始に用いても良好を招く日。

畢
白道距星は「おうし座イプシロン星」。大吉日。特に住居移動や神社仏閣詣でなどが大吉。

觜
白道距星は「オリオン座ラムダ星」。大凶日。特に洋服の縫製や庭の手入れの刃物は大凶。

参
白道距星は「オリオン座ゼータ星」。縁談、婚約、挙式、契約ごと全て吉。但し葬式は凶。

井
白道距星は「ふたご座ミュー星」。美容オシャレや庭の手入れは吉。縫製や葬式には凶。

鬼
白道距星は「かに座シータ星」。異動、旅行、新規開店、祝賀会、イベント出演など、全てに吉。

柳
白道距星は「うみへび座デルタ星」。庭の手入れ、造園は吉。新築、挙式、葬式などは凶。

星
白道距星は「うみへび座アルファ星」。凶日。結婚等祝い事すべてが凶。また葬式は大凶。

張
白道距星は「うみへび座ウプシロン星」。吉日。特に結婚は大吉。洋服などの購入も吉。

翼
白道距星は「コップ座アルファ星」。何事の開始も凶。但し庭の手入れや鉢植えだけは吉。

軫
白道距星は「からす座ガンマ星」。土地・建物の購入、住居移転は吉。新築、開業も吉。

六曜

先勝
「速吉」とも記される。急いで先んずれば勝つ日。午前が吉、午後が凶。訴訟事には吉。

友引
「流運」とも記される。凶禍が友にも及ぶ日。朝晩が吉、昼が凶。勝負事は引き分けとなる。

先負
「小吉」とも記される。先んずれば敗れる日。朝晩が凶、午後の方が吉。お見合いは凶。

仏滅
「物滅」とも記される。もの皆が滅亡する日。一日中すべて凶。祝賀の行事は特に大凶。

大安
「泰安」とも記される。大いに安らかな日。一日中すべて吉。祝賀、特に婚礼には大吉。

赤口
「赤口」で変化なし。刃物に注意すべき日。朝夕が凶、昼間だけ吉。但し祝い事には大凶。

雑節

節分
本来は「四立」の前日を指す。現在は「立春」前日。「豆まき」は本来、鬼祓いの宮中儀式。

土用
本来は「四立」前の18日間を指す。一般には夏季の土用期間を指して、丑の日を特に重視。

彼岸
本来は仏教祭事の「彼岸会」7日間を指す。春分と秋分を「彼岸の中日」として重視する。

社日
本来は生まれた土地の「産土神」参拝日。年二回で春分と秋分にもっとも近い「戊」日。

八十八夜
立春から数えて88日目で「遅霜」の注意を喚起する日。農家にとっての重要な暦注。

入梅
本来は梅の実が熟する頃の「梅雨入り」予告日。暦では黄経80度を太陽が通過した日に当る。

半夏生
本来は「半夏」という毒草が生える時期の予告。暦では黄経100度を太陽が通過した日。

二百十日
立春から数えて210日目で台風襲来の予告日。漁師等の永年の経験に基づく注意喚起日。

二百二十日
立春から数えて220日目で「210日」に続く台風襲来予告日。こちらの方が的中率高い。

十三夜祭
本来は太陰暦9月13日夜「栗名月」に行う月見祭。月を拝祭すれば成功や財運が得られる。

二十三夜祭
本来は太陰暦12月23日夜から朝に行う月&太陽への祈願祭。拝祭すれば長寿の運を授かる。

三隣亡
古く「山林亡」又は「三輪宝」とも記される。土木や建築関係の不吉日で火災の要注意日。

天赦日
季節と干支との関係が良好な日。天が万物を養って罪・穢れを許す日。結婚や開業に大吉。

万倍日
「一粒万倍日」とも記される。一粒の種が万倍にも実るとされて、仕事始めや開店に大吉。

八専
干と支が専一の期間。元々は軍事上の忌日として戦事に使用。鍼灸の忌日ともされている。

月徳
元々は方位神。各月の「月徳十干」に相当する日。特に移動、旅行、出張、取引などに吉。

マヤ暦の守護神

イモッシュ

別名「イミシュ」とも呼ぶ。ワニの神。二重人格の意。独自の方法とパワー発揮の日。

イック

風の神。風&空気の意。揺れ動いている情報や思想を多くの人達と共有・共感する日。

アカバル

夜&室内の意。コウモリ館の神。秘められた理想や幻想を実現化していく第一歩の日。

カット

トカゲ、又はトウモロコシの意。トカゲの神。身近な場所から種が成長していく日。

カン

別名「チクチャン」。羽の生えた蛇、又は正義の意。蛇の神。充実感が与えられる日。

カメー

別名「キミ」。「死の象徴」の意。死の神。リアルな真実を突き付けられて嘆く日。

キエッヒ

別名「マニク」。鹿、手、四柱の意。鹿の神。世界の架け橋として機敏に動き回る日。

カニール

別名「ラマト」。星、又はウサギの意。ウサギの神。理想へと向かって飛び出す日。

トッホ

別名「ムルク」。供物、月、雨の意。水と魚の神。正直に反応していると実感する日。

ツィ

別名「オック」。犬の意。犬の神。周りと親しくしながら今後の方針や戦略を練る日。

バッツ

別名「チュエン」。より糸、又は猿の意。猿の神。芸術と学問に幸運をもたらす日。

エー

別名「エッブ」。草、歯、道の意。草の神。医療・薬品関連のことに幸運をもたらす日。

アッハ

別名「ベン」。アシ、又はトウモロコシの意。アシの神。人間の成長を陰から促す日。

イッシュ

祭壇、又はジャガーの意。ジャガーの神。自分自身の未来が無意識の中で語られる日。

ツィキン

別名「メン」。ワシ、又は賢者の意。ワシの神。強い生命力を持ち英知で勝利する日。

アハマック

別名「キブ」。フクロウ、罪を犯す者の意。フクロウの神。冥界からの嘆きを聞く日。

ノッホ

別名「カーバン」。智恵、地震、地球の意。ゴムの神。状況の変化にも対応できる日。

ティハッシュ

別名「エツナブ」。鏡、苦しみ、火打石の意。ナイフの神。生贄的状態から脱する日。

カウーク

調停者、裁判官、山嵐の意。雨と雷の神。家族団らんの中で矛盾した孤独を感じる日。

アッハプ

別名「アハウ」。王、旅人、吹矢使いの意。太陽の神。一貫性ある方針を打ち出す日。

「天文暦」の12星座

牡羊座
黄経0~30度の範囲。神話上は「振り返りながら走る牡羊」。正義感に満ちた強気の行動派。

牡牛座
黄経30~60度の範囲。神話上は「躍動感ある牡牛の上半身」。誠実で忍耐強く優しい情緒派。

双子座
黄経60~90度の範囲。神話上は「肩を組んだ双子の兄弟」。多弁で好奇心あふれる知性派。

蟹座
黄経90~１２０度の範囲。神話上は「巨大なカニの姿」。想像力豊かで感受性強い保守派。

獅子座
黄経１２０~１５０度の範囲。神話上「駆け上がる獅子の姿」。明るく突き進む唯我独尊派。

乙女座
黄経１５０~１８０度の範囲。神話上は「大きな翼ある乙女」。神経質だが几帳面な潔癖好き。

天秤座
黄経１８０~２１０度の範囲。神話上「古代の天秤の形」。センス良い気品あるオシャレ派。

蠍座
黄経２１０~２４０度の範囲。神話上は「巨大なさそりの形」。洞察力に優れた執念の情熱派。

射手座
黄経２４０~２７０度の範囲。神話上は「弓を引く半人半馬の神」。開放的に飛び回る放浪者。

山羊座
黄経２７０~３００度の範囲。神話上は「山羊と魚が合体した姿」。真面目で忍耐強い孤独派。

水瓶座
黄経３００~３３０度の範囲。神話上は「水瓶から水を灌ぐ美少年」。真理を探究する反逆者。

魚座
黄経３３０~３６０度の範囲。神話上は「二匹の魚が繋がれた姿」。情愛豊かで夢見る感覚派。

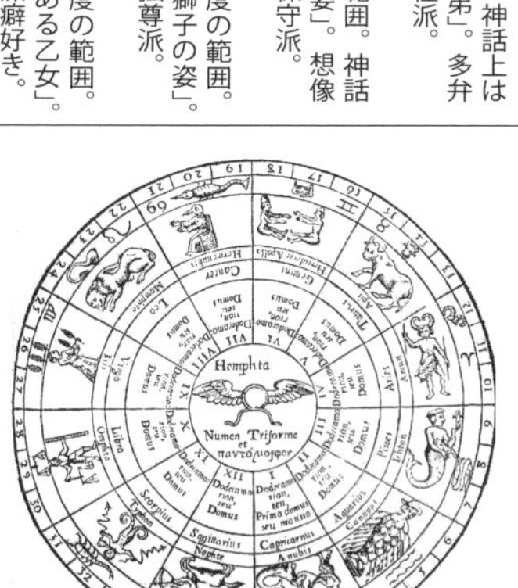

「暦」の上手な活用法

開運暦の活用法

ポイント
- 一つの暦だけで決めつけない
- それぞれの暦日の意味を知る
- それぞれの特徴を使い分ける

本書の開運暦には、この種の暦に組み込まれる「干支暦」「太陰暦」「九星暦」「六曜」などの他にも、「マヤ暦」や「惑星暦」のような珍しい暦も組み込んであります。また、干支・九星の月区分や天文・星座の月区分も明確にして、通常の暦との区別がわかりやすいよう工夫してあります。東洋系の暦、西洋系の暦、さらに中米の暦も加えて、多方面から「幸運の鍵」を読み取ろうとするのが本書の狙いです。また開運暦の下の方に記されている「祝祭と行事」には、民間信仰的要素が強い国民行事だけでなく、俗に「雑節」と呼ばれる吉凶暦日も記載してあります。昔から民間で支持され、継承されてきた暦日には、それなりの意義や役割があると思うからです。開運暦の使用は世界的なもので、古今東西その姿を微妙に変えながら、今日へと続いてきています。ところが日本で発行されている開運暦には、個々の暦日の詳しい意味や活用法がきちんと説明してあるものが少ないのです。本書中の「暦日の意味と吉凶」をよく読んで、星宿、六曜、マヤ暦日、雑節それぞれの特性を知って、上手に活用してもらうことが監修者としての願いです。例えば、月の朔望は当然ですが「新月」でスタートし、「満月」でピークを迎えます。それに合わせ「新月」の日に物事をスタートすればスムーズに開始され、徐々に拡大・膨張して「満月」でピークを迎えることが出来ます。星宿暦は開始する物事の種類を選択でき、九星暦は時間的な吉凶を知りたい時に活用出来ます。

方位盤の活用法

ポイント
- 二種類の方位盤の違いを知る
- 人生を左右する移動なら年盤
- ちょっとした旅行なら月盤でOK

本書の方位盤は大きく二種類に分けられ、九星・神殺を組み合わせた方位盤と、奇門・七政を組み合わせた方位盤です。日本では九星盤を用いる方位解釈が多く、中華圏では奇門盤を用いる方位解釈が多いものです。また日本で九星盤を用いる流派も二つに分かれていて、本書のように八方位全て45度間に統一してある盤と、四正30度間、四隅60度間に分けてある盤があります。ただ「神殺」は本来各15度間に振り分けるもので、後者は神殺を扱う盤が作れません。日本の場合、神殺盤でもっとも重要視されているのは立春時の「恵方巻」で知られる「歳徳神（恵方・明の方）」でしょう。また気学九星盤で用いる「歳破」や「月破」ですが、本当は神殺盤の虚星の一つなので、正しくは15度間のみに作用し、30度間に作用する虚星ではありません。ご注意ください。九星方位盤では「五黄殺」と「暗剣殺」を凶方位とし、「生気方」を吉方位とします。神殺は歳徳神以外の吉方位では「天徳神」「歳徳合」「天徳合」「月徳神」「太歳神」を重視します。凶方位では歳破神の他、「災殺神」「歳殺神」「歳刑神」を重視します。一方、奇門方位盤では天地盤の十干の組合せによる〝吉格〟や〝凶格〟を重視します。天干と八門の組合せがそれに続きます。七政では年盤に「天王星」と「土星」、月盤に「火星」と「金星」を用い、それらの位置から「会」となる15度間は吉方位、「冲」「刑」となる15度間は凶方位として扱います。人生を左右するような移動、つまり入学、入社、独立、結婚、マイホーム等の移動では年盤方位を重視します。たとえ月盤が悪くても、年盤方位が良ければOKです。日常的な動き、つまり、ちょっとした出張や旅行は月盤だけで年盤方位は気にしなくても良いのです。方位に捉われすぎると動けなくなるので注意しましょう。

運勢暦の活用法

ポイント
- ■生年・生月・生日ごとの運勢
- ■月運は各月の期間が異なる
- ■吉日は「事柄」で使い分ける

本書の運勢暦は三種類に分かれています。あなたの生まれ年を基準にした運勢欄、生まれ月を基準にした運勢欄、生まれ日を基準にした運勢欄の三種類です。生まれ年による運勢は東洋の干支術から「十二支」を用い、生まれ月による運勢は西洋の占星術から「十二星座」を用い、生まれ日による運勢は西洋の数秘術から「惑星数」を用いて表出しています。それぞれが単なる「今年の運勢」や「今月の運勢」だけではなく、根本的な〝性格〟とか〝才能〟とか〝人生傾向〟についても述べてあります。各運勢欄を読むうえで注意してほしいのは、月運それぞれの期間が微妙に異なっていることです。これは「干支月」の期間や「星座月」の期間が異なるからで、その期間に合わせた運勢となっているからです。運勢グラフはわかりやすいように多少誇張してあります。本書では、日運については、各月における吉日や凶日の設定、及び仕事運、愛情運、金銭運、移動運の良好な日を特定して記載してあります。通常、前もっての計画とか予定とかは〝良好な日〟を選択しようとするのが普通ですので、「公」「私」それぞれ各月の予定を立てやすいよう配慮してあります。ただ生まれ年や生まれ月の運勢で吉凶が異なる場合、仕事関連の場合は生まれ年による運勢の方を、愛情関連の場合は生まれ月による運勢の方を優先された方が良いかもしれません。また移動や旅行に関しては、赴く場所に方位盤の凶作用がないか、一応確認しておいた方が良いでしょう。「五黄殺」と「暗剣殺」はアジア全域で採用されているので、出来れば避けた方が無難です。住宅・不動産に関しては星宿暦による吉凶も合わせて観ておきましょう。婚約や挙式の場合は伝統的な六曜、星宿による吉凶、その他の雑節等も参考とするのが良いでしょう。

選日暦の活用法

ポイント
- ■「干支暦」と「天文暦」の活用
- ■祝祭と行事の「雑節」の活用
- ■挙式と葬式に欠かせない六曜暦

本書には他書では扱っていない「干支暦」「天文暦」に基づく〝幸運をあなたに〟のページが設けられています。これらは具体的に踏み込んだ一年の計画を立てる時、当てはまるような問題を抱えている時、大いに参考に出来るでしょう。開運暦中の「惑星暦」は、各惑星が十二星座を移動する日付を表記しています。水星は〝学習〟、金星は〝愛情〟、火星は〝戦闘〟、太陽は〝成功〟の移動を、それぞれ意味するものです。それらの移動を把握することで、日常の変化に適応していける意識を育むことが出来るでしょう。開運暦の「祝祭と行事」は民間信仰的「雑節」も多数載せています。特に「天赦日」は入籍と開業に大吉、「三隣亡」は建築に凶日です。また「六曜暦」は挙式と葬式で参考にすべきです。

マヤ暦の活用法

ポイント
- ■古代人の真摯な精神を学ぶ
- ■他の暦との併用がおススメ！
- ■「神聖暦」だけが占術で重要

古代マヤ人が天文学に精通していたことは広く知られています。彼らが遺した暦には「太陽暦」や「金星暦」や「神聖暦」がありますが、占い上で重要なのは２６０日循環の「神聖暦」です。古代エジプト人と同様に〝絵文字〟を使用したマヤ人ですが、暦の技法は古代中国で開発された「干支暦」と同様です。近年、日本で「マヤ暦」の名称で普及されている暦の中には、伝統的マヤ人が継承してきた暦とは異なるものを「マヤ暦」と称している人達もいます。本書では実際に継承されてきたマヤの暦に基づいた循環で暦日を並べています。「神聖暦」は基本的に〝守護神〟〝神聖数〟が一体化した暦日となっていますが、意味を持つのは生活を守る守護神の方です。精神生活の基として活用すべきです。

平成二十八年 各月別 奇門遁甲・七政 吉凶方位盤

1月の方位盤
1月6日～2月3日

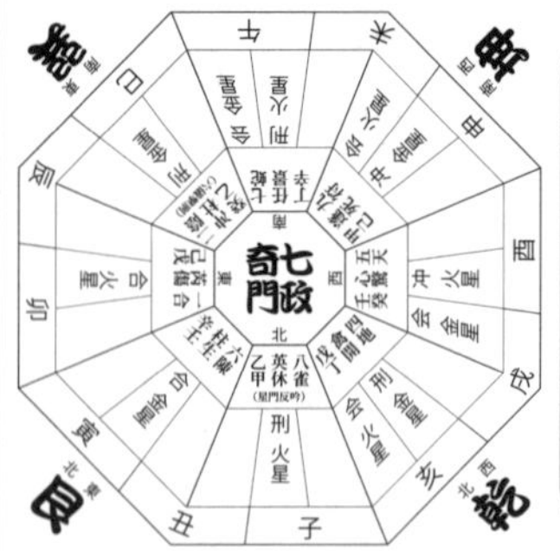

吉凶の解説

奇門盤では【丁・景門】の南、【戊・開門】の北西が吉方位。【六儀撃刑】の南東が凶方位。七政方位では【合・金星】の寅（北東）、【会・火星】の未（南西）が吉方位。【冲・火星】の酉（西）が凶方位です。

2月の方位盤
2月4日～3月4日

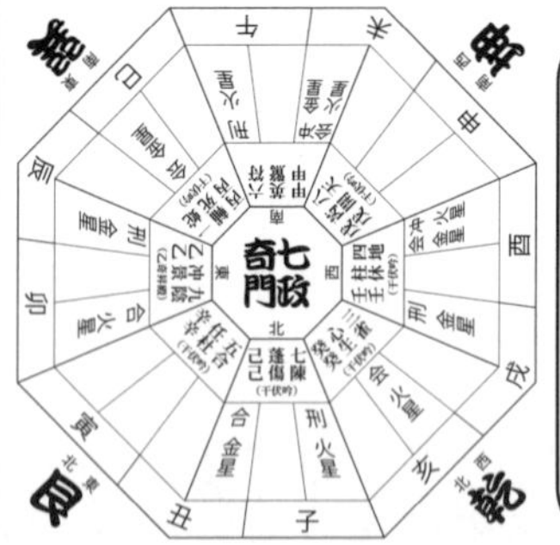

吉凶の解説

奇門盤では【乙奇昇殿】の東、【戊・開門】の南西が吉方位。【丙・死門】の南東が凶方位。七政方位では【合・金星】の丑（北）、【会・火星】の亥（北西）が吉方位。【刑・火星】の午（南）が凶方位です。

3月の方位盤
3月5日～4月3日

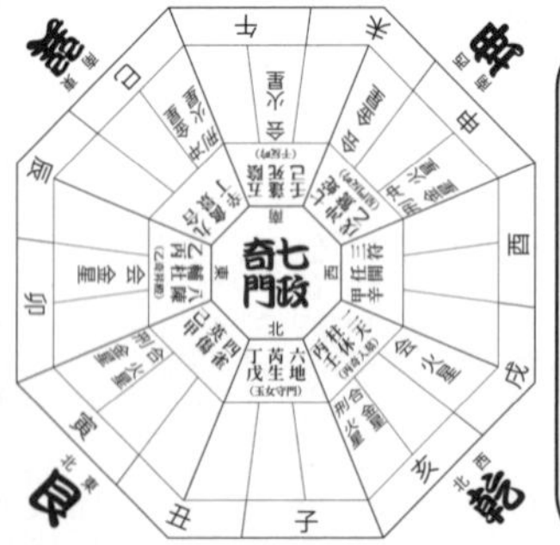

吉凶の解説

奇門盤では【乙奇昇殿】の東、【玉女守門】の北が吉方位。【丙奇入墓】の北西が凶方位。七政方位では【会・金星】の卯（東）、【会・火星】の午（南）が吉方位。【冲・火星】の申（南西）が凶方位です。

4月の方位盤
4月4日～5月4日

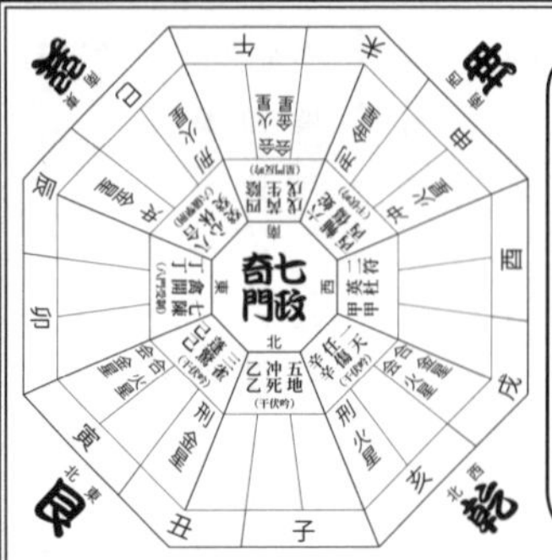

吉凶の解説

奇門盤では【丁・開門】の東、【戊・生門】の南が吉方位。【六儀撃刑】の南東が凶方位。七政方位では【合・金星】の戌（北西）、【会・金星】の寅（北東）が吉方位。【冲・火星】の申（南西）が凶方位です。

5月の方位盤
5月5日～6月4日

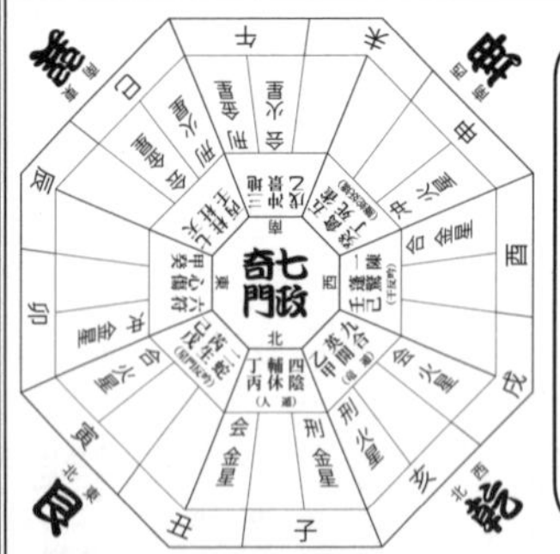

吉凶の解説

奇門盤では【人遁】の北、【竜遁】の北西が吉方位。【騰蛇妖嬌】の南西が凶方位。七政方位では【合・金星】の酉（西）、【会・火星】の戌（北西）が吉方位。【冲・火星】の申（南西）が凶方位です。

6月の方位盤
6月5日～7月6日

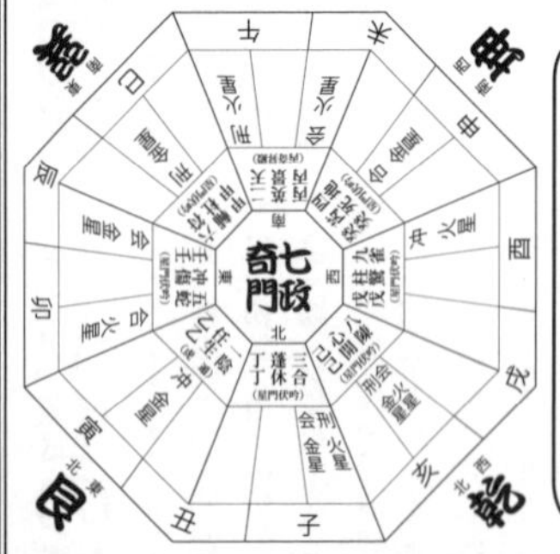

吉凶の解説

奇門盤では【丙奇昇殿】の南、【虎遁】の北東が吉方位。【星門伏吟】の東が凶方位。七政方位では【合・金星】の申（南西）、【会・火星】の未（南）が吉方位。【冲・火星】の酉（西）が凶方位です。

7月の方位盤
7月7日～8月6日

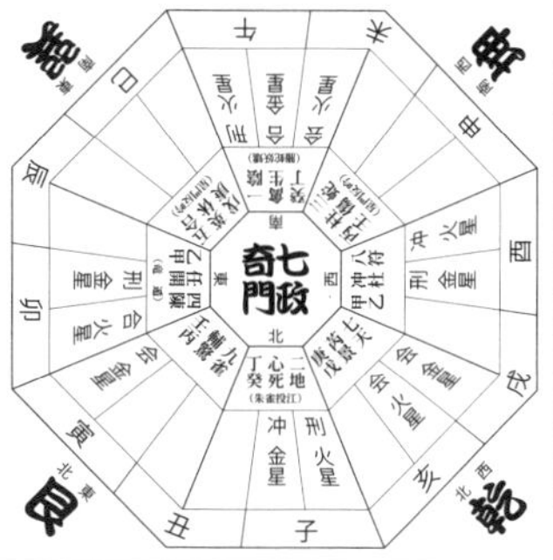

吉凶の解説
奇門盤では【竜遁】の東、【庚・景門】の北西が吉方位。【朱雀投江】の北が凶方位。七政方位では【会・金星】の寅（北東）、【会・火星】の亥（北西）が吉方位。【冲・火星】の酉（西）が凶方位です。

8月の方位盤
8月7日～9月6日

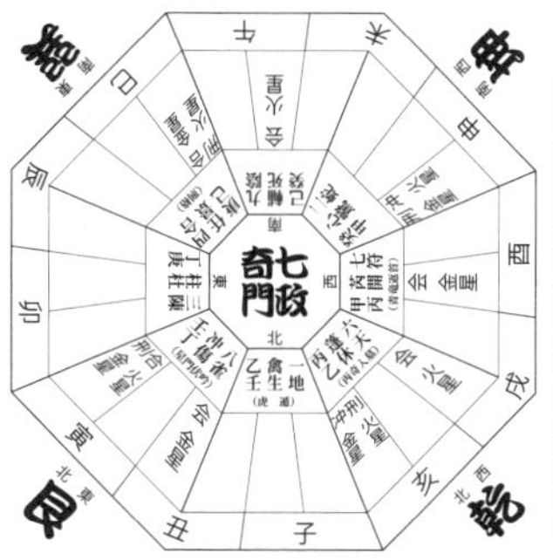

吉凶の解説
奇門盤では【青竜返首】の西、【虎遁】の北が吉方位。【刑格】の南東が凶方位。七政方位では【会・金星】の酉（西）、【会・火星】の午（南）が吉方位。【冲・火星】の申（南西）が凶方位です。

9月の方位盤
9月7日～10月7日

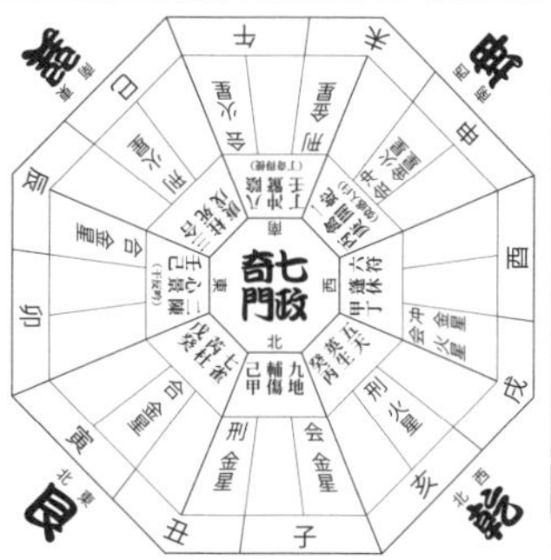

吉凶の解説
奇門盤では【丁奇得使】の南、【甲・休門】の西が吉方位。【熒惑入白】の南西が凶方位。七政方位では【合・金星】の辰（東）、【会・火星】の午（南）が吉方位。【刑・火星】の亥（北西）が凶方位です。

10月の方位盤
10月8日～11月6日

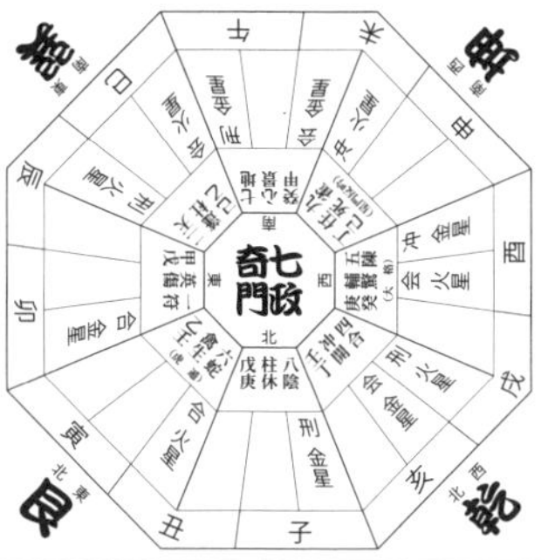

吉凶の解説
奇門盤では【虎遁】の北東、【戊・休門】の北が吉方位。【星門反吟】の南西が凶方位。七政方位では【合・金星】の卯（東）、【会・金星】の亥（北西）が吉方位。【冲・火星】の未（南西）が凶方位です。

11月の方位盤
11月7日～12月6日

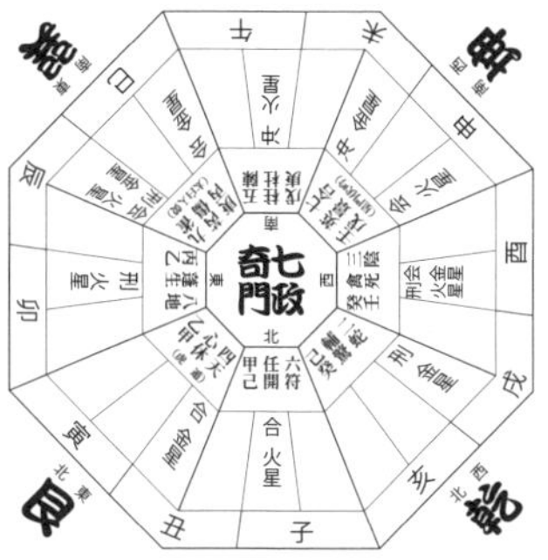

吉凶の解説
奇門盤では【虎遁】の北東、【甲・開門】の北が吉方位。【太白入熒】の南東が凶方位。七政方位では【合・金星】の丑（北東）、【会・金星】の巳（南東）が吉方位。【冲・火星】の午（南）が凶方位です。

12月の方位盤
12月7日～1月5日

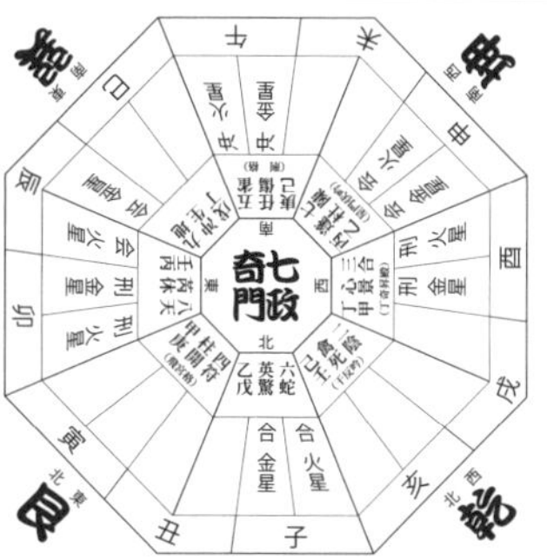

吉凶の解説
奇門盤では【丁奇昇殿】の西、【戊・生門】の南東が吉方位。【飛宮格】の北東が凶方位。七政方位では【会・金星】の申（南西）、【合・金星】の子（北）が吉方位。【刑・火星】の酉（西）が凶方位です。

※方位は占術によって「八方位」「十二方位」「二十四方位」に分かれています。九星気学と奇門遁甲は八方位、神殺と七政は二十四方位です。

※本書は七政方位の年盤に天王星と土星を用い、月盤に火星と金星を用い、作用範囲を15度間とする独自の方位術です。

平成二十八年 各月別 九星気学・神殺 吉凶方位盤

1月の方位盤
1月6日～2月3日

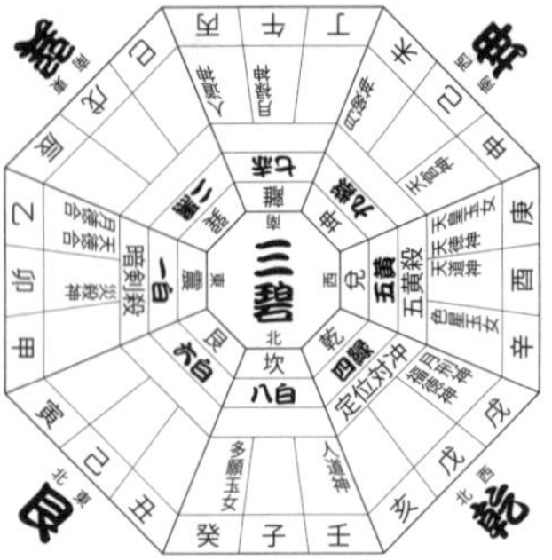

吉凶の解説

九星盤では九紫の南西、六白の北東が吉方位。【暗剣殺】の東、【定位対冲】の北西が凶方位。神殺方位では【天徳神】の庚（西）、【天徳合】の乙（東）が吉方位。【月破神】の未（南西）が凶方位です。

2月の方位盤
2月4日～3月4日

吉凶の解説

九星盤では【生気方】の東、一白の南東が吉方位。【暗剣殺】の南西、【五黄殺】の北東が凶方位。神殺方位では【天徳神】の丁（南）、【月徳神】の丙（南）が吉方位。【月破神】の申（南西）が凶方位です。

3月の方位盤
3月5日～4月3日

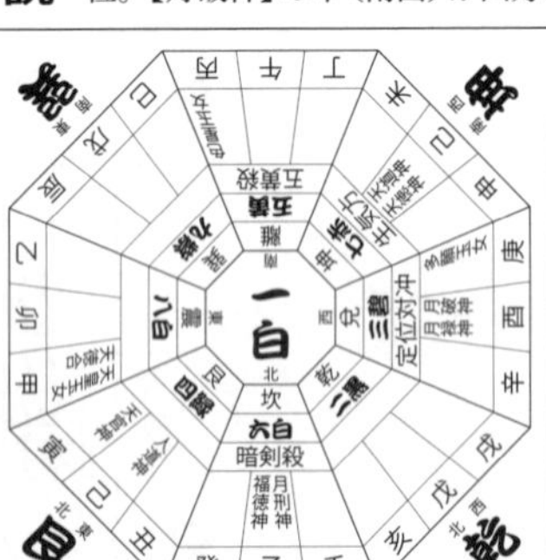

吉凶の解説

九星盤では【生気方】の南西、九紫の南東が吉方位。【暗剣殺】の北、【五黄殺】の南が凶方位。神殺方位では【天徳神】の己（南西）、【天徳合】の甲（東）が吉方位。【月破神】の酉（西）が凶方位です。

4月の方位盤
4月4日～5月4日

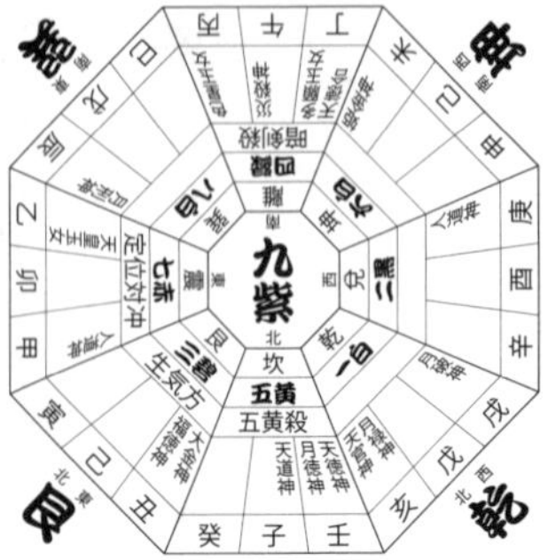

吉凶の解説

九星盤では【生気方】の北東、一白の北西が吉方位。【暗剣殺】の南、【定位対冲】の東が凶方位。神殺方位では【天徳神】の壬（北）、【天徳合】の丁（南）が吉方位。【月破神】の戌（北西）が凶方位です。

5月の方位盤
5月5日～6月4日

吉凶の解説

九星盤では【生気方】の北西、一白の西が吉方位。【暗剣殺】の北東、【五黄殺】の南西が凶方位。神殺方位では【天徳神】の辛（西）、【月徳合】の乙（東）が吉方位。【月破神】の亥（北西）が凶方位です。

6月の方位盤
6月5日～7月6日

吉凶の解説

九星盤では【生気方】の北西、【生気方】の南が吉方位。【暗剣殺】の西、【五黄殺】の東が凶方位。神殺方位では【天徳神】の戌（北西）、【月徳神】の丙（南）が吉方位。【月破神】の子（北）が凶方位です。

※方位は占術によって「八方位」「十二方位」「二十四方位」に分かれています。九星気学と奇門遁甲は八方位、神殺と七政は二十四方位です。

※本書の九星気学盤は八方位すべてを45度間として扱い、一般気学の四正30度、四隅60度説は採用しません。

7月の方位盤
7月7日～8月6日

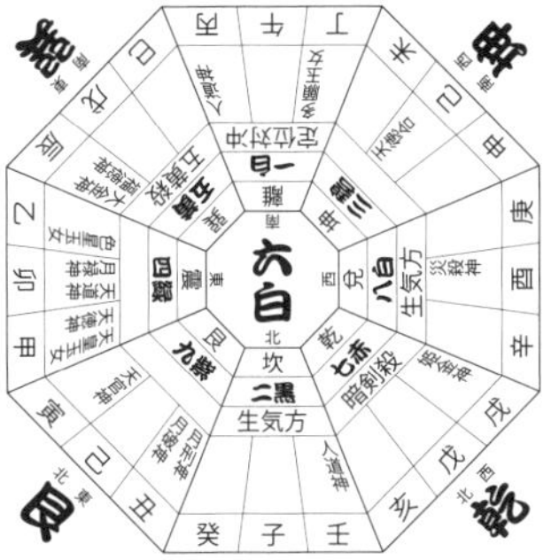

吉凶の解説
九星盤では【生気方】の北・西、九紫の北東が吉方位。【暗剣殺】北西、【五黄殺】南東が凶方位。神殺方位では【天徳神】の甲（東）、【天道神】の卯（東）が吉方位。【月破神】の丑（北東）が凶方位です。

8月の方位盤
8月7日～9月6日

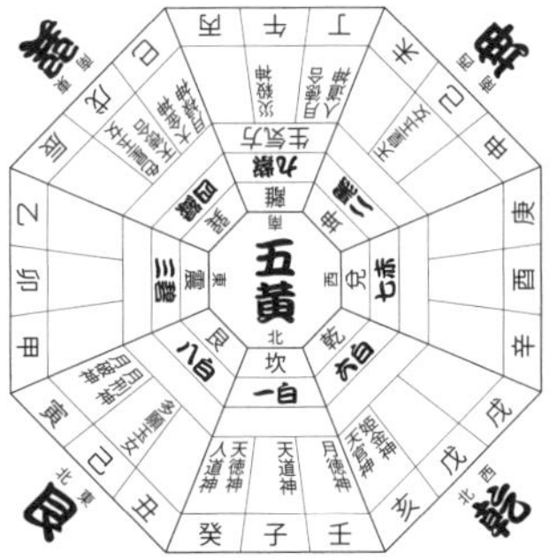

吉凶の解説
九星盤では【生気方】の南、一白の北が吉方位。凶方位は特になし。神殺方位では【天徳神】の癸（北）、【月徳神】の壬（北）、【天徳合】の戊（南東）が吉方位。【月破神】の寅（北東）が凶方位です。

9月の方位盤
9月7日～10月7日

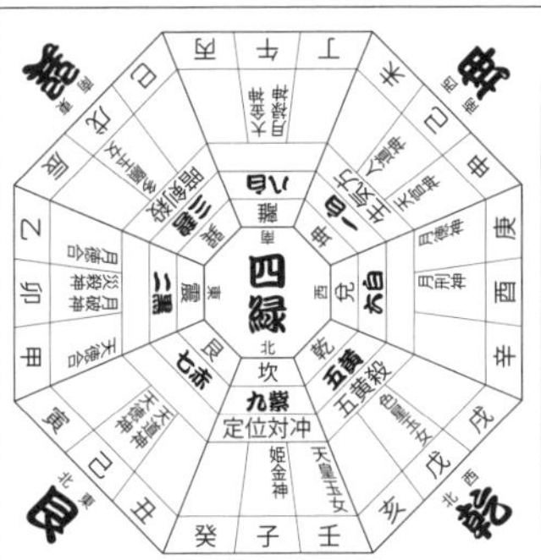

吉凶の解説
九星盤では【生気方】の南西、六白の西が吉方位。【暗剣殺】の南東、【定位対冲】の北が凶方位。神殺方位では【天徳神】の己（北東）、【月徳神】の庚（西）が吉方位。【月破神】の卯（東）が凶方位です。

10月の方位盤
10月8日～11月6日

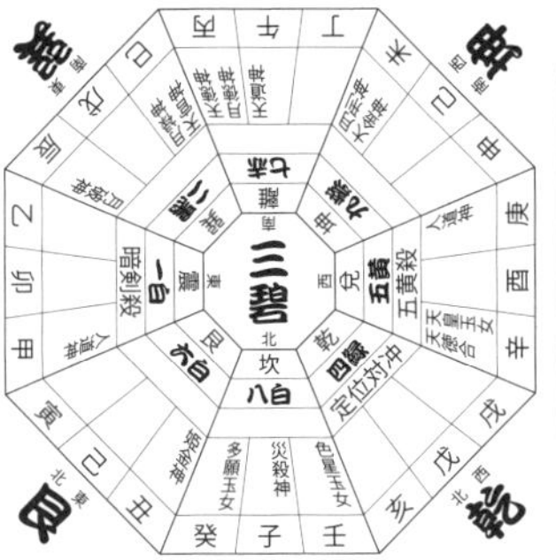

吉凶の解説
九星盤では九紫の南西、六白の北東が吉方位。【暗剣殺】の東、【五黄殺】の西が凶方位。神殺方位では【天徳神】の丙（南）、【月禄神】の巳（南東）が吉方位。【月破神】の辰（南東）が凶方位です。

11月の方位盤
11月7日～12月6日

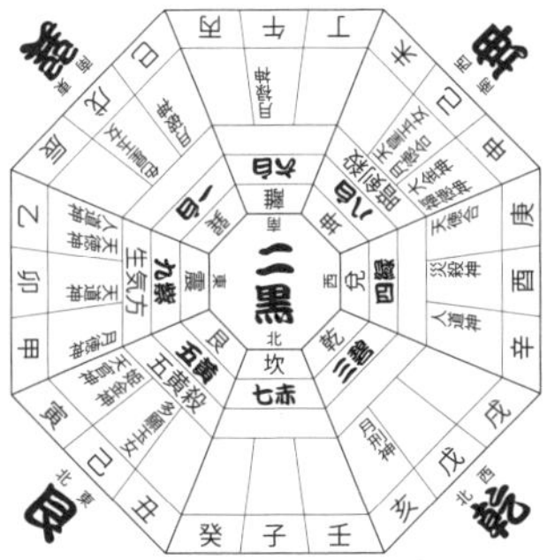

吉凶の解説
九星盤では【生気方】の東、一白の南東が吉方位。【暗剣殺】の南西、【五黄殺】の北東が凶方位。神殺方位では【天徳神】の乙（東）、【月徳神】の甲（東）が吉方位。【月破神】の巳（南東）が凶方位です。

12月の方位盤
12月7日～1月5日

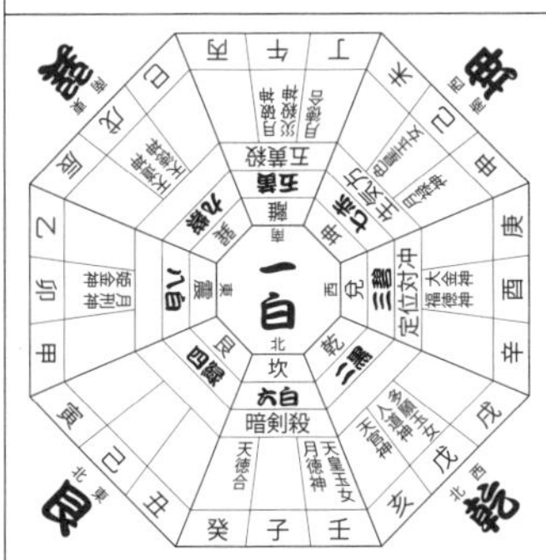

吉凶の解説
九星盤では【生気方】の南西、九紫の南東が吉方位。【暗剣殺】の北、【五黄殺】の南が凶方位。神殺方位では【天徳神】の戊（南東）、【月徳神】の壬（北）が吉方位。【月破神】の午（南）が凶方位です。

2016年 出生年別 あなたの運勢

子

ネズミ年

2008（H20）年生 ・1996（H08）年生
1984（S59）年生 ・1972（S47）年生
1960（S35）年生 ・1948（S23）年生
1936（S11）年生 ・1924（T13）年生

子年生まれの性格&人生

周囲に敏感で洞察力があり、用心深く辺りを窺い、周到な計画の元で一気に行動を開始する性質です。やや性急で忍耐強さに乏しい面があるので、途中挫折しやすい欠点もありますが、世の中の変わり目に乗じて商才を発揮し、徐々に大きな成功と財産を築いていくことでしょう。

人を信じすぎることが災いし、足元をすくわれて、窮地に陥る時期があっても、爆発的なエネルギーと行動力を発揮し、人生の勝利を確実に掴みとっていく運勢です。

1月

1月6日～2月3日

好調な滑り出しへと向かう助走段階の運勢です。休日にはカラフルな入浴剤を入れて身体を癒しましょう。髪型やファッションを変え変身するのに良い時期です。目や耳からの印象を重要視すべきです。新たな計画や目標に向かいスタートです。

●印はラッキーデー
■印はアンラッキーデー

S	M	T	W	T	F	S
			6	●7	8	9
10	11	12	13	14	15	16
17	18	19	20	21	22	●23
24	25	26	27	■28	29	●30
31						
	1	2	3			

仕事運が良い日	1月15日	1月30日
愛情運が良い日	1月7日	1月23日
金銭運が良い日	1月21日	2月2日
移動運が良い日	1月9日	1月24日

2月

2月4日～3月4日

周囲との心地良い対人関係を心掛けましょう。その方が運の流れもスムーズです。さり気なく手助けする仕事姿勢が評価を高めます。休日は慈善活動に奔走しましょう。貯金箱や財布の購入に良い時です。乾拭きすると財運が潤ってくるでしょう。

●印はラッキーデー
■印はアンラッキーデー

S	M	T	W	T	F	S
				●4	5	6
7	8	9	10	11	12	13
14	15	●16	17	18	■19	20
21	22	23	24	25	26	27
28	29					
		1	2	●3	4	

仕事運が良い日	2月6日	2月20日
愛情運が良い日	2月4日	3月3日
金銭運が良い日	2月16日	3月1日
移動運が良い日	2月10日	2月21日

3月

3月5日～4月3日

愛する人とハッピーに過ごすと人気運が上昇します。パステルカラーのコートや靴を身に付けると出逢いの運もやって来ます。交渉の席では香辛料を使った料理もおススメです。家族や仲間とたわいのない冗談を言い合うと愛情運が安定します。

●印はラッキーデー
■印はアンラッキーデー

S	M	T	W	T	F	S
						5
6	●7	8	9	10	11	12
13	14	15	■16	17	18	●19
20	21	22	23	24	25	26
27	28	29	30	31		
					●1	2
3						

仕事運が良い日	3月19日	4月1日
愛情運が良い日	3月13日	3月30日
金銭運が良い日	3月7日	3月20日
移動運が良い日	3月9日	3月26日

4月

4月4日～5月4日

好調時なので積極的な自己アピールが有効です。身体のメンテナンスに時間とお金を使いましょう。仕事が一休みできる時は外出して春の陽射しを浴びましょう。心の浄化が仕事まで浄化してくれます。同じ目標を掲げる仲間と語り合いましょう。

●印はラッキーデー
■印はアンラッキーデー

S	M	T	W	T	F	S
	4	5	6	7	●8	9
■10	●11	12	13	14	15	16
17	18	19	20	21	22	23
24	25	26	27	28	●29	30
1	2	3	4			

仕事運が良い日	4月17日	4月24日
愛情運が良い日	4月11日	4月29日
金銭運が良い日	4月8日	5月4日
移動運が良い日	4月21日	5月3日

5月

5月5日～6月4日

遠方との関係が深まりやすい時です。朝起きたら窓を開け、遠くを見つめるとパワーを得られるでしょう。爽やかな風は上質な運気を与えてくれます。似たような環境の人と仲良くなりましょう。暖色系のワンポイントが愛の出逢い運を強めます。

●印はラッキーデー
■印はアンラッキーデー

S	M	T	W	T	F	S
				5	6	7
8	●9	10	11	12	13	14
15	16	17	18	19	20	21
22	●23	24	■25	26	27	28
29	30	●31				
			1	2	3	4

仕事運が良い日	5月27日	6月4日
愛情運が良い日	5月9日	5月31日
金銭運が良い日	5月12日	5月23日
移動運が良い日	5月5日	5月18日

6月

6月5日～7月6日

仕事上での疲れを感じやすい時です。気候の変化で生活のリズムを崩さないようにしましょう。経済的な問題を抱えやすい時です。まごつく場面がないよう要注意です。夜遊びを控え十分な睡眠をとりましょう。自分のペースで働くのが一番です。

●印はラッキーデー
■印はアンラッキーデー

S	M	T	W	T	F	S
5	6	●7	8	9	10	11
12	13	14	15	16	●17	18
19	20	21	22	23	24	●25
26	27	28	29	30		
					1	2
3	4	5	■6			

仕事運が良い日	6月12日	6月30日
愛情運が良い日	6月7日	6月25日
金銭運が良い日	6月5日	6月17日
移動運が良い日	6月11日	7月2日

子 年生まれ 2016年の運勢

パワーグラフは初春から初夏にかけ著しく突出していますが、年間を通じ恵まれた運勢であることを告げています。
２０１６年は新たな仕事や計画の開始時期としては最高で、協力者を得やすく、能力・手腕も十分発揮できます。元々組織活動に強い子年生まれですが、トリオを組む仕事は特に成功しやすいでしょう。
勝負をかけるなら2月のスタートが良く、勢いに乗じやすいでしょう。素晴らしい人との出逢いは4～5月に集中しそうです。

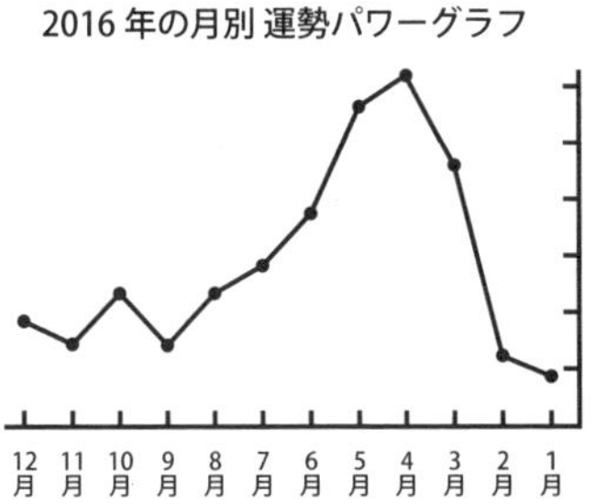

7月
7月7日～8月6日

何事も腰を据えて取り組むとうまく行く時です。誰にも言えないような問題を抱えやすいでしょう。気分転換には山峡や湖畔の宿が良いでしょう。水が全てを洗い流してくれます。夜の酒場は誘惑がいっぱいです。早寝早起きが健康に一番です。

●印はラッキーデー
■印はアンラッキーデー

S	M	T	W	T	F	S
				7	8	●9
10	11	12	13	14	15	16
■17	18	19	20	21	22	23
24	25	26	27	28	29	30
31						
	●1	2	3	4	5	●6

仕事運が良い日	7月9日	7月31日
愛情運が良い日	7月11日	8月1日
金銭運が良い日	7月20日	8月6日
移動運が良い日	7月15日	7月26日

8月
8月7日～9月6日

時間の流れがスローに感じる時期です。思うように進まない仕事に苛立つ場面がありそう。仕事よりプライベートを充実させましょう。水平線に沈む夕陽が心を癒してくれます。星空下の花火も良いでしょう。愛する人との約束を果たす好機です。

●印はラッキーデー
■印はアンラッキーデー

S	M	T	W	T	F	S
7	8	■9	10	11	12	●13
14	●15	16	17	18	19	20
21	22	23	24	25	26	27
28	29	30	31			
				1	2	3
4	●5	6				

仕事運が良い日	8月20日	8月28日
愛情運が良い日	8月13日	9月5日
金銭運が良い日	8月14日	8月31日
移動運が良い日	8月15日	9月1日

9月
9月7日～10月7日

落ち込みがちな気持ちをスポーツで補いましょう。職場内の大掃除も良いものです。新たなファイトがわいてくるでしょう。どっちつかずの気持ちの整理も必要です。大切な人へのメッセージが効果的です。プレゼントを渡すと窮地を救ってもらえそう。

●印はラッキーデー
■印はアンラッキーデー

S	M	T	W	T	F	S
			7	8	9	10
11	●12	13	14	15	16	■17
●18	19	20	21	22	23	24
25	26	27	28	29	30	
						●1
2	3	4	5	6	7	

仕事運が良い日	9月15日	9月29日
愛情運が良い日	9月12日	10月1日
金銭運が良い日	9月7日	9月18日
移動運が良い日	9月22日	10月6日

10月
10月8日～11月6日

挑戦したいことが出て来る時です。しっかり計画を立てて行動するのが良いでしょう。年内に片付けたい問題は早めに着手した方が良いでしょう。経済面でのマイナスを考慮すべき時期です。仕事に関わりある交際費を削ってはいけません。

●印はラッキーデー
■印はアンラッキーデー

S	M	T	W	T	F	S
						8
●9	10	11	●12	13	14	15
16	17	18	19	20	21	■22
23	24	25	26	27	28	29
30	31					
		1	2	●3	4	5
6						

仕事運が良い日	10月8日	11月4日
愛情運が良い日	10月12日	11月3日
金銭運が良い日	10月9日	10月31日
移動運が良い日	10月15日	10月25日

11月
11月7日～12月6日

やや混沌とした運気の中での多忙さです。決断に迷いが生じてもそのまま突っ走りましょう。デパートに出かけると予算をオーバーしてしまいそうです。ヨガやストレッチなどで気分転換をしましょう。習い事の雑誌に意外なヒントが隠れています。

●印はラッキーデー
■印はアンラッキーデー

S	M	T	W	T	F	S
	7	8	9	10	●11	12
■13	14	15	16	17	18	19
20	21	22	23	24	25	26
●27	28	29	30			
				1	2	3
●4	5	6				

仕事運が良い日	11月19日	11月28日
愛情運が良い日	11月11日	12月1日
金銭運が良い日	11月27日	12月4日
移動運が良い日	11月17日	11月23日

12月
12月7日～1月5日

早くも来年に向けてのスタートを切りましょう。大掃除や片付けは早めに終わらせるべきです。新年の準備が新たなパワーを注ぎ込んでくれます。同僚の話題は信頼できる仲間との間で持ち出しましょう。親との良好な関係が財運を安定させます。

●印はラッキーデー
■印はアンラッキーデー

S	M	T	W	T	F	S
			7	8	9	10
■11	12	13	14	15	●16	17
18	19	20	21	●22	23	24
25	26	27	●28	29	30	31
1	2	3	4	5		

仕事運が良い日	12月16日	1月4日
愛情運が良い日	12月15日	12月31日
金銭運が良い日	12月25日	12月28日
移動運が良い日	12月22日	1月2日

2016年 出生年別 あなたの運勢

2009（H21）年生 ・ 1997（H09）年生
1985（S60）年生 ・ 1973（S48）年生
1961（S36）年生 ・ 1949（S24）年生
1937（S12）年生 ・ 1925（T14）年生

丑年生まれの性格&人生

一見、控えめで大人しく見えても、実際には頑固で信念が強く、納得できなければ梃子でも動かない性質です。決断の遅いところがあるので、ライバルに先を越されやすい弱点もありますが、いったん決めたことは粘り強く遂行し、いつの間にか成功と財産を築いていく人生でしょう。臨機応変さが乏しいことが災いし、時代に取り残され、不遇をかこつ時期があっても、マイペースを堅持し物事を成し遂げ人生を勝利に導いていく運勢です。

1月
1月6日～2月3日

●印はラッキーデー
■印はアンラッキーデー

忙しい中で遠出をしたい気分が強まっていきます。今年の目標を明確にしておきましょう。初めての地域や人々との関わりが増えていきそうです。決めた予算でやりくりする方法を見つけ出しましょう。節約生活で新たな一歩を踏み出しましょう。

S	M	T	W	T	F	S
			6	7	8	9
10	11	12	●13	14	●15	16
■17	18	19	20	21	22	23
24	25	26	27	28	29	30
31						
	1	●2	3			

仕事運が良い日	1月19日	1月24日
愛情運が良い日	1月6日	2月2日
金銭運が良い日	1月15日	1月31日
移動運が良い日	1月13日	1月27日

2月
2月4日～3月4日

●印はラッキーデー
■印はアンラッキーデー

大切な相手との距離が徐々に縮まっていく時です。店頭では欲しいものが沢山出て来そうです。節約の中でも交際費は惜しまず使いましょう。住居関連や仕事関連の人達との交流が増えそうです。浴室には湿気がたまらないよう工夫しましょう。

S	M	T	W	T	F	S
				4	5	6
●7	8	9	10	11	12	13
14	15	●16	17	18	19	20
21	22	23	24	25	26	27
28	29					
		1	■2	3	●4	

仕事運が良い日	2月16日	3月4日
愛情運が良い日	2月10日	2月18日
金銭運が良い日	2月6日	2月23日
移動運が良い日	2月7日	2月28日

3月
3月5日～4月3日

●印はラッキーデー
■印はアンラッキーデー

仕事集中の時間と休憩時間との区分けをしっかりつけましょう。健康に良いものは積極的に取り入れましょう。目の疲れや肩こりなど疲労を蓄積しないことです。身体の不調は早めにリセットすべきです。鍋料理や炒め物で体内を温めましょう。

S	M	T	W	T	F	S
						5
●6	7	8	9	10	11	12
●13	14	15	16	17	18	19
20	21	22	23	24	25	26
27	28	29	●30	■31		
					1	2
3						

仕事運が良い日	3月7日	3月28日
愛情運が良い日	3月13日	3月23日
金銭運が良い日	3月9日	3月30日
移動運が良い日	3月6日	4月3日

4月
4月4日～5月4日

●印はラッキーデー
■印はアンラッキーデー

部屋の模様替えをして季節感を出しましょう。明るい印象の部屋に変えるのがベストです。生活の中にパステルカラーを取り入れましょう。休日は遺跡巡りをするとパワーを吸収できます。外出先では特産品をお土産にすると風水効果倍増です。

S	M	T	W	T	F	S
	4	5	6	7	■8	9
●10	11	12	13	14	15	●16
17	18	19	20	21	22	23
24	25	26	27	●28	29	30
1	2	3	4			

仕事運が良い日	4月10日	4月16日
愛情運が良い日	4月11日	4月28日
金銭運が良い日	4月18日	5月1日
移動運が良い日	4月29日	5月3日

5月
5月5日～6月4日

●印はラッキーデー
■印はアンラッキーデー

見えない力の後押しを感じる時です。同僚や友人の悩み事には親身になってあげましょう。一緒に居ると過去のトラウマも消えていきます。難しい問題は家族のサポートを求めましょう。新しく預金や投資を始めると確実に増えていくでしょう。

S	M	T	W	T	F	S
				5	6	●7
8	9	●10	11	12	13	14
15	16	17	18	19	20	21
22	23	24	25	26	27	28
29	30	31				
			●1	■2	3	4

仕事運が良い日	5月14日	6月1日
愛情運が良い日	5月17日	5月30日
金銭運が良い日	5月6日	6月3日
移動運が良い日	5月7日	5月10日

6月
6月5日～7月6日

●印はラッキーデー
■印はアンラッキーデー

心から叶えたい目標に向かって動き出しましょう。身近な人達が応援してくれます。毎日の地道な努力が成功を呼びます。今年前半の努力の結果が数字として表れます。落ち込んだなら花や緑に癒されましょう。ヨガや瞑想は才能を開花させます。

S	M	T	W	T	F	S
●5	●6	7	8	9	10	11
12	13	14	15	16	17	■18
19	20	21	22	23	24	25
26	27	28	29	30		
					1	2
3	4	5	●6			

仕事運が良い日	6月5日	6月20日
愛情運が良い日	6月6日	6月26日
金銭運が良い日	6月12日	6月29日
移動運が良い日	6月14日	7月6日

丑年生まれ 2016年の運勢

パワーグラフは初夏に頂上を迎える形で突出していますが、総体的に穏やかな運勢であることを告げています。２０１６年は身内関連のことで問題が生じやすい年で、多少神経を使う部分もありますが、その後には幸運が待っています。元々は秋に強い丑年生まれですが、ワンシーズン早い夏場が今年の好機です。勝負をかけるなら年初からのスタートが良く、じわじわ実力を伸ばしていきます。素晴らしい人との出逢いは６月が最良でしょう。

2016年の月別 運勢パワーグラフ

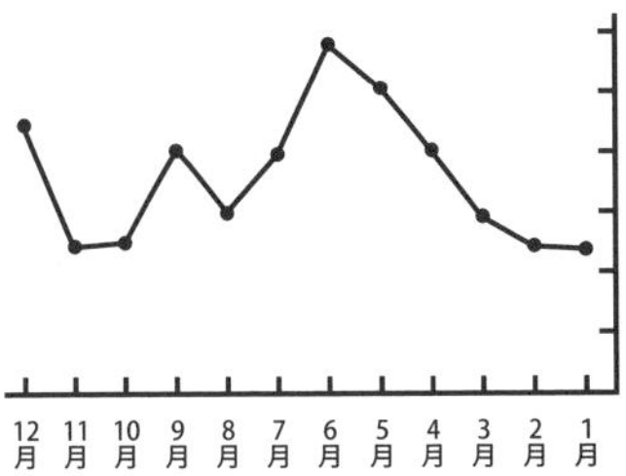

7月
7月7日～8月6日

●印はラッキーデー
■印はアンラッキーデー

大自然の野山が安らぎを与えてくれます。職場や自宅にこもってはいけません。嫌な出来事を引きずると運気が下がります。風の音や虫の声を聞きながら散歩するのがベストです。素晴らしい芸術作品の感動を愛する人と分かち合いましょう。

S	M	T	W	T	F	S
				7	●8	9
10	11	12	13	14	●15	16
17	18	19	20	21	22	23
■24	25	26	27	28	29	30
31						
	1	2	3	4	●5	6

仕事運が良い日	7月10日	8月2日
愛情運が良い日	7月8日	7月15日
金銭運が良い日	7月7日	8月5日
移動運が良い日	7月12日	8月2日

8月
8月7日～9月6日

●印はラッキーデー
■印はアンラッキーデー

仕事上の勢いが少しずつ弱まっています。周囲からの助け舟が必要な時です。仕事にブレーキを掛けないと意外な場面で足元をすくわれそうです。兄妹や親友との関係を大切にしましょう。穏やかな言葉遣いが素晴らしい愛情運を運んできます。

S	M	T	W	T	F	S
7	8	9	●10	11	12	13
14	15	16	17	●18	19	■20
21	22	23	24	25	26	27
28	29	30	31			
				1	2	●3
4	5	6				

仕事運が良い日	8月8日	8月18日
愛情運が良い日	8月10日	9月6日
金銭運が良い日	8月23日	9月3日
移動運が良い日	8月11日	9月5日

9月
9月7日～10月7日

●印はラッキーデー
■印はアンラッキーデー

小さな出費が増えそうな時期です。レジャーに誘われることが多くなります。交際費や飲食代は必要経費と割り切りましょう。仲間などと大勢で出掛ける機会が出て来そうです。美味しい飲食店を発見出来そう。笑顔が広がると幸運が舞い込みます。

S	M	T	W	T	F	S
			7	8	9	10
11	12	13	14	15	●16	17
18	19	20	■21	22	23	24
25	●26	27	28	29	30	
						1
2	3	4	5	6	●7	

仕事運が良い日	9月28日	10月2日
愛情運が良い日	9月16日	10月7日
金銭運が良い日	9月26日	9月30日
移動運が良い日	9月18日	9月24日

10月
10月8日～11月6日

●印はラッキーデー
■印はアンラッキーデー

周囲との協調性が必要な時です。大切な話は直接話すのが良いでしょう。家族との関係にウエイトを置きましょう。対人面での言葉の食い違いに注意が必要です。花粉症などアレルギー症状が出やすいので日頃から早めに病院へ行きましょう。

S	M	T	W	T	F	S
						8
9	10	11	■12	13	14	●15
16	17	18	19	●20	21	22
23	24	25	26	27	28	29
30	31					
		1	2	●3	4	5
6						

仕事運が良い日	10月10日	10月20日
愛情運が良い日	10月8日	11月3日
金銭運が良い日	10月15日	10月31日
移動運が良い日	10月16日	11月6日

11月
11月7日～12月6日

●印はラッキーデー
■印はアンラッキーデー

一足早く来年への備えをするのに良い時です。愛する人と離れている時間が多くなりがちです。忘れずメールや電話で愛を確かめましょう。小さなご褒美が疲れた身体にも必要です。気に入った腕時計を購入すると運気が新たに動き出します。

S	M	T	W	T	F	S
	7	●8	9	10	●11	12
13	14	15	16	17	18	19
20	21	22	23	24	25	26
●27	28	29	■30			
				1	2	3
4	5	6				

仕事運が良い日	11月8日	11月24日
愛情運が良い日	11月11日	11月27日
金銭運が良い日	11月15日	11月26日
移動運が良い日	11月20日	12月5日

12月
12月7日～1月5日

●印はラッキーデー
■印はアンラッキーデー

心からスキルアップしたい気持ちが強まる時です。締めくくりとしての大掃除は気分爽快に行いましょう。異性から誘われるイベントが出て来そうです。パーティーでは率先して盛り上げましょう。緑の包装紙でプレゼントを贈ると悦ばれます。

S	M	T	W	T	F	S
			7	8	9	●10
11	12	13	14	15	16	17
18	19	20	21	22	23	●24
25	■26	27	28	29	30	●31
1	2	3	4	5		

仕事運が良い日	12月10日	12月25日
愛情運が良い日	12月24日	12月31日
金銭運が良い日	12月7日	1月3日
移動運が良い日	12月12日	1月1日

2016年 出生年別 あなたの運勢

2010(H22)年生 ・1998(H10)年生
1986(S61)年生 ・1974(S49)年生
1962(S37)年生 ・1950(S25)年生
1938(S13)年生 ・1926(T15)年生

寅年生まれの性格&人生

目標や目的をハッキリと定めて、慎重に計画を練り、タイミングを見計らって一気に行動に移していく性質です。集団には染まらない面があるので、仲間から疎外されやすい傾向もありますが、気高い精神と実行力を発揮し、世間に実力を認めさせ確固たる地位を築いていくことでしょう。尊大になりやすいことが災いし、足元をすくわれて、窮地に陥る時期があっても、その素質と才能は折り紙付きで、いずれは勝利を掴みとっていく運勢です。

1月
1月6日～2月3日

北風に向かって駆け抜けていく運気です。仕事上の交渉場面では熱意を見せれば最終合意するでしょう。周囲の反対あっても押し通す方が得策です。メールは情緒的なメッセージの方が効果的です。守護的な石のブレスレットが幸運を呼びます。

●印はラッキーデー
■印はアンラッキーデー

S	M	T	W	T	F	S
			6	●7	8	9
10	●11	12	13	14	15	16
17	18	19	20	21	22	23
24	25	26	27	28	29	30
31						
	●1	■2	3			

仕事運が良い日	1月9日	1月13日
愛情運が良い日	1月7日	2月1日
金銭運が良い日	1月11日	1月28日
移動運が良い日	1月15日	2月3日

2月
2月4日～3月4日

苦手な作業は午前中に片付けてしまいましょう。午後はのんびり休息タイムです。大好きな紅茶やお酒を飲んでリラックス気分に浸りましょう。差し迫った問題は光が射しこむ所に居ると解決が得られます。愛する人との関係が微妙に変化します。

●印はラッキーデー
■印はアンラッキーデー

S	M	T	W	T	F	S
				4	5	●6
7	8	9	10	11	12	13
14	15	16	■17	18	19	20
21	●22	23	24	25	26	27
28	29					
		1	2	●3	4	

仕事運が良い日	2月6日	2月27日
愛情運が良い日	2月18日	3月2日
金銭運が良い日	2月9日	2月22日
移動運が良い日	2月10日	3月3日

3月
3月5日～4月3日

季節の変わり目で何となく憂鬱な朝を迎えそう。みそ汁や納豆など家庭の味で元気はつらつ。食生活に変化をつけると気分も変わるでしょう。水色やピンク色など柔らかい色調のオシャレが大吉です。魅力的で対人関係もスムーズに進むでしょう。

●印はラッキーデー
■印はアンラッキーデー

S	M	T	W	T	F	S
						5
6	●7	8	9	■10	11	12
13	14	15	●16	17	18	19
20	21	●22	23	24	25	26
27	28	29	30	31		
					1	2
3						

仕事運が良い日	3月7日	3月26日
愛情運が良い日	3月11日	3月22日
金銭運が良い日	3月16日	4月1日
移動運が良い日	3月21日	4月2日

4月
4月4日～5月4日

落ち着いた気持ちで過ごせる時です。肩の力が抜け本来の自分をアピールできます。焦っていた気持ちが嘘のようです。コンサートに顔を出すと人気が上昇します。歓送迎会への出席は人脈を拡げてくれます。休日は趣味に没頭すると良いでしょう。

●印はラッキーデー
■印はアンラッキーデー

S	M	T	W	T	F	S
	■4	5	6	7	8	9
●10	11	12	13	14	15	16
17	18	19	●20	21	22	23
24	●25	26	27	28	29	30
1	2	3	4			

仕事運が良い日	4月6日	4月25日
愛情運が良い日	4月19日	5月3日
金銭運が良い日	4月10日	4月27日
移動運が良い日	4月20日	5月4日

5月
5月5日～6月4日

休日は閉じこもらず外出の機会を増やしましょう。テニスなど全身を使う運動がベストです。ダンスやラジオ体操をするのも効果的です。滞っている負のエネルギーを体外に放出しましょう。気持ちが軽くなると金運や仕事運が一気に上昇します。

●印はラッキーデー
■印はアンラッキーデー

S	M	T	W	T	F	S
				5	6	7
●8	9	10	11	12	13	14
15	16	●17	18	19	20	21
22	23	24	25	26	27	28
■29	●30	31				
			1	2	3	4

仕事運が良い日	5月8日	6月1日
愛情運が良い日	5月12日	5月30日
金銭運が良い日	5月17日	6月3日
移動運が良い日	5月22日	5月31日

6月
6月5日～7月6日

好奇心を刺激されるイベントが目白押しです。公私ともに忙しくなります。約束事を忘れないようにしましょう。新しい歌手やタレントに興味を持ったりしがちです。書店で手にした本に感銘を受けます。時間を無駄にせず動くと運気が活性化します。

●印はラッキーデー
■印はアンラッキーデー

S	M	T	W	T	F	S
5	6	7	8	9	●10	11
12	13	14	15	16	17	18
19	20	21	22	■23	●24	25
26	27	28	29	30		
					1	2
3	4	●5	6			

仕事運が良い日	6月11日	7月3日
愛情運が良い日	6月10日	6月24日
金銭運が良い日	6月22日	6月30日
移動運が良い日	6月21日	7月5日

寅年生まれ 2016年の運勢

パワーグラフは年前半の方が力強さを保っていますが、全体的にエネルギッシュな波動であることを告げています。2016年は行動力を発揮し、目的に向かって突き進んでいくべき年で、がむしゃらな前進こそ勝利への第一歩です。元々が勝ち気な寅年生まれですが、障害を乗り越えてこそ成功を掴める運気です。勝負をかけるなら5～8月の夏場が良く、勢いに乗じやすいでしょう。運命の相手との出逢いは冬の終わりから春の初めに集中しそうです。

2016年の月別 運勢パワーグラフ

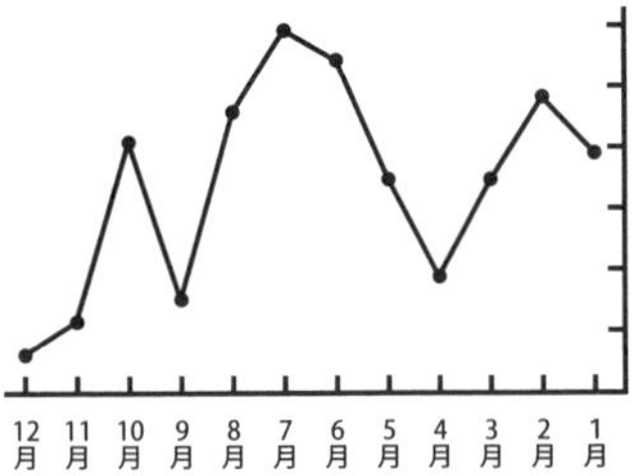

7月

7月7日～8月6日

●印はラッキーデー
■印はアンラッキーデー

ヤル気モードのエネルギーを蓄積する時です。新たな分野に興味を抱きやすいでしょう。旅行資金の積立開始などもおススメです。チャレンジ精神が子供のように旺盛です。習い事を開始するのに最良の時期です。新たな取引先を開拓しましょう。

S	M	T	W	T	F	S
				7	●8	9
10	11	12	13	14	15	■16
17	18	19	20	●21	22	23
24	25	26	27	28	29	30
31						
	1	●2	3	4	5	6

仕事運が良い日	7月8日	7月14日
愛情運が良い日	7月10日	7月20日
金銭運が良い日	7月21日	8月2日
移動運が良い日	7月17日	8月6日

8月

8月7日～9月6日

●印はラッキーデー
■印はアンラッキーデー

家族や友人との時間を大切にしましょう。穏やかな時間を持つと穏やかな運気が身に付きます。今の職場環境を大切にしましょう。先祖の仏壇やお墓に花を飾りましょう。故人の好きな食べ物を供えるのも大吉です。神仏祈願が効果的な運気です。

S	M	T	W	T	F	S
7	8	9	■10	11	12	●13
14	●15	16	17	18	19	20
21	22	23	24	25	26	27
28	29	30	31			
				●1	2	3
4	5	6				

仕事運が良い日	8月7日	8月21日
愛情運が良い日	8月13日	9月5日
金銭運が良い日	8月25日	9月1日
移動運が良い日	8月15日	8月19日

9月

9月7日～10月7日

●印はラッキーデー
■印はアンラッキーデー

こだわりを強く持ちすぎるとせっかくの幸運が逃げていきます。身近な人達からのアドバイスを取り入れましょう。滅多に関わることがない人達と縁が生まれがち。仲間的な交流を深めて知識を広めましょう。初めての飲食店で閃きが得られます。

S	M	T	W	T	F	S
			7	8	9	●10
11	12	■13	14	15	16	17
18	19	20	●21	22	23	24
25	26	27	28	29	30	
						1
2	3	4	5	●6	7	

仕事運が良い日	9月10日	9月17日
愛情運が良い日	9月15日	9月28日
金銭運が良い日	9月21日	10月3日
移動運が良い日	9月8日	10月6日

10月

10月8日～11月6日

●印はラッキーデー
■印はアンラッキーデー

生活の土台作りとなることを充実させるべきです。朝の始まりは笑顔で挨拶をすることです。住居や職場に関する居心地の良さに気付く時です。悪習慣となっている食生活を改めましょう。ファッションの好みが共通する相手と縁が深まります。

S	M	T	W	T	F	S
						8
9	●10	11	12	13	14	●15
16	17	18	19	20	21	22
23	24	25	26	27	28	29
30	●31					
		1	■2	3	4	5
6						

仕事運が良い日	10月12日	10月29日
愛情運が良い日	10月10日	10月31日
金銭運が良い日	10月20日	11月5日
移動運が良い日	10月15日	11月3日

11月

11月7日～12月6日

●印はラッキーデー
■印はアンラッキーデー

マイペースを崩さず過ごすと順調な時です。生活サイクルが大きく変わるのはいけません。本当に参加したいイベントだけに出席しましょう。尊敬する人と行動を共にするのが良いでしょう。何度も同じ本を読み著者の思考法を吸収しましょう。

S	M	T	W	T	F	S
	7	●8	9	■10	11	12
13	14	15	16	17	18	19
20	21	●22	23	24	25	26
27	28	29	30			
				1	2	●3
4	5	6				

仕事運が良い日	11月7日	12月2日
愛情運が良い日	11月8日	11月22日
金銭運が良い日	11月16日	12月3日
移動運が良い日	11月12日	11月30日

12月

12月7日～1月5日

●印はラッキーデー
■印はアンラッキーデー

疲れ気味ですが緩やかな運気です。予定を詰め込み過ぎてはいけません。書棚や収納スペースを片付けると臨時収入が期待できます。パーティーや新年の準備は早めに手掛けるのが良いでしょう。予期せぬ相手からのプレゼントが舞い込みそう。

S	M	T	W	T	F	S
			7	8	9	●10
11	■12	13	14	●15	16	17
18	19	20	21	22	23	24
25	26	27	28	29	30	31
1	●2	3	4	5		

仕事運が良い日	12月8日	1月5日
愛情運が良い日	12月23日	12月31日
金銭運が良い日	12月25日	1月2日
移動運が良い日	12月10日	12月15日

2016年 出生年別 あなたの運勢

卯

ウサギ年

2011(H23)年生 ・1999(H11)年生
1987(S62)年生 ・1975(S50)年生
1963(S38)年生 ・1951(S26)年生
1939(S14)年生 ・1927(S02)年生

卯年生まれの性格&人生

柔和で優しく情緒性があり、礼儀正しいところを持ち、相手に合わせて協調性を発揮していく性質です。やや気弱さや忍耐力の乏しい面があるので、持続性に欠けるという欠点もありますが、人の心を掴むのが巧みで商才を発揮し、人気を博して成功と財産を築いていくことでしょう。怠けやすいことが災いし、足元をすくわれて、栄光から遠ざかる時期があっても、チャンスを活かして支持を拡大し、再び人生の勝利者となっていく運勢です。

1月

1月6日〜2月3日

室内を華やかに模様替えすると運気が上向きます。花模様を取り入れたジュータンやテーブルクロスが良いでしょう。ティータイムを楽しくする工夫が大切です。愛する人と笑い合う会話が楽しめそうです。休日はリラックスして娯楽に興じましょう。

●印はラッキーデー
■印はアンラッキーデー

S	M	T	W	T	F	S
			6	7	●8	9
■10	11	12	13	14	15	16
17	18	19	20	21	●22	23
24	25	26	27	28	29	30
31						
	●1	2	3			

仕事運が良い日	1月11日	1月20日
愛情運が良い日	1月6日	1月22日
金銭運が良い日	1月8日	2月1日
移動運が良い日	1月15日	2月2日

2月

2月4日〜3月4日

やり残していた仕事や用事を片付ける時です。新年としての再スタートを切りましょう。目標達成の準備や下調べに時間をかけましょう。朝起きたら体操をして身体をほぐしてから出掛けましょう。健康的なサイクルが幸運を招き寄せる秘訣です。

●印はラッキーデー
■印はアンラッキーデー

S	M	T	W	T	F	S
				■4	●5	6
7	8	9	10	11	12	13
14	15	16	17	●18	19	20
21	22	23	24	25	26	27
28	29					
	1	2	●3	4		

仕事運が良い日	2月15日	2月22日
愛情運が良い日	2月5日	3月1日
金銭運が良い日	2月18日	3月3日
移動運が良い日	2月9日	2月27日

3月

3月5日〜4月3日

周りから人気の後押しが得られる時です。人々が集う活気のある場所に出掛けましょう。仲間や同僚と夢や目標を語り合うのもおススメです。勉強会は積極的に参加しましょう。親しい人との別れがありそう。家事や仕事の効率化を計るべきです。

●印はラッキーデー
■印はアンラッキーデー

S	M	T	W	T	F	S
						5
6	7	●8	9	10	11	12
13	14	15	16	17	18	19
20	21	■22	23	24	●25	26
27	28	29	30	31		
					●1	2
3						

仕事運が良い日	3月11日	3月26日
愛情運が良い日	3月8日	3月25日
金銭運が良い日	3月13日	4月1日
移動運が良い日	3月19日	4月3日

4月

4月4日〜5月4日

日々の努力の手ごたえや結果が得られる時です。これまでの結果に見合う地位や報酬が与えられます。長らく気になっていた情報が得られます。プレゼントされた品物を身につけると風水効果が顕著です。感謝の気持ちを忘れず過ごしましょう。

●印はラッキーデー
■印はアンラッキーデー

S	M	T	W	T	F	S
	4	5	6	7	8	9
●10	11	12	13	14	15	■16
17	18	19	20	●21	22	23
24	25	26	27	28	29	30
1	●2	3	4			

仕事運が良い日	4月10日	4月29日
愛情運が良い日	4月17日	4月21日
金銭運が良い日	4月20日	4月30日
移動運が良い日	4月12日	5月2日

5月

5月5日〜6月4日

交際面での確かなチャンスがやって来ます。気後れせず胸を張ってアプローチしましょう。仕事面でもこれまでの努力が実を結びそうです。日頃から時間に余裕のある行動をとりましょう。早めに出勤すると素晴らしい出逢いが用意されています。

●印はラッキーデー
■印はアンラッキーデー

S	M	T	W	T	F	S
				5	6	●7
8	9	10	11	12	13	14
15	16	17	18	19	20	21
22	23	24	●25	26	27	28
29	30	31				
			■1	2	●3	4

仕事運が良い日	5月8日	6月3日
愛情運が良い日	5月13日	5月25日
金銭運が良い日	5月7日	6月4日
移動運が良い日	5月15日	5月29日

6月

6月5日〜7月6日

勢いはありますが何かと焦りやすい時です。落ち着いて体制を整えましょう。目標をハッキリ定めてスケジュールを練り直しましょう。具体的な予定をノートに書き出すと良いでしょう。頭の中でイメージした出来事が実際に起こる可能性があります。

●印はラッキーデー
■印はアンラッキーデー

S	M	T	W	T	F	S
5	6	7	8	9	10	●11
12	13	14	15	16	17	18
19	●20	21	22	23	24	25
26	27	28	29	30		
					1	■2
●3	4	5	6			

仕事運が良い日	6月11日	7月3日
愛情運が良い日	6月20日	7月6日
金銭運が良い日	6月15日	6月30日
移動運が良い日	6月5日	6月17日

卯年生まれ 2016年の運勢

パワーグラフは春から夏にかけ大きなカーブを描いていますが、安定感のある形状であることを告げています。２０１６年は誰かの後押しを受け物事に取り組むのがベストで、援助者を得やすく、潜在的素質が引き出されます。元々恩恵を得やすい卯年生まれですが、指示されて取り組む仕事は成功しやすいでしょう。勝負をかけるなら４月のスタートが良く、勢いに乗じやすいでしょう。素晴らしい人との出逢いは晩秋頃に訪れるでしょう。

2016年の月別 運勢パワーグラフ

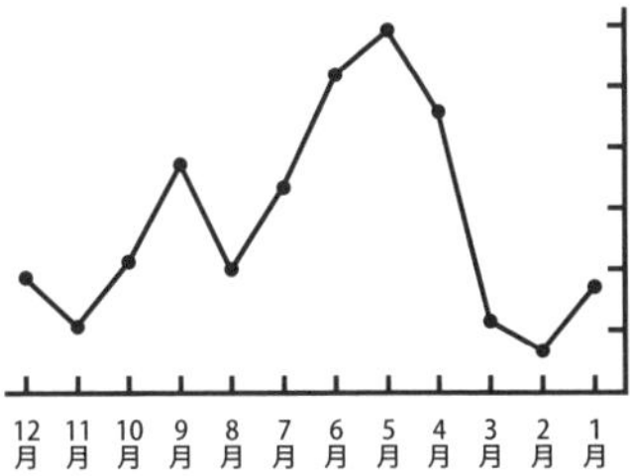

7月

7月7日～8月6日

油断していると面食らったりする場面が出て来そうです。ミスがないよう点検を忘れてはいけません。異性からの甘い誘惑を体験しそうです。金銭トラブルに巻き込まれないよう注意が必要です。雑誌やテレビから仕事のヒントを授けられます。

●印はラッキーデー
■印はアンラッキーデー

S	M	T	W	T	F	S
				7	8	9
10	●11	12	13	14	●15	16
17	■18	19	20	21	22	23
24	25	26	27	28	29	30
31						
●1	2	3	4	5	6	

仕事運が良い日	7月15日	8月5日
愛情運が良い日	7月11日	8月1日
金銭運が良い日	7月21日	7月30日
移動運が良い日	7月17日	7月24日

8月

8月7日～9月6日

危うい人物とは関わらないようにすべき時です。体調の不調を見過ごしてはいけません。綱渡り的な状況の中にチャンスが潜んでいます。先祖の力でピンチを切り抜けられそうです。仏壇やお墓には故人が生前好きだった食べ物を供えましょう。

●印はラッキーデー
■印はアンラッキーデー

S	M	T	W	T	F	S
7	8	9	10	11	●12	●13
14	15	16	17	18	19	■20
21	22	23	24	25	26	27
28	29	30	31			
				1	2	●3
4	5	6				

仕事運が良い日	8月12日	8月29日
愛情運が良い日	8月13日	8月27日
金銭運が良い日	8月25日	9月3日
移動運が良い日	8月8日	8月19日

9月

9月7日～10月7日

ピンチにおける持久力を存分に発揮できるチャンスです。契約や交渉事は粘り強さで挑みましょう。丁寧な家事を心掛けると目上から引立てられます。仕事上での地道な努力が報われそうです。休日はスポーツで身体を動かし汗を流しましょう。

●印はラッキーデー
■印はアンラッキーデー

S	M	T	W	T	F	S
			7	8	●9	10
11	■12	13	14	15	●16	17
18	19	20	21	22	23	24
25	26	27	28	29	30	
						1
●2	3	4	5	6	7	

仕事運が良い日	9月13日	9月26日
愛情運が良い日	9月17日	9月22日
金銭運が良い日	9月16日	10月2日
移動運が良い日	9月9日	10月5日

10月

10月8日～11月6日

何事も順調ですが心に不安が広がりやすい時です。ちょっとした言葉に傷ついてしまったりします。カラオケで発散するとか友達に電話するのが良いでしょう。家族の問題で頭を悩ませそうです。プライベートが安定すると仕事も安定します。

●印はラッキーデー
■印はアンラッキーデー

S	M	T	W	T	F	S
						8
9	10	11	12	●13	14	15
16	17	●18	19	20	21	■22
23	24	25	26	27	28	29
30	31					
		1	2	●3	4	5
6						

仕事運が良い日	10月10日	11月3日
愛情運が良い日	10月13日	10月30日
金銭運が良い日	10月8日	10月28日
移動運が良い日	10月18日	11月2日

11月

11月7日～12月6日

環境面での変化が出て来やすい時です。周囲に溶け込む努力が必要です。恐れず自分の居場所を見つけ出しましょう。意見を異にする相手と語り合う必要があります。体力以上の労働は病気の元です。好きな映画や音楽で元気を回復しましょう。

●印はラッキーデー
■印はアンラッキーデー

S	M	T	W	T	F	S
	7	8	■9	10	11	12
13	14	●15	16	17	18	19
20	●21	22	23	24	●25	26
27	28	29	30			
				1	2	3
4	5	6				

仕事運が良い日	11月15日	11月25日
愛情運が良い日	11月10日	11月21日
金銭運が良い日	11月17日	12月5日
移動運が良い日	11月26日	12月4日

12月

12月7日～1月5日

感謝や祈りの気持ちが心を豊かにする時です。小さな願望は叶えられるでしょう。地元の寺院や教会に出向く機会を持ちましょう。冬や雪をイメージする白いファッションが効果的です。胸にブローチをつけ謙虚に人に接すると人気が上昇します。

●印はラッキーデー
■印はアンラッキーデー

S	M	T	W	T	F	S
			7	8	9	10
11	12	13	14	15	16	17
●18	19	20	21	22	23	24
●25	26	27	28	29	■30	31
●1	2	3	4	5		

仕事運が良い日	12月20日	12月26日
愛情運が良い日	12月25日	1月1日
金銭運が良い日	12月18日	12月31日
移動運が良い日	12月29日	1月3日

2016年 出生年別 あなたの運勢

辰

タツ年

2012（H24）年生 ・2000（H12）年生
1988（S63）年生 ・1976（S51）年生
1964（S39）年生 ・1952（S27）年生
1940（S15）年生 ・1928（S03）年生

辰年生まれの性格&人生

大きな願望を胸に秘め、周りに優しく理解力があり、包容力があって面倒見も良いスケールの大きな性質です。やや自信過剰で夢見がちな面もあるので、財産を失うこともありますが、未来を見通す先見性があって周りから慕われ、徐々に大きな信用と地位を築いていくことでしょう。

繊細さに欠けることが災いし、足元をすくわれて、窮地に陥る時期があっても、頼りがいのある思想と行動力を発揮し、人生上の成功を勝ち取っていく運勢です。

1月

1月6日～2月3日

●印はラッキーデー
■印はアンラッキーデー

年明けはスロースタートとなる気配です。地味な裏方作業に徹するかもしれません。一人黙々と趣味に没頭するのも良いでしょう。転職や異動など仕事上の変化に関する話が出て来やすい時です。直感を活かしうまくタイミングを掴みましょう。

S	M	T	W	T	F	S
			■6	7	8	9
10	11	●12	13	14	●15	16
17	18	19	20	21	●22	23
24	25	26	27	28	29	30
31						
	1	2	3			

仕事運が良い日	1月18日	1月26日
愛情運が良い日	1月10日	1月17日
金銭運が良い日	1月12日	1月22日
移動運が良い日	1月15日	2月1日

2月

2月4日～3月4日

●印はラッキーデー
■印はアンラッキーデー

メールや電話のやり取りが明暗を分ける時です。遠方との交流はプラスに作用します。会話の中で誤解を受けないよう注意しましょう。相手の話をよく聞き丁寧に対応すべきです。乾燥した咽喉や肌が荒れやすいので毎日のケアを忘れずに…。

S	M	T	W	T	F	S
				4	5	6
●7	8	9	■10	11	12	13
14	15	16	17	●18	19	20
21	22	23	24	25	26	27
28	29					
		1	2	●3	4	

仕事運が良い日	2月8日	2月12日
愛情運が良い日	2月7日	2月24日
金銭運が良い日	2月18日	3月3日
移動運が良い日	2月21日	2月29日

3月

3月5日～4月3日

●印はラッキーデー
■印はアンラッキーデー

穏やかな運気の流れです。何かと環境の変化を求めたくなります。部屋のインテリアを変えると良いでしょう。ベッドカバーを爽やかな色に変えると直感が冴えます。一点だけ豪華さを感じるオシャレも効果的です。飲食の席へと誘われがちです。

S	M	T	W	T	F	S
						5
●6	7	8	9	10	11	12
13	14	15	16	17	18	19
20	●21	■22	23	24	25	26
27	28	29	30	31		
					●1	2
3						

仕事運が良い日	3月6日	3月18日
愛情運が良い日	3月10日	4月1日
金銭運が良い日	3月15日	3月30日
移動運が良い日	3月8日	3月21日

4月

4月4日～5月4日

●印はラッキーデー
■印はアンラッキーデー

親族との繋がりを実感する出来事があるでしょう。血縁者達に共通する才能やセンスを活用すべきです。午前中に行動すると物事がスムーズです。買い物は通販よりも店舗に出向いて大吉です。仲間内で集まると満足する結果になるでしょう。

S	M	T	W	T	F	S
	4	5	6	7	●8	9
10	■11	12	13	14	●15	16
17	18	19	20	21	22	23
24	25	26	27	●28	29	30
1	2	3	4			

仕事運が良い日	4月8日	4月29日
愛情運が良い日	4月10日	4月15日
金銭運が良い日	4月18日	5月3日
移動運が良い日	4月21日	4月28日

5月

5月5日～6月4日

●印はラッキーデー
■印はアンラッキーデー

慌ただしい中にチャンスが散りばめられている時です。職場や家庭で自分の役割を確実に果たしましょう。疲れた日は好きな飲み物をじっくり味わいましょう。友人・家族と笑顔で過ごすのが一番です。花咲く公園に行くと気分転換が出来そうです。

S	M	T	W	T	F	S
				●5	■6	7
8	9	10	11	12	13	14
15	16	17	18	19	20	21
22	●23	24	25	26	27	28
29	●30	31				
			1	2	3	4

仕事運が良い日	5月5日	5月18日
愛情運が良い日	5月15日	5月30日
金銭運が良い日	5月8日	5月23日
移動運が良い日	5月6日	6月3日

6月

6月5日～7月6日

●印はラッキーデー
■印はアンラッキーデー

見返りを求めない献身が高評価を得る時です。日頃からボランティアなどに参加しましょう。人に尽くすことで心が満たされる時です。予定外の出費で経済面が安定しません。愛する人と言い争うのは不吉です。鉢植えの購入は金運にプラスです。

S	M	T	W	T	F	S
5	6	●7	8	9	10	11
12	13	14	15	16	17	18
19	20	●21	22	23	24	25
26	■27	28	29	30		
					1	2
3	4	5	●6			

仕事運が良い日	6月8日	7月5日
愛情運が良い日	6月11日	6月21日
金銭運が良い日	6月16日	7月1日
移動運が良い日	6月7日	7月6日

辰 年生まれ 2016年の運勢

パワーグラフは年間を通じ波の少ない曲線が描かれ、安定感のある恵まれた運勢であることを告げています。２０１６年は新たな仕事や計画を実行に移していくには最高で、協力者を得やすく、潜在的な力を十分発揮できます。元々底力のある辰年生まれですが、尊敬できる目上を得れば特に成功しやすいでしょう。勝負をかけるなら5月からが良く、徐々に力を発揮していくことでしょう。素晴らしい人との出逢いは10〜11月に起こりそうです。

2016年の月別 運勢パワーグラフ

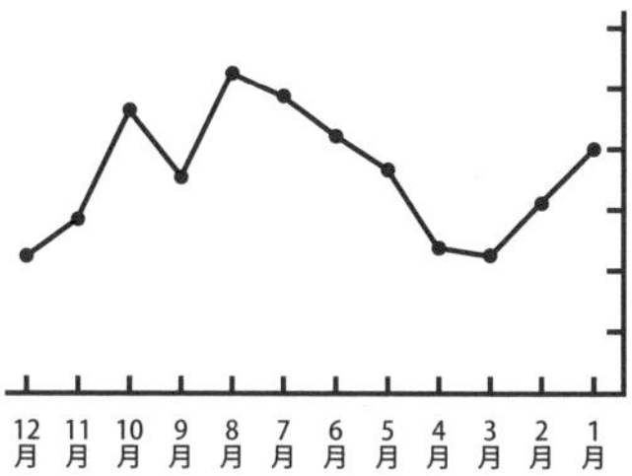

7月

7月7日〜8月6日

身体を動かす方が仕事上にはプラスです。休日は友人を誘ってのレジャーを楽しみましょう。噴水ある公園は愛の傷口を癒やしてくれます。海やプールで夏のエネルギーを発散しましょう。遠方との交流を深めると人気運が徐々にアップします。

●印はラッキーデー
■印はアンラッキーデー

S	M	T	W	T	F	S
				7	8	9
●10	11	12	13	14	15	16
17	18	19	20	21	●22	23
24	25	26	27	28	29	30
31						
	■1	2	●3	4	5	6

仕事運が良い日	7月13日	8月5日
愛情運が良い日	7月7日	8月3日
金銭運が良い日	7月22日	7月30日
移動運が良い日	7月10日	7月27日

8月

8月7日〜9月6日

過去の研究や実績が思わぬ形で評価されます。周りの人達から熱い声援を受けそうです。面倒に思うようなことでも丁寧にこなしていきましょう。愛するよりも愛される実感を味わえそうです。ライブやコメディーを見て気分爽快になりましょう。

●印はラッキーデー
■印はアンラッキーデー

S	M	T	W	T	F	S
7	8	9	10	11	●12	13
14	●15	16	17	■18	19	20
21	22	23	24	25	26	27
28	29	30	31			
				1	2	3
4	●5	6				

仕事運が良い日	8月12日	8月22日
愛情運が良い日	8月10日	8月15日
金銭運が良い日	8月19日	9月1日
移動運が良い日	8月17日	9月5日

9月

9月7日〜10月7日

夏の疲れが出て体調を狂わせそうです。気分がすぐれない朝は音楽を聴いてスタートしましょう。神仏への祈願も有効です。普段読まない雑誌で貴重な情報を入手できます。新しい世界に目を向けましょう。金銭面で大きなチャンスを手にしそうです。

●印はラッキーデー
■印はアンラッキーデー

S	M	T	W	T	F	S
			7	●8	9	10
11	12	13	14	■15	16	17
18	19	20	21	●22	23	24
25	26	27	28	29	30	
						1
2	3	4	5	6	●7	

仕事運が良い日	9月8日	9月26日
愛情運が良い日	9月11日	10月7日
金銭運が良い日	9月12日	9月30日
移動運が良い日	9月7日	9月22日

10月

10月8日〜11月6日

流行を取り入れたオシャレが効果的です。意外な人との交流が可能になりそうです。テレビやネットをチェックしてオシャレに活かしましょう。新たな交渉や取引はギリギリまで粘るべきです。仕事の変化で潜在能力をうまく活用できそうです。

●印はラッキーデー
■印はアンラッキーデー

S	M	T	W	T	F	S
						8
9	●10	11	12	13	14	15
●16	17	18	19	20	21	22
23	24	25	26	27	28	29
30	31					
		1	2	●3	■4	5
6						

仕事運が良い日	10月11日	10月24日
愛情運が良い日	10月10日	11月3日
金銭運が良い日	10月16日	11月5日
移動運が良い日	10月21日	10月31日

11月

11月7日〜12月6日

責任感が重くのしかかる時です。自信を持てないことを引き受けてはいけません。家族や周囲の人と協力して物事を進めましょう。休日は神社などでパワーアップを計りましょう。心癒される場所でゆっくり過ごすと気持が落ち着くでしょう。

●印はラッキーデー
■印はアンラッキーデー

S	M	T	W	T	F	S
	7	8	●9	10	11	12
13	14	●15	16	17	18	19
20	21	22	23	24	25	26
27	28	29	■30			
				1	2	3
●4	5	6				

仕事運が良い日	11月18日	11月29日
愛情運が良い日	11月9日	11月21日
金銭運が良い日	11月15日	12月4日
移動運が良い日	11月25日	12月3日

12月

12月7日〜1月5日

身の周りで人気運が上昇しています。家族からも愛情をたっぷり貰いましょう。過去の問題が生じやすい時期です。冠婚葬祭や季節イベントには出来るだけ顔を出しましょう。体力低下で早寝早起きをすべきです。ペットとの交流が心を癒します。

●印はラッキーデー
■印はアンラッキーデー

S	M	T	W	T	F	S
			7	8	9	10
11	●12	13	14	15	16	17
18	19	20	21	22	●23	24
25	26	■27	28	29	30	31
1	2	3	4	●5		

仕事運が良い日	12月19日	1月5日
愛情運が良い日	12月25日	1月2日
金銭運が良い日	12月23日	12月31日
移動運が良い日	12月12日	1月1日

2016年 出生年別 あなたの運勢

2013(H25)年生 ・2001(H13)年生
1989(S64)年生 ・1977(S52)年生
1965(S40)年生 ・1953(S28)年生
1941(S16)年生 ・1929(S04)年生

巳年生まれの性格&人生

常に周りを窺いながら狙いを定め、静かにチャンスを待ち、目標とするものを執念深く追い求めていく性質です。思い込みの激しい面があるので、愛情面では挫折しやすいこともありますが、隙を窺うのがうまい本領を発揮し、徐々に大きな成功と財産を築いていくことでしょう。人を疑いすぎることが災いし、目上から遠ざけられ、窮地に陥る時期があっても、執念と類いまれな努力で、最終的な栄光がもたらされていく運勢です。

1月

1月6日～2月3日

明るく華やかにスタートが切れる正月です。名誉運にも恵まれ大抜擢など生まれそう。プレッシャーを抱えると、実力が発揮できません。パーティーや飲食の席にはオシャレして出掛けましょう。お世話になっている方には笑顔を振りまきましょう。

●印はラッキーデー
■印はアンラッキーデー

S	M	T	W	T	F	S
			6	7	8	9
10	11	12	13	14	15	16
●17	18	19	20	21	22	23
24	25	●26	27	28	29	30
31						
	■1	2	●3			

仕事運が良い日	1月6日	1月21日
愛情運が良い日	1月8日	1月26日
金銭運が良い日	1月17日	2月3日
移動運が良い日	1月19日	1月30日

2月

2月4日～3月4日

一進一退で自分なりの方針を打ち出しにくい時です。目の前のハードルを下げた方が何事もスムーズです。長期的スタンスが受け入れられるでしょう。辛いと感じる出来事もジョークで乗り切りましょう。外出前の微笑みが仕事運を上昇させます。

●印はラッキーデー
■印はアンラッキーデー

S	M	T	W	T	F	S
				4	5	6
7	●8	9	10	■11	12	13
14	15	16	17	●18	19	20
21	22	23	24	25	26	27
28	29					
		●1	2	3	4	

仕事運が良い日	2月15日	3月1日
愛情運が良い日	2月8日	2月18日
金銭運が良い日	2月23日	2月27日
移動運が良い日	2月12日	3月3日

3月

3月5日～4月3日

客観性を失いやすい時期です。自分の感情や気分に振り回されそう。強烈な個性を持つ人と関わることが多くなります。ほどほどの距離間で付き合いましょう。思いつきの言動は仕事にマイナスです。靴をピカピカにすると移動運が出て来ます。

●印はラッキーデー
■印はアンラッキーデー

S	M	T	W	T	F	S
						5
6	7	8	9	10	11	●12
13	14	15	16	17	18	19
20	21	22	23	24	25	●26
27	28	29	30	31		
					■1	●2
3						

仕事運が良い日	3月5日	3月26日
愛情運が良い日	3月18日	4月2日
金銭運が良い日	3月8日	3月31日
移動運が良い日	3月12日	4月3日

4月

4月4日～5月4日

お世話になった人達へ挨拶はしっかり行いましょう。取引先にプレゼントを配ると金運が上昇します。金銭の出入りが激しい時期となりがち。仲間への出費を惜しんではいけません。疲れやすい時です。風邪でも意外と長引くので注意しましょう。

●印はラッキーデー
■印はアンラッキーデー

S	M	T	W	T	F	S
	4	5	6	7	●8	9
10	11	12	13	14	15	16
17	●18	19	20	21	22	23
24	25	26	27	28	29	■30
1	2	●3	4			

仕事運が良い日	4月11日	5月2日
愛情運が良い日	4月8日	5月4日
金銭運が良い日	4月19日	4月28日
移動運が良い日	4月18日	5月3日

5月

5月5日～6月4日

新緑に包まれレジャーを楽しむべき運気です。観光地の食べ歩きや散策で癒されましょう。アイデアを形にすると金運にプラスとなります。独自の節約法や投資法を生み出すかもしれません。休日は愛する人と一緒に過ごすよう工夫しましょう。

●印はラッキーデー
■印はアンラッキーデー

S	M	T	W	T	F	S
				5	6	7
8	9	10	11	●12	13	14
15	16	17	18	19	20	21
22	●23	24	■25	26	27	28
29	30	●31				
			1	2	3	4

仕事運が良い日	5月6日	5月23日
愛情運が良い日	5月12日	5月31日
金銭運が良い日	5月16日	5月26日
移動運が良い日	5月10日	6月4日

6月

6月5日～7月6日

自宅や職場の掃除に励むと頭脳がクリアになります。趣味の場で予想以上の成果が期待できます。迷いが出たなら先輩に相談しアドバイスを貰いましょう。目上からの引立て、周囲の協力を得やすい時期です。外出先で気になる異性が出現します。

●印はラッキーデー
■印はアンラッキーデー

S	M	T	W	T	F	S
5	6	●7	8	9	10	11
12	13	14	■15	16	17	18
19	●20	21	22	23	24	25
26	27	28	29	30		
					1	2
3	4	●5	6			

仕事運が良い日	6月6日	6月27日
愛情運が良い日	6月12日	7月2日
金銭運が良い日	6月20日	7月5日
移動運が良い日	6月7日	6月25日

巳年生まれ 2016年の運勢

パワーグラフは初春から3～6月の凹みが激しいのですが、V字形の回復を果たす運勢であることを告げています。２０１６年は新たな計画には邪魔者が出現しやすく、順調なスタートは難しくても、年末に向かってパワーが増していく理想的形状です。元々愛情深い巳年生れですが、障害さえ取り除けば成功は確実です。勝負をかけるなら4月の開始が良く、上昇気流に乗りやすいでしょう。新たな相手との出逢い・誘いは夏の終わりに起こりそうです。

2016年の月別 運勢パワーグラフ

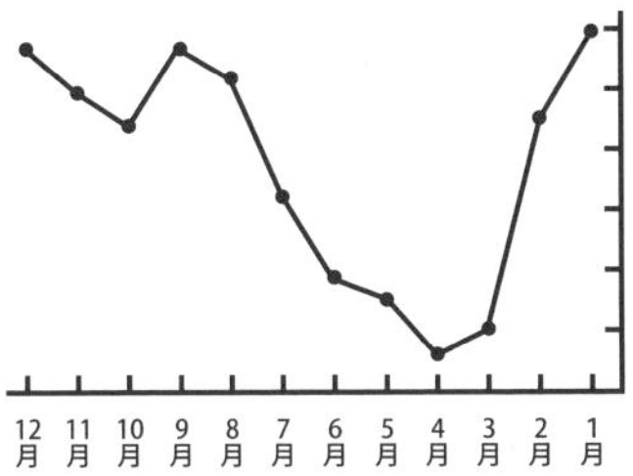

7月
7月7日～8月6日

努力の積み重ねが評価されて報酬を受ける時です。自己アピールをしても大丈夫です。高級店でのテーブルマナーを身に付けましょう。自分磨きに力を入れるべきです。情報を身近な人達と共有しましょう。夜中の会話が不思議なほど弾みます。

●印はラッキーデー
■印はアンラッキーデー

S	M	T	W	T	F	S
				7	●8	9
10	11	12	■13	14	15	16
17	18	19	20	21	22	●23
24	25	26	27	28	29	30
31						
	1	●2	3	4	5	6

仕事運が良い日	7月12日	8月1日
愛情運が良い日	7月8日	8月2日
金銭運が良い日	7月15日	7月23日
移動運が良い日	7月21日	7月29日

8月
8月7日～9月6日

後戻りできないタイミングでスポットライトを浴びそうな時です。神経を研ぎ澄まし全力でパフォーマンスに挑みましょう。旅行や移動は小さなアクシデントが起こりそう。愛する人と懐かしい場所を訪ねると失っていた能力が鮮やかに蘇ります。

●印はラッキーデー
■印はアンラッキーデー

S	M	T	W	T	F	S
7	8	●9	10	11	12	13
●14	15	16	17	18	■19	20
21	22	23	24	25	26	27
28	29	30	31			
				1	2	3
●4	5	6				

仕事運が良い日	8月9日	8月22日
愛情運が良い日	8月13日	9月1日
金銭運が良い日	8月28日	9月4日
移動運が良い日	8月14日	8月26日

9月
9月7日～10月7日

プライベートを充実させると仕事運も上向きとなります。自分が得た報酬を仲間に還元しましょう。黙っていても引立て運が強まっていきます。新たな企画やプロジェクトに取り組むのに最適な時です。仕事の関係者との会合が増えるでしょう。

●印はラッキーデー
■印はアンラッキーデー

S	M	T	W	T	F	S
			7	●8	9	10
11	12	13	14	15	16	17
18	19	20	21	22	●23	24
25	26	27	28	■29	30	
						1
2	3	4	●5	6	7	

仕事運が良い日	9月25日	9月28日
愛情運が良い日	9月14日	9月23日
金銭運が良い日	9月8日	10月1日
移動運が良い日	9月20日	10月5日

10月
10月8日～11月6日

旅行に関しては余裕を持って準備しておきましょう。物事の決断・決定を迫られる場面が出て来ます。何事も慌てず無理のない対応をすべきです。半身浴など気軽に続けられる健康法を見つけ出しましょう。睡眠時間が減らないよう注意が必要です。

●印はラッキーデー
■印はアンラッキーデー

S	M	T	W	T	F	S
						8
9	10	11	12	13	14	●15
16	17	■18	19	20	21	●22
23	24	25	26	27	28	29
30	31					
		1	●2	3	4	5
6						

仕事運が良い日	10月30日	11月6日
愛情運が良い日	10月14日	10月31日
金銭運が良い日	10月15日	10月28日
移動運が良い日	10月22日	11月2日

11月
11月7日～12月6日

何事もタイミングが重要な時です。急ぐべきことと急がずとも良いことを選別しましょう。慈善的行為がやっと報われそうです。対人面で冷静に振る舞うと人望が高まっていきます。金運は少しずつ回復しそう。家庭をおろそかにしてはなりません。

●印はラッキーデー
■印はアンラッキーデー

S	M	T	W	T	F	S
	7	8	9	10	11	●12
13	14	15	16	17	18	19
■20	21	22	23	24	●25	26
27	28	29	30			
				1	2	3
4	●5	6				

仕事運が良い日	11月23日	11月30日
愛情運が良い日	11月25日	12月1日
金銭運が良い日	11月26日	12月5日
移動運が良い日	11月12日	11月28日

12月
12月7日～1月5日

誠意をこめた言動が好結果に結び付く時です。一年間の成果が形として出て来るでしょう。ファッションやインテリアに金や銀を取り入れましょう。思わぬところからプレゼント運がやって来そうです。華やかな交際は意外な幸運を与えてくれます。

●印はラッキーデー
■印はアンラッキーデー

S	M	T	W	T	F	S
			7	8	9	●10
11	■12	13	14	15	16	17
18	19	20	21	22	23	24
●25	26	27	28	29	30	31
1	2	●3	4	5		

仕事運が良い日	12月26日	1月5日
愛情運が良い日	12月23日	1月3日
金銭運が良い日	12月10日	12月31日
移動運が良い日	12月25日	1月1日

2016年 出生年別 あなたの運勢

午

ウマ年

2014(H26)年生 ・ 2002(H14)年生
1990(H02)年生 ・ 1978(S53)年生
1966(S41)年生 ・ 1954(S29)年生
1942(S17)年生 ・ 1930(S05)年生

午 年生まれの性格&人生

大らかで素直で人目を引く華やかさを持っている半面、自由奔放で時々暴走してしまうところがある性質です。やや気分に左右されやすい点もあり、精神的に脆い弱点もありますが、潜在的な素質や能力は大変優れていて、その明るさと熱意で名声と財産を築いていくことでしょう。
束縛を嫌うことが災いし、目上から疎んじられ、窮地に陥る時期があっても、人を引き付ける魅力と先見性を発揮し、人生の王道をわき目もふらず勝ち抜いていく運勢です。

1月

1月6日～2月3日

●印はラッキーデー
■印はアンラッキーデー

S	M	T	W	T	F	S
			6	●7	8	9
10	11	●12	13	14	15	16
17	18	19	20	21	22	23
24	25	26	■27	28	29	30
31						
	●1	2	3			

過去の経験を活かした役割を任される時です。仲間がお膳立てしてくれる事は嫌がらず引き受けましょう。焦らず騒がずの姿勢が一番です。時の流れに身を任せると好結果を得られます。自分が期待したのとは違う形でチャンスを得られます。

仕事運が良い日	1月8日	1月16日
愛情運が良い日	1月7日	1月23日
金銭運が良い日	1月12日	2月1日
移動運が良い日	1月10日	2月3日

2月

2月4日～3月4日

●印はラッキーデー
■印はアンラッキーデー

S	M	T	W	T	F	S
				4	5	●6
7	8	9	10	11	12	13
14	15	16	17	18	19	20
●21	22	23	24	●25	26	27
28	29					
		1	2	3	■4	

仕事はやや停滞気味ですが私生活は順調です。将来に対して希望の光が差し込んできます。救われる言葉を受け止めることが出来そう。理屈抜きに閃いたアイデアを大切にしましょう。朝から好きな飲み物を飲むと仕事運アップにつながります。

仕事運が良い日	2月14日	2月25日
愛情運が良い日	2月6日	2月21日
金銭運が良い日	2月10日	2月28日
移動運が良い日	2月9日	2月24日

3月

3月5日～4月3日

●印はラッキーデー
■印はアンラッキーデー

S	M	T	W	T	F	S
						●5
6	7	8	9	10	11	12
13	14	15	16	■17	18	19
●20	21	22	23	24	25	26
27	28	29	30	31		
					1	●2
3						

一休みしながら前進するのに良い時です。春の衣替えをして出掛けましょう。パステルの洋服を着ると愛情運が良くなります。仲間と一緒に可愛いお菓子を食べましょう。小さな気配りが大きな収穫をもたらします。愛する人から贈り物を貰えそう。

仕事運が良い日	3月8日	3月20日
愛情運が良い日	3月5日	3月26日
金銭運が良い日	3月30日	4月2日
移動運が良い日	3月11日	3月28日

4月

4月4日～5月4日

●印はラッキーデー
■印はアンラッキーデー

S	M	T	W	T	F	S
	4	5	6	7	●8	9
10	11	12	13	14	15	●16
17	18	19	20	21	22	■23
24	25	26	27	28	29	30
1	2	●3	4			

誠意ある行動が対人運を上昇させる時です。仲間との作業中におしゃべりが多いとマイナス効果をもたらします。目の前の課題に淡々と取り組みましょう。休日は地元の人気スポットに出かけるべきです。長期的スタンスで第一歩からスタートです。

仕事運が良い日	4月11日	4月22日
愛情運が良い日	4月16日	5月1日
金銭運が良い日	4月8日	4月15日
移動運が良い日	4月25日	5月3日

5月

5月5日～6月4日

●印はラッキーデー
■印はアンラッキーデー

S	M	T	W	T	F	S
				●5	6	7
8	9	10	11	12	13	14
15	16	17	●18	19	20	■21
22	23	24	25	26	27	28
29	30	31				
			1	●2	3	4

行楽シーズンは愛する人と過ごしましょう。長期計画を立てるには良い時期です。勉強や仕事ばかりではなく家族との触れ合いも大切にすべきです。精神的苛立ちが多いと運気が降下します。経済的な問題は家族と一緒に解決すべきです。

仕事運が良い日	5月5日	5月20日
愛情運が良い日	5月11日	6月2日
金銭運が良い日	5月25日	5月30日
移動運が良い日	5月9日	5月18日

6月

6月5日～7月6日

●印はラッキーデー
■印はアンラッキーデー

S	M	T	W	T	F	S
5	6	7	8	9	●10	11
12	13	14	15	16	17	18
●19	20	21	22	23	24	25
26	27	28	29	●30		
					1	■2
3	4	5	6			

夕方の時間帯にラッキーチャンスが潜んでいます。遠方の友人と交流を深めましょう。交渉事や取引の連絡はこまめに行いましょう。目の前の結果を求めるより将来を考えた取り組みが成功を呼びます。愛する人の微妙な変化に気付くべきです。

仕事運が良い日	6月12日	6月27日
愛情運が良い日	6月19日	7月5日
金銭運が良い日	6月5日	6月30日
移動運が良い日	6月10日	6月22日

午 年生まれ 2016年の運勢

2016年の月別 運勢パワーグラフ

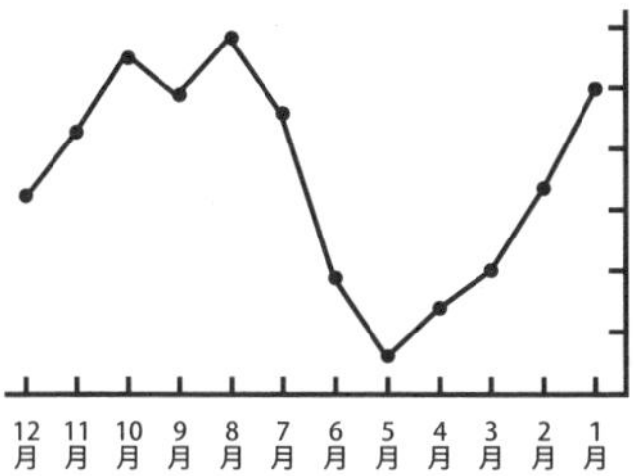

パワーグラフは春の季節だけがU字形に凹んでいますが、それ以外は恵まれた運勢であることを告げています。２０１６年は新たな地域や分野への移動・進出の時期として最良で、住居や職場の移動、遠方への旅行にも適しています。元々華やかな印象を与える午年生れですが、ＩＴ分野は特に成功しやすいでしょう。勝負をかけるなら６月のスタートが良く、勢いに乗じやすいでしょう。素晴らしい人との出逢いは１月から２月に集中しそうです。

7月

7月7日～8月6日

協力する仲間や支援してくれる人が現れそうです。慎重になり過ぎず適度な距離感で接しましょう。異性との間で新たな交際が始まりそうです。家族・親戚でも気配りを忘れてはいけません。食生活に起因する胃腸の疾患に注意が必要です。

●印はラッキーデー
■印はアンラッキーデー

S	M	T	W	T	F	S
				7	8	9
10	11	●12	13	14	■15	16
17	●18	19	20	21	22	23
24	25	26	27	28	29	30
31						
	1	2	●3	4	5	6

仕事運が良い日	7月13日	8月6日
愛情運が良い日	7月21日	7月30日
金銭運が良い日	7月12日	8月3日
移動運が良い日	7月18日	7月29日

8月

8月7日～9月6日

好きな人やモノに囲まれ快適に過ごせる時期です。素晴らしい出逢いに巡り会いそうです。小さな子供達やペットとの触れあいを大切にしましょう。お墓参りや祖父母との交流も幸運を呼びます。移動・旅行は時間に余裕を持って出かけましょう。

●印はラッキーデー
■印はアンラッキーデー

S	M	T	W	T	F	S
7	●8	9	■10	11	12	13
14	15	16	17	18	19	20
21	22	23	24	●25	26	27
28	29	30	31			
				1	2	3
4	●5	6				

仕事運が良い日	8月8日	9月1日
愛情運が良い日	8月12日	8月25日
金銭運が良い日	8月23日	9月5日
移動運が良い日	8月13日	8月28日

9月

9月7日～10月7日

短期的な目標を明確にした方が良い時期です。確実に達成できる目標を設定すべきです。周囲からのサポートも成功を呼び寄せるでしょう。細かい評価を気にせず志を貫くべきです。仕事面で今までの経験や実績を大いに活かせることでしょう。

●印はラッキーデー
■印はアンラッキーデー

S	M	T	W	T	F	S
			7	8	9	●10
11	12	13	14	15	●16	17
18	19	20	21	22	23	24
■25	26	27	28	29	30	
						1
●2	3	4	5	6	7	

仕事運が良い日	9月10日	10月2日
愛情運が良い日	9月7日	9月16日
金銭運が良い日	9月13日	10月7日
移動運が良い日	9月16日	9月26日

10月

10月8日～11月6日

回転木馬のように結果が次々入れ替わっていく時です。考え過ぎると何も出来なくなってしまうでしょう。当初の予定と内容が違っても臨機応変な対応をしましょう。秋の味覚を食卓にプラスすると良いでしょう。欲しかった書籍が手に入ります。

●印はラッキーデー
■印はアンラッキーデー

S	M	T	W	T	F	S
						8
9	10	11	■12	13	14	●15
16	17	18	19	●20	21	22
●23	24	25	26	27	28	29
30	31					
		1	2	3	4	5
6						

仕事運が良い日	10月15日	10月28日
愛情運が良い日	10月18日	10月23日
金銭運が良い日	10月20日	10月26日
移動運が良い日	10月8日	11月1日

11月

11月7日～12月6日

ストレス発散や休養が必要な時です。無理をせず癒されるところへ出掛けましょう。義理で人付き合いをしても収穫は得られません。会議や取引ではビジネスライクに話を進めましょう。外出時スカーフを身に付けると素敵な縁が結ばれるでしょう。

●印はラッキーデー
■印はアンラッキーデー

S	M	T	W	T	F	S
	7	●8	9	10	11	12
13	14	15	16	■17	18	19
●20	21	22	23	24	25	26
27	28	29	30			
				1	2	●3
4	5	6				

仕事運が良い日	11月8日	12月5日
愛情運が良い日	11月11日	12月3日
金銭運が良い日	11月15日	11月20日
移動運が良い日	11月9日	11月27日

12月

12月7日～1月5日

ギリギリ危険を回避できる時です。些細なミスや行き違いに目をつむりましょう。契約書類は入念にチェックしましょう。イベントやパーティーでは華やかなファッションをすべきです。愛する人とのプレゼント交換が幸せな夜を与えてくれます。

●印はラッキーデー
■印はアンラッキーデー

S	M	T	W	T	F	S
			7	8	■9	●10
11	12	13	14	15	16	17
18	19	20	21	22	23	●24
25	26	27	28	29	30	31
1	●2	3	4	5		

仕事運が良い日	12月7日	1月4日
愛情運が良い日	12月10日	1月2日
金銭運が良い日	12月25日	12月31日
移動運が良い日	12月24日	1月1日

2016年 出生年別 あなたの運勢

未

ヒツジ年

2015(H27)年生 ・2003(H15)年生
1991(H03)年生 ・1979(S54)年生
1967(S42)年生 ・1955(S30)年生
1943(S18)年生 ・1931(S06)年生

未年生まれの性格&人生

集団生活に適した穏やかさと協調性を持ち、人情味も豊かで、誰とでも仲良くなれるおっとりした性質です。やや取り越し苦労をしやすい面があるので、落ち込みやすい弱点もありますが、相性の良い人と組むことで商才を発揮し、徐々に確かな成功と財産を築いていくことでしょう。

人の好すぎることが災いし、足元をすくわれて、窮地に陥る時期があっても、誰からも愛される暖かな人柄が推されて、組織内の重要な地位に納まる運勢です。

1月

1月6日～2月3日

これまでの実績が高く評価される時です。公私ともチャンスがいっぱいです。冠婚葬祭で出会った相手との交流が生まれそう。遠方からの吉報も届きそうです。夕方の電話やメールは相手との絆を深めるでしょう。外出日時を変更すると縁が逃げます。

●印はラッキーデー
■印はアンラッキーデー

S	M	T	W	T	F	S
			6	7	8	9
●10	11	12	13	14	15	16
17	18	19	20	21	22	23
24	25	●26	27	28	29	30
31						
	■1	2	●3			

仕事運が良い日	1月10日	1月23日
愛情運が良い日	1月13日	2月2日
金銭運が良い日	1月17日	1月26日
移動運が良い日	1月20日	2月3日

2月

2月4日～3月4日

家族や仲間と会話する時間が増えそうです。仕事とプライベートの切替えをしっかり行いましょう。余裕を持った遊び方をすべきです。心からのプレゼントを拒否すべきではありません。ファッションにシルバーを取り入れると人気運が上昇します。

●印はラッキーデー
■印はアンラッキーデー

S	M	T	W	T	F	S
				4	5	6
●7	8	■9	10	11	12	13
14	15	16	17	18	19	20
21	22	●23	24	25	26	27
28	29					
		●1	2	3	4	

仕事運が良い日	2月10日	2月23日
愛情運が良い日	2月7日	3月1日
金銭運が良い日	2月8日	3月2日
移動運が良い日	2月14日	2月17日

3月

3月5日～4月3日

公私のバランス調整が必要な時です。精神的な負担が大きいと体調を崩しそう。眩暈や吐き気があった時は慎重に…。仕事はマイペースで進めるとうまく行きます。久しぶりの趣味を再開するのに良い時です。睡眠時間を多めに取りましょう。

●印はラッキーデー
■印はアンラッキーデー

S	M	T	W	T	F	S
						5
6	7	●8	9	■10	11	●12
13	14	15	16	17	18	19
20	21	22	23	24	25	26
27	28	29	30	●31		
					1	2
3						

仕事運が良い日	3月17日	4月2日
愛情運が良い日	3月8日	3月31日
金銭運が良い日	3月12日	3月22日
移動運が良い日	3月19日	3月30日

4月

4月4日～5月4日

心のわだかまりを吹っ切って職場に出向きましょう。春の陽射しを受けながら歩道を歩くべきです。好奇心に誘われるまま新しい事にチャレンジしてはいけません。部屋のカーテンやカーペットを取り換えましょう。自分らしい調度配置がベストです。

●印はラッキーデー
■印はアンラッキーデー

S	M	T	W	T	F	S
	●4	5	6	7	■8	9
10	11	12	13	14	15	16
17	18	19	20	●21	22	23
24	25	26	27	28	29	30
1	2	●3	4			

仕事運が良い日	4月13日	4月21日
愛情運が良い日	4月28日	5月4日
金銭運が良い日	4月17日	5月3日
移動運が良い日	4月4日	4月29日

5月

5月5日～6月4日

面食らったり迷ったりする出来事に見舞われます。困った時は抱え込まず仲間に打ち明けましょう。必ず誰かが助けてくれるでしょう。仕事関連で新しい仲間が加わりそうです。ライバルと行動を共にすることが多くなると嫉妬心が強まります。

●印はラッキーデー
■印はアンラッキーデー

S	M	T	W	T	F	S
				5	6	●7
8	9	10	11	12	■13	14
●15	16	17	18	19	20	21
22	23	24	25	26	27	28
29	30	●31				
			1	2	3	4

仕事運が良い日	5月11日	5月27日
愛情運が良い日	5月7日	5月31日
金銭運が良い日	5月15日	6月1日
移動運が良い日	5月20日	6月3日

6月

6月5日～7月6日

前半の疲労を心身共に感じる時です。日帰り旅行やドライブに出掛けましょう。カラオケやゲームもストレス発散に有効です。好きな音楽を聴いたり温泉につかったりすると頭が冴えます。天候に合わせたファッションが暑さを吹き飛ばすでしょう。

●印はラッキーデー
■印はアンラッキーデー

S	M	T	W	T	F	S
5	6	7	8	9	10	11
12	13	14	15	●16	17	18
19	20	21	■22	23	●24	25
26	27	28	29	30		
					1	●2
3	4	5	6			

仕事運が良い日	6月6日	6月24日
愛情運が良い日	6月15日	7月2日
金銭運が良い日	6月19日	7月3日
移動運が良い日	6月16日	6月25日

未年生まれ 2016年の運勢

パワーグラフは年間を通じて極端に凹む部分がなく、全体的に良好で恵まれた運勢であることを告げています。2016年は目上からの引立てや恩恵を受けやすい年で、公私とも交流が盛んで、人脈が広がっていく年です。元々集団行動に向いている未年生まれですが、目上と関わる仕事は特に成功しやすいでしょう。勝負をかけるなら年始のスタートが良く、順調なスタートが切れます。素晴らしい異性との出逢いは3～5月に生まれそうです。

2016年の月別 運勢パワーグラフ

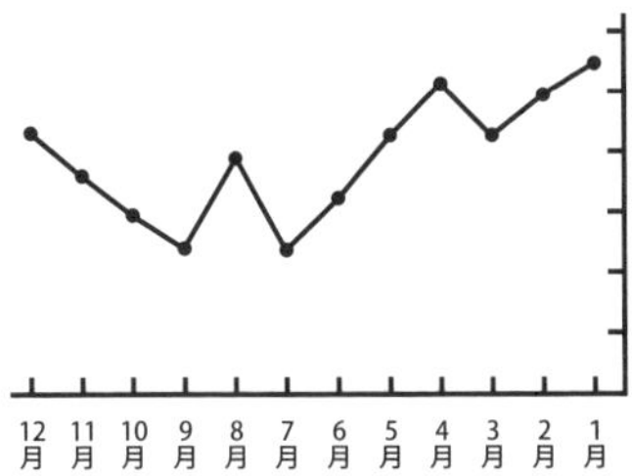

7月

7月7日～8月6日

一進一退のもどかしい運勢の時です。理想が高すぎると形に出来ないまま終わってしまいます。今できる範囲内で現実と向き合うことを覚えましょう。精神的な強さが愛を呼び寄せます。ソフトクリームなど白い食品で心が浄化できるでしょう。

●印はラッキーデー
■印はアンラッキーデー

S	M	T	W	T	F	S
				7	8	9
10	11	●12	13	14	15	16
17	■18	19	20	21	●22	23
24	25	26	27	28	29	30
31						
	1	2	●3	4	5	6

仕事運が良い日	7月12日	8月3日
愛情運が良い日	7月7日	7月16日
金銭運が良い日	7月15日	8月2日
移動運が良い日	7月9日	7月22日

8月

8月7日～9月6日

午前中から動くと停滞していた運気が動き始めます。朝食前のストレッチや勉強が才能を引き出してくれます。爽やかな朝の光を浴びましょう。日常にマンネリを感じたなら初めての店を訪れましょう。ボランティアが意外な金運を招くでしょう。

●印はラッキーデー
■印はアンラッキーデー

S	M	T	W	T	F	S
7	8	9	10	11	12	13
●14	15	16	17	■18	19	20
21	22	23	24	●25	26	27
28	29	30	31			
				1	2	3
4	●5	6				

仕事運が良い日	8月14日	8月25日
愛情運が良い日	8月17日	8月31日
金銭運が良い日	8月7日	9月5日
移動運が良い日	8月15日	9月3日

9月

9月7日～10月7日

一人二役を演じなければならない時期です。どうすれば二役を演じきれるか時間配分が重要です。困った時は身近な人に助けを求めましょう。礼儀正しい対応が全ての場面で重要です。日頃の努力で目上からの理解と援助を得られるようです。

●印はラッキーデー
■印はアンラッキーデー

S	M	T	W	T	F	S
			7	●8	9	10
11	●12	13	14	■15	16	17
18	19	20	21	22	23	24
25	26	27	28	29	●30	
						1
2	3	4	5	6	7	

仕事運が良い日	9月7日	10月3日
愛情運が良い日	9月9日	10月4日
金銭運が良い日	9月12日	9月30日
移動運が良い日	9月8日	9月22日

10月

10月8日～11月6日

リスクのある話に乗るのは禁物です。投資や詐欺に巻き込まれぬよう注意しましょう。愛する人の気持ちを裏切ってはいけません。仲間達の集まりに誘われそうです。気軽に話せる相手を見つけ出しましょう。キーホルダーを買うのに良い時です。

●印はラッキーデー
■印はアンラッキーデー

S	M	T	W	T	F	S
						8
9	10	11	●12	13	14	15
16	17	18	19	20	21	22
●23	24	25	26	27	28	29
■30	●31					
		1	2	3	4	5
6						

仕事運が良い日	10月24日	11月6日
愛情運が良い日	10月18日	10月31日
金銭運が良い日	10月10日	11月4日
移動運が良い日	10月12日	10月23日

11月

11月7日～12月6日

文化や芸術に触れる機会が出て来そうです。美術館やコンサートに足を運びましょう。エレガントな宝飾を身につけると素敵な出逢いを招きます。インテリアで室内のイメージチェンジを図りましょう。出費がかさむので普段は節約を心掛けましょう。

●印はラッキーデー
■印はアンラッキーデー

S	M	T	W	T	F	S
	7	8	9	10	11	12
13	14	15	16	17	18	■19
20	21	22	23	24	●25	●26
27	28	29	30			
				1	2	3
4	●5	6				

仕事運が良い日	11月8日	12月3日
愛情運が良い日	11月9日	11月26日
金銭運が良い日	11月16日	11月29日
移動運が良い日	11月25日	12月5日

12月

12月7日～1月5日

運勢は徐々に右肩上がりになっていきます。買い物リストを作って年末年始に備えましょう。夕方から調子が出るので夜遊びが続きそうです。実母の手料理を思い出す機会が出て来ます。無農薬料理を食べるとパワーが全身にいきわたります。

●印はラッキーデー
■印はアンラッキーデー

S	M	T	W	T	F	S
			7	8	9	10
11	12	13	14	15	16	17
18	19	●20	21	22	■23	24
25	26	27	28	29	●30	31
1	●2	3	4	5		

仕事運が良い日	12月26日	1月5日
愛情運が良い日	12月30日	1月1日
金銭運が良い日	12月20日	12月30日
移動運が良い日	12月25日	1月2日

2016年 出生年別 あなたの運勢

申

サル年

2016(H28)年生 ・2004(H16)年生
1992(H04)年生 ・1980(S55)年生
1968(S43)年生 ・1956(S31)年生
1944(S19)年生 ・1932(S07)年生

申年生まれの性格&人生

動きが機敏で器用なところを持ち、愛嬌もあり発想も豊かで、順応性もあり好奇心も人一倍強い性質です。やや器用貧乏で苛立ちやすい面があるので、持続性に乏しい欠点もありますが、世の中の変化を先取りして商才を発揮し、時代を先取りし成功と財産を築いていくことでしょう。時に嘘をつくことが災いし、足元をすくわれて、窮地に陥る時期があっても、器用な才能と手腕を発揮し、人脈を広げ、人生の勝利を掴みとっていく運勢です。

1月

1月6日～2月3日

●印はラッキーデー
■印はアンラッキーデー

正月半ばからエンジンが掛かりそうです。じっくり今年の目標を考えましょう。艶やかな髪や光沢のある服装が人気運の秘訣です。雑誌やTVで流行をチェックしましょう。臨時収入の分だけ支出も増えそう。午前中に雑用を片付けるとパワーが出ます。

S	M	T	W	T	F	S
			6	■7	8	9
10	11	12	13	14	15	●16
17	18	19	20	●21	22	23
24	25	26	27	28	29	●30
31						
	1	2	3			

仕事運が良い日	1月11日	1月30日
愛情運が良い日	1月16日	2月1日
金銭運が良い日	1月13日	1月29日
移動運が良い日	1月21日	1月31日

2月

2月4日～3月4日

●印はラッキーデー
■印はアンラッキーデー

自分の考えを優先させると物事が動かなくなります。妥協点を見出しましょう。パートナーや家族の意見を取り入れると物事がスムーズです。映画や読書が様々なことを教えてくれます。エコや節約を意識してシンプルな生活を心掛けましょう。

S	M	T	W	T	F	S
				●4	5	6
7	8	■9	10	11	12	13
14	15	16	17	18	●19	20
21	22	23	24	25	26	27
28	29					
		1	2	●3	4	

仕事運が良い日	2月17日	3月1日
愛情運が良い日	2月19日	2月23日
金銭運が良い日	2月4日	2月26日
移動運が良い日	2月5日	3月3日

3月

3月5日～4月3日

●印はラッキーデー
■印はアンラッキーデー

自然の流れに身を任せて過ごしましょう。勉強や仕事は基礎固めをするのにふさわしい時期です。愛情関係が乱れると運勢が低下し始めます。パワー不足を感じた朝は赤色の食品を食べましょう。鉢植えに水を与えると自分まで活き活きします。

S	M	T	W	T	F	S
						5
6	●7	8	9	10	11	12
13	14	15	16	17	■18	19
20	21	22	●23	24	25	26
27	28	29	30	31		
					●1	2
3						

仕事運が良い日	3月6日	4月2日
愛情運が良い日	3月7日	3月27日
金銭運が良い日	3月23日	4月1日
移動運が良い日	3月12日	3月31日

4月

4月4日～5月4日

●印はラッキーデー
■印はアンラッキーデー

タイミング掴めず右往左往しがちな時です。頭の中を整理し直しましょう。苛立つと良い仕事が出来ません。景色が綺麗な場所で心身をリフレッシュしましょう。新しい環境に早く慣れるべきです。肩から力が抜けると素晴らしい出逢いがあるでしょう。

S	M	T	W	T	F	S
	4	5	●6	7	8	9
10	11	12	13	14	●15	16
17	18	19	20	21	22	23
24	25	26	27	28	29	30
■1	2	●3	4			

仕事運が良い日	4月18日	4月30日
愛情運が良い日	4月6日	5月4日
金銭運が良い日	4月12日	5月3日
移動運が良い日	4月15日	4月26日

5月

5月5日～6月4日

●印はラッキーデー
■印はアンラッキーデー

朝の爽やかな風を浴び運気が上昇していきます。落ち込んだ翌日は早く起き陽光のシャワーを浴びましょう。好きな飲み物で気分を高揚させましょう。メールの返信をためらってはいけません。不用品を処分すると嫌な想い出を忘れられます。

S	M	T	W	T	F	S
				●5	6	7
8	9	10	11	12	13	14
15	16	17	18	19	20	●21
22	23	24	25	26	27	●28
■29	30	31				
			1	2	3	4

仕事運が良い日	5月21日	6月4日
愛情運が良い日	5月5日	5月28日
金銭運が良い日	5月17日	6月1日
移動運が良い日	5月7日	5月15日

6月

6月5日～7月6日

●印はラッキーデー
■印はアンラッキーデー

願望はダメ元で積極的にチャレンジしましょう。芸術やスポーツや試験など難しい分野が良いのです。楽しみながら頑張るという姿勢が一番です。野外バーベキューやピクニックへの参加も良いでしょう。家族との絆を深めるきっかけが作れます。

S	M	T	W	T	F	S
5	6	7	●8	9	10	11
12	13	14	15	■16	●17	18
19	20	21	22	23	24	25
26	27	28	29	●30		
					1	2
3	4	5	6			

仕事運が良い日	6月18日	6月23日
愛情運が良い日	6月8日	6月30日
金銭運が良い日	6月17日	7月5日
移動運が良い日	6月12日	6月13日

申年生まれ 2016年の運勢

パワーグラフは年間を通じてあまり極端な落ち込みはなく、安定感があり恵まれた運勢であることを告げています。２０１６年は親元から自立するとか、会社から独立する時期として最高で、素質や能力が十分発揮されます。元々チャンスを窺うのに強い申年生まれですが、良い上司を得れば特に成功しやすいでしょう。勝負をかけるなら正月のスタートが良く、堅実に上昇していくでしょう。素晴らしい人との出逢いは４月・12月に集中しそうです。

2016年の月別 運勢パワーグラフ

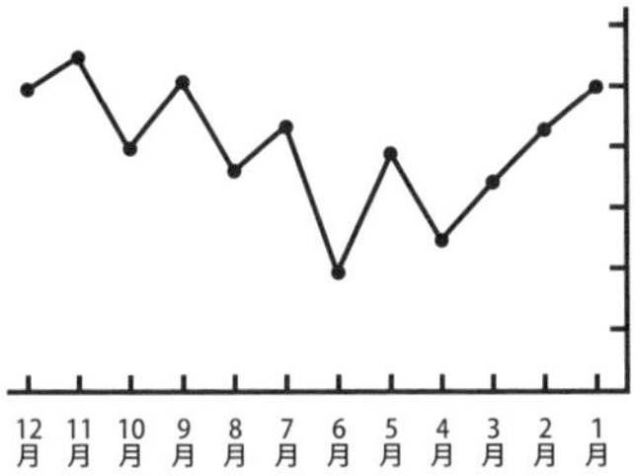

7月

7月7日～8月6日

手帳やカレンダーの書き込みを見直しましょう。予定通り進んでいるかの確認です。カラフルなペンを使って楽しい予定を加えましょう。花火の夜が心を癒してくれます。アロマの香りでリフレッシュです。新しい情報を積極的に取り入れましょう。

●印はラッキーデー
■印はアンラッキーデー

S	M	T	W	T	F	S
				7	8	9
●10	11	12	13	14	15	16
17	18	19	20	●21	22	23
24	25	26	27	●28	29	30
31						
	1	2	■3	4	5	6

仕事運が良い日	7月10日	7月16日
愛情運が良い日	7月18日	7月28日
金銭運が良い日	7月8日	7月21日
移動運が良い日	7月20日	8月5日

8月

8月7日～9月6日

欲張り過ぎると幸運を逃してしまうでしょう。何でもほどほどが良いのです。お菓子や土産品を近隣の人達に配りましょう。早めに職場に出ると金運アップに効果的です。質の良い睡眠は運気を上昇させます。寝心地の良い枕を買い求めましょう。

●印はラッキーデー
■印はアンラッキーデー

S	M	T	W	T	F	S
7	8	9	10	●11	12	13
14	15	16	17	■18	19	20
21	22	●23	24	25	26	27
28	29	30	31			
				1	2	3
4	5	●6				

仕事運が良い日	8月7日	8月21日
愛情運が良い日	8月23日	9月2日
金銭運が良い日	8月11日	8月31日
移動運が良い日	8月20日	9月6日

9月

9月7日～10月7日

愛情面で微妙な空気が流れやすい時期です。どう協調して過ごすと良いのか方針を固めましょう。得意な分野に力を入れると成績がアップします。緑あふれる公園や河川敷を歩くと気分が落ち着きます。アレルギー性の疾患に注意しましょう。

●印はラッキーデー
■印はアンラッキーデー

S	M	T	W	T	F	S
			●7	■8	9	10
11	12	13	14	15	16	17
18	19	●20	21	22	23	24
25	26	27	28	29	30	
						1
2	3	4	●5	6	7	

仕事運が良い日	9月7日	10月2日
愛情運が良い日	9月9日	9月16日
金銭運が良い日	9月21日	10月5日
移動運が良い日	9月20日	9月26日

10月

10月8日～11月6日

わがままや希望が比較的通りやすい時です。笑顔を絶やさず嬉しい知らせを待ちましょう。家族や仲間と一緒に季節の味覚を味わいましょう。遠方との関係を強めると金運にプラスとなります。何事も思い立ったら即実行する癖をつけましょう。

●印はラッキーデー
■印はアンラッキーデー

S	M	T	W	T	F	S
						●8
●9	10	11	12	13	14	15
16	17	●18	19	20	21	22
23	24	25	26	27	28	■29
30	31					
		1	2	3	4	5
6						

仕事運が良い日	10月8日	11月2日
愛情運が良い日	10月12日	10月23日
金銭運が良い日	10月10日	10月27日
移動運が良い日	10月18日	11月5日

11月

11月7日～12月6日

周りの人達の為に奔走すると信頼が高まりやすい時です。親兄弟から頼られる場面がありそうです。職場ではサポート役にまわった方が好印象を持たれます。新たな預金口座を開くと財運が上昇します。愛する人とのすれ違いは避けましょう。

●印はラッキーデー
■印はアンラッキーデー

S	M	T	W	T	F	S
	7	8	●9	10	11	■12
13	14	15	16	17	18	19
●20	21	22	23	24	25	26
27	28	29	●30			
				1	2	3
4	5	6				

仕事運が良い日	11月9日	11月21日
愛情運が良い日	11月15日	11月20日
金銭運が良い日	11月18日	11月30日
移動運が良い日	11月26日	12月1日

12月

12月7日～1月5日

時間に追われる日々が続きそうです。来年の予定を手帳やカレンダーに手書きしましょう。仲間内のパーティーに招かれそうです。心のこもったプレゼントが貰えます。愛する人との時間を削ってはいけません。メールの返信は慎重に選択しましょう。

●印はラッキーデー
■印はアンラッキーデー

S	M	T	W	T	F	S
			7	8	9	10
11	●12	13	14	15	16	17
18	19	20	21	22	23	24
●25	26	27	■28	29	30	31
●1	2	3	4	5		

仕事運が良い日	12月10日	1月4日
愛情運が良い日	12月20日	12月25日
金銭運が良い日	12月12日	12月24日
移動運が良い日	12月30日	1月1日

2016年 出生年別 あなたの運勢

トリ年

2005(H17)年生 ・ 1993(H05)年生
1981(S56)年生 ・ 1969(S44)年生
1957(S32)年生 ・ 1945(S20)年生
1933(S08)年生 ・ 1921(T10)年生

酉年生まれの性格&人生

オシャレで美的センスを持ち、感覚的に物事を受け止め、凝り性で一つのことに神経を集中する性質です。やや理想主義的でプライドが高いので、虚栄心から崩れていく欠点もありますが、商機をみるのに敏く特異な能力を発揮し、時流に乗れば成功と財産を築いていくことでしょう。嫉妬深いところが災いし、目上から疎んじられ、窮地に陥る時期があっても、特異な能力と変わり身の早さを発揮し、見事に変身して必ず人気を蘇らせる運勢です。

1月

1月6日～2月3日

●印はラッキーデー
■印はアンラッキーデー

S	M	T	W	T	F	S
			6	7	8	9
10	11	12	●13	14	15	16
●17	18	19	20	21	22	23
24	25	26	27	28	●29	30
31						
	■1	2	3			

季節限定イベントやライブに参加し盛り上がりましょう。人で賑わう場所の方がパワーを発揮できます。身体が冷えると運気が下がります。生姜や薬味を使った料理で胃腸を温めましょう。真冬の早起きは仕事への意欲や情熱を掻き立てます。

仕事運が良い日	1月14日	2月2日
愛情運が良い日	1月13日	1月29日
金銭運が良い日	1月17日	1月26日
移動運が良い日	1月20日	2月3日

2月

2月4日～3月4日

●印はラッキーデー
■印はアンラッキーデー

S	M	T	W	T	F	S
				4	5	6
7	●8	■9	10	11	12	●13
14	15	16	17	18	19	20
21	22	23	24	25	26	27
28	29					
		●1	2	3	4	

人と関わるのに好調な運気です。初対面でも緊張しないよう注意しましょう。冬場の運動不足を行動力で補いましょう。美しい美術品を鑑賞すると潜在能力が表に出て来ます。尊敬する人の本を読むのも効果的です。財布内を清潔に保ちましょう。

仕事運が良い日	2月10日	2月28日
愛情運が良い日	2月8日	2月13日
金銭運が良い日	2月15日	3月1日
移動運が良い日	2月17日	2月25日

3月

3月5日～4月3日

●印はラッキーデー
■印はアンラッキーデー

S	M	T	W	T	F	S
						5
●6	7	8	9	10	11	12
13	14	15	16	●17	■18	19
●20	21	22	23	24	25	26
27	28	29	30	31		
					1	2
3						

周囲に無理を言わず歩調を合わせていきましょう。家族や同僚との良好な関係が一番です。ストレッチをした後眠りにつくとリラックス効果が倍増します。カラフルな入浴剤は仕事のヒントを与えてくれます。愛する人との時間を大切にすべきです。

仕事運が良い日	3月10日	3月28日
愛情運が良い日	3月6日	3月17日
金銭運が良い日	3月7日	3月20日
移動運が良い日	3月11日	4月2日

4月

4月4日～5月4日

●印はラッキーデー
■印はアンラッキーデー

S	M	T	W	T	F	S
	4	●5	6	7	8	■9
10	11	12	13	14	15	16
17	18	19	●20	21	22	23
24	25	26	27	28	29	30
●1	2	3	4			

身近な人々との縁を一層深めましょう。仕事絡みで外出する機会が多くなりそうです。清潔なファッションを心掛けましょう。新しい仲間や親戚を得やすい時期です。お祝いメッセージを忘れないように…。アクセサリーを磨くと贈り物が届きそう。

仕事運が良い日	4月5日	4月18日
愛情運が良い日	4月17日	4月20日
金銭運が良い日	4月10日	5月1日
移動運が良い日	4月30日	5月3日

5月

5月5日～6月4日

●印はラッキーデー
■印はアンラッキーデー

S	M	T	W	T	F	S
				●5	6	7
8	9	10	11	12	13	14
15	16	●17	18	19	20	21
22	23	24	25	26	27	28
29	●30	■31				
			1	2	3	4

自宅の食卓テーブルを華やかにするとパワーが強まります。仕事用のデスク整理も怠ってはいけません。遠距離の人と手紙やメールの交換をすると人気が高まります。風水効果がアップ。南東や南西の観光地へ行くと素敵な出逢いに恵まれます。

仕事運が良い日	5月9日	6月1日
愛情運が良い日	5月5日	5月26日
金銭運が良い日	5月8日	5月17日
移動運が良い日	5月15日	5月30日

6月

6月5日～7月6日

●印はラッキーデー
■印はアンラッキーデー

S	M	T	W	T	F	S
5	●6	7	8	9	10	11
12	●13	14	15	16	17	18
19	20	21	22	23	24	25
26	27	28	29	30		
					1	■2
3	4	5	●6			

テレビや雑誌、ネットを通じ情報を収集するのに良い時です。思いがけない仕事上のヒントが隠れています。新たな分野の開拓にも有効です。計画は目標を絞って具体的に立てましょう。雑用を早めに片付けると金運にもプラス効果が出て来ます。

仕事運が良い日	6月19日	6月26日
愛情運が良い日	6月13日	7月5日
金銭運が良い日	6月6日	6月20日
移動運が良い日	6月22日	7月6日

酉年生まれ 2016年の運勢

パワーグラフは夏場に向かって低空飛行となる形状ですが、年間を通じると力強い運勢であることを告げています。２０１６年は誰かの後押しを得ての物事開始にふさわしい年で、引立てを得れば才能を十分発揮できます。元々感覚が鋭い酉年生まれですが、時代に先駆ける仕事は特に成功しやすいでしょう。勝負をかけるなら２月のスタートが良く、多少の困難があっても盛り返すでしょう。素晴らしい人との出逢いは晩秋頃に集中しそうです。

2016年の月別 運勢パワーグラフ

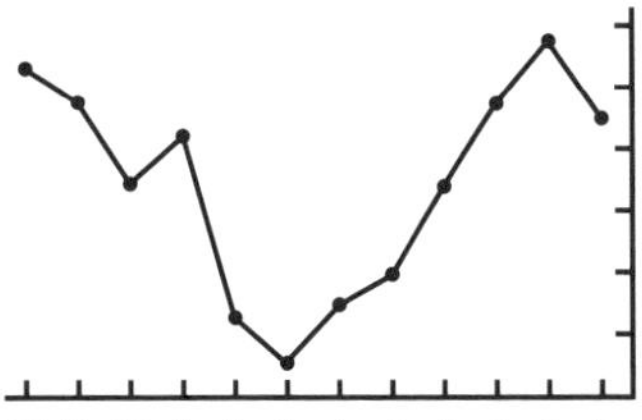

7月

7月7日～8月6日

●印はラッキーデー
■印はアンラッキーデー

S	M	T	W	T	F	S
				7	●8	9
10	11	●12	13	14	15	16
17	18	19	20	21	22	23
24	25	26	27	28	29	30
31						
	●1	■2	3	4	5	6

適度な休息が必要な時です。海や川など季節を感じる場所へ仲間と出かけましょう。野外のボリュームのある料理でパワー倍増です。歌ったり踊ったり身体を動かすのが良いでしょう。対人面の悩みは夜空の下で話した方が解決が早くなります。

仕事運が良い日	7月10日	7月18日
愛情運が良い日	7月8日	7月12日
金銭運が良い日	7月15日	8月1日
移動運が良い日	7月17日	8月5日

8月

8月7日～9月6日

●印はラッキーデー
■印はアンラッキーデー

S	M	T	W	T	F	S
■7	8	●9	10	11	12	13
14	15	16	●17	18	19	●20
21	22	23	24	25	26	27
28	29	30	31			
				1	2	3
4	5	6				

環境が少しずつ変化していく時です。前もっての準備を怠ってはいけません。家族・親戚との間でわだかまりが生じやすい時です。法事や墓参りは必ず参加しましょう。愛のトラブルは神仏に祈ると解消されます。睡眠不足は体力を低下させます。

仕事運が良い日	8月11日	8月23日
愛情運が良い日	8月9日	9月4日
金銭運が良い日	8月17日	9月3日
移動運が良い日	8月19日	8月20日

9月

9月7日～10月7日

●印はラッキーデー
■印はアンラッキーデー

S	M	T	W	T	F	S
			7	8	9	●10
11	12	●13	14	15	16	17
18	19	20	21	22	23	24
25	26	27	28	29	30	
						■1
●2	3	4	5	6	7	

さり気ない気配りや思いやりは周囲からの評価を高めます。仲間内の批判は運勢を低下させます。素晴らしい相手と予期せぬところで出逢います。初対面でも積極的にアプローチしましょう。移動運が強まっています。出費がかさみやすいでしょう。

仕事運が良い日	9月7日	10月3日
愛情運が良い日	9月10日	10月2日
金銭運が良い日	9月13日	10月7日
移動運が良い日	9月23日	9月29日

10月

10月8日～11月6日

●印はラッキーデー
■印はアンラッキーデー

S	M	T	W	T	F	S
						8
9	10	11	12	13	14	●15
16	17	18	19	●20	21	22
23	24	25	26	27	28	29
30	31					
		1	■2	3	4	●5
6						

初めての地域や建物を訪れる可能性があります。新たな交渉・取引は契約ミスが出ないよう注意が必要です。単独行動よりもペアで動いた方が好結果に繋がります。年齢を忘れ趣味に熱中しやすい時期です。良きアドバイザーと縁を持つでしょう。

仕事運が良い日	10月8日	10月15日
愛情運が良い日	10月12日	11月3日
金銭運が良い日	10月20日	11月5日
移動運が良い日	10月9日	10月30日

11月

11月7日～12月6日

●印はラッキーデー
■印はアンラッキーデー

S	M	T	W	T	F	S
	7	8	9	10	●11	12
13	14	■15	16	17	18	19
20	21	22	23	24	25	26
27	28	●29	30			
				1	2	3
4	5	●6				

中旬以降から運気に弾みがつきそうです。鏡や窓をピカピカに磨いて金運アップを図りましょう。髪の色やファッションに赤を取り入れるのも効果的です。真摯な相談事が持ち込まれそうです。愛する人との微妙なすれ違いが生じやすい時です。

仕事運が良い日	11月12日	12月3日
愛情運が良い日	11月9日	11月24日
金銭運が良い日	11月11日	12月6日
移動運が良い日	11月18日	11月29日

12月

12月7日～1月5日

●印はラッキーデー
■印はアンラッキーデー

S	M	T	W	T	F	S
			7	8	9	10
11	12	13	14	15	16	17
18	19	■20	21	22	●23	24
25	●26	27	28	29	30	31
●1	2	3	4	5		

感謝を込めて家族や仲間にカードやプレゼントを贈りましょう。気温が変化しやすいので体調管理が大切です。仕事上でぶつかっても一歩外に出たら親交を温めましょう。家族間の行き違いを防ぎましょう。旅行は現地との気温差を考慮すべきです。

仕事運が良い日	12月23日	1月2日
愛情運が良い日	12月10日	1月1日
金銭運が良い日	12月24日	12月26日
移動運が良い日	12月25日	12月31日

2016年 出生年別 あなたの運勢

2006（H18）年生 ・1994（H06）年生
1982（S57）年生 ・1970（S45）年生
1958（S33）年生 ・1946（S21）年生
1934（S09）年生 ・1922（T11）年生

戌年生まれの性格＆人生

保守的で用心深く、容易に隙を見せませんが、心を許した相手にはどこまでも忠実で献身的な性質です。やや頑固で融通性に乏しい面があるので、ライバルに出し抜かれやすい点もありますが、じっとチャンスを窺って手腕を発揮し、徐々に大きな成功と財産を築いていくことでしょう。敵対視しすぎることが災いし、足元をすくわれて、窮地に陥る時期があっても、本質的に働き者で目上から愛され、最終的に勝利を掴みとっていく恵まれた運勢です。

1月
1月6日～2月3日

●印はラッキーデー
■印はアンラッキーデー

S	M	T	W	T	F	S
			6	●7	8	9
10	11	12	13	14	15	16
17	18	■19	20	21	22	●23
24	25	26	27	28	29	30
31						
	●1	2	3			

社会的な運気はやや低調気味です。身体の冷えを感じたなら鍋料理で温まりましょう。新しいものを学び始める準備をするのに良い時期です。趣味を通じた仲間との交流が心を癒します。家族・親戚とのコミュニケーションを大切にしましょう。

仕事運が良い日	1月9日	2月1日
愛情運が良い日	1月15日	1月23日
金銭運が良い日	1月7日	2月3日
移動運が良い日	1月23日	1月31日

2月
2月4日～3月4日

●印はラッキーデー
■印はアンラッキーデー

S	M	T	W	T	F	S
				4	●5	6
7	8	9	10	11	12	13
14	15	16	17	■18	19	20
●21	22	23	24	25	26	27
28	29					
		1	2	●3	4	

金運や物質運が少しずつ上昇中です。将来を意識しての計画を立てましょう。新規の案件は比較的スムーズです。友達関係が微妙に変化しやすい時です。淡い色合いのマフラーが心を落ち着かせます。愛する人との間で小さな約束が生まれそうです。

仕事運が良い日	2月7日	2月24日
愛情運が良い日	2月6日	2月21日
金銭運が良い日	2月15日	3月3日
移動運が良い日	2月5日	2月28日

3月
3月5日～4月3日

●印はラッキーデー
■印はアンラッキーデー

S	M	T	W	T	F	S
						5
●6	7	8	9	10	11	12
13	14	15	16	17	18	19
20	21	22	23	24	25	26
●27	28	29	30	31	●1	■2
3						

不思議な出逢いや縁を感じやすい時です。神社・仏閣が心を穏やかにしてくれます。仕事上で取引の関係が少しだけ変化しそうです。交渉事は相手の立場を考慮して行いましょう。わがままな要求が多いと愛する人と距離感が生まれて来そうです。

仕事運が良い日	3月10日	3月25日
愛情運が良い日	3月21日	3月30日
金銭運が良い日	3月6日	3月27日
移動運が良い日	3月19日	4月1日

4月
4月4日～5月4日

●印はラッキーデー
■印はアンラッキーデー

S	M	T	W	T	F	S
	4	5	6	7	●8	9
■10	11	12	13	14	15	16
17	18	19	●20	21	22	23
24	25	26	27	28	29	30
1	●2	3	4			

春の陽射しを浴びて新たな環境がお出迎えです。関わる相手が変わっても違和感がないよう努めましょう。無駄な時間を減らす努力が必要です。新たな目標に意識を切り替えるべきです。仕事上のチャンスをうまく実績へと結び付けましょう。

仕事運が良い日	4月14日	4月23日
愛情運が良い日	4月8日	4月20日
金銭運が良い日	4月16日	5月2日
移動運が良い日	4月18日	5月3日

5月
5月5日～6月4日

●印はラッキーデー
■印はアンラッキーデー

S	M	T	W	T	F	S
				5	6	7
8	9	●10	11	■12	13	14
15	16	●17	18	19	20	21
22	23	24	25	26	27	28
29	30	31				
			1	2	●3	4

あまり無理をせず心身のゆとりを持ちましょう。休日は遊びやプライベートを優先させるべきです。家族や友人と笑い合う時間が必要です。仲間同士のパーティーに参加をしましょう。美しい野山に出掛けると個性的なアイデアが浮かびます。

仕事運が良い日	5月11日	6月2日
愛情運が良い日	5月17日	5月25日
金銭運が良い日	5月10日	6月3日
移動運が良い日	5月14日	5月22日

6月
6月5日～7月6日

●印はラッキーデー
■印はアンラッキーデー

S	M	T	W	T	F	S
5	6	7	●8	9	10	●11
■12	13	14	15	16	17	18
19	20	21	22	23	●24	25
26	27	28	29	30		
					1	2
3	4	5	6			

職場でも家庭でも厄介な問題が出て来そうです。落ち着いて対処しましょう。健康を気遣った食生活が必要です。ストレス解消の為の出費がかさみそうです。TV・雑誌・ネットでの衝動買いは失敗を招きます。とても有意義な書籍を見つけ出します。

仕事運が良い日	6月8日	6月23日
愛情運が良い日	6月11日	6月28日
金銭運が良い日	6月18日	7月5日
移動運が良い日	6月24日	7月6日

戊 年生まれ 2016年の運勢

パワーグラフは夏場に若干低下していますが、年間を通じ総体的には恵まれた運勢であることを告げています。２０１６年は仲間と一緒に物事を行う時としては最高で、支援・協力者を得やすく、能力・手腕も十分発揮できます。目上に対し忠実な戊年生まれですが、尊敬できる上司を得れば特に成功しやすいでしょう。勝負をかけるなら春からですが、エンジンが掛かるまで多少時間を要します。素晴らしい人との出逢いは冬場に集中しそうです。

2016年の月別 運勢パワーグラフ

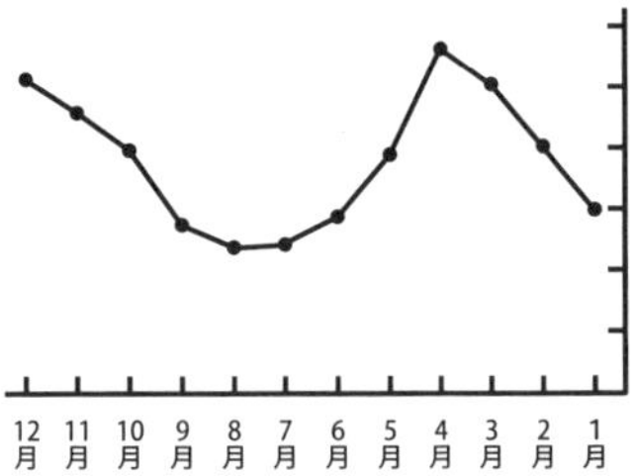

7月

7月7日～8月6日

●印はラッキーデー
■印はアンラッキーデー

S	M	T	W	T	F	S
				7	8	9
10	●11	12	13	14	15	16
17	18	19	20	21	22	●23
24	25	26	27	28	29	30
31						
	■1	2	3	4	5	●6

物事が進むにつれて次々と問題も出て来る時です。面倒臭いからといってチェックを怠ってはなりません。休日は海や山に行って英気を養いましょう。近場の効能が著しい温泉もおススメです。メールや電話を通じて貴重な情報を得るでしょう。

仕事運が良い日	7月11日	7月27日
愛情運が良い日	7月26日	8月3日
金銭運が良い日	7月16日	8月6日
移動運が良い日	7月23日	7月31日

8月

8月7日～9月6日

●印はラッキーデー
■印はアンラッキーデー

S	M	T	W	T	F	S
7	8	9	●10	11	12	13
14	15	16	17	18	19	20
●21	■22	23	24	25	26	27
28	29	30	31			
				1	2	●3
4	5	6				

仕事自体は順調な流れですが、ライバルや友人を羨ましく感じがちです。周囲と自分を比べすぎると落ち込みます。昔のファッションをすると人気運が与えられます。趣味や特技を大いに活かしましょう。映画館や美術館がパワーを与えてくれます。

仕事運が良い日	8月8日	9月5日
愛情運が良い日	8月24日	8月30日
金銭運が良い日	8月10日	9月3日
移動運が良い日	8月15日	8月21日

9月

9月7日～10月7日

●印はラッキーデー
■印はアンラッキーデー

S	M	T	W	T	F	S
			7	8	9	10
11	12	13	14	●15	16	17
●18	19	20	21	22	23	24
25	26	27	28	29	■30	
						1
2	3	4	5	●6	7	

目標に沿って生活すると運気の流れが変わります。あまりあれこれ急ぎすぎないことです。愛する人との関係を壊さぬようにすべきです。恋愛面での迷いは中々消えません。クローゼットを整理するとトラウマが消えて落ち着きを取り戻します。

仕事運が良い日	9月12日	10月2日
愛情運が良い日	9月15日	10月6日
金銭運が良い日	9月7日	9月29日
移動運が良い日	9月18日	9月27日

10月

10月8日～11月6日

●印はラッキーデー
■印はアンラッキーデー

S	M	T	W	T	F	S
						8
9	10	●11	12	13	14	15
■16	17	18	19	●20	21	22
23	24	25	26	27	28	29
30	31					
		1	2	3	4	●5
6						

大きな運が巡って来ようとしています。直感が冴えているので決断は即座に下しましょう。交渉事は早めに手を打った方が利益を得られます。ライバルとの関係を意識し過ぎてはいけません。愛の誘いやチャンスは確実に掴んでいきましょう。

仕事運が良い日	10月11日	10月18日
愛情運が良い日	10月8日	10月26日
金銭運が良い日	10月20日	11月5日
移動運が良い日	10月13日	11月3日

11月

11月7日～12月6日

●印はラッキーデー
■印はアンラッキーデー

S	M	T	W	T	F	S
	7	8	●9	10	11	12
13	14	15	16	17	18	19
20	●21	22	23	24	25	26
27	28	29	30			
				1	2	●3
4	■5	6				

自分へのご褒美を忘れず生活していきましょう。いつもより高級なお酒やお菓子を注文すべきです。冬物コートやバッグで華やかさを演出しましょう。贅沢な時間を過ごすことが金運アップに有効です。旬の食材を使った料理も元気を引き出します。

仕事運が良い日	11月7日	12月1日
愛情運が良い日	11月15日	11月21日
金銭運が良い日	11月17日	12月3日
移動運が良い日	11月9日	11月27日

12月

12月7日～1月5日

●印はラッキーデー
■印はアンラッキーデー

S	M	T	W	T	F	S
			7	8	9	●10
11	12	13	14	15	16	17
18	19	20	21	22	●23	24
25	26	■27	28	29	30	●31
1	2	3	4	5		

クリスマスに向かい華やかな誘いが増え始めます。イルミネーションが輝く場所に出掛けましょう。髪の色を変えるとかオシャレを変えるとか変身イメージでお出かけです。笑顔でいれば幸運の女神が微笑みます。路上のトラブルに注意しましょう。

仕事運が良い日	12月11日	12月24日
愛情運が良い日	12月23日	12月25日
金銭運が良い日	12月10日	1月1日
移動運が良い日	12月29日	12月31日

2016年 出生年別 あなたの運勢

亥

イノシシ年

2007(H19)年生 ・1995(H07)年生
1983(S58)年生 ・1971(S46)年生
1959(S34)年生 ・1947(S22)年生
1935(S10)年生 ・1923(T12)年生

亥年生まれの性格&人生

目的を見定めると突進力があり、集中力を高めて、全身全霊で取り組み一気に達成していく性質です。やや慎重さを欠き飽きっぽい面もあるので、目的が消えると意欲も失われがちですが、世の中の変化に乗じて才能や手腕を発揮し、一気に駆け上がって成功を築いていくことでしょう。楽観的過ぎることが災いし、足元をすくわれて、窮地に陥る時期があっても、再び使命感を与えられる機会が来れば、人生の勝利を必ず掴みとっていく運勢です。

1月

1月6日～2月3日

初対面の人達と盛り上がる場面がありそうです。イベントやライブで共通の趣味を持つ仲間と出逢うでしょう。家族とレジャーを楽しむ機会もありそうです。食生活のリズムを崩さぬよう気をつけましょう。人脈を活かして初期計画に挑みましょう。

●印はラッキーデー
■印はアンラッキーデー

S	M	T	W	T	F	S
			6	●7	8	■9
●10	11	12	13	14	15	16
17	18	19	20	21	22	23
24	25	26	27	28	29	30
31						
	●1	2	3			

仕事運が良い日	1月13日	1月25日
愛情運が良い日	1月10日	1月28日
金銭運が良い日	1月7日	2月1日
移動運が良い日	1月22日	2月3日

2月

2月4日～3月4日

アドバイスに耳を傾けると評価が高まります。愛する人から誠意あるプレゼントが貰えます。友情や愛情の証こそ何よりの宝です。新しいスタートの準備は重要です。仕事面で苛立ってはいけません。頭からシャワーを浴び冷静に振る舞いましょう。

●印はラッキーデー
■印はアンラッキーデー

S	M	T	W	T	F	S
				4	5	6
7	●8	9	10	11	12	13
14	●15	■16	17	18	19	20
21	22	23	24	25	26	27
28	29					
		1	2	●3	4	

仕事運が良い日	2月8日	3月1日
愛情運が良い日	2月12日	3月3日
金銭運が良い日	2月21日	2月29日
移動運が良い日	2月15日	2月23日

3月

3月5日～4月3日

公私ともに衣替えをする季節です。使用していないものは処分しましょう。収納スペースが出来ると新たな金運が舞い込みます。この時期に情報収集や人脈作りは重要です。家庭生活では地道に過ごしましょう。家電の買い替えは控えましょう。

●印はラッキーデー
■印はアンラッキーデー

S	M	T	W	T	F	S
						5
6	7	8	9	●10	11	12
■13	14	15	16	17	18	19
20	21	●22	23	24	25	26
27	28	29	30	31		
					1	●2
3						

仕事運が良い日	3月10日	4月2日
愛情運が良い日	3月18日	3月24日
金銭運が良い日	3月15日	3月22日
移動運が良い日	3月20日	4月3日

4月

4月4日～5月4日

新たな環境を得たならエネルギッシュに活動しましょう。帽子やアクセサリーをつけると注目されます。笑顔を増やすと徐々に異性運が強まるでしょう。プライベートが充実しています。愛する人には小さな贈り物に感謝の言葉を添えて渡しましょう。

●印はラッキーデー
■印はアンラッキーデー

S	M	T	W	T	F	S
	4	5	6	7	8	9
●10	11	12	13	14	15	16
17	18	19	20	●21	22	■23
24	25	26	27	28	29	30
1	2	●3	4			

仕事運が良い日	4月17日	5月1日
愛情運が良い日	4月10日	5月3日
金銭運が良い日	4月15日	4月21日
移動運が良い日	4月12日	4月29日

5月

5月5日～6月4日

安心感のある日々を過ごせる時期です。仕事上の縁も良好な運気に包まれています。地道な努力が願いや目標を達成させるでしょう。ファッションなど外見に磨きをかける時です。強力なライバル出現に負けない努力を重ねるべきです。

●印はラッキーデー
■印はアンラッキーデー

S	M	T	W	T	F	S
				5	6	7
●8	9	10	■11	12	13	14
●15	16	17	18	19	20	21
22	23	24	25	26	27	28
29	30	31				
			1	●2	3	4

仕事運が良い日	5月13日	5月22日
愛情運が良い日	5月10日	6月1日
金銭運が良い日	5月8日	5月30日
移動運が良い日	5月15日	6月2日

6月

6月5日～7月6日

運勢そのものは好調ですが小さなトラブルが生じやすい時です。軽んじ放っておいてはいけません。難題あっても即断即決でいきましょう。家族の問題を抱えやすい時です。睡眠不足でも頭が冴えています。電話でのトラブルに注意しましょう。

●印はラッキーデー
■印はアンラッキーデー

S	M	T	W	T	F	S
5	6	7	8	9	10	11
12	13	14	●15	16	■17	18
19	20	21	●22	23	24	25
26	27	28	29	30		
					1	2
●3	4	5	6			

仕事運が良い日	6月15日	6月23日
愛情運が良い日	6月21日	7月3日
金銭運が良い日	6月22日	7月2日
移動運が良い日	6月18日	6月30日

亥年生まれ 2016年の運勢

パワーグラフは3～6月に著しく隆起する形状ですが、年前半の方が恵まれた運勢であることを告げています。2016年は新たな仕事や計画に対し横槍が入りやすい時期で、突破力を必要としますが、貫徹すれば十分成功できます。元々目的意識の強い亥年生まれですが、難関がある方が燃えるので達成できるでしょう。勝負をかけるなら年初からが良く、情熱を燃やしやすいでしょう。素晴らしい縁や人との出逢いは年前半に集中しそうです。

2016年の月別 運勢パワーグラフ

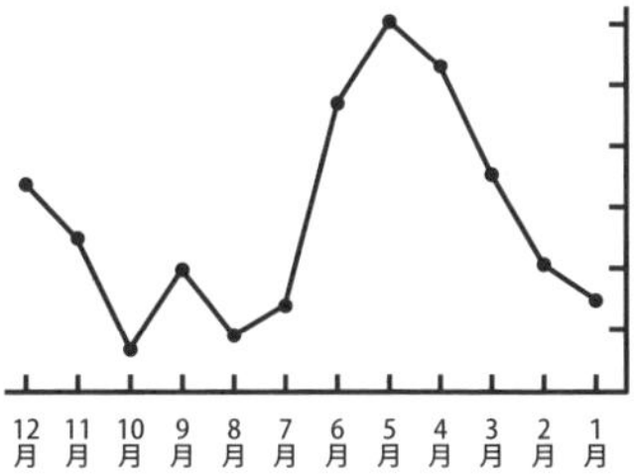

7月

7月7日～8月6日

飲食店で交際が生じやすい時です。自分が近づきたい相手とは思うように行きません。急がず騒がずチャンスを待ちましょう。花火大会や祭り会場で気になる異性が出現します。悩み事や睡眠不足からアレルギー性疾患に陥りやすい時です。

●印はラッキーデー
■印はアンラッキーデー

S	M	T	W	T	F	S
				7	8	9
10	11	12	●13	14	15	16
17	18	19	20	21	22	23
24	25	26	27	28	29	30
31						
	●1	●2	3	4	5	■6

仕事運が良い日	7月13日	8月1日
愛情運が良い日	7月7日	8月2日
金銭運が良い日	7月25日	7月31日
移動運が良い日	7月8日	7月28日

8月

8月7日～9月6日

勢いが弱まって停滞期に入っていく時です。仕事よりプライベートを充実させましょう。家族やパートナーとの約束を破ってはいけません。職場内の対人面が安定すると朗報が次々舞い込みます。休日前にやり残した雑事・雑務を片付けましょう。

●印はラッキーデー
■印はアンラッキーデー

S	M	T	W	T	F	S
7	●8	9	10	■11	12	●13
14	15	16	17	18	19	20
21	22	23	24	25	26	27
28	29	30	31			
				1	2	3
4	●5	6				

仕事運が良い日	8月8日	9月3日
愛情運が良い日	8月10日	9月5日
金銭運が良い日	8月17日	8月28日
移動運が良い日	8月13日	8月24日

9月

9月7日～10月7日

迷いが生じて自信が持てない日々です。意外な人からの応援で問題が一応解決します。共通の趣味を持つ仲間達に癒されます。経済的な変動が生じやすい時です。同僚からのサポートが有効です。疲れがたまると首から上に故障が出ます。

●印はラッキーデー
■印はアンラッキーデー

S	M	T	W	T	F	S
			7	8	9	10
●11	12	13	14	15	16	■17
18	19	20	21	22	23	24
25	26	27	●28	29	30	
						1
2	3	4	5	●6	7	

仕事運が良い日	9月11日	10月1日
愛情運が良い日	9月21日	10月6日
金銭運が良い日	9月8日	9月30日
移動運が良い日	9月15日	9月28日

10月

10月8日～11月6日

答えが出ないまま過ぎていく時です。面倒な問題に関わるのは避けましょう。計画の変更や延期など予定通りに進まない状況です。近場の温泉へ出かけ名産品を味わいましょう。愛情面が充実していれば徐々に運気が回復して行くようになります。

●印はラッキーデー
■印はアンラッキーデー

S	M	T	W	T	F	S
						8
9	10	11	12	13	14	●15
16	17	18	●19	20	21	22
23	24	25	26	27	■28	29
30	31					
		1	●2	3	4	5
6						

仕事運が良い日	10月14日	10月27日
愛情運が良い日	10月15日	11月2日
金銭運が良い日	10月21日	10月29日
移動運が良い日	10月19日	11月5日

11月

11月7日～12月6日

少しずつ周囲の評価が高まりやすい運気です。流れに身を任せて過ごすのが良いでしょう。手作りのものと縁が生まれやすい時です。職場の先輩を訪ねておしゃべりを楽しみましょう。家族関係での思いがけない出費に備え節約をしましょう。

●印はラッキーデー
■印はアンラッキーデー

S	M	T	W	T	F	S
	7	8	9	10	11	12
13	14	●15	16	17	●18	19
20	21	22	23	24	25	26
27	28	29	30			
				■1	2	3
4	5	●6				

仕事運が良い日	11月26日	11月29日
愛情運が良い日	11月10日	12月6日
金銭運が良い日	11月15日	11月18日
移動運が良い日	11月21日	12月3日

12月

12月7日～1月5日

仕事運は上昇気流へと飲み込まれつつあります。新たな交流は大きなチャンスを与えてくれます。自分なりの考え方や意見を主張しましょう。新鮮な発想に繋がりやすいでしょう。微妙なすれ違いで愛する人に不満を抱かせてはいけません。

●印はラッキーデー
■印はアンラッキーデー

S	M	T	W	T	F	S
			7	8	9	●10
11	12	13	14	15	16	17
18	19	20	21	22	23	24
25	26	27	●28	29	30	31
1	●2	3	■4	5		

仕事運が良い日	12月23日	12月28日
愛情運が良い日	12月24日	1月1日
金銭運が良い日	12月10日	12月26日
移動運が良い日	12月31日	1月2日

2016年 出生月別 あなたの運勢

——各年 共通——
12日21日～ 1月20日生
(その年により1日ずれることがあります)

♑星座 月生まれの性格＆人生

真面目で責任感が強く、古くからの伝統を尊び、組織を守り抜いていこうとする忍耐強い性質です。頑固で融通の利かない面があるので、偏屈にみられることもあるタイプですが、徐々に実力を発揮して存在感を増し、やがて組織の中の重要なポストが待っていることでしょう。
こだわりすぎることが災いし、時代に取り残され、不遇をかこつ時期があっても、やがて裏方的な役割から解放されて、ホッとした時に大きく脚光を浴びる運勢です。

1月
12月22日～1月19日

愛情運に後押しされて運気全体が上昇中です。不調だった人も年末から年始に回復の兆しが…。実家に顔を出すとか、旧友と再会するのが良いでしょう。年末に移動すると幸運を掴めそう。お土産や手作りお菓子が好感度をアップさせます。

●印はラッキーデー
■印はアンラッキーデー

S	M	T	W	T	F	S
		■22	23	24	25	26
27	28	29	●30	●31		
					1	2
●3	4	5	6	7	8	9
10	11	12	13	14	15	16
17	18	19				

仕事運が良い日	12月26日	1月8日
愛情運が良い日	12月30日	1月10日
金銭運が良い日	12月31日	1月12日
移動運が良い日	1月3日	1月11日

2月
1月20日～2月18日

幸運の女神が微笑むように夕方にチャンスが訪れます。素敵な異性と接近する出来事がありそう。家にこもらず遊びに出る回数を増やしましょう。スイーツやハンカチのプレゼントが大きな効果を発揮します。星が綺麗な夜の温泉は最高です。

●印はラッキーデー
■印はアンラッキーデー

S	M	T	W	T	F	S
			●20	21	22	23
24	■25	26	27	28	29	30
31						
	1	2	3	4	●5	6
7	8	9	10	11	12	13
14	●15	16	17	18		

仕事運が良い日	1月20日	2月5日
愛情運が良い日	1月23日	2月11日
金銭運が良い日	2月3日	2月16日
移動運が良い日	1月30日	2月15日

3月
2月19日～3月20日

心の中は一足早い春の訪れを感じる時です。身近な所に愛の芽生えが隠れています。いつもとは違う仲間の視線を感じそう。友人から恋人へ一夜で変わってしまうかも…。カップルは親戚が絡んできそうな雲行きです。整理整頓で心も軽くなるでしょう。

●印はラッキーデー
■印はアンラッキーデー

S	M	T	W	T	F	S
					●19	20
21	■22	23	24	25	26	27
28	29					
		1	2	3	4	5
6	7	●8	9	10	11	12
13	14	15	16	●17	18	19
20						

仕事運が良い日	2月20日	3月11日
愛情運が良い日	2月19日	3月8日
金銭運が良い日	3月8日	3月17日
移動運が良い日	3月1日	3月20日

4月
3月21日～4月19日

あなたの隠れた魅力やオーラが輝き始めます。個性が違うタイプから同時に誘われそう。未知の世界へ冒険心が強まりそうです。意外な共通点から風変わりな人と仲良くなれます。男女間の争いは意地を張らず謝るのがベストな解決法。

●印はラッキーデー
■印はアンラッキーデー

S	M	T	W	T	F	S
	21	22	23	24	25	●26
27	28	29	30	31		
					●1	2
3	4	5	6	7	8	9
10	11	12	13	14	●15	16
17	■18	19				

仕事運が良い日	4月2日	4月10日
愛情運が良い日	4月3日	4月16日
金銭運が良い日	3月26日	4月15日
移動運が良い日	3月28日	4月1日

5月
4月20日～5月20日

誘惑ムードに流され信用を失う可能性があるので要注意。タブーの恋愛関係に溺れてはなりません。寂しい夜は親友に電話しましょう。酒の飲み過ぎはミスを招きます。緑が多い公園の散歩は心を癒してくれます。新しい仲間が増えます。

●印はラッキーデー
■印はアンラッキーデー

S	M	T	W	T	F	S
			20	21	22	23
24	25	26	27	28	29	30
●1	2	3	4	5	6	●7
8	9	10	11	■12	13	14
15	16	17	18	19	●20	

仕事運が良い日	5月10日	5月18日
愛情運が良い日	4月29日	5月20日
金銭運が良い日	5月1日	5月19日
移動運が良い日	4月23日	5月7日

6月
5月21日～6月20日

恋愛や愛情の方向性に一つの答えが見え始めます。人知れず続いた片思いや不倫関係には黄色信号がともり始めます。苦しい想いをするかもしれませんが、未来は明るく輝いています。乾いた心を癒すバーや趣味の仲間が待っています。

●印はラッキーデー
■印はアンラッキーデー

S	M	T	W	T	F	S
						21
22	23	24	25	●26	27	28
29	30	31				
			1	2	■3	4
5	6	7	●8	9	10	11
●12	13	14	15	16	17	18
19	20					

仕事運が良い日	5月21日	6月8日
愛情運が良い日	6月2日	6月15日
金銭運が良い日	5月26日	6月12日
移動運が良い日	5月30日	6月7日

♑星座 月生まれ 2016年の運勢

愛情のパワーグラフは夏場に弱い印象ですが、年間を通じて愛情のシャワーを浴び続けることを告げています。２０１６年は恋愛がスタートする時期としては最高で、交際が長い場合はゴールインしやすく、比較的現実派の【やぎ座】生まれですが、夢見る雰囲気の情緒性が引き出されやすいことでしょう。
何かを始める予定なら年初からが良く、好結果につながりやすいようです。素晴らしい愛の出逢いや仕事上の朗報は春頃に集中しそうです。

2016年の月別 愛情パワーグラフ

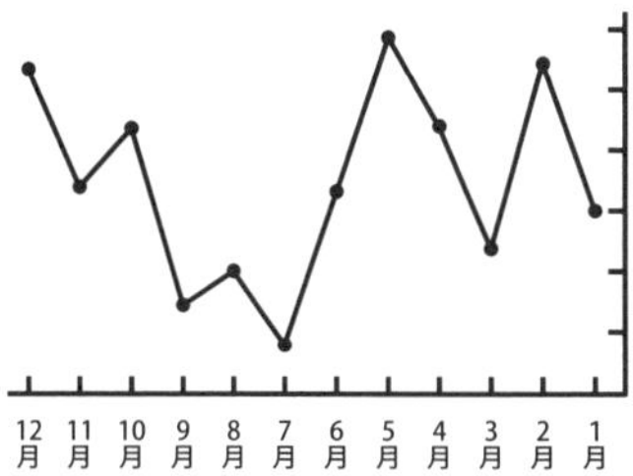

7月

6月21日〜7月22日

●印はラッキーデー
■印はアンラッキーデー

S	M	T	W	T	F	S
		21	22	●23	24	25
26	27	■28	29	30	1	●2
3	4	5	6	7	8	9
10	11	12	13	14	15	16
●17	18	19	20	21	22	

地味ですが安定した運気の時です。忍耐強く生きてきた人は本来の調子を取り戻します。逆に派手に遊んできた人にはお仕置きのようなミスが連発。何かの講習会に参加するとか、資格取得の勉強を開始すると潜在能力が目覚め始めます。

仕事運が良い日	6月23日	7月21日
愛情運が良い日	7月1日	7月13日
金銭運が良い日	6月25日	7月2日
移動運が良い日	7月6日	7月17日

8月

7月23日〜8月22日

●印はラッキーデー
■印はアンラッキーデー

S	M	T	W	T	F	S
						23
24	25	●26	27	28	29	30
31	1	2	●3	4	■5	6
7	8	9	10	11	12	13
14	●15	16	17	18	19	20
21	22					

夏の太陽のようにパワー全開で駆け抜けたい月です。失敗があっても立ち止まってはいけません。最新の流行スポットに行って新しい情報をキャッチしましょう。行動範囲が広がるほど恋愛運が強まります。躊躇せず活動領域を広げましょう。

仕事運が良い日	7月23日	8月8日
愛情運が良い日	8月3日	8月22日
金銭運が良い日	7月26日	8月15日
移動運が良い日	7月29日	8月6日

9月

8月23日〜9月22日

●印はラッキーデー
■印はアンラッキーデー

S	M	T	W	T	F	S
		23	24	25	26	27
●28	29	30	31	1	2	●3
4	5	6	■7	8	9	10
11	●12	13	14	15	16	17
18	19	20	21	22		

低迷運と脱出運とが入り混じっている時です。気持ちより行動が早すぎ失敗する場面もありそう。家族問題や恋愛関係で思い込みが強まります。冷静さを失うと人肌が恋しくなり、衝動的に異性を求めてしまいそう。忘れ物を生じ易い時です。

仕事運が良い日	8月24日	9月5日
愛情運が良い日	9月1日	9月12日
金銭運が良い日	8月28日	9月22日
移動運が良い日	9月3日	9月18日

10月

9月23日〜10月22日

●印はラッキーデー
■印はアンラッキーデー

S	M	T	W	T	F	S
					23	24
25	26	●27	■28	29	30	1
2	3	4	5	●6	7	8
9	10	11	12	13	14	15
16	17	18	19	20	21	●22

厄介な問題に巻き込まれやすい時です。仲間の片想いや恋愛に首を突っ込んではいけません。自分が思っていない方向へ状況が進みやすいでしょう。情緒性が強まる時期で芸術鑑賞にはプラスです。友人や恋人からの影響を受けるでしょう。

仕事運が良い日	9月25日	10月13日
愛情運が良い日	9月27日	10月6日
金銭運が良い日	10月2日	10月18日
移動運が良い日	9月30日	10月22日

11月

10月23日〜11月20日

●印はラッキーデー
■印はアンラッキーデー

S	M	T	W	T	F	S
23	24	●25	26	27	28	29
30	31	1	2	■3	●4	5
6	7	8	9	10	11	12
13	14	15	●16	17	18	19
20						

気分はやや落ち込みがちで感傷的になりやすい時です。身内関連の問題が足枷になるでしょう。平穏な生活を脅かすような出来事が発生しやすいようです。家族や仲間と協調して解決に導きましょう。思わぬ人からの贈り物がありそうです。

仕事運が良い日	10月28日	11月16日
愛情運が良い日	11月4日	11月20日
金銭運が良い日	11月6日	11月15日
移動運が良い日	10月25日	11月7日

12月

11月21日〜12月21日

●印はラッキーデー
■印はアンラッキーデー

S	M	T	W	T	F	S
	21	22	●23	24	25	26
27	28	■29	30	1	2	●3
4	5	6	7	8	9	10
11	12	13	14	15	16	17
18	19	20	●21			

過去と別れを告げて新たな出発を試みる時です。ふとした瞬間に気になる異性が出て来るでしょう。家族との関係は良好です。同棲生活を続けて来た人は心変わりする場面が出て来そうです。港町の海岸線を車で走ると心が癒されます。

仕事運が良い日	12月3日	12月8日
愛情運が良い日	11月21日	12月9日
金銭運が良い日	11月23日	12月21日
移動運が良い日	12月6日	12月17日

2016年 出生月別 あなたの運勢

♒

みずがめ座

――各年 共通――

1日20日～ 2月18日生

(その年により1日ずれることがあります)

♒星座 月生まれの性格&人生

何事にも独自の考え方を持ち、誰に対しても分け隔てすることなく、爽やかな印象を与える性質です。組織からは遊離しがちな面があるので、孤立しやすいこともあるタイプですが、素晴らしい独創力や先見性を持ち、社会が味方すれば時代の寵児として活躍することもあるでしょう。権威を嫌うことが災いし、組織から浮き立ち、不遇をかこつ時期があっても、いずれ才能が評価される時代が来て、改めて見直され大きく飛翔していく運勢です。

1月

12月22日～1月19日

●印はラッキーデー
■印はアンラッキーデー

S	M	T	W	T	F	S
		22	■23	24	25	26
27	28	29	30	●31		
					●1	2
3	4	5	●6	7	8	9
10	11	12	13	14	15	16
17	18	19				

年明けから一気に輝きを取り戻して人気が急上昇しそうです。新年会やイベント会場へ顔を出すのが良いでしょう。パートナーと行動する時は、リードする側に回った方が何事もうまく行きます。単独行動はストーカー的異性に注意が必要です。

仕事運が良い日	12月25日	1月17日
愛情運が良い日	12月24日	1月1日
金銭運が良い日	1月6日	1月15日
移動運が良い日	12月31日	1月8日

2月

1月20日～2月18日

●印はラッキーデー
■印はアンラッキーデー

S	M	T	W	T	F	S
			20	21	22	23
●24	25	26	27	28	29	30
31						
	■1	2	●3	4	5	6
7	8	9	10	11	12	13
14	●15	16	17	18		

月後半、やや運気が下降気味ですが、仕事面は充実しています。結果が伴わない場合があってもやる気を失ってはいけません。恋の悩みは経験豊かな年上異性のアドバイスを参考に…。親友からのメールで癒されることが多いかもしれません。

仕事運が良い日	1月24日	2月8日
愛情運が良い日	1月30日	2月15日
金銭運が良い日	2月3日	2月12日
移動運が良い日	1月20日	2月7日

3月

2月19日～3月20日

●印はラッキーデー
■印はアンラッキーデー

S	M	T	W	T	F	S
					■19	20
21	22	23	24	25	●26	27
28	29					
		1	2	3	4	●5
6	7	8	9	10	11	12
13	14	15	16	17	●18	19
20						

あなたを陰で応援してくれる人が現れるでしょう。停滞していた物事は思わぬ形で進展の兆しがあります。愛情面では友人や兄弟が助けてくれるでしょう。イベント会場に出かけてパワーを貰うと、仕事でも闘志が湧いて忍耐強くなれます。

仕事運が良い日	2月21日	3月5日
愛情運が良い日	3月3日	3月11日
金銭運が良い日	2月26日	3月19日
移動運が良い日	3月7日	3月18日

4月

3月21日～4月19日

●印はラッキーデー
■印はアンラッキーデー

S	M	T	W	T	F	S
	21	22	23	■24	25	26
27	●28	29	30	31		
					1	●2
3	4	5	6	7	8	9
10	11	12	13	14	15	●16
17	18	19				

春の陽射しを浴びて蕾だった恋の花弁が開いていきます。出会いやトキメキはタイミングが重要です。ピンク色の花を寝室の窓辺に飾りましょう。異性に出逢った後はすぐにメールを出しましょう。オーバーな表現が今後の進展を促してくれます。

仕事運が良い日	4月6日	4月12日
愛情運が良い日	4月5日	4月18日
金銭運が良い日	3月28日	4月2日
移動運が良い日	3月26日	4月16日

5月

4月20日～5月20日

●印はラッキーデー
■印はアンラッキーデー

S	M	T	W	T	F	S
			20	21	22	23
24	●25	26	27	28	29	30
■1	2	●3	4	5	6	7
8	9	10	11	●12	13	14
15	16	17	18	19	20	

運気的な好不調の波が激しい時です。気になる異性にはストレートにアプローチしましょう。何事も粘り強さが大切です。感情面での振幅も大きいでしょう。相手を理解して、親身になって話を聞いて、対人関係をスムーズに持っていきましょう。

仕事運が良い日	5月8日	5月20日
愛情運が良い日	4月20日	5月3日
金銭運が良い日	4月25日	5月12日
移動運が良い日	5月5日	5月16日

6月

5月21日～6月20日

●印はラッキーデー
■印はアンラッキーデー

S	M	T	W	T	F	S
						21
22	23	24	25	26	■27	28
29	30	31				
			●1	2	3	4
●5	6	7	8	9	10	11
12	13	14	15	16	●17	18
19	20					

単独よりもグループ行動の方が幸運を引き寄せます。大勢の中に入るのが苦手なら、目立たないファッションが一番です。普段聞けないような話を耳にすることがあるでしょう。パワースポットとして緑の多い遊園地やテーマパークがベストです。

仕事運が良い日	6月1日	6月12日
愛情運が良い日	5月23日	6月5日
金銭運が良い日	5月28日	6月17日
移動運が良い日	5月31日	6月9日

♒星座 月生まれ 2016年の運勢

愛情のパワーグラフは激しい浮き沈みを表わしていますが、実際の現象としては比較的穏やかな一年であると推定されます。２０１６年は交際面に変化が生じやすい年で、新たな異性などが出現しやすいのですが、フレッシュなものに弱い【みずがめ座】生まれなので、信頼を失いやすい行動は控えるべきでしょう。何かを始める予定なら春からが良く、協力者を得やすいようです。遠方との取引や交渉事は、先方からの話ならすぐＯＫすべきです。

2016年の月別 愛情パワーグラフ

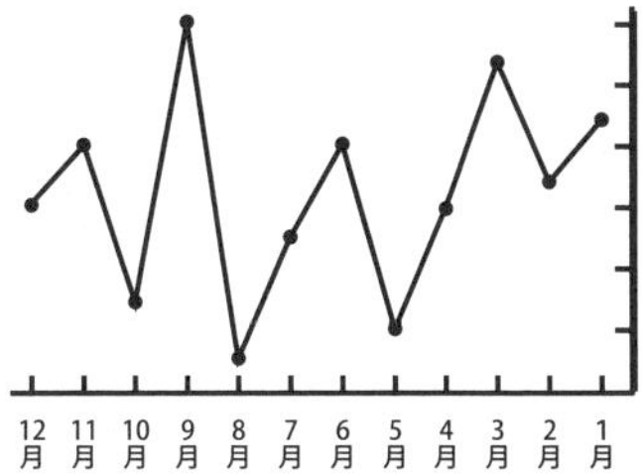

7月
6月21日～7月22日

●印はラッキーデー
■印はアンラッキーデー

S	M	T	W	T	F	S
		21	22	●23	24	●25
26	27	28	29	30		
					1	2
3	4	5	■6	7	8	9
10	11	12	13	14	15	16
17	●18	19	20	21	22	

小さなトラブルが続いて落ち着かない状況になりやすい時です。あなたの想いがうまく伝わるよう優しく話し掛けましょう。その半面、イエスとノーをハッキリと伝える勇気も必要です。疲れたらカフェやバーで一休み。小旅行も心を癒してくれそう。

仕事運が良い日	6月27日	7月8日
愛情運が良い日	6月25日	7月11日
金銭運が良い日	6月23日	7月18日
移動運が良い日	7月2日	7月21日

8月
7月23日～8月22日

●印はラッキーデー
■印はアンラッキーデー

S	M	T	W	T	F	S
						23
24	25	26	●27	28	29	30
31						
	●1	2	■3	4	5	6
7	8	9	10	11	12	13
14	15	16	17	18	19	20
21	●22					

愛情面では誤解が生じやすい時です。どんな時でも落ち着いて対応しましょう。さまざまなタイプの異性と関わりやすいでしょう。恋愛に発展させる秘訣はマメなメールや電話が一番です。オシャレなプレゼントが相手のハートをキャッチします。

仕事運が良い日	8月2日	8月17日
愛情運が良い日	7月27日	8月22日
金銭運が良い日	7月28日	8月1日
移動運が良い日	8月10日	8月20日

9月
8月23日～9月22日

●印はラッキーデー
■印はアンラッキーデー

S	M	T	W	T	F	S
		23	24	●25	26	27
28	29	30	31			
				■1	2	3
4	5	●6	7	8	9	10
11	12	13	14	15	●16	17
18	19	20	21	22		

身近な人達への愛の証が必要な時です。精いっぱいの笑顔や抱きしめ方で表しましょう。恋のキューピッド役を引き受けるのもおススメです。尽くした分だけ報われるでしょう。黙っていても信頼度が高まります。大胆オシャレは異性に大注目です。

仕事運が良い日	8月25日	9月11日
愛情運が良い日	8月30日	9月6日
金銭運が良い日	9月7日	9月16日
移動運が良い日	9月9日	9月21日

10月
9月23日～10月22日

●印はラッキーデー
■印はアンラッキーデー

S	M	T	W	T	F	S
					23	24
25	26	●27	28	29	30	
						1
2	3	●4	5	6	7	8
9	10	11	12	13	14	15
■16	●17	18	19	20	21	22

愛情運は複雑な気持ちで揺れ動きやすい時です。無視していた異性が接近しやすいでしょう。過去の恋愛を引きずっている場合には懐かしい思い出が蘇りそう。仲間たちとの交流を忘れてはいけません。常に傍にいる異性を大切にしましょう。

仕事運が良い日	9月25日	10月1日
愛情運が良い日	9月27日	10月4日
金銭運が良い日	10月5日	10月20日
移動運が良い日	10月8日	10月17日

11月
10月23日～11月20日

●印はラッキーデー
■印はアンラッキーデー

S	M	T	W	T	F	S
●23	24	25	■26	27	28	29
30	●31					
		1	2	3	4	5
6	7	8	9	10	11	12
13	14	15	16	17	18	19
●20						

周囲から注目を浴び、スキャンダラスな噂に巻き込まれやすい時です。不倫や片想いの相手に執着するのはマイナスです。ストレスは芸術・芸能の趣味やスポーツで解消しましょう。いつもと違う爽やかなファッションは好感度アップに最適です。

仕事運が良い日	10月23日	11月6日
愛情運が良い日	10月29日	11月18日
金銭運が良い日	11月1日	11月20日
移動運が良い日	10月31日	11月12日

12月
11月21日～12月21日

●印はラッキーデー
■印はアンラッキーデー

S	M	T	W	T	F	S
	21	22	23	24	25	●26
27	28	29	30			
				1	■2	3
4	●5	6	7	8	9	10
11	12	13	14	15	16	●17
18	19	20	21			

あれこれと誘いや招待が増えて来る時です。予期せぬ相手からプレゼントを受け取る可能性も…。背伸びをせずに等身大のあなたで対応しましょう。愛する人を自宅に招くとか、誘われたパーティーに出向くと愛されていることを実感します。

仕事運が良い日	12月9日	12月16日
愛情運が良い日	11月26日	12月5日
金銭運が良い日	12月8日	12月17日
移動運が良い日	11月22日	12月20日

2016年 出生月別 あなたの運勢

――各年 共通――
2日19日〜 3月19日生
（その年により1日ずれることがあります）

♓ 星座 月生まれの性格&人生

情緒性が人一倍強く、涙もろいところがあり、愛するということに対してひたむきな性質です。犠牲的に尽くしやすい面があるので、異性に甘いと叱られることもあるタイプですが、直感的に人の善悪を見抜く洞察力もあり、多くの人から慕われリーダーに祭り上げられることでしょう。信じすぎることが災いし、足元をすくわれ、不遇をかこつ時期があっても、やがて献身的な功績が認められて、状況により財は手放しても確固たる地位を築く運勢です。

1月
12月22日〜1月19日

中断していた物事がスピーディーに動き出します。突然の愛の告白やデートの誘いが発生しやすいでしょう。愛情運は全体的に急展開です。愛するより愛される喜びに浸れそう。電話やメールでマメな連絡を入れるのが良い状態を保つ秘訣です。

●印はラッキーデー
■印はアンラッキーデー

S	M	T	W	T	F	S
		22	23	●24	25	26
27	28	■29	30	31	1	●2
3	4	5	6	7	8	9
●10	11	12	13	14	15	16
17	18	19				

仕事運が良い日	12月23日	1月8日
愛情運が良い日	12月25日	1月16日
金銭運が良い日	1月2日	1月10日
移動運が良い日	12月24日	1月15日

2月
1月20日〜2月18日

一気に開運モードへ突入する機運です。個性や才能が注目を浴びやすいでしょう。密かに続けてきた趣味を公開すると高評価が与えられそう。カラオケやダンスなど盛り上がる場に出掛けるのは大吉です。親密度がグーンと深まるでしょう。

●印はラッキーデー
■印はアンラッキーデー

S	M	T	W	T	F	S
			20	21	22	●23
24	■25	26	27	28	29	30
31	●1	2	3	4	5	6
7	8	9	10	11	●12	13
14	15	16	17	18		

仕事運が良い日	2月1日	2月15日
愛情運が良い日	1月23日	2月16日
金銭運が良い日	2月3日	2月12日
移動運が良い日	1月30日	2月9日

3月
2月19日〜3月20日

相手への好意が空回りしそうです。尽くし過ぎても好結果に結びつきません。今は積極的に動くとマイナス作用が大きいようです。依頼事をこなすなど地味な役割に徹しましょう。パートナーに本音を伝えるのは食事の後で酒の席が一番です。

●印はラッキーデー
■印はアンラッキーデー

S	M	T	W	T	F	S
					●19	20
21	22	23	24	25	26	27
28	29	1	●2	3	4	■5
6	7	8	9	10	11	12
13	14	15	16	17	●18	19
20						

仕事運が良い日	2月19日	3月16日
愛情運が良い日	3月2日	3月20日
金銭運が良い日	2月22日	3月18日
移動運が良い日	2月26日	3月12日

4月
3月21日〜4月19日

忙しさから解放されて落ち着きを取り戻す時です。リラックスしている状態に愛する人から連絡が来る可能性も。くされ縁を切りたいのなら今が潮時かもしれません。ダイエットや髪形など大胆なイメージチェンジをするのにピッタリな時期です。

●印はラッキーデー
■印はアンラッキーデー

S	M	T	W	T	F	S
	21	22	23	24	●25	26
27	28	29	30	31	●1	2
■3	4	5	6	7	8	9
10	11	12	13	14	●15	16
17	18	19				

仕事運が良い日	3月21日	4月10日
愛情運が良い日	3月25日	4月16日
金銭運が良い日	4月1日	4月15日
移動運が良い日	4月2日	4月8日

5月
4月20日〜5月20日

気持が落ち着かず迷いが生じやすい時です。似たような立場の先輩からアドバイスを受けるのが良いでしょう。秘密の恋をしている人は苦しみが増し眠れない夜がありそう。仲間の異性と遠出をすると深い仲に発展していく可能性があります。

●印はラッキーデー
■印はアンラッキーデー

S	M	T	W	T	F	S
			●20	21	22	■23
24	25	26	27	28	29	30
1	●2	3	4	5	6	7
8	9	10	11	12	13	14
15	16	17	●18	19	20	

仕事運が良い日	4月20日	5月12日
愛情運が良い日	5月1日	5月18日
金銭運が良い日	5月2日	5月20日
移動運が良い日	4月26日	5月5日

6月
5月21日〜6月20日

目の前に雲のような見えない障壁を感じる時です。しがらみは徐々に解けて解決の兆しが見えてきます。誠意を忘れずに周囲の人達に接しましょう。趣味や紹介を通じて知り合った異性とは話が楽しく弾みそうです。深夜の帰宅は厳禁です。

●印はラッキーデー
■印はアンラッキーデー

S	M	T	W	T	F	S
						21
●22	23	24	25	26	27	28
29	30	31	1	■2	3	4
●5	6	7	8	9	10	11
12	13	14	15	●16	17	18
19	20					

仕事運が良い日	5月26日	6月16日
愛情運が良い日	6月5日	6月20日
金銭運が良い日	5月31日	6月6日
移動運が良い日	5月22日	6月12日

♓ 星座 月生まれ 2016年の運勢

愛情のパワーグラフは年前半が強い印象ですが、夏場にペースダウンするだけで大きな愛に包まれ過ごすことを告げています。恋愛面は歯車の合わないもたつき型と、出逢いから結婚まで一気に進む電撃婚型に分かれます。元々感覚的な選択をしがちなタイプですが、方向転換しやすいのが今年の特徴です。
何かを始めるなら周囲の反対を振り切る覚悟が必要。自信がない場合は着手しない方が得策です。金銭的出入りの激しい年となりそうです。

2016年の月別 愛情パワーグラフ

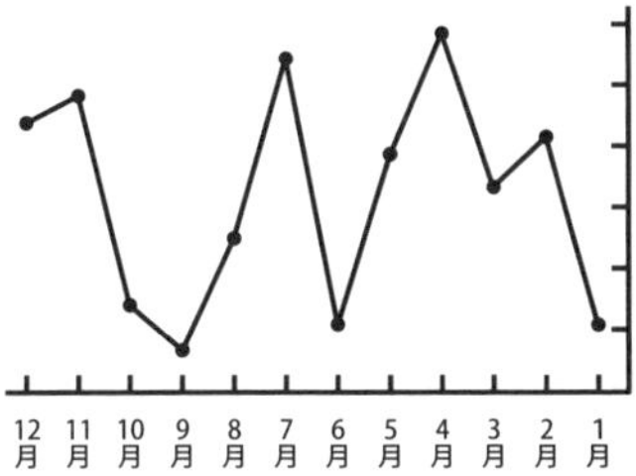

7月
6月21日～7月22日

仕事上の新たなチャンスを与えられそうです。諦めていた恋愛にも希望の光が差し込んできます。サークル仲間や職場の同僚など身近な人と行動することが多くなるでしょう。温泉や湖など水辺付近が無限のパワーを与えてくれるでしょう。

●印はラッキーデー
■印はアンラッキーデー

S	M	T	W	T	F	S
	21	22	23	24	25	
26	27	●28	29	30		
					1	2
●3	4	5	6	7	8	9
10	11	12	13	14	15	16
17	18	19	20	■21	●22	

仕事運が良い日	7月1日	7月9日
愛情運が良い日	6月25日	7月22日
金銭運が良い日	6月28日	7月17日
移動運が良い日	7月3日	7月8日

8月
7月23日～8月22日

夏の陽射しとは対照的に気分が落ち込みやすい時です。愛情面では問題を抱え込みやすいでしょう。一方、仕事上では新たな展開へと導かれそうな気配です。片想いや不倫関係ではアクシデントが生じやすいでしょう。移動で苦労しそうです。

●印はラッキーデー
■印はアンラッキーデー

S	M	T	W	T	F	S
						●23
■24	25	26	27	28	29	30
31						
	1	2	3	4	5	6
7	8	9	10	●11	12	13
14	15	16	17	●18	19	20
21	22					

仕事運が良い日	8月2日	8月15日
愛情運が良い日	7月23日	8月11日
金銭運が良い日	7月25日	8月6日
移動運が良い日	8月5日	8月18日

9月
8月23日～9月22日

愛情面では一つの変わり目に来ています。パートナーの方に変化が出て来やすいでしょう。異動や移転によって問題発生する場合もあります。別れ話が持ち上がるケースもあります。男女間トラブルは第三者が入った方が冷静に対処できます。

●印はラッキーデー
■印はアンラッキーデー

S	M	T	W	T	F	S
		23	24	●25	26	27
28	29	30	31			
				■1	●2	3
4	5	6	7	8	9	10
11	12	13	14	15	16	17
18	●19	20	21	22		

仕事運が良い日	8月23日	9月6日
愛情運が良い日	8月25日	9月19日
金銭運が良い日	9月2日	9月22日
移動運が良い日	8月30日	9月8日

10月
9月23日～10月22日

日常生活で魔がさすという瞬間が訪れやすいでしょう。休日でも気を抜いてはいけません。穏やかな愛情に物足りなさを感じる夜もありそうです。肌の温もりが恋しくなり衝動的行動に出てしまうことも…。深夜メールは媚薬のように危険です。

●印はラッキーデー
■印はアンラッキーデー

S	M	T	W	T	F	S
					23	24
25	26	27	28	●29	●30	
						1
2	3	4	5	6	7	8
■9	10	11	●12	13	14	15
16	17	18	19	20	21	22

仕事運が良い日	9月29日	10月5日
愛情運が良い日	10月3日	10月16日
金銭運が良い日	9月30日	10月12日
移動運が良い日	10月8日	10月22日

11月
10月23日～11月20日

胸の中に秘めてきた願望が形になりやすい時です。これまで努力してきた恋愛や交際に一つの答えが見いだせます。心を満たす芸術や文学の作品に出逢えます。スポーツジムやサークル活動の中で、気の合う仲間と出逢うことが出来ます。

●印はラッキーデー
■印はアンラッキーデー

S	M	T	W	T	F	S
23	24	■25	26	27	●28	29
30	31					
		1	2	3	4	●5
6	7	8	9	10	11	12
13	14	15	16	17	●18	19
20						

仕事運が良い日	10月27日	11月5日
愛情運が良い日	10月28日	11月20日
金銭運が良い日	11月9日	11月18日
移動運が良い日	11月1日	11月12日

12月
11月21日～12月21日

11月後半から幸運な出来事に恵まれます。情熱的な異性からの熱烈なアプローチを受けそうです。個性的な仲間との絆も強まりそうです。無意識で行った善意が大きな反応を呼びそうです。季節イベントやパーティーには顔を出しましょう。

●印はラッキーデー
■印はアンラッキーデー

S	M	T	W	T	F	S
	●21	22	23	24	25	26
27	28	■29	30			
				1	2	3
4	5	●6	7	8	9	10
11	12	13	14	15	16	17
18	19	20	●21			

仕事運が良い日	12月6日	12月21日
愛情運が良い日	11月21日	12月20日
金銭運が良い日	12月8日	12月15日
移動運が良い日	11月30日	12月9日

2016年 出生月別 あなたの運勢

♈

—各年 共通—
3日20日～4月19日生
（その年により1日ずれることがあります）

♈星座 月生まれの性格＆人生

開拓者精神に満ち、人一倍の行動力や主導性があり、何事にもエネルギッシュに突進していく性質です。注意力にやや欠ける点があるので、批難されることもあるタイプですが、自分が正しいと信じた道を突き進み、多くの追従者や支援者を得て華々しく活躍していくことでしょう。

革新的であることが災いし、組織を乱すと目され、不遇をかこつ時期があっても、やがて追従者たちが起ち上がり、再び名誉と地位を回復することが出来る運勢です。

1月
12月22日～1月19日

●印はラッキーデー
■印はアンラッキーデー

S	M	T	W	T	F	S
		22	●23	24	25	26
27	28	29	30	31		
					1	2
3	4	●5	6	■7	8	9
10	11	12	13	14	15	16
17	18	●19				

対人運に変化が訪れやすい時期です。これまでとは違う異性との出逢いや新たな関わりが始まりそうです。飲食の誘いも多いことでしょう。リーダー的な立場に祭り上げられやすい時です。すでに恋人がいる場合はライバル出現に要注意です。

仕事運が良い日	1月10日	1月19日
愛情運が良い日	12月23日	1月12日
金銭運が良い日	12月29日	1月8日
移動運が良い日	12月30日	1月5日

2月
1月20日～2月18日

●印はラッキーデー
■印はアンラッキーデー

S	M	T	W	T	F	S
			20	21	22	23
24	25	26	27	28	29	30
●31						
	1	2	3	■4	●5	6
7	8	9	10	11	12	13
14	●15	16	17	18		

身近な相手に恋愛感情が芽生えやすい時です。ささやかなプレゼントが心の距離を縮めるのです。交際面のハプニングも生じやすいでしょう。冠婚葬祭で生じた縁は進展していく兆しがあります。愛の思い出を処分すると新たな愛が始まります。

仕事運が良い日	1月31日	2月10日
愛情運が良い日	1月21日	2月7日
金銭運が良い日	2月3日	2月15日
移動運が良い日	1月20日	2月5日

3月
2月19日～3月20日

●印はラッキーデー
■印はアンラッキーデー

S	M	T	W	T	F	S
					19	20
21	22	●23	24	25	26	27
28	29					
		1	2	3	4	5
6	7	8	●9	10	11	12
13	14	15	16	17	■18	●19
20						

精神的には一足早い春の兆しです。埋もれていた素質や才能が開花していくでしょう。趣味や仕事上での確かな技術が身に付きます。髪と肌の手入れは小まめに行いましょう。気分転換も大切です。家にこもらず外出の回数を増やしましょう。

仕事運が良い日	2月19日	3月2日
愛情運が良い日	2月27日	3月8日
金銭運が良い日	3月1日	3月9日
移動運が良い日	2月23日	3月19日

4月
3月21日～4月19日

●印はラッキーデー
■印はアンラッキーデー

S	M	T	W	T	F	S
	21	22	23	24	25	●26
27	28	29	30	31		
					■1	2
●3	4	5	6	7	8	9
10	11	12	13	14	15	16
●17	18	19				

様々なことに好奇心が起きやすい時です。潜在意識下で眠っていた願望が表面化してきそうです。恋愛面では欲張ると何も掴めず終わってしまいます。最終目標や目的を絞るのが一番です。人知れずの悩みは尊敬する先輩を頼りましょう。

仕事運が良い日	3月26日	4月3日
愛情運が良い日	3月24日	4月7日
金銭運が良い日	3月29日	4月17日
移動運が良い日	4月5日	4月15日

5月
4月20日～5月20日

●印はラッキーデー
■印はアンラッキーデー

S	M	T	W	T	F	S
			20	21	22	23
24	●25	26	27	28	29	30
1	2	3	4	●5	6	7
8	9	■10	11	12	13	14
15	16	17	●18	19	20	

行動に移る前に慎重に計画を練り直しましょう。癒しを感じる相手や場所が見つかる時です。幼なじみや同郷の仲間に会うと会話が弾みそう。恋愛の悩みを打ち明けると気持ちが安らぎます。神社や寺院へ参拝すると心身とも健康を回復します。

仕事運が良い日	4月29日	5月1日
愛情運が良い日	4月25日	5月5日
金銭運が良い日	5月3日	5月18日
移動運が良い日	4月28日	5月15日

6月
5月21日～6月20日

●印はラッキーデー
■印はアンラッキーデー

S	M	T	W	T	F	S
						21
22	23	24	25	26	27	28
29	30	●31				
			1	2	●3	4
5	■6	7	8	9	10	11
12	13	14	15	16	●17	18
19	20					

変化を求め衝動的な行動に走りやすい時です。車の運転はスピードの出し過ぎに要注意です。平凡な日々の繰り返しの中に価値を見出しましょう。愛情面では強引さが元でトラブルが発生しやすい時です。華やかな交際で予算オーバーしがちです。

仕事運が良い日	5月22日	6月3日
愛情運が良い日	5月31日	6月10日
金銭運が良い日	6月2日	6月12日
移動運が良い日	5月30日	6月17日

♈星座 月生まれ 2016年の運勢

愛情のパワーグラフは後半に失速しがちな印象ですが、年間を通じての愛情運は強く、周囲から注目を浴びやすいことを告げています。恋愛面は出逢いと別れを繰り返す形か、同棲から結婚へ生活を変えるタイプに分かれます。長く同棲してきた人は、正式入籍へ切り替えるのが今年の特徴です。何かを始めるなら年初からが良く好結果を期待できます。仕事上の変化は初夏に訪れそうです。あなたの人生にとって運命的な出逢いは年初と夏場に訪れそうです。

2016年の月別 愛情パワーグラフ

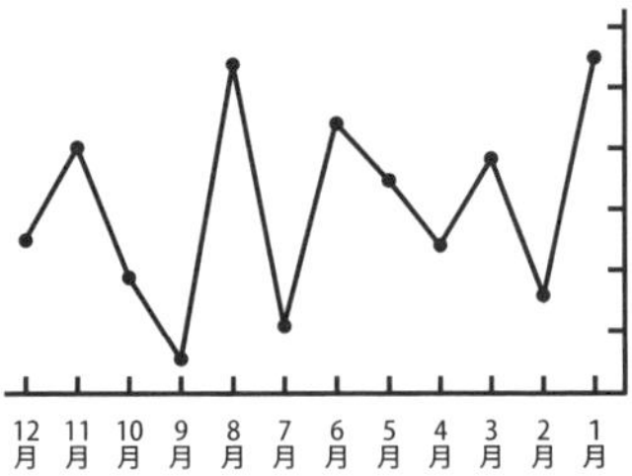

7月
6月21日～7月22日

●印はラッキーデー
■印はアンラッキーデー

S	M	T	W	T	F	S
		21	22	23	24	25
●26	27	28	29	●30		
					1	2
■3	4	5	6	7	8	9
10	11	12	13	14	15	16
17	18	●19	20	21	22	

対人関係の問題から落ち込みそうな気配です。つい感情的に走りやすい時期なので注意が必要です。過去に挫折した勉強や趣味に打ち込みましょう。健康の為の運動は効果的です。何事もコツコツ努力を積み重ねると自信がついてきます。

仕事運が良い日	6月30日	7月10日
愛情運が良い日	7月5日	7月13日
金銭運が良い日	7月1日	7月19日
移動運が良い日	6月26日	7月22日

8月
7月23日～8月22日

●印はラッキーデー
■印はアンラッキーデー

S	M	T	W	T	F	S
						23
24	25	●26	27	28	29	30
31						
	●1	2	3	4	5	6
7	8	9	■10	11	12	13
14	15	●16	17	18	19	20
21	22					

忘れかけていたトキメキやドキドキ感を思い出す時です。地域会合や祭りやイベントで胸を揺さぶられる出逢いが生まれそうです。パートナーがいる人は悩みを打ち明けるのがベスト。休日の旅行、ドライブ、森林浴等は運気アップに効果的です。

仕事運が良い日	8月1日	8月19日
愛情運が良い日	7月24日	8月7日
金銭運が良い日	8月3日	8月16日
移動運が良い日	7月26日	8月18日

9月
8月23日～9月22日

●印はラッキーデー
■印はアンラッキーデー

S	M	T	W	T	F	S
		23	24	25	26	27
●28	29	30	31			
				1	2	3
4	●5	6	7	■8	9	10
11	12	13	14	15	16	17
18	19	●20	21	22		

あなたを取り囲むしがらみが行く手を阻みそうです。今までスムーズだった交際にもストップが掛かりそう。困った時には力を貸してくれる親友を頼りましょう。トラブルを一人で抱え込んではいけません。身内の問題にも解決策が見つかります。

仕事運が良い日	8月28日	9月10日
愛情運が良い日	9月11日	9月22日
金銭運が良い日	8月30日	9月5日
移動運が良い日	9月2日	9月20日

10月
9月23日～10月22日

●印はラッキーデー
■印はアンラッキーデー

S	M	T	W	T	F	S
					■23	24
25	●26	27	28	29	30	
						1
2	3	4	5	6	●7	8
9	10	11	12	13	14	15
●16	17	18	19	20	21	22

肩の荷が下りてプライベートが充実してきます。思いがけない出逢い運や、意外な相手からのアプローチがありそうです。飲食欲と購買欲がオーバーヒート気味です。異性に関わるトラブルにも要注意です。レジャー予算を決めておきましょう。

仕事運が良い日	10月2日	10月18日
愛情運が良い日	9月26日	10月12日
金銭運が良い日	9月28日	10月7日
移動運が良い日	10月10日	10月16日

11月
10月23日～11月20日

●印はラッキーデー
■印はアンラッキーデー

S	M	T	W	T	F	S
23	■24	●25	26	27	28	29
30	31					
		1	2	3	4	5
●6	7	8	9	10	11	●12
13	14	15	16	17	18	19
20						

気力と体力がダウンしやすい時期です。過去の恋愛トラウマが再現されそう。ハプニングを気にし過ぎてはいけません。身体が冷えると幸運が逃げていきます。足元をしっかり暖めましょう。温泉で汗をかくと悪い運気が流れ出ていきます。

仕事運が良い日	11月1日	11月10日
愛情運が良い日	10月25日	11月8日
金銭運が良い日	11月5日	11月12日
移動運が良い日	10月27日	11月6日

12月
11月21日～12月21日

●印はラッキーデー
■印はアンラッキーデー

S	M	T	W	T	F	S
	21	22	23	24	25	26
27	28	●29	■30			
				1	2	3
●4	5	6	7	8	9	10
11	12	13	14	15	16	●17
18	19	20	21			

環境に左右されて取り乱しやすい運気です。浮つかずに最後の足固めを行いましょう。飲食の席に誘われたら出来るだけ顔を出しましょう。様々な人脈を広げるのは吉です。年長者からプレゼントを受け取るでしょう。年上異性から愛されます。

仕事運が良い日	11月26日	12月10日
愛情運が良い日	12月4日	12月21日
金銭運が良い日	12月9日	12月17日
移動運が良い日	11月29日	12月12日

2016年 出生月別 あなたの 運勢

♉

おうし座

——各年 共通——

4日20日～5月19日生

(その年により1日ずれることがあります)

♉星座 月生まれの性格&人生

実生活に役立つもののみに興味を抱き、やさしく同情深いところがあり、家庭的で相手に尽くしていく性質です。愛情面では独占欲が強い面があるので、嫉妬深いとみられることもあるタイプですが、お人好しな部分もあり、身の周りの悩む人たちを放っておけず助けやすいことでしょう。物欲の強い点が災いし、お金を騙し取られるなどしやすく、不遇をかこつ時期があっても、永年の仕事への功績が認められ、部下後輩が多く、確固たる財産と地位を築く運勢です。

1月
12月22日～1月19日

年末までの悩みは年初になると消えていきます。過去の実績が認められる時期です。これまで秘密にしてきた事柄が表に出やすいことでしょう。不倫はバレやすいので要注意。家庭的な問題は感情的に決めないことです。年下の助言が有効です。

●印はラッキーデー
■印はアンラッキーデー

S	M	T	W	T	F	S
		22	23	24	●25	26
27	■28	29	30	31		
					●1	2
3	4	5	6	●7	8	9
10	11	12	13	14	15	16
17	18	19				

仕事運が良い日	1月5日	1月16日
愛情運が良い日	12月31日	1月7日
金銭運が良い日	1月1日	1月10日
移動運が良い日	12月25日	1月8日

2月
1月20日～2月18日

多少の波乱があっても力強い運勢の時です。あなたの希望と違う方向へ進むことはありません。好きな相手に誤解されないよう気をつけましょう。異性から熱烈に誘われる機会がありそうです。仲間とのコミュニケーションが人気アップに有効です。

●印はラッキーデー
■印はアンラッキーデー

S	M	T	W	T	F	S
			20	21	22	23
24	●25	26	27	28	29	30
31						
	●1	2	3	4	5	6
7	8	9	10	■11	12	●13
14	15	16	17	18		

仕事運が良い日	2月1日	2月15日
愛情運が良い日	1月25日	2月14日
金銭運が良い日	2月5日	2月13日
移動運が良い日	1月31日	2月2日

3月
2月19日～3月20日

移動運が活発に働いています。行動範囲を広げ訪ねたことがない所へと向かいましょう。動けば動くほどラッキーチャンスが増えます。話題の観光地とかオープンしたての店に足を運んでみましょう。愛する人から心温まる贈り物がありそう。

●印はラッキーデー
■印はアンラッキーデー

S	M	T	W	T	F	S
					■19	20
21	22	23	24	25	26	27
●28	29					
		1	2	3	4	●5
6	7	8	9	10	11	12
13	14	15	●16	17	18	19
20						

仕事運が良い日	3月2日	3月16日
愛情運が良い日	2月23日	3月9日
金銭運が良い日	2月26日	3月8日
移動運が良い日	2月28日	3月5日

4月
3月21日～4月19日

周囲の信頼を得ると交際運が上昇します。知的タイプと縁が生まれやすいでしょう。教養を磨くのに絶好調な時期です。初対面の相手とその日に急接近はNGです。時間をかけ共通点を見付けるべき。新しい環境への適応性が試されています。

●印はラッキーデー
■印はアンラッキーデー

S	M	T	W	T	F	S
	21	22	23	24	■25	●26
27	28	29	30	●31		
					1	2
3	4	5	6	7	8	9
10	11	12	●13	14	15	16
17	18	19				

仕事運が良い日	4月3日	4月13日
愛情運が良い日	3月26日	4月3日
金銭運が良い日	3月31日	4月15日
移動運が良い日	3月30日	4月18日

5月
4月20日～5月20日

交友関係を広げることで運命の出逢いが近づいていきます。従来の人間関係から抜け出すチャンスです。新しい冒険にチャレンジしましょう。ファッションや髪型を変えると好感度がアップしそう。好きな人とはネットや電話で親しくなりましょう。

●印はラッキーデー
■印はアンラッキーデー

S	M	T	W	T	F	S
			20	21	22	23
24	25	26	27	28	●29	■30
1	●2	3	4	5	6	7
8	9	10	11	12	13	14
●15	16	17	18	19	20	

仕事運が良い日	4月26日	5月9日
愛情運が良い日	4月29日	5月11日
金銭運が良い日	5月2日	5月15日
移動運が良い日	5月1日	5月6日

6月
5月21日～6月20日

好調だった運気が下降気味になっています。一発逆転を狙ってのギャンブルは失敗します。恋愛や仕事は攻めから守りに変更しましょう。自分磨きの為に、お金や時間をかけましょう。ボランティア的な活動は素晴らしい縁や出逢いを招きます。

●印はラッキーデー
■印はアンラッキーデー

S	M	T	W	T	F	S
						21
●22	23	24	25	26	27	28
29	30	●31				
			1	■2	3	4
5	6	7	8	9	10	11
12	●13	14	15	16	17	18
19	20					

仕事運が良い日	5月31日	6月13日
愛情運が良い日	5月26日	6月8日
金銭運が良い日	6月1日	6月17日
移動運が良い日	5月22日	6月6日

♉星座 月生まれ 2016年の運勢

愛情のパワーグラフは夏の終わりから秋にかけ減速していく印象ですが、年間を通じて異性から愛されることを告げています。恋愛面は身内からの反対・干渉に出合わなければ、基本的にはスムーズに進展していく運勢です。元々現実的で相手選びも堅実なので、浮気っぽい行動に走らないのが今年の特徴です。何かを始めるなら春からが良く、多くの協力者を得ます。恋愛の出逢いや仕事上の誘いも春先から夏場に応じるのなら良好と言えるでしょう。

2016年の月別 愛情パワーグラフ

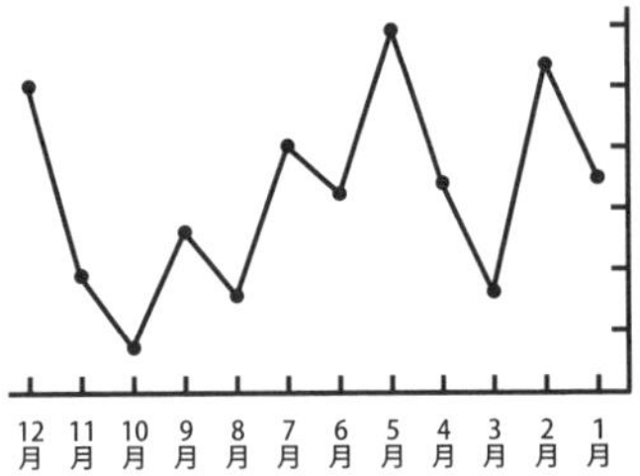

7月
6月21日～7月22日

対人関係はやや波乱の運気です。想いを抱いている人とは別な相手から誘われそうです。忘れていた過去のトラウマが蘇ります。寝ていて怖い夢を見ることがありそうです。しまったままの服や靴やバッグを処分すると出逢いが増えます。

●印はラッキーデー
■印はアンラッキーデー

S	M	T	W	T	F	S
		21	22	23	●24	25
26	27	28	29	■30		
					1	2
3	●4	5	6	7	8	9
10	11	12	13	14	15	16
17	●18	19	20	21	22	

仕事運が良い日	6月29日	7月9日
愛情運が良い日	7月6日	7月18日
金銭運が良い日	7月2日	7月12日
移動運が良い日	6月24日	7月4日

8月
7月23日～8月22日

仕事上で強運を手にする時です。チャンスがやって来た時には躊躇してはなりません。公私とも新しい計画を着手するのに良い時です。家族に関する悩みは神仏に祈願しましょう。愛情を与える時には出し惜しみをせず素直に表しましょう。

●印はラッキーデー
■印はアンラッキーデー

S	M	T	W	T	F	S
						23
24	25	●26	27	28	29	30
31						
	1	2	3	4	5	●6
7	8	■9	10	11	12	13
14	15	16	17	18	19	20
●21	22					

仕事運が良い日	7月25日	8月21日
愛情運が良い日	8月2日	8月22日
金銭運が良い日	7月30日	8月16日
移動運が良い日	7月26日	8月6日

9月
8月23日～9月22日

プライベートでちょっとした試練が訪れます。対人関係での高いハードルを恐れてはいけません。苦手な人にも笑顔を振りまきましょう。家族の問題は困難なほど乗り越えた後の喜びを感じられます。逃げ出さずにクリアする方法を考えましょう。

●印はラッキーデー
■印はアンラッキーデー

S	M	T	W	T	F	S
		23	24	25	26	27
●28	29	30	31			
				1	2	3
4	5	6	7	8	●9	10
11	■12	13	●14	15	16	17
18	19	20	21	22		

仕事運が良い日	9月9日	9月11日
愛情運が良い日	9月2日	9月14日
金銭運が良い日	8月28日	9月22日
移動運が良い日	8月24日	9月10日

10月
9月23日～10月22日

目上の異性に関するハプニングに巻き込まれます。重荷を背負わされたような我慢の時です。恋愛面では愛する人の身近な理解で救われます。今は誠意を尽くすのが一番です。お茶を飲んだり、音楽を聴いたり、休息して癒されましょう。

●印はラッキーデー
■印はアンラッキーデー

S	M	T	W	T	F	S
					23	24
●25	26	27	28	29	30	
						1
2	■3	4	5	6	●7	8
9	10	11	12	13	14	15
16	17	18	19	●20	21	22

仕事運が良い日	10月7日	10月18日
愛情運が良い日	9月23日	10月6日
金銭運が良い日	9月25日	10月12日
移動運が良い日	10月4日	10月20日

11月
10月23日～11月20日

重荷が取れて肩の力が一気に抜けそうです。嬉しいニュースが飛び込むでしょう。一方で落ち込むような出来事にも遭遇します。電話やメールを使った詐欺に注意しましょう。日頃お世話になっている人に小さなプレゼントを贈りましょう。

●印はラッキーデー
■印はアンラッキーデー

S	M	T	W	T	F	S
23	24	25	●26	27	28	29
30	31					
		1	2	3	4	5
6	7	8	9	10	11	●12
13	14	15	■16	●17	18	19
20						

仕事運が良い日	11月2日	11月17日
愛情運が良い日	10月28日	11月19日
金銭運が良い日	10月26日	11月5日
移動運が良い日	11月5日	11月12日

12月
11月21日～12月21日

精神的なスランプから抜け出し人気アップの時です。周囲も一気に華やいだ雰囲気に包まれます。地位名誉のある人から引立てられます。パーティーやイベントへの誘いが増えそう。仲間と一緒に行動しましょう。コンサートはパワーを貰えます。

●印はラッキーデー
■印はアンラッキーデー

S	M	T	W	T	F	S
	21	22	23	●24	25	26
27	28	29	●30			
				1	2	3
4	5	6	7	8	9	10
■11	12	●13	14	15	16	17
18	19	20	21			

仕事運が良い日	11月30日	12月17日
愛情運が良い日	11月24日	12月13日
金銭運が良い日	11月27日	12月5日
移動運が良い日	12月3日	12月9日

2016年 出生月別 あなたの運勢

——各年 共通——
5日20日～6月20日生
(その年により1日ずれることがあります)

♊星座 月生まれの性格&人生

時代の動きに敏感で、機転や融通が利くのが特徴で、その場にうまく溶け込んでいく性質です。相手によって態度を変える二面性を持っているので、ずる賢いとみられることもあるタイプですが、必要性を感じての処置で、臨機応変な対応が目上から引立てられる結果につながることでしょう。多弁すぎることが災いし、信用を欠き、不遇をかこつ時期があっても、やがて時代の波に乗って見事に浮上し、確固たる人気・支持を集めることが出来る運勢です。

1月
12月22日～1月19日

年末年始はやや気分的に落ち込みやすい運勢です。偶然ではあっても神秘的な出来事を体験しそうです。腐れ縁の相手と関わりやすいでしょう。女性は予期せぬ妊娠にも注意が必要です。健康維持のために身体を冷やさない工夫が大切です。

●印はラッキーデー
■印はアンラッキーデー

S	M	T	W	T	F	S
		●22	23	24	25	26
27	28	29	■30	31		
					1	2
3	4	5	6	7	8	●9
●10	11	12	13	14	15	16
17	18	19				

仕事運が良い日	12月26日	1月16日
愛情運が良い日	12月22日	1月9日
金銭運が良い日	1月10日	1月19日
移動運が良い日	12月31日	1月2日

2月
1月20日～2月18日

良い時と悪い時の差が激しい運勢です。午前中が良いからといって安心できません。好きな異性から褒められるような出来事がありそうです。不注意からのトラブル発生もありそう。飲み過ぎた異性に絡まれたならうまく身をかわしましょう。

●印はラッキーデー
■印はアンラッキーデー

S	M	T	W	T	F	S
			●20	21	22	23
24	25	26	27	28	29	30
31						
	1	●2	3	4	5	6
7	■8	9	10	11	12	●13
14	15	16	17	18		

仕事運が良い日	2月1日	2月16日
愛情運が良い日	2月2日	2月17日
金銭運が良い日	1月26日	2月13日
移動運が良い日	1月20日	2月1日

3月
2月19日～3月20日

最高の出逢い運が到来します。今後の運命を左右する人かもしれません。パートナーがいる人は心乱れる可能性も。日頃から教養を高める努力をしましょう。金銭や品物の貸し借りはトラブルの元です。仕事では新たな対応を必要としています。

●印はラッキーデー
■印はアンラッキーデー

S	M	T	W	T	F	S
					19	20
21	22	●23	24	25	26	27
28	29					
		●1	2	3	4	5
■6	7	8	9	10	11	●12
13	14	15	16	17	18	19
20						

仕事運が良い日	2月27日	3月12日
愛情運が良い日	2月23日	3月18日
金銭運が良い日	3月1日	3月16日
移動運が良い日	3月8日	3月11日

4月
3月21日～4月19日

比較的順風な新年度のスタートです。積極的な行動が好結果につながるでしょう。後輩から相談を持ちかけられる機会が増えそう。好きな人と言い争った時は白い服を着ましょう。心穏やかになれます。時間が経つと花壇でリフレッシュ。

●印はラッキーデー
■印はアンラッキーデー

S	M	T	W	T	F	S
	21	22	23	24	25	26
27	28	29	30	31		
					●1	2
3	■4	5	6	●7	8	9
10	11	12	13	14	15	●16
17	18	19				

仕事運が良い日	4月7日	4月10日
愛情運が良い日	3月24日	4月16日
金銭運が良い日	3月21日	4月1日
移動運が良い日	4月5日	4月19日

5月
4月20日～5月20日

春爛漫の季節を迎え何事も正否が具体化し始めます。結果にこだわりすぎてはいけません。現状をしっかりと見つめて今後の対策を立てましょう。片想い中ならアプローチ方法の練り直しが一番です。衝動的な男女関係に走りやすいので要注意。

●印はラッキーデー
■印はアンラッキーデー

S	M	T	W	T	F	S
			■20	21	22	23
24	25	26	27	28	29	30
1	2	●3	4	5	6	7
●8	9	10	11	12	13	14
15	●16	17	18	19	20	

仕事運が良い日	4月26日	5月8日
愛情運が良い日	4月28日	5月19日
金銭運が良い日	5月3日	5月14日
移動運が良い日	5月2日	5月16日

6月
5月21日～6月20日

目まぐるしいスピードで環境が変化していきます。当たり前に思っていた日常が崩れていきそう。親友やパートナーへ感謝の気持ちを表しましょう。異性間でちょっとした行き違いが発生しやすい時です。トラブルは小さなうちに摘み取りましょう。

●印はラッキーデー
■印はアンラッキーデー

S	M	T	W	T	F	S
						21
22	●23	24	25	26	27	■28
29	30	●31				
			1	2	3	4
5	6	7	8	9	10	11
●12	13	14	15	16	17	18
19	20					

仕事運が良い日	6月1日	6月12日
愛情運が良い日	5月31日	6月17日
金銭運が良い日	5月23日	6月7日
移動運が良い日	6月4日	6月10日

Ⅱ星座 月生まれ 2016年の運勢

愛情のパワーグラフは冬場を除いて比較的恵まれ、愛情面では出方を見ながら対応していく年であることを告げています。今年の場合は相手側に問題が発生しやすく、それをどうクリアしていくか腕の見せ所となる運勢です。元々問題対応が巧みな【ふたご座】ですが、その手腕が問われるのが今年の特徴なのです。何かを始めるなら春からが良く、徐々にその成果が開花していくでしょう。心ときめく出逢いや誘いは夏場に集中してやって来ます。

2016年の月別 愛情パワーグラフ

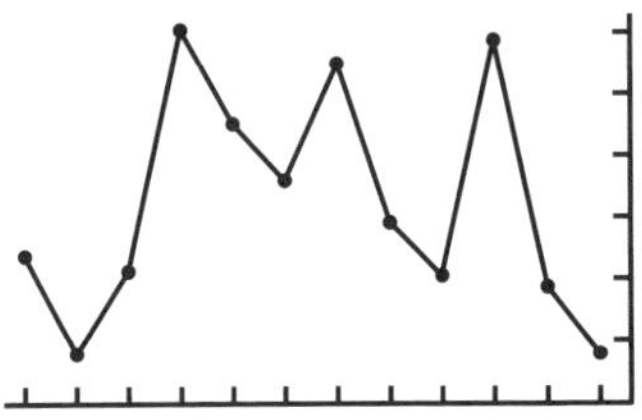

7月

6月21日〜7月22日

何事も動きが止まって停滞気味の時です。計画通りに進まなくても焦らず待ちましょう。電話やパソコンなど通信トラブルが生じやすい時です。困った時は身近な女性に懇願するとうまくいきます。体験豊富な人から解決策を伝授されるでしょう。

●印はラッキーデー
■印はアンラッキーデー

S	M	T	W	T	F	S
		21	22	■23	24	25
26	27	●28	29	30		
					1	2
3	4	5	●6	7	8	9
10	11	12	13	14	15	16
17	18	19	20	●21	22	

仕事運が良い日	7月3日	7月18日
愛情運が良い日	6月28日	7月12日
金銭運が良い日	7月6日	7月20日
移動運が良い日	6月21日	7月21日

8月

7月23日〜8月22日

幸運な星の廻りが徐々にやって来ます。情熱を掻き立てるリズム音楽を聴きましょう。心の奥底からヤル気が出て来ます。目標に向かって一直線に行動する時です。ダメ元のアプローチも有効です。リゾート地へ行って愛を再確認すべきです。

●印はラッキーデー
■印はアンラッキーデー

S	M	T	W	T	F	S
						23
24	25	26	27	28	29	30
31						
	1	●2	3	4	5	■6
7	8	9	10	11	●12	13
14	15	●16	17	18	19	20
21	22					

仕事運が良い日	7月24日	8月16日
愛情運が良い日	8月1日	8月20日
金銭運が良い日	7月31日	8月12日
移動運が良い日	8月2日	8月13日

9月

8月23日〜9月22日

家族に関連する悩みは見事に解消できそうです。愛情のもつれも忍耐強く当たればクリアできます。苦しい状況の時は騒ぎすぎないことです。家族に悩みを打ち明けると希望の光が見えてきます。揉め事はこじれる前に速攻で対処しましょう。

●印はラッキーデー
■印はアンラッキーデー

S	M	T	W	T	F	S
		23	●24	25	●26	27
28	29	30	31			
				1	2	3
4	5	■6	7	8	9	●10
11	12	13	14	15	16	17
18	19	20	21	22		

仕事運が良い日	9月1日	9月21日
愛情運が良い日	8月23日	9月10日
金銭運が良い日	8月26日	9月9日
移動運が良い日	8月24日	9月18日

10月

9月23日〜10月22日

名誉運は遠のいても愛情運は近づいています。献身的な過去の実績が周囲に認められるでしょう。昔の愛情関係が蒸し返されます。恋人やパートナーと距離感が生まれそうです。相手の気持ちに気付いたらすぐ言葉に出して謝る潔さが必要です。

●印はラッキーデー
■印はアンラッキーデー

S	M	T	W	T	F	S
					23	24
25	●26	27	28	29	30	
						1
●2	3	4	5	6	7	8
9	10	11	12	13	14	●15
16	17	18	19	20	■21	22

仕事運が良い日	9月26日	10月18日
愛情運が良い日	9月30日	10月2日
金銭運が良い日	9月28日	10月22日
移動運が良い日	10月2日	10月15日

11月

10月23日〜11月20日

運気はやや低調気味です。自分が思っている以上に何事もタイミングがずれています。期待したような成果を得られません。愛情関係はもどかしくても気長にチャンスを待ちましょう。飲食の好みが似ている異性と楽しい会話が弾みそうです。

●印はラッキーデー
■印はアンラッキーデー

S	M	T	W	T	F	S
23	24	●25	26	27	28	29
30	31					
		1	2	■3	4	5
6	7	8	9	10	11	12
13	14	15	●16	17	18	●19
20						

仕事運が良い日	10月31日	11月19日
愛情運が良い日	11月6日	11月20日
金銭運が良い日	10月25日	11月16日
移動運が良い日	11月8日	11月17日

12月

11月21日〜12月21日

月後半にドラマティックな出逢いが訪れます。芸術観賞に出掛けましょう。読書で深い感銘を受ける言葉を見付けそうです。時間に追われて忘れ物やケアレスミスを連発しそうです。デートやパーティーの打ち合わせは記録を残して行いましょう。

●印はラッキーデー
■印はアンラッキーデー

S	M	T	W	T	F	S
	21	22	23	24	25	26
27	28	●29	30			
				1	2	3
●4	5	■6	7	8	9	10
11	12	13	14	15	16	●17
18	19	20	21			

仕事運が良い日	12月1日	12月18日
愛情運が良い日	12月4日	12月10日
金銭運が良い日	11月29日	12月17日
移動運が良い日	11月28日	12月20日

2016年 出生月別 あなたの運勢

かに座

―各年 共通―

6日21日～7月21日生

（その年により1日ずれることがあります）

♋星座 月生まれの性格&人生

情緒性が豊かで、親しみと愛嬌もあって周囲から慕われる性質です。人真似しやすいところを持っているので、主体性がないとみられることもあるタイプですが、純粋に共感性からの選択で、家族や同僚など身近な人達からの信頼は常に厚いことでしょう。記憶力の良すぎることが災いし、過去の過ちを許せず、怨みなどを持つ時期があっても、やがてわだかまりも解け、多くの部下や後輩から慕われる人生を歩みます。

1月
12月22日～1月19日

年末から出逢い運と愛情運が活発になります。独身の人は周りの人がお膳立てしてくれる出逢いの可能性。デートやお見合いを断ってはなりません。外出前に少しだけ酒を飲んで勢いをつけましょう。メールや電話の活用は運気を上昇させます。

●印はラッキーデー
■印はアンラッキーデー

S	M	T	W	T	F	S
		22	23	24	25	26
27	●28	29	30	31		
					●1	●2
3	4	5	6	7	8	■9
10	11	12	13	14	15	16
17	18	19				

仕事運が良い日	12月24日	1月11日
愛情運が良い日	12月31日	1月3日
金銭運が良い日	1月2日	1月13日
移動運が良い日	12月28日	1月1日

2月
1月20日～2月18日

恋する季節に突入です。一足早く心の中では花が咲きほころびます。好きな相手の笑顔を見ると幸せを感じるでしょう。いつもの笑顔を見るだけで元気になれそうです。家族に関する複雑な問題は、年上女性に相談すると迷いが消えます。

●印はラッキーデー
■印はアンラッキーデー

S	M	T	W	T	F	S
			20	21	22	23
24	25	●26	27	■28	29	30
31						
	1	●2	3	4	5	6
7	8	9	10	11	12	●13
14	15	16	17	18		

仕事運が良い日	1月29日	2月13日
愛情運が良い日	2月2日	2月17日
金銭運が良い日	1月26日	2月9日
移動運が良い日	2月6日	2月11日

3月
2月19日～3月20日

会社の会合やパーティーへは積極的に参加しましょう。自然な形で出逢いが生まれ恋愛へ発展していくでしょう。異性と何かでペアになる機会が出て来そうです。共同作業をする中で相性の良さを実感します。転勤や転職が赤い糸をつなぎます。

●印はラッキーデー
■印はアンラッキーデー

S	M	T	W	T	F	S
					19	20
21	22	23	24	25	26	●27
28	29					
		●1	2	3	4	5
6	7	8	9	10	11	12
13	14	■15	16	●17	18	19
20						

仕事運が良い日	2月28日	3月20日
愛情運が良い日	3月1日	3月19日
金銭運が良い日	2月20日	3月17日
移動運が良い日	2月27日	3月7日

4月
3月21日～4月19日

愛されていても満たされた気持ちにはなりません。対人面がぎくしゃくと乱れそうです。パートナーの粗探しをしがちです。気持ちをリセットして勉強や仕事に打ち込みましょう。自分磨きに時間をあてましょう。衝動的に行動すると信頼を失います。

●印はラッキーデー
■印はアンラッキーデー

S	M	T	W	T	F	S
	21	22	23	24	●25	●26
27	28	29	30	31		
					1	2
3	4	●5	6	7	8	9
10	11	■12	13	14	15	16
17	18	19				

仕事運が良い日	4月3日	4月18日
愛情運が良い日	3月26日	4月5日
金銭運が良い日	4月2日	4月10日
移動運が良い日	3月25日	4月8日

5月
4月20日～5月20日

プライベートは波乱の運気です。家族への隠し事が表面化しそうです。不倫の恋にはハプニングが伴います。一度の過ちが思わぬ誤解と失敗を招きます。その場限りの遊びに奔走するのはNGです。手作りの品や手書きメッセージが効果的です。

●印はラッキーデー
■印はアンラッキーデー

S	M	T	W	T	F	S
			20	21	22	23
24	25	●26	27	■28	29	30
1	2	3	●4	5	6	7
8	9	10	11	12	13	14
15	16	●17	18	19	20	

仕事運が良い日	4月25日	5月12日
愛情運が良い日	5月2日	5月10日
金銭運が良い日	4月26日	5月17日
移動運が良い日	5月4日	5月20日

6月
5月21日～6月20日

新たな出逢いが生まれて来そうです。密かにアプローチしてくる相手が出て来ます。嫌なら無視するよりきちんと拒否すべきです。結婚問題は仲間に応援してもらうと好結果に。大きめのブローチやペンダントが自信と積極性を与えてくれます。

●印はラッキーデー
■印はアンラッキーデー

S	M	T	W	T	F	S
						21
●22	23	■24	25	26	27	28
29	30	31				
			1	2	3	4
5	6	7	8	9	●10	11
12	13	14	15	16	17	●18
19	20					

仕事運が良い日	6月10日	6月16日
愛情運が良い日	5月31日	6月5日
金銭運が良い日	5月22日	6月8日
移動運が良い日	6月2日	6月18日

♋星座 月生まれ 2016年の運勢

愛情のパワーグラフは大きな波乱は少なく全体的に恵まれて、愛情面は仲間・友達によってもたらされる年であることを告げています。今年の場合は健康面に問題が発生しやすく、それをうまくクリアできれば強運を掴める運勢です。元々愛嬌が良い【かに座】ですが、その笑顔で乗り切れるかが今年の特徴なのです。何かを始めるなら夏場が良く、見事その願望を達成できることでしょう。運命の人との出逢いや誘いは夏の終わりにやって来ます。

2016年の月別 愛情パワーグラフ

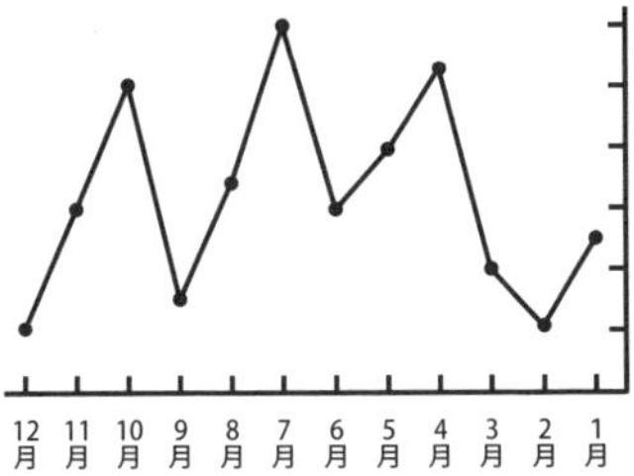

7月
6月21日〜7月22日

●印はラッキーデー
■印はアンラッキーデー

S	M	T	W	T	F	S
		21	22	23	●24	25
26	27	28	29	30		
					1	2
3	4	5	6	●7	8	9
10	11	■12	13	14	15	16
17	18	19	20	●21	22	

愛情運とレジャー運が良好な時です。休日の楽しみが増えるでしょう。夜の外出は官能的な出逢いとなります。海外の雑誌や流行を取り入れたファッションがベストです。異性絡みの金銭トラブルに注意です。大事な物は持ち歩かない方が良いでしょう。

仕事運が良い日	6月26日	7月21日
愛情運が良い日	7月1日	7月7日
金銭運が良い日	7月6日	7月18日
移動運が良い日	6月24日	7月11日

8月
7月23日〜8月22日

●印はラッキーデー
■印はアンラッキーデー

S	M	T	W	T	F	S
						■23
24	25	26	27	●28	29	30
31						
	1	●2	3	4	5	6
7	8	9	10	11	12	13
14	15	16	17	18	19	●20
21	22					

周りのことを考え自由に動けない時です。欲求不満やストレスが溜まりやすいでしょう。運気を変えるには遠方への旅行が効果的です。カップルの人は南国的な雰囲気の場所で愛を再確認しましょう。外出時間を増やした方が運勢にプラスです。

仕事運が良い日	8月2日	8月16日
愛情運が良い日	8月10日	8月21日
金銭運が良い日	7月28日	8月12日
移動運が良い日	8月13日	8月20日

9月
8月23日〜9月22日

●印はラッキーデー
■印はアンラッキーデー

S	M	T	W	T	F	S
		23	24	25	26	27
28	29	●30	31			
				●1	2	3
4	5	■6	7	8	9	10
11	●12	13	14	15	16	17
18	19	20	21	22		

空回りする状態でもがくような動きはマイナスです。落ち着いて対処しましょう。直感が冴えるので、それに従って動いてみましょう。すぐに結果が出なくても焦ってはいけません。飲食の席での出逢いは吉です。芸術鑑賞で頭脳を柔軟にしましょう。

仕事運が良い日	9月1日	9月12日
愛情運が良い日	8月30日	9月14日
金銭運が良い日	8月31日	9月8日
移動運が良い日	8月24日	9月5日

10月
9月23日〜10月22日

●印はラッキーデー
■印はアンラッキーデー

S	M	T	W	T	F	S
					23	■24
25	26	27	●28	29	30	
						1
2	3	4	5	6	7	●8
9	10	11	12	13	14	15
16	●17	18	19	20	21	22

集中力が高まり何事も素早く対応できる時です。あなたの才能やセンスに惚れ込む人が出て来ます。趣味の世界を広げていきましょう。人前で個性を発揮すると人気者になれそうです。強引に物事を進めると失敗します。優しく話すのが一番です。

仕事運が良い日	9月28日	10月4日
愛情運が良い日	9月29日	10月20日
金銭運が良い日	10月2日	10月17日
移動運が良い日	10月8日	10月22日

11月
10月23日〜11月20日

●印はラッキーデー
■印はアンラッキーデー

S	M	T	W	T	F	S
23	24	25	26	27	28	29
30	●31					
		1	2	3	4	●5
6	7	8	9	■10	11	●12
13	14	15	16	17	18	19
20						

仕事面は強運に守られています。良くも悪くも周囲への影響力が強まっています。急に街中で誘われるようなことがあるかもしれません。油断していると誘惑されやすいでしょう。常に身だしなみに注意が必要です。温泉でリフレッシュしましょう。

仕事運が良い日	10月31日	11月4日
愛情運が良い日	10月26日	11月5日
金銭運が良い日	11月5日	11月11日
移動運が良い日	11月12日	11月20日

12月
11月21日〜12月21日

●印はラッキーデー
■印はアンラッキーデー

S	M	T	W	T	F	S
	21	●22	23	24	25	26
27	28	29	30			
				1	2	3
4	5	■6	●7	8	9	10
11	12	13	14	15	16	17
●18	19	20	21			

運気は年末に向かって急下降しています。今年の疲れが出ているようです。やり残した事があっても年始に持ち越すべきです。職場でも自宅でも大掃除をしましょう。ライバルの多い恋愛は悩みがちです。オーバーリアクションが人気を上昇させます。

仕事運が良い日	12月7日	12月21日
愛情運が良い日	12月4日	12月18日
金銭運が良い日	11月28日	12月15日
移動運が良い日	11月22日	12月11日

2016年 出生月別 あなたの運勢

——各年 共通——
7月22日～8月22日生
(その年により1日ずれることがあります)

♌ 星座 月生まれの性格&人生

日頃からプライドが高く、誇り高く生活しているのが特徴で、その分努力もしますがわがままな性質です。無意識に傲慢な態度を取りがちな点があるので、不遜に思われることもあるタイプですが、実際には他人に無関心なだけで、リーダー的資質には富んでいるので地位や名誉を与えられやすいことでしょう。

強引なことが災いし、部下に背かれ不遇をかこつ時期があっても、やがて才能を発揮し、ゆるぎない地位や名誉を確立していく運勢です。

1月
12月22日～1月19日

年末年始に愛を求める欲求が強まっていきます。相手がいても性衝動が起き易いので注意が必要です。理想と現実のギャップに悩みそうです。ルックスや雰囲気だけで恋をすると失敗しそう。年明けに結ばれた二人は継続性があるでしょう。

●印はラッキーデー
■印はアンラッキーデー

S	M	T	W	T	F	S
		22	■23	24	25	26
27	28	29	30	31		
					●1	2
●3	4	5	6	7	8	9
10	11	12	●13	14	15	16
17	18	19				

仕事運が良い日	12月25日	1月9日
愛情運が良い日	1月1日	1月3日
金銭運が良い日	12月24日	1月4日
移動運が良い日	1月2日	1月13日

2月
1月20日～2月18日

先延ばししてきた問題が表面化するでしょう。嫌われることを恐れ優柔不断な態度はNGです。何事もイエスかノーかハッキリさせなければいけません。仕事では苦手な異性と関わりがちです。先輩から誘われても笑顔で断る術を憶えましょう。

●印はラッキーデー
■印はアンラッキーデー

S	M	T	W	T	F	S
			20	21	22	●23
24	25	26	27	28	29	30
■31						
	1	2	3	4	5	●6
7	8	9	10	11	12	13
14	15	●16	17	18		

仕事運が良い日	2月2日	2月18日
愛情運が良い日	1月23日	2月8日
金銭運が良い日	1月25日	2月16日
移動運が良い日	1月16日	2月6日

3月
2月19日～3月20日

経済面では余裕がありますが、精神面で余裕が失われます。運気はゆるやかに下降中です。ロマンティックなトキメキを経験するでしょう。賑やかな観光地や注目スポットへと足を運んでみましょう。外国人や遠方の異性と縁が生まれそうです。

●印はラッキーデー
■印はアンラッキーデー

S	M	T	W	T	F	S
					19	20
21	22	23	24	25	●26	27
28	29					
		1	2	3	4	●5
6	7	8	9	■10	11	12
●13	14	15	16	17	18	19
20						

仕事運が良い日	3月5日	3月17日
愛情運が良い日	2月26日	3月15日
金銭運が良い日	3月4日	3月20日
移動運が良い日	2月19日	3月13日

4月
3月21日～4月19日

公私とも比較的穏やかな新年度のスタートです。愛情運が良いと仕事面でも充実してきます。家族との争いは運気を下げます。サークル活動で尊敬できる異性が出て来そうです。共通点のある相手と親しくなります。三角関係は泥沼化の様相です。

●印はラッキーデー
■印はアンラッキーデー

S	M	T	W	T	F	S
	21	●22	23	24	25	26
27	28	29	30	●31		
					1	2
3	4	5	6	7	●8	■9
10	11	12	13	14	15	16
17	18	19				

仕事運が良い日	3月31日	4月15日
愛情運が良い日	4月1日	4月13日
金銭運が良い日	3月22日	4月8日
移動運が良い日	4月3日	4月17日

5月
4月20日～5月20日

何となく憂鬱で気分が優れない日が続きます。対人面で胃が痛くなるような場面が出て来ます。恋愛ではアクシデントに遭遇しそう。プライドにこだわると大切な人を失います。不安を感じたら癒しのお店に行きましょう。お茶・お菓子で気分を一新です。

●印はラッキーデー
■印はアンラッキーデー

S	M	T	W	T	F	S
			20	21	22	23
24	25	●26	27	28	29	30
1	2	3	4	5	●6	7
■8	9	10	11	●12	13	14
15	16	17	18	19	20	

仕事運が良い日	5月7日	5月16日
愛情運が良い日	5月6日	5月19日
金銭運が良い日	4月27日	5月12日
移動運が良い日	4月26日	5月20日

6月
5月21日～6月20日

理想の異性と出逢いやすい運気です。面白そうなところ、懐かしい場所などへ出掛けてみましょう。家庭的問題で悩んでいるなら昔を想い出しましょう。気持ちを切り替えられるでしょう。パートナーと一緒の写真はお守り代わりとして有効です。

●印はラッキーデー
■印はアンラッキーデー

S	M	T	W	T	F	S
						21
22	23	24	25	26	27	28
■29	30	●31				
			1	2	3	4
5	6	7	8	9	10	11
●12	13	14	15	16	17	18
●19	20					

仕事運が良い日	6月4日	6月19日
愛情運が良い日	5月26日	6月12日
金銭運が良い日	5月31日	6月15日
移動運が良い日	6月9日	6月16日

♌ 星座 7月生まれ 2016年の運勢

愛情のパワーグラフは激しい凹凸を描いていて、愛情面では紆余曲折が予想される年であることを告げています。今年の場合は相手との関係がギクシャクしやすく、惜しみない愛情と魅力でそれを乗り越えていく運勢と言えます。元々個性の強い【しし座】ですが、その個性を魅力に変えるのが今年の課題なのです。何かを始めるなら年初からが良く、途中障害があっても必ず好結果に結び付くでしょう。運命的な出逢いは夏にやって来ます。

2016年の月別 愛情パワーグラフ

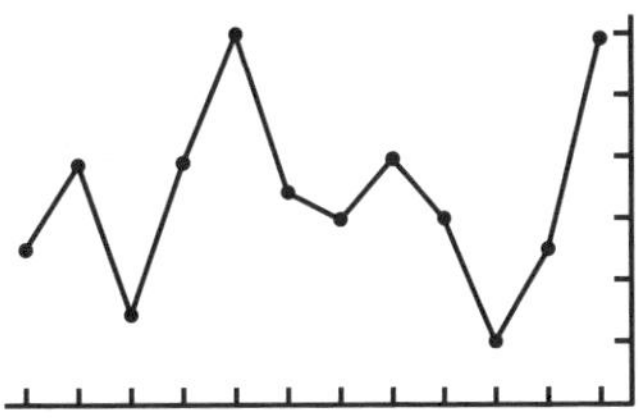

7月
6月21日～7月22日

●印はラッキーデー
■印はアンラッキーデー

S	M	T	W	T	F	S
		21	22	23	24	25
26	27	28	●29	30		
					1	■2
3	4	5	6	7	●8	9
10	11	12	13	14	15	16
17	18	19	●20	21	22	

愛情運が徐々に上昇中です。爽やかな挨拶と清潔感のある服装がポイントです。強引な異性から誘われる可能性がありそう。好き嫌いの反応は明確な方がプラスです。対人面では気疲れしやすい時です。夜は好きな音楽と料理で癒されましょう。

仕事運が良い日	6月29日	7月3日
愛情運が良い日	7月1日	7月21日
金銭運が良い日	7月8日	7月14日
移動運が良い日	6月29日	7月20日

8月
7月23日～8月22日

●印はラッキーデー
■印はアンラッキーデー

S	M	T	W	T	F	S
						23
24	■25	26	27	28	29	●30
31						
	1	●2	3	4	5	6
7	8	9	10	11	12	13
14	15	16	●17	18	19	20
21	22					

大きな転機を迎えそうな時です。恋愛と仕事を天秤にかけるような出来事が生じるでしょう。ハプニングをきっかけに注目を浴びる場面がありそう。長年の片想いや心の奥の願望は素直に打ち明けましょう。停滞していた関係が動き出すでしょう。

仕事運が良い日	8月10日	8月21日
愛情運が良い日	7月30日	8月6日
金銭運が良い日	8月1日	8月17日
移動運が良い日	8月2日	8月13日

9月
8月23日～9月22日

●印はラッキーデー
■印はアンラッキーデー

S	M	T	W	T	F	S
		23	●24	25	26	27
28	29	30	31			
				1	2	■3
4	5	●6	7	8	9	10
11	12	13	14	●15	16	17
18	19	20	21	22		

対人関係が徐々に変化していく時です。強い絆もあれば解けやすい縁も出て来るでしょう。愛情面では持続力が大切です。衝動的行動は誤解を生みやすいでしょう。冷静で規則正しい日々が評価を高めます。深夜の電話やメールは控えましょう。

仕事運が良い日	8月23日	9月19日
愛情運が良い日	9月5日	9月10日
金銭運が良い日	8月24日	9月15日
移動運が良い日	9月6日	9月21日

10月
9月23日～10月22日

●印はラッキーデー
■印はアンラッキーデー

S	M	T	W	T	F	S
					23	24
25	●26	27	28	■29	30	
						1
2	3	4	5	6	7	8
●9	10	11	12	13	14	15
16	17	18	19	20	21	●22

持ち前の行動力が発揮出来れば人気運がアップします。愛する人を密かに陰から支える存在がベストです。穏やかな言葉遣いは信用を高めます。自宅内と外出時で服装や髪形を変えると好印象を与えがちです。ギャップが大きい方が愛されます。

仕事運が良い日	9月26日	10月5日
愛情運が良い日	10月1日	10月14日
金銭運が良い日	10月7日	10月22日
移動運が良い日	10月9日	10月18日

11月
10月23日～11月20日

●印はラッキーデー
■印はアンラッキーデー

S	M	T	W	T	F	S
23	24	25	26	27	28	●29
30	31					
		●1	2	3	4	5
■6	7	8	9	10	11	12
13	14	15	●16	17	18	19
20						

甘い誘惑に騙されてしまいそうです。表面上の褒め言葉に浮かれないよう注意しましょう。浮気を誘発する異性が出現しやすいでしょう。抱えている不安や寂しさは親友にこっそり打ち明けましょう。温かい飲み物を飲むと気分が落ち着きます。

仕事運が良い日	11月1日	11月20日
愛情運が良い日	10月31日	11月16日
金銭運が良い日	10月29日	11月12日
移動運が良い日	11月3日	11月10日

12月
11月21日～12月21日

●印はラッキーデー
■印はアンラッキーデー

S	M	T	W	T	F	S
	21	●22	●23	24	25	26
27	28	29	30			
				■1	2	3
4	5	6	7	8	9	10
11	12	13	14	15	16	17
18	19	●20	21			

年末が近づくほど穏やかな運気に包まれていきます。クリスマスよりやや早くプレゼントがやって来るでしょう。何気ない日常の中に安堵する愛情を抱くことがあるでしょう。好きな人を交えホームパーティーを開くと心の底から盛り上がります。

仕事運が良い日	12月17日	12月21日
愛情運が良い日	11月22日	12月20日
金銭運が良い日	11月19日	12月18日
移動運が良い日	11月23日	12月7日

2016年 出生月別 あなたの運勢

♍

おとめ座

——各年 共通——

8月23日〜9月21日生

(その年により1日ずれることがあります)

♍星座 月生まれの性格&人生

物事すべてに几帳面で、何でもきちんとしなければ気が済まないのが特徴で、堅実な実生活を送る性質です。やや融通が利かない面を持っているので、面白みに欠けることもあるタイプですが、サポート能力は抜群で、細やかな配慮もあり目上から引立てられる結果につながることでしょう。神経質すぎることが災いし、体調を崩し第一線から退く時期があっても、やがて事務処理能力の優秀さを買われて再び見事に浮上し確かな地位を築く運勢です。

1月

12月22日〜1月19日

●印はラッキーデー
■印はアンラッキーデー

懐かしい友との出逢いが愛情運を連れてきます。年始に寺社へ出掛け願掛けをするのが良いでしょう。縁結びで有名な寺社なら特に良好です。公私とも充実のスタートとなるでしょう。食べ過ぎ飲み過ぎに要注意。体調を崩さぬ配慮が大切です。

S	M	T	W	T	F	S
		22	23	24	25	■26
27	28	29	●30	31		
					1	2
3	4	●5	6	7	8	9
10	11	●12	13	14	15	16
17	18	19				

仕事運が良い日	12月23日	1月16日
愛情運が良い日	1月3日	1月7日
金銭運が良い日	12月30日	1月5日
移動運が良い日	12月29日	1月12日

2月

1月20日〜2月18日

●印はラッキーデー
■印はアンラッキーデー

愛の女神があなたに微笑みます。思いがけない異性から誘いや告白を受けるでしょう。日頃から会話が苦手な人はメールや手紙で気持ちを伝えましょう。簡単明瞭な書き方が好感を持たれます。明るい色や派手なファッションが人気運に有効です。

S	M	T	W	T	F	S
			20	21	22	23
24	25	26	27	28	29	30
31						
	●1	2	3	4	●5	■6
7	8	9	10	11	12	13
●14	15	16	17	18		

仕事運が良い日	2月1日	2月17日
愛情運が良い日	1月31日	2月14日
金銭運が良い日	1月28日	2月5日
移動運が良い日	2月9日	2月18日

3月

2月19日〜3月20日

●印はラッキーデー
■印はアンラッキーデー

運気は良いのですが神経質に陥りがちな時です。周囲の言葉や態度を深読みしてしまいそう。不安やストレスは抱え込まず恋人・家族に相談を…。遊園地や動物園に出かけるとリフレッシュできます。甘えられる先輩と居酒屋に行くのもOKです。

S	M	T	W	T	F	S
					●19	20
21	■22	23	24	25	26	27
28	29					
		1	2	3	●4	5
6	7	8	9	10	11	12
13	14	15	16	●17	18	19
20						

仕事運が良い日	2月25日	3月17日
愛情運が良い日	3月1日	3月8日
金銭運が良い日	2月19日	3月4日
移動運が良い日	3月6日	3月15日

4月

3月21日〜4月19日

●印はラッキーデー
■印はアンラッキーデー

心身の健康運がやや低下中です。朝出かける前ヤル気が出る音楽を聴きましょう。公私とも誘われる機会が増えます。対人面が複雑に交錯します。職場で恋愛妄想を重ねてはいけません。寝室の窓辺に赤い花を飾ると新たな出逢いが生まれます。

S	M	T	W	T	F	S
	21	22	23	24	25	26
●27	28	29	●30	31		
					1	2
3	4	●5	6	7	8	9
10	11	12	13	14	15	16
17	18	■19				

仕事運が良い日	4月2日	4月16日
愛情運が良い日	3月27日	4月5日
金銭運が良い日	3月30日	4月11日
移動運が良い日	4月8日	4月13日

5月

4月20日〜5月20日

●印はラッキーデー
■印はアンラッキーデー

予期せぬ形から恋に落ちそうなトキメキがありそうです。何も感じていなかった異性を妙に気にし始めます。奇妙な偶然がトキメキの舞台を演出します。冠婚葬祭に関する場所に出席すると愛情運が強まります。髪形を変えると心まで変化します。

S	M	T	W	T	F	S
			20	21	22	23
24	25	●26	27	28	29	30
1	2	3	●4	5	6	7
8	9	10	11	■12	13	14
15	16	17	18	●19	20	

仕事運が良い日	5月4日	5月18日
愛情運が良い日	4月21日	5月4日
金銭運が良い日	4月26日	5月19日
移動運が良い日	5月6日	5月11日

6月

5月21日〜6月20日

●印はラッキーデー
■印はアンラッキーデー

動きたいのに動けず停滞気味の運気です。親友やパートナーとのすれ違いを感じやすい時です。嫉妬心に悩む出来事があるでしょう。愛情に関する問題は先送りした方が好都合に運びます。対人面では相手に対する理解力が求められています。

S	M	T	W	T	F	S
						21
22	23	24	25	26	27	28
29	30	31				
			1	●2	3	4
■5	6	7	8	●9	10	11
12	13	14	15	●16	17	18
19	20					

仕事運が良い日	6月2日	6月20日
愛情運が良い日	5月24日	6月5日
金銭運が良い日	5月30日	6月9日
移動運が良い日	6月1日	6月16日

♍ 星座 月生まれ 2016年の運勢

愛情のパワーグラフは波長のように繰り返す形で、色々な形で年間を通じ小刻みにパワーを得られる年であることを告げています。今年の場合、複数の異性が出現しやすい傾向があり、どう接していくかで将来が分かれます。元々丁寧な対応を得意とする【おとめ座】ですが、その長所が活かされるのが今年の特徴です。何かを始めるなら立春以降が良く、順調なスタートとなるでしょう。忘れかけていた心ときめく出逢いや誘いは、初夏の頃にやって来ます。

2016年の月別 愛情パワーグラフ

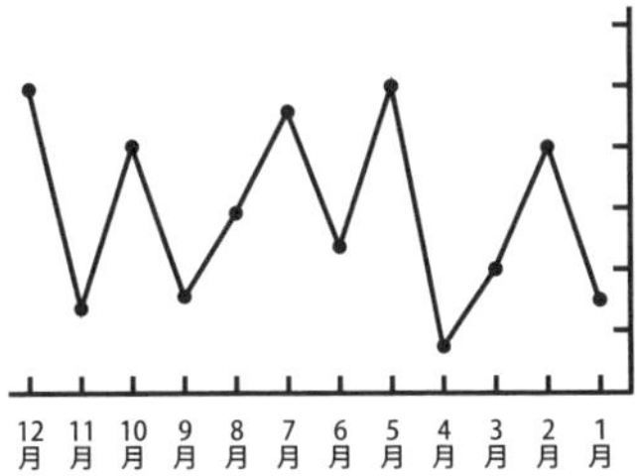

7月
6月21日～7月22日

●印はラッキーデー
■印はアンラッキーデー

過去のトラウマ的な現象の清算が必要な時です。潜在的な嫉妬や執着を開放すべきです。生まれ変わったように人生が楽しくなります。腐れ縁の関係や不倫は思い切ってリセットすべきです。使わないバッグや靴を処分するとツキが戻ります。

S	M	T	W	T	F	S
		21	22	23	■24	25
26	●27	28	29	30		
					1	2
3	4	5	6	●7	8	9
10	11	12	13	14	●15	16
17	18	19	20	21	22	

仕事運が良い日	7月5日	7月13日
愛情運が良い日	7月4日	7月21日
金銭運が良い日	6月21日	7月15日
移動運が良い日	6月27日	7月7日

8月
7月23日～8月22日

●印はラッキーデー
■印はアンラッキーデー

周囲から持ち上げられ脚光を浴びやすい時です。踊らされないよう注意しましょう。予期していない時にプレゼントを貰いそうです。休日に心躍る出逢いがあるでしょう。心身のバリアを張り過ぎると、せっかくの素敵な縁が逃げてしまうでしょう。

S	M	T	W	T	F	S
						23
24	25	26	27	28	■29	30
31						
	1	●2	3	4	5	6
7	●8	9	10	11	12	13
14	15	16	17	18	19	●20
21	22					

仕事運が良い日	7月23日	8月21日
愛情運が良い日	8月2日	8月12日
金銭運が良い日	7月26日	8月8日
移動運が良い日	8月5日	8月20日

9月
8月23日～9月22日

●印はラッキーデー
■印はアンラッキーデー

急いでも焦っても実際の行動が伴わない時です。予定通りに進めようとすればするほど邪魔者が現れます。恋愛や仕事の主導権を相手に渡しましょう。相手側の意見や考え方を尊重しましょう。ロマンティックな映画や小説は気分転換に最適です。

S	M	T	W	T	F	S
		●23	24	25	26	27
28	29	■30	●31			
				1	2	3
4	5	6	7	8	9	●10
11	12	13	14	15	16	17
18	19	20	21	22		

仕事運が良い日	9月9日	9月17日
愛情運が良い日	8月23日	9月14日
金銭運が良い日	8月31日	9月10日
移動運が良い日	9月2日	9月21日

10月
9月23日～10月22日

●印はラッキーデー
■印はアンラッキーデー

本物の愛情の手ごたえを感じる時です。忘れかけていた純真な愛情を思い出しましょう。過去に別れた相手や片想いだった恋が再び蘇ります。高原や草原へのドライブが愛を育みそうです。川辺や湖畔に出かけるとパワーチャージできます。

S	M	T	W	T	F	S
					23	24
25	26	●27	28	29	30	
						●1
2	■3	4	5	6	7	8
9	10	11	12	13	14	15
●16	17	18	19	20	21	22

仕事運が良い日	10月1日	10月13日
愛情運が良い日	10月12日	10月21日
金銭運が良い日	9月27日	10月16日
移動運が良い日	9月29日	10月8日

11月
10月23日～11月20日

●印はラッキーデー
■印はアンラッキーデー

金運は上昇していますが恋愛運は下降気味です。デート・レジャー費用の出し惜しみはいけません。癒しの為の美容やファッションで鮮やかに変身しましょう。仕事面が忙しく愛情面が疎かとなりがちです。大切な相手がよそ見をしてしまいそう。

S	M	T	W	T	F	S
23	24	25	26	27	28	29
30	31					
		■1	2	3	●4	●5
6	7	8	9	10	11	●12
13	14	15	16	17	18	19
20						

仕事運が良い日	10月27日	11月7日
愛情運が良い日	11月4日	11月17日
金銭運が良い日	10月23日	11月12日
移動運が良い日	11月5日	11月20日

12月
11月21日～12月21日

●印はラッキーデー
■印はアンラッキーデー

心身ともに充実し比較的バランスの良い運気です。多忙な時ほど恋愛ハプニングが増えるでしょう。休日は家にこもらずパーティーやイベントに足を運びましょう。あなたに強い影響を与える異性が出現しそうです。不倫的な出逢いと縁が深まります。

S	M	T	W	T	F	S
	21	22	23	24	■25	26
27	28	29	30			
				●1	2	3
4	5	6	7	8	9	10
11	12	13	14	15	16	17
●18	19	20	●21			

仕事運が良い日	11月26日	12月18日
愛情運が良い日	11月28日	12月7日
金銭運が良い日	12月4日	12月21日
移動運が良い日	12月1日	12月16日

2016年 出生月別 あなたの運勢

—各年 共通—
9月22日〜10月22日生
(その年により1日ずれることがあります)

♎星座 月生まれの性格&人生

何事も公正な立場を貫き、その中で協調を考えるのが特徴で、温和で礼儀正しく秩序に満ちた性質です。対応は良いが心がこもっていない場合があるので、マニュアル的とみられることもあるタイプですが、何より調和や笑顔を優先し、争いを防いだ功績が高く評価されることでしょう。

八方美人なことが災いし、裏切り者と勘違いされ、不遇をかこつ時期があっても、やがて誠実さと仲介能力が再評価され、確固たる栄誉を与えられる運勢です。

1月
12月22日〜1月19日

年末から年始に向け華やかなイベントが目白押しです。誘われたものには顔を出しましょう。華やかな場にふさわしいファッションが一番です。ホームパーティーにも気軽に応じましょう。愛する人との時間が長いほど愛の絆は深まっていきます。

●印はラッキーデー
■印はアンラッキーデー

S	M	T	W	T	F	S
		22	23	24	25	26
●27	28	29	■30	31		
					1	2
3	4	5	●6	7	8	9
10	11	●12	13	14	15	16
17	18	19				

仕事運が良い日	1月8日	1月18日
愛情運が良い日	12月27日	1月12日
金銭運が良い日	1月1日	1月19日
移動運が良い日	12月24日	1月6日

2月
1月20日〜2月18日

恋心が揺れる場面が一時的に訪れるでしょう。お気に入りの店へ頻繁に顔を出すとプレゼントが貰えそう。映画や小説の世界が愛のロマンを掻き立てそうです。仲間同士での情報交換が役立ちます。旧友との再会がときめく出会いを演出します。

●印はラッキーデー
■印はアンラッキーデー

S	M	T	W	T	F	S
			20	21	22	23
24	25	●26	27	28	29	30
31						
	●1	2	3	4	■5	6
7	8	9	10	11	12	13
14	15	16	●17	18		

仕事運が良い日	2月1日	2月15日
愛情運が良い日	2月6日	2月11日
金銭運が良い日	1月25日	2月17日
移動運が良い日	1月26日	2月8日

3月
2月19日〜3月20日

想いが強まって気持ちが落ち着かない時です。何もかも気になって相手の気持ちが掴めません。周囲の反応など気にせず本当の気持ちを伝えましょう。寂しさを感じた時はペットと触れ合うと心が癒されます。復活愛がゆっくり動き出します。

●印はラッキーデー
■印はアンラッキーデー

S	M	T	W	T	F	S
					●19	20
21	22	23	24	25	26	27
28	29					
		1	●2	3	■4	5
6	7	8	9	10	11	12
13	14	15	16	17	●18	19
20						

仕事運が良い日	2月24日	3月12日
愛情運が良い日	2月19日	3月2日
金銭運が良い日	3月1日	3月18日
移動運が良い日	3月6日	3月17日

4月
3月21日〜4月19日

目上からの引立てが得られやすい時です。家族の一体感が上昇中です。職場内での評価がじわじわ上昇中です。いくつもの誘いが次々とやってきます。初めての場所や集会に顔を出すと絆が深まります。チャレンジ精神豊かな方が人気を得ます。

●印はラッキーデー
■印はアンラッキーデー

S	M	T	W	T	F	S
	21	22	23	24	25	26
●27	28	29	30	31		
					1	2
3	4	■5	6	●7	8	9
10	11	12	●13	14	15	16
17	18	19				

仕事運が良い日	4月2日	4月17日
愛情運が良い日	3月27日	4月13日
金銭運が良い日	4月8日	4月12日
移動運が良い日	3月29日	4月7日

5月
4月20日〜5月20日

活発な移動運が働いています。社会生活でも私生活でも動きのある時です。出かけた先で異性との出会いが生まれます。電車の乗り換えを間違えるなどアクシデントが生じそうです。甘い囁きに乗せられて財産を失うケースが出て来そうです。

●印はラッキーデー
■印はアンラッキーデー

S	M	T	W	T	F	S
			■20	21	22	23
24	25	●26	27	28	29	30
1	2	●3	4	5	6	7
8	9	10	11	●12	13	14
15	16	17	18	19	20	

仕事運が良い日	4月22日	5月20日
愛情運が良い日	5月1日	5月12日
金銭運が良い日	4月26日	5月2日
移動運が良い日	5月3日	5月15日

6月
5月21日〜6月20日

運勢の動きに影響を受けやすい時です。いつもは乗らないはずの胡散臭い話に乗ってしまいそう。初対面の相手のルックスや肩書に惑わされます。交渉事は慎重に対応しましょう。ドライブ中に本心を親友にさらけ出すと絆が深まるでしょう。

●印はラッキーデー
■印はアンラッキーデー

S	M	T	W	T	F	S
						21
22	23	24	25	26	27	28
29	30	●31				
			■1	2	3	4
5	6	7	●8	9	10	11
12	13	14	15	16	17	18
●19	20					

仕事運が良い日	6月3日	6月8日
愛情運が良い日	6月5日	6月19日
金銭運が良い日	5月31日	6月11日
移動運が良い日	5月24日	6月10日

♎ 星座 月生まれ 2016年の運勢

2016年の月別 愛情パワーグラフ

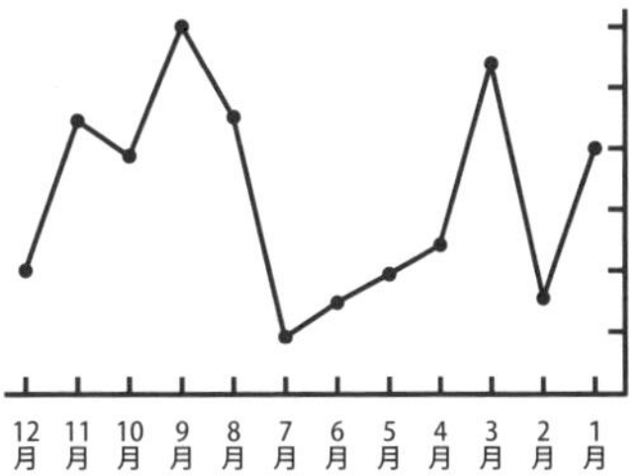

愛情のパワーグラフは年央が弱く凹んだ形状ですが、運勢そのものは全般に恵まれた年であることを告げています。今年の場合は家庭的な問題が発生しやすく、それをどう乗り越えていくかが課題となる運勢です。元々問題解決能力を備えている【てんびん座】ですが、その素質が活かされるのが今年の特徴です。何かを始めるなら夏場からが良く、長期的なものほどうまくいくでしょう。心ときめく出逢いや誘いは3月と9月にやって来ます。

7月
6月21日〜7月22日

体と心のバランスが崩れやすい時です。公私ともに無理せず休憩を取りましょう。心身の体調管理が一番です。情緒不安になって性的衝動が強まりやすい時です。秘密の恋や不倫関係が生じると泥沼化します。遠方からの朗報が届きそうです。

●印はラッキーデー
■印はアンラッキーデー

S	M	T	W	T	F	S
		21	22	23	24	■25
26	27	●28	29	30		
					1	2
●3	4	5	6	7	8	9
10	11	12	13	14	15	●16
17	18	19	20	21	22	

仕事運が良い日	6月28日	7月1日
愛情運が良い日	7月5日	7月13日
金銭運が良い日	6月21日	7月16日
移動運が良い日	6月30日	7月3日

8月
7月23日〜8月22日

人気運が好調の波に乗って来ました。親近感を持つ相手が近づいて来ます。徐々に心を開いていきましょう。身近な人達とはメリハリをつけ付き合うのが良いでしょう。ストレス解消には夏のスポーツが一番です。近隣の人達と親しくなりましょう。

●印はラッキーデー
■印はアンラッキーデー

S	M	T	W	T	F	S
						23
24	25	26	27	■28	29	30
31						
	●1	2	3	4	●5	6
7	8	9	10	11	12	●13
14	15	16	17	18	19	20
21	22					

仕事運が良い日	7月25日	8月5日
愛情運が良い日	8月1日	8月16日
金銭運が良い日	7月31日	8月13日
移動運が良い日	7月26日	8月9日

9月
8月23日〜9月22日

恋愛運と家庭運が良好な時期です。恋人や家族とのコミュニケーションが大切です。会話が不足がちなら小さなプレゼントで補いましょう。雑誌やネットの人生相談を読むと仕事上のヒントがいっぱいです。家族を大切に思う出来事が生じます。

●印はラッキーデー
■印はアンラッキーデー

S	M	T	W	T	F	S
		23	24	●25	26	27
28	29	30	31			
				■1	●2	3
4	5	6	7	8	9	10
11	12	13	14	15	16	17
●18	19	20	21	22		

仕事運が良い日	8月28日	9月15日
愛情運が良い日	9月2日	9月18日
金銭運が良い日	8月25日	9月5日
移動運が良い日	8月31日	9月9日

10月
9月23日〜10月22日

周りから注目を浴び個性が輝いて見える時です。グループ行動より単独行動を多くとりましょう。地位や名誉ある相手から誘われる機会に恵まれます。異性へのアプローチは何度もトライすることです。読書の時間を増やすと心が癒されます。

●印はラッキーデー
■印はアンラッキーデー

S	M	T	W	T	F	S
					23	●24
25	26	27	28	29	30	
						1
2	■3	4	5	6	●7	8
9	10	11	12	●13	14	15
16	17	18	19	20	21	22

仕事運が良い日	10月2日	10月20日
愛情運が良い日	9月24日	10月13日
金銭運が良い日	9月28日	10月7日
移動運が良い日	10月5日	10月19日

11月
10月23日〜11月20日

一つの愛が終わって一つの愛が始まる時期です。愛情関係で寂しい思いをしてきた人にはチャンス到来です。心のこもった贈り物が効果的です。逢えない家族にはメールを送りましょう。川や湖など美しい水辺に出かけるとトラウマが薄れます。

●印はラッキーデー
■印はアンラッキーデー

S	M	T	W	T	F	S
23	●24	25	26	27	28	29
30	31					
		1	●2	3	4	5
6	7	8	■9	10	11	12
13	14	15	16	17	●18	19
20						

仕事運が良い日	10月23日	11月18日
愛情運が良い日	11月9日	11月12日
金銭運が良い日	10月24日	11月7日
移動運が良い日	10月31日	11月2日

12月
11月21日〜12月21日

もつれた対人関係で気疲れしそうです。無理のない形で交際関係を修正しましょう。休日は一人で趣味に没頭するなどの生活の区切りが必要です。異業種交流会やパーティーなど賑やかな場所に出席しましょう。外出前靴磨きをしましょう。

●印はラッキーデー
■印はアンラッキーデー

S	M	T	W	T	F	S
	21	22	23	●24	25	26
27	28	29	30			
				■1	2	3
4	5	●6	7	8	9	10
11	12	13	14	15	16	17
●18	19	20	21			

仕事運が良い日	11月24日	12月17日
愛情運が良い日	11月30日	12月6日
金銭運が良い日	11月21日	12月3日
移動運が良い日	12月8日	12月18日

2016年 出生月別 あなたの運勢

♏

さそり座

――各年 共通――
10月23日～11月21日生
(その年により1日ずれることがあります)

♏星座 月生まれの性格&人生

内に秘めた情熱を燃やして、激しい闘志で目的に挑んでいくのが特徴で、口数より行動で示していく性質です。復讐心の強いところを持っているので、しつこいと嫌われることもあるタイプですが、その執念が物事を貫徹させる原動力で、徐々に王者へとのし上がっていく実力の持ち主です。単刀直入さや無口なことが災いして誤解を招き、不遇をかこつような時期があっても、不屈の魂で起ち上がり、あらゆる困難をはねのけ、財産と地位を手にする運勢です。

1月
12月22日～1月19日

華やかな新年の宴が開始される運気です。出逢いの好機が活発に動き出します。飲み会やイベントに誘われたら出来るだけ顔を出しましょう。初対面でも話が合えば一気に盛り上がる可能性大です。手料理を用意すると好感度が倍増します。

●印はラッキーデー
■印はアンラッキーデー

S	M	T	W	T	F	S
		22	23	24	25	●26
27	28	29	30	31		
					1	2
3	■4	●5	6	7	8	9
10	11	12	●13	14	15	16
17	18	19				

仕事運が良い日	12月22日	1月8日
愛情運が良い日	12月25日	1月3日
金銭運が良い日	1月5日	1月11日
移動運が良い日	12月26日	1月13日

2月
1月20日～2月18日

人気運は好調ですが同性からの嫉妬に悩まされそう。調子に乗って喋り過ぎると失敗するので気をつけましょう。愛する人と夜景が綺麗な所に出かけると愛が強まります。ネットやメールを大いに活用しましょう。珍しい品物を配ると悦ばれます。

●印はラッキーデー
■印はアンラッキーデー

S	M	T	W	T	F	S
			20	21	22	23
24	25	26	27	28	29	30
31						
	●1	2	3	4	■5	6
●7	8	9	10	11	12	13
●14	15	16	17	18		

仕事運が良い日	1月23日	2月1日
愛情運が良い日	1月29日	2月10日
金銭運が良い日	1月26日	2月14日
移動運が良い日	2月7日	2月17日

3月
2月19日～3月20日

精神的なゆとりが消えていく時です。全て犠牲になり過ぎるのは良くありません。身近な人が頼って来る場面があるでしょう。純粋な愛情が重荷になります。年下の異性との出逢いが生まれます。年齢など気にすることなく接していきましょう。

●印はラッキーデー
■印はアンラッキーデー

S	M	T	W	T	F	S
					19	●20
21	22	23	24	25	26	■27
28	29					
		●1	2	3	4	5
6	7	8	9	10	11	12
13	14	●15	16	17	18	19
20						

仕事運が良い日	2月19日	3月1日
愛情運が良い日	2月20日	3月17日
金銭運が良い日	3月3日	3月15日
移動運が良い日	2月23日	3月18日

4月
3月21日～4月19日

年長者との絆が深まりやすい時です。互いに助け合う関係が理想的です。困難なことは周囲がサポートしてくれます。先輩からの意見を取り入れると効果的です。愛情面ではライバルが出現しやすい兆しです。清潔感あるオシャレが好評です。

●印はラッキーデー
■印はアンラッキーデー

S	M	T	W	T	F	S
	21	●22	23	24	■25	26
27	28	29	30	31		
					1	2
3	4	●5	6	7	8	9
10	11	12	13	14	15	16
●17	18	19				

仕事運が良い日	3月22日	4月9日
愛情運が良い日	4月8日	4月19日
金銭運が良い日	3月28日	4月17日
移動運が良い日	3月26日	4月5日

5月
4月20日～5月20日

前向きな気持ちで障害を克服すべき時です。調子に乗って浮かれると足元をすくわれます。気を引き締めて毎日を過ごしましょう。偶然が重なるような出来事が起きがち。同じ食べ物や飲み物と縁があります。爽やかな異性に心が惹かれるでしょう。

●印はラッキーデー
■印はアンラッキーデー

S	M	T	W	T	F	S
			20	21	22	23
24	25	26	27	28	29	30
●1	2	●3	4	5	6	■7
8	9	10	11	12	13	14
15	●16	17	18	19	20	

仕事運が良い日	5月1日	5月10日
愛情運が良い日	4月24日	5月3日
金銭運が良い日	4月22日	5月16日
移動運が良い日	5月9日	5月20日

6月
5月21日～6月20日

何も言わなくても気持ちが通じ合う相手と出逢えます。新たな勉強や技術が必要となります。仕事関連からの出逢いが増えます。一気に信頼関係が深まる友人や恋人ができるでしょう。共同作業から心を分かち合える相手が出て来そうです。

●印はラッキーデー
■印はアンラッキーデー

S	M	T	W	T	F	S
						21
22	23	24	25	26	27	28
29	30	31				
			1	●2	3	4
5	6	7	●8	9	■10	11
12	13	14	15	16	●17	18
19	20					

仕事運が良い日	5月22日	6月17日
愛情運が良い日	5月29日	6月8日
金銭運が良い日	6月2日	6月19日
移動運が良い日	5月27日	6月5日

♏星座 月生まれ 2016年の運勢

愛情のパワーグラフは一時的に落ち込むことがあっても、年後半に向かって上昇し、最終的な勝利を収める年であることを告げています。今年の場合は対人関係で苦悩しやすく、重い課題をクリアして行けるか忍耐強さが試される運勢です。元々ピンチに強い【さそり座】ですが、窮地からの脱出が今年の特徴なのです。何かを始めるなら初夏からが良く、徐々にその実力が発揮されていきます。心ときめく出逢いや誘いは春になってやって来ます。

2016年の月別 愛情パワーグラフ

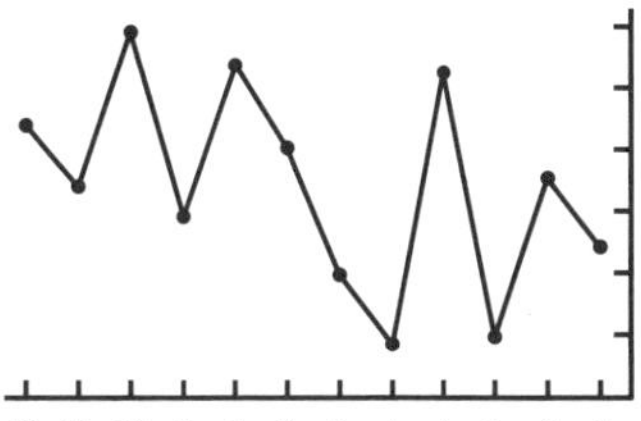

7月
6月21日〜7月22日

仕事上の運気が高まっています。社会生活が充実するでしょう。挫折した恋愛の想い出が消えていくでしょう。自然体の姿に好感を持つ異性が現れます。年長者から誘われる可能性もあります。飾らない人柄の相手と親密になっていきそうです。

●印はラッキーデー
■印はアンラッキーデー

S	M	T	W	T	F	S
		21	■22	23	24	25
●26	27	28	29	30	1	●2
3	4	5	6	7	8	9
10	11	12	13	14	15	16
17	●18	19	20	21	22	

仕事運が良い日	6月24日	7月14日
愛情運が良い日	6月26日	7月2日
金銭運が良い日	7月8日	7月12日
移動運が良い日	7月5日	7月18日

8月
7月23日〜8月22日

マンネリ気味の日常を脱出できそうです。新しい環境を求めて動き出すのにふさわしい時です。普段接することの無い異性から刺激を受けるでしょう。年齢差が大きい人と仕事上で関わりそうです。悩みを共有し合うと心の距離が縮まります。

●印はラッキーデー
■印はアンラッキーデー

S	M	T	W	T	F	S
						23
24	25	26	27	28	29	30
31	●1	2	■3	4	5	6
7	8	9	10	11	12	13
14	●15	16	17	18	19	20
●21	22					

仕事運が良い日	8月1日	8月18日
愛情運が良い日	7月23日	8月15日
金銭運が良い日	7月30日	8月21日
移動運が良い日	7月25日	8月7日

9月
8月23日〜9月22日

仕事上での閃きが生まれる時です。思い掛けない所で昔の願望が頭をもたげて来そうです。職場内の反抗的態度は財運を低下させます。団体行動は嫌がらず従いましょう。頻繁に移動する機会が出て来そうです。移動中の異性の縁は重要です。

●印はラッキーデー
■印はアンラッキーデー

S	M	T	W	T	F	S
		23	24	25	26	27
●28	29	30	31	1	■2	3
●4	5	6	7	8	9	10
11	12	13	14	15	16	17
●18	19	20	21	22		

仕事運が良い日	8月23日	9月7日
愛情運が良い日	8月28日	9月10日
金銭運が良い日	8月30日	9月4日
移動運が良い日	9月1日	9月18日

10月
9月23日〜10月22日

精神的な疲れが出やすく心のバランスを崩しやすい時です。温泉やマッサージなど緊張がほぐれる所に足を運びましょう。異性の友人や仲間と楽しく騒ぐ機会が出て来そうです。海や川など水音が聞こえる観光地に行くとパワーが得られます。

●印はラッキーデー
■印はアンラッキーデー

S	M	T	W	T	F	S
					23	24
●25	26	27	28	29	■30	1
2	3	4	5	●6	7	8
9	10	11	12	13	14	15
16	17	18	19	20	●21	22

仕事運が良い日	9月25日	10月3日
愛情運が良い日	10月2日	10月18日
金銭運が良い日	9月29日	10月21日
移動運が良い日	10月6日	10月15日

11月
10月23日〜11月20日

いたずら好きな恋の女神が出現しそうです。予期せぬ形で胸のトキメキが起こりそうです。相手がいても衝動的に恋をするかもしれません。好みの相手でもタブーを犯すのは厳禁です。習い事やサークル活動を始めるのにふさわしい運気です。

●印はラッキーデー
■印はアンラッキーデー

S	M	T	W	T	F	S
23	24	●25	26	27	28	29
30	31	1	●2	3	4	5
6	7	8	9	10	11	12
13	14	15	16	●17	18	19
■20						

仕事運が良い日	11月3日	11月16日
愛情運が良い日	10月27日	11月13日
金銭運が良い日	10月28日	11月2日
移動運が良い日	10月25日	11月17日

12月
11月21日〜12月21日

公私の充実感で心が満たされる時です。自分の役割や任務にやりがいを見出しましょう。何故か困っている人に手を差し伸べたくなるでしょう。一人ぼっちの異性と話が弾む機会が出て来そうです。さりげない愛の言葉が好感を呼びそうです。

●印はラッキーデー
■印はアンラッキーデー

S	M	T	W	T	F	S
	21	22	23	24	25	26
27	28	●29	30	■1	2	●3
4	5	6	7	8	9	10
11	12	13	14	15	16	17
●18	19	20	21			

仕事運が良い日	11月29日	12月12日
愛情運が良い日	12月3日	12月21日
金銭運が良い日	11月30日	12月18日
移動運が良い日	12月7日	12月20日

2016年 出生月別 あなたの運勢

——各年 共通——
11月22日～12月20日生
(その年により1日ずれることがあります)

星座 月生まれの性格&人生

好奇心が強く冒険好きで、どんな環境にも馴染みやすいのが特徴で、野性味あふれる魅力の持ち主です。管理されることが嫌いで放浪癖を持っているので、身勝手にみられることもありますが、仲間意識は強く、大らかで優しく開放的なので周囲から慕われる存在となっていくでしょう。無作法で礼儀をわきまえないことが災いし、目上から疎んじられ、不遇をかこつ時期があっても、やがて脚光を浴びる時代が来て、確固たる名声を築いていく運勢です。

1月

12月22日～1月19日

男女を問わず対人運が良好な時です。新しい習い事や仲間作りに取り組みましょう。あなたの個性や才能が見出されるチャンスです。愛する異性との愛も深まります。尊敬できる師との出会いも起こりそうです。全てにチャレンジ精神が有効です。

●印はラッキーデー
■印はアンラッキーデー

S	M	T	W	T	F	S
		22	23	24	●25	26
27	28	29	30	31		
					1	■2
3	4	5	6	7	8	●9
10	●11	12	13	14	15	16
17	18	19				

仕事運が良い日	12月27日	1月10日
愛情運が良い日	12月25日	1月1日
金銭運が良い日	1月9日	1月18日
移動運が良い日	12月31日	1月11日

2月

1月20日～2月18日

異性関係のイザコザに巻き込まれやすい時です。妙な噂や中傷を耳にしても平然と聞き流しましょう。地元の寺社の御守りが守護してくれます。早起きをして身体を動かすとスッキリした気分で出勤できます。愛の告白は行動で表すと効果的です。

●印はラッキーデー
■印はアンラッキーデー

S	M	T	W	T	F	S
			20	21	22	23
24	25	●26	27	28	29	30
■31						
	1	●2	3	4	5	6
7	8	9	10	11	12	13
14	●15	16	17	18		

仕事運が良い日	1月26日	2月16日
愛情運が良い日	2月9日	2月18日
金銭運が良い日	1月22日	2月15日
移動運が良い日	1月27日	2月2日

3月

2月19日～3月20日

恋の女神が爽やかな出逢いをもたらしそうです。初めての場所にも積極的に顔を出しましょう。あなたの笑顔に好感を持つ異性が現れます。近隣の人々と親しくなれそうです。友達以上で恋人未満の相手とは何故か中々進展できません。

●印はラッキーデー
■印はアンラッキーデー

S	M	T	W	T	F	S
					19	●20
21	22	23	24	●25	26	27
28	29					
		1	2	3	4	5
■6	●7	8	9	10	11	12
13	14	15	16	17	18	19
20						

仕事運が良い日	2月20日	3月18日
愛情運が良い日	2月25日	3月8日
金銭運が良い日	3月1日	3月19日
移動運が良い日	3月7日	3月10日

4月

3月21日～4月19日

運気にやや停滞の兆しがみられます。予定通りに進まなくても焦ってはいけません。アクシデントに右往左往しないことです。移動や旅行は早めに家を出ましょう。疲れた夜は趣味的な時間を持ちましょう。マンガや恋愛映画が気分転換に最適です。

●印はラッキーデー
■印はアンラッキーデー

S	M	T	W	T	F	S
	21	22	23	24	25	●26
27	28	29	30	31		
					1	2
3	■4	●5	6	7	8	9
10	11	●12	13	14	15	16
17	18	19				

仕事運が良い日	3月26日	4月8日
愛情運が良い日	4月1日	4月12日
金銭運が良い日	4月5日	4月10日
移動運が良い日	3月31日	4月9日

5月

4月20日～5月20日

苦しんでいた問題が徐々に解決に向かいます。窮地には手助けしてくれる異性が現れます。恋愛や仕事では強力なライバルが登場します。気後れしなければ大丈夫です。幸運な未来を信じ突き進みましょう。休日は郊外でパワーアップしましょう。

●印はラッキーデー
■印はアンラッキーデー

S	M	T	W	T	F	S
			●20	21	22	23
■24	25	26	27	28	29	30
1	●2	3	4	5	6	7
8	9	10	11	12	13	14
15	16	17	●18	19	20	

仕事運が良い日	5月1日	5月16日
愛情運が良い日	4月20日	5月9日
金銭運が良い日	4月25日	5月18日
移動運が良い日	5月2日	5月12日

6月

5月21日～6月20日

対人面で変化が訪れやすい時です。運気が停滞したならイメージチェンジが必要です。髪型やメイクや服装を変えてみましょう。愛する人との間に距離が出て来そう。愛のプレゼントと自己アピールが有効です。優しさはメールの中に託しましょう。

●印はラッキーデー
■印はアンラッキーデー

S	M	T	W	T	F	S
						21
●22	23	24	25	26	27	28
29	30	31				
			1	■2	3	4
●5	6	7	8	9	10	11
12	●13	14	15	16	17	18
19	20					

仕事運が良い日	6月5日	6月17日
愛情運が良い日	5月22日	6月6日
金銭運が良い日	5月31日	6月20日
移動運が良い日	6月1日	6月13日

♐星座 月生まれ 2016年の運勢

愛情のパワーグラフは全体的に波乱気味で、愛情面では種々問題が生じやすい年であると告げています。今年の場合は愛情が思うように進展しにくく、その障害をどう克服していくか腕の見せ所となる運勢です。元々物事にラフで無頓着なところがある【いて座】ですが、その無計画さが問われるのが今年の特徴です。何かを始めるなら年初からが良く、紆余曲折を経て開花していくでしょう。心ときめく出逢いや誘いは真冬の頃にやって来ます。

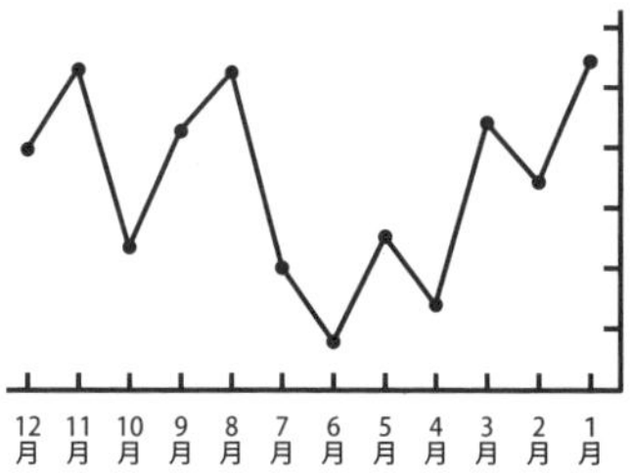

7月
6月21日〜7月22日

家族の愛に包まれて癒される日々でしょう。日常の中で家族の思いやりに気付きそうです。優しさが心に響く場面が出て来そうです。愛する人と隠れ家風の処で過ごすと絆が強まります。直感が冴えているので仕事は勘を頼りにしましょう。

●印はラッキーデー
■印はアンラッキーデー

S	M	T	W	T	F	S
		21	22	23	24	25
26	27	●28	29	30		
					1	2
3	●4	■5	6	7	8	9
10	11	12	13	14	15	16
17	18	19	20	21	●22	

仕事運が良い日	7月4日	7月15日
愛情運が良い日	6月28日	7月11日
金銭運が良い日	6月30日	7月8日
移動運が良い日	7月6日	7月22日

8月
7月23日〜8月22日

遠方との交流や出逢いに恵まれる時です。今までとは違うタイプの友人が出来そうです。メールや電話のやり取りが情報を得る上で極めて有効です。遠方との交渉が風水効果を促します。恋愛運を強めたい人は窓辺にピンクの花を飾りましょう。

●印はラッキーデー
■印はアンラッキーデー

S	M	T	W	T	F	S
						■23
24	●25	26	27	28	29	30
31						
	1	2	3	4	5	●6
7	8	9	10	11	12	13
14	15	16	17	18	19	20
●21	22					

仕事運が良い日	8月1日	8月16日
愛情運が良い日	7月25日	8月21日
金銭運が良い日	7月27日	8月6日
移動運が良い日	8月5日	8月19日

9月
8月23日〜9月22日

ちょっとした名誉運が到来しています。有名人や地位のある異性から見初められそうです。性的欲望に目が眩みやすいでしょう。異性との交際や結婚生活が長い人は浮気心に要注意です。男女間のスキャンダルを起こすと後々まで響きます。

●印はラッキーデー
■印はアンラッキーデー

S	M	T	W	T	F	S
		23	24	25	26	27
28	29	30	31			
				■1	2	3
4	●5	6	7	8	9	10
11	12	13	14	15	●16	17
18	19	●20	21	22		

仕事運が良い日	8月24日	9月5日
愛情運が良い日	8月26日	9月20日
金銭運が良い日	8月27日	9月21日
移動運が良い日	9月2日	9月16日

10月
9月23日〜10月22日

爽やかな秋晴れのようには心が晴れない日々です。趣味に時間やお金を費やしましょう。好きな事から仲間が増えていきそうです。意外な所で誘いかけてくる異性が出現しそう。オタクゲームなど多少マニアックな趣味で盛り上がりそうです。

●印はラッキーデー
■印はアンラッキーデー

S	M	T	W	T	F	S
					●23	■24
25	26	27	28	29	30	
						1
2	●3	4	5	6	7	8
9	10	11	12	13	14	15
16	17	●18	19	20	21	22

仕事運が良い日	9月23日	10月22日
愛情運が良い日	9月25日	10月10日
金銭運が良い日	10月3日	10月15日
移動運が良い日	10月6日	10月18日

11月
10月23日〜11月20日

主導権が取れず男女関係では空回りしがちです。気持だけが一方的に先走りしそう。仕事面でも結果が出せない状況です。一休みをして次の計画を立てましょう。悩み事は既婚者に打ち明けると解決策が得られそう。休日はコンサートが一番です。

●印はラッキーデー
■印はアンラッキーデー

S	M	T	W	T	F	S
23	24	25	26	27	28	29
30	31					
		1	2	●3	4	●5
■6	7	8	9	10	11	12
●13	14	15	16	17	18	19
20						

仕事運が良い日	11月1日	11月19日
愛情運が良い日	10月23日	11月7日
金銭運が良い日	11月5日	11月13日
移動運が良い日	10月28日	11月3日

12月
11月21日〜12月21日

年末へ向かって緩やかに過ごせる時です。公私ともに頑張り過ぎはいけません。レジャーの時間を増やしてストレスを発散しましょう。カラオケやスポーツなど大声を出すのが良いでしょう。行きつけの店に行くと異性との出逢いが生まれます。

●印はラッキーデー
■印はアンラッキーデー

S	M	T	W	T	F	S
	21	22	23	24	25	●26
27	■28	29	30			
				1	2	3
4	●5	6	7	8	9	10
11	12	13	14	15	16	●17
18	19	20	21			

仕事運が良い日	11月21日	12月20日
愛情運が良い日	11月26日	12月18日
金銭運が良い日	12月5日	12月13日
移動運が良い日	11月17日	12月2日

2016年 出生日別 あなたの運勢

——各年・各月 共通——

1日・19日・28日 生まれ

⊙ 惑星 日生まれの性格&人生

いつも華やかに振る舞い、燃えるような熱い想いを心の底に抱いていなければ生きて行けない情熱的な性質です。自己主張が強いので、観方によって評価が分かれるタイプですが、将来的な目的や目標が明確であれば、やがて輝かしい人生の表舞台が用意されることでしょう。人が好きすぎることが災いし、足を引っ張られて不遇をかこつ時期があっても、優しくサポートしてくれる人を得れば、人生の後半期に大きく一気に飛躍できる運勢です。

1月
1月1日～1月31日

新年早々から将来に向けての資格取得や勉強を開始すると成果があります。面倒な仕事を持ち込まれても笑顔で対応しましょう。縁の下の力持ちとして実績を積み上げていく好機です。楽しい映画やお笑い番組でストレス発散をしましょう。

●印はラッキーデー
■印はアンラッキーデー

S	M	T	W	T	F	S
					1	2
3	4	●5	6	7	8	9
10	11	12	13	14	■15	16
17	●18	19	20	21	22	23
24	25	26	27	28	29	30
●31						

仕事運が良い日	1月5日	1月31日
愛情運が良い日	1月2日	1月16日
金銭運が良い日	1月3日	1月18日
移動運が良い日	1月1日	1月25日

2月
2月1日～2月29日

現状に不満が噴きだしやすい時です。転職願望や独立意欲が高まりますが急ぐのは禁物。落ち着いて今後の生活を考えましょう。年長者や先輩のアドバイスがとても有効に働きます。スキルアップに必要な出費は惜しみなく使いましょう。

●印はラッキーデー
■印はアンラッキーデー

S	M	T	W	T	F	S
	1	2	3	●4	5	6
7	8	9	10	■11	12	●13
14	15	16	17	18	19	20
21	22	23	24	25	●26	27
28	29					

仕事運が良い日	2月1日	2月28日
愛情運が良い日	2月13日	2月21日
金銭運が良い日	2月4日	2月13日
移動運が良い日	2月10日	2月26日

3月
3月1日～3月31日

運気は回復傾向にあります。仕事運や家族運に変化の兆しが現れます。予期せぬアクシデントに思える出来事も、後になると納得する結果へと変わるでしょう。新しい情報や方法を積極的に取り入れましょう。仕事上でのチャレンジ意欲が大切です。

●印はラッキーデー
■印はアンラッキーデー

S	M	T	W	T	F	S
		1	2	●3	4	5
■6	7	8	9	10	11	12
13	14	15	16	17	●18	19
20	21	●22	23	24	25	26
27	28	29	30	31		

仕事運が良い日	3月5日	3月31日
愛情運が良い日	3月3日	3月19日
金銭運が良い日	3月12日	3月22日
移動運が良い日	3月18日	3月25日

4月
4月1日～4月30日

活気がありパワフルに動ける月です。これまでの努力や積み重ねた信用が評価されます。対人面での広がりが大きくなりそうです。交際を通じて投資話や仕事上の誘いなどを受ける機会が増えるでしょう。金銭絡みの関係だけは要注意です。

●印はラッキーデー
■印はアンラッキーデー

S	M	T	W	T	F	S
					■1	●2
3	4	5	6	7	8	9
10	11	12	●13	14	15	16
17	18	19	20	21	22	23
24	25	●26	27	28	29	30

仕事運が良い日	4月10日	4月22日
愛情運が良い日	4月9日	4月29日
金銭運が良い日	4月2日	4月13日
移動運が良い日	4月12日	4月26日

5月
5月1日～5月31日

何事も焦りは禁物です。急ぐと失敗するとか計画通りに進めなかったりしそうです。謙虚な姿勢を崩すことが無ければすべてうまく運びそう。開運ポイントは周囲への優しい言葉がけです。困った時は旧友に相談するとヒントを得られます。

●印はラッキーデー
■印はアンラッキーデー

S	M	T	W	T	F	S
1	2	3	4	5	6	7
●8	9	●10	11	12	13	14
15	16	17	■18	19	20	21
22	23	24	25	26	27	28
●29	30	31				

仕事運が良い日	5月10日	5月28日
愛情運が良い日	5月3日	5月12日
金銭運が良い日	5月8日	5月10日
移動運が良い日	5月13日	5月29日

6月
6月1日～6月30日

運気は徐々に上昇中です。気分転換を兼ねてのドライブや旅行、ピクニックなど郊外へ出かけると風水効果を感じられます。花や緑が多い公園を歩くと斬新なアイデアや仕事のヒントを得られます。朝早く起きて生活習慣を見直しましょう。

●印はラッキーデー
■印はアンラッキーデー

S	M	T	W	T	F	S
			■1	2	3	4
5	●6	7	■8	9	10	11
12	13	14	15	16	17	18
19	20	21	22	23	24	25
26	27	28	29	●30		

仕事運が良い日	6月17日	6月26日
愛情運が良い日	6月1日	6月22日
金銭運が良い日	6月6日	6月30日
移動運が良い日	6月5日	6月11日

⊙ 惑星 日生まれ 2016年の運勢

成功のパワーグラフは3～6月にかけてパワーアップされることを告げていますが、2016年は全般的に対人関係が良好で何事にも協力者を得やすく、そのため潜在的な素質や能力を実力以上に発揮しやすいことでしょう。
何かを始める予定なら春からが特に好結果につながりやすいようです。これまで引きずってきた問題は予期せぬ形で解決されます。素晴らしい愛をもたらす出逢いや幸運な仕事のチャンスは初夏のころに訪れるでしょう。

2016年の月別 成功パワーグラフ

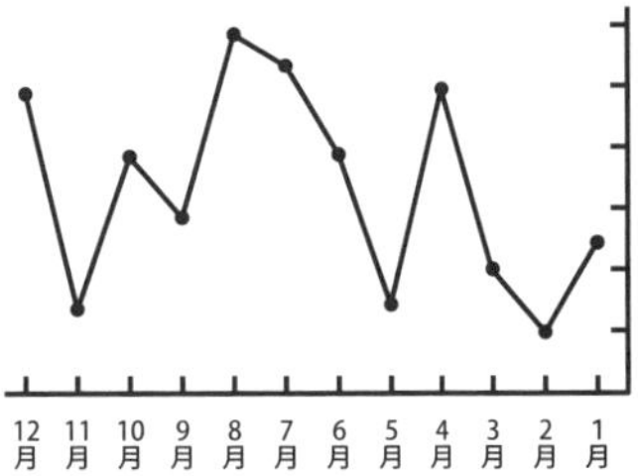

7月

7月1日～7月31日

目上からの社会的な評価を得られる時期です。相談事が多く持ち込まれるので自分一人で抱え込み過ぎないよう注意しましょう。飲食などの機会が増えて楽しい時間を過ごせます。週に一度は静かな環境に身を置き、心身を休めましょう。

●印はラッキーデー
■印はアンラッキーデー

S	M	T	W	T	F	S
					1	2
3	4	5	6	7	8	●9
■10	●11	12	13	14	15	16
17	18	19	20	21	22	23
●24	25	26	27	28	29	30
31						

仕事運が良い日	7月11日	7月20日
愛情運が良い日	7月3日	7月16日
金銭運が良い日	7月9日	7月24日
移動運が良い日	7月15日	7月21日

8月

8月1日～8月31日

気持ちと時間に余裕が生まれます。遠くに住む友人を訪ねたり、実家に顔を出したりすると運気が上向きます。家族や仲間たちと共同作業をすると思わぬ利益を呼び込みます。日頃から先祖供養を行っている人は財運も廻って来そうです。

●印はラッキーデー
■印はアンラッキーデー

S	M	T	W	T	F	S
	1	2	3	4	5	6
7	■8	9	10	11	12	●13
●14	●15	16	17	18	19	20
21	22	23	24	25	26	27
28	29	30	31			

仕事運が良い日	8月2日	8月19日
愛情運が良い日	8月7日	8月13日
金銭運が良い日	8月14日	8月28日
移動運が良い日	8月15日	8月20日

9月

9月1日～9月30日

テンションはやや下降気味です。思い通りに進まず、迷いが生じやすくなることも…。自分磨きや教養を高める習い事や勉強を始めるのにぴったりな時です。仕事と遊びの時間をハッキリ区切って、家族とのコミュニケーションを密にしましょう。

●印はラッキーデー
■印はアンラッキーデー

S	M	T	W	T	F	S
				1	■2	3
4	5	6	7	8	9	10
11	12	●13	14	15	16	17
18	19	20	21	22	23	24
25	26	●27	28	●29	30	

仕事運が良い日	9月5日	9月27日
愛情運が良い日	9月13日	9月19日
金銭運が良い日	9月9日	9月29日
移動運が良い日	9月15日	9月25日

10月

10月1日～10月31日

月初めから気持ちが切り替わり、何事にも好奇心が旺盛になりそう。密かに温めていた計画や夢を実現する為の一歩を踏み出しましょう。移転など新たなスタートを切るのもおすすめ。サークルや職場内では明確な自己主張が効果的です。

●印はラッキーデー
■印はアンラッキーデー

S	M	T	W	T	F	S
						1
2	3	4	●5	6	7	8
9	10	11	12	13	14	15
●16	17	18	19	20	21	22
23	24	25	26	■27	28	29
●30	31					

仕事運が良い日	10月9日	10月17日
愛情運が良い日	10月2日	10月30日
金銭運が良い日	10月11日	10月23日
移動運が良い日	10月5日	10月16日

11月

11月1日～11月30日

心身ともに充実しています。勢いがあり過ぎ早とちりする場面があるかも…。その場の空気や雰囲気を考慮して発言しましょう。小さな食い違いが大きなトラブルに発展する可能性も…。目上や年上の人との会話は和やかムードが一番です。

●印はラッキーデー
■印はアンラッキーデー

S	M	T	W	T	F	S
		1	2	3	4	5
6	7	●8	9	10	11	12
■13	14	15	16	17	●18	19
20	21	22	●23	24	25	26
27	28	29	30			

仕事運が良い日	11月12日	11月25日
愛情運が良い日	11月8日	11月30日
金銭運が良い日	11月2日	11月18日
移動運が良い日	11月15日	11月23日

12月

12月1日～12月31日

年末に向かって人付き合いが活発になり懐かしい顔ぶれとも再会しそう。仕事面では責任が重くなる場合があります。寝不足などオーバーワークに注意しましょう。休日はゆっくり湯船につかるとかサウナで汗を流すとストレス解消になります。

●印はラッキーデー
■印はアンラッキーデー

S	M	T	W	T	F	S
				1	2	3
●4	5	6	7	8	9	10
11	12	13	14	15	16	17
18	19	20	21	22	●23	24
■25	26	27	28	29	30	●31

仕事運が良い日	12月2日	12月20日
愛情運が良い日	12月16日	12月23日
金銭運が良い日	12月4日	12月13日
移動運が良い日	12月24日	12月31日

2016年 出生日別 あなたの運勢

—各年・各月 共通—

2日・11日・29日 生まれ

惑星 日生まれの性格&人生

人一倍豊かな情緒性や感受性を持ち、身近な相手からの影響を人一倍受けてしまう性質です。相手から懇願されると嫌と言えないので、観方によっては気の弱いタイプとも言えます。家族親戚との関係が良好であれば、やがて素晴らしい引立てや人気が得られることでしょう。

想像力が強すぎることが災いし、過度な心配症から体調を崩しやすいでしょう。常に明るく導いてくれる友人がいれば、幸せな家庭を築くことができる運勢です。

1月

1月1日～1月31日

友人や家族との時間を増やし楽しむことが開運に繋がります。勉強や仕事に関しては徐々にペースを上げて行くのが良く、後半追い込みをかける形がベストです。休日は部屋の片づけ、不要品の処分を行い、スッキリした状態でリセットしましょう。

●印はラッキーデー
■印はアンラッキーデー

S	M	T	W	T	F	S
					●1	●2
3	4	5	6	7	8	9
10	11	12	13	14	●15	16
17	18	19	20	21	22	23
24	25	■26	27	28	29	30
31						

仕事運が良い日	1月5日	1月21日
愛情運が良い日	1月1日	1月15日
金銭運が良い日	1月23日	1月31日
移動運が良い日	1月2日	1月17日

2月

2月1日～2月29日

才能や能力が一気に開花する時です。勉強や趣味に真剣に打ち込むと手ごたえを得られるでしょう。好奇心が旺盛で、今までとは違う世界に足を踏み入れたい衝動に駆られます。気分の転換をするには列車やバスの旅がおススメです。

●印はラッキーデー
■印はアンラッキーデー

S	M	T	W	T	F	S
	1	2	3	●4	5	6
7	8	9	■10	11	12	13
14	15	16	17	18	●19	20
21	22	23	24	25	●26	27
28	29					

仕事運が良い日	2月12日	2月23日
愛情運が良い日	2月4日	2月26日
金銭運が良い日	2月7日	2月14日
移動運が良い日	2月9日	2月19日

3月

3月1日～3月31日

何となく気分はやや沈みがちです。現状への不満や苛立ちが高まりやすいからです。精神的な切り替えが必要です。未来のことばかり考えず目前の課題をクリアすると運気が回復します。晴天の日は寺社へ参拝すると邪気が消えるでしょう。

●印はラッキーデー
■印はアンラッキーデー

S	M	T	W	T	F	S
		1	2	3	4	5
6	7	●8	9	10	11	●12
13	14	15	16	■17	18	19
20	21	22	23	24	25	●26
27	28	29	30	31		

仕事運が良い日	3月9日	3月22日
愛情運が良い日	3月8日	3月13日
金銭運が良い日	3月12日	3月26日
移動運が良い日	3月1日	3月18日

4月

4月1日～4月30日

目の前の視界が急に開けて見えるような運気です。不調を感じていた人は胸の中で淀んでいた雲が晴れます。普段使いのバッグを買い替えるとか仕事用の必需品を新調するのに良い時期です。お金をかけると名誉運や仕事運に恵まれます。

●印はラッキーデー
■印はアンラッキーデー

S	M	T	W	T	F	S
					1	2
3	4	5	●6	7	8	9
10	■11	12	13	14	15	16
17	18	19	●20	21	22	23
24	25	26	27	28	29	●30

仕事運が良い日	4月2日	4月16日
愛情運が良い日	4月6日	4月30日
金銭運が良い日	4月7日	4月12日
移動運が良い日	4月17日	4月20日

5月

5月1日～5月31日

全体的に勢いがある運気です。活力がみなぎり前向きな気持で物事に取り組めそうです。向上心が強い時なので習い事など将来に役立つことを始めるのに好機です。交際運活発なので未知の人達と知り合い、ユニークな人脈を広げるのも吉です。

●印はラッキーデー
■印はアンラッキーデー

S	M	T	W	T	F	S
1	2	3	4	5	6	7
●8	■9	10	11	12	13	14
15	16	●17	18	19	20	21
22	23	24	25	26	27	●28
29	30	31				

仕事運が良い日	5月1日	5月29日
愛情運が良い日	5月8日	5月17日
金銭運が良い日	5月13日	5月25日
移動運が良い日	5月5日	5月28日

6月

6月1日～6月30日

あれこれと公私ともに多忙な状態が続きそうです。交際運はなだらかに下降中です。精神的な焦りは禁物です。上司や目上のサポートをすると高評価が得られそうです。アクシデントに遭遇しやすいので慎重で控えめな行動を心がけましょう。

●印はラッキーデー
■印はアンラッキーデー

S	M	T	W	T	F	S
			1	2	3	4
5	6	7	8	9	10	11
12	13	■14	15	●16	17	●18
19	20	21	22	23	24	25
26	●27	28	29	30		

仕事運が良い日	6月15日	6月28日
愛情運が良い日	6月2日	6月18日
金銭運が良い日	6月5日	6月16日
移動運が良い日	6月9日	6月27日

惑星 日生まれ 2016年の運勢

成功のパワーグラフは全体的に恵まれていて、年末に体調を崩さなければ大丈夫です。２０１６年は全般的に移動や学習の運が好調で、あちこち飛び回って専門的な知識や技術の習得をしていくのにふさわしい運気です。新しく何かを始める予定なら冬場は避けた方が良いかもしれません。経済的にも比較的恵まれている時なので大きな買い物はリッチな気分の時に行いましょう。母親との関係が良好であれば対人関係で悩むこともないでしょう。

2016年の月別 成功パワーグラフ

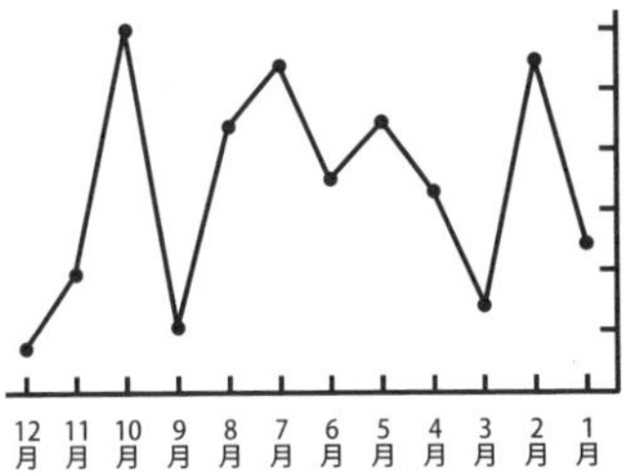

7月

7月1日～7月31日

真夏の陽射しを浴びて運気は明るいムードへ好転していきます。ラッキーなツキにも恵まれ停滞していた案件がまとまるなど契約や交渉事の進展が見られるでしょう。休日は自然と触れ合う時間を増やすと風水パワーを吸収できます。

●印はラッキーデー
■印はアンラッキーデー

S	M	T	W	T	F	S
					1	2
●3	4	5	6	7	8	9
10	●11	12	13	14	●15	16
17	18	19	20	■21	22	23
24	25	26	27	28	29	30
31						

仕事運が良い日	7月1日	7月7日
愛情運が良い日	7月11日	7月19日
金銭運が良い日	7月3日	7月15日
移動運が良い日	7月5日	7月20日

8月

8月1日～8月31日

程よい緊張感とリラックスムードが交わり好結果を期待できる時です。様々なチャンスや援助を得て、困難な問題も解決していきます。日頃からお世話になっている方達との交流がプラスに働きそう。仲間との飲食も運気の上昇を促します。

●印はラッキーデー
■印はアンラッキーデー

S	M	T	W	T	F	S
	1	2	3	4	5	●6
■7	8	9	●10	11	12	●13
14	●15	16	17	18	19	20
21	22	23	24	25	26	27
28	29	30	31			

仕事運が良い日	8月9日	8月27日
愛情運が良い日	8月13日	8月15日
金銭運が良い日	8月2日	8月16日
移動運が良い日	8月10日	8月30日

9月

9月1日～9月30日

秋の気配を感じるようにすべての勢いが下り坂になりがちです。何かと気苦労が多く、動けば動くほどマイナスに作用しやすい運気です。現状維持を心がけた方が好結果に繋がります。旅先等の小さなプレゼントを配ると人気運が上昇します。

●印はラッキーデー
■印はアンラッキーデー

S	M	T	W	T	F	S
				■1	2	3
4	5	6	7	●8	9	10
11	12	13	14	15	16	17
18	19	20	21	22	23	24
25	26	27	●28	29	●30	

仕事運が良い日	9月17日	9月21日
愛情運が良い日	9月23日	9月30日
金銭運が良い日	9月16日	9月27日
移動運が良い日	9月8日	9月28日

10月

10月1日～10月31日

小さなことで悦び事が多い運勢です。チャンスの波が次々に押し寄せてくるので逃さず掴まえましょう。開運のカギは協調性にあります。家族や仲間との連携プレイがうまく行くよう努めましょう。成功を掴んでも調子に乗らず笑顔で対応を…。

●印はラッキーデー
■印はアンラッキーデー

S	M	T	W	T	F	S
						1
●2	3	4	5	6	■7	8
9	10	11	12	13	14	15
16	17	●18	19	20	21	22
23	24	25	26	27	28	29
30	●31					

仕事運が良い日	10月18日	10月26日
愛情運が良い日	10月2日	10月23日
金銭運が良い日	10月5日	10月16日
移動運が良い日	10月11日	10月31日

11月

11月1日～11月30日

社会的には好調ですが私生活にやや陰りが見えます。理不尽な発言や行動は運気を一気に下げるので要注意。心身の疲労が不満に変わりやすいでしょう。アウトドアのイベントには積極的にご参加を…。休日に体を動かすとリフレッシュできます。

●印はラッキーデー
■印はアンラッキーデー

S	M	T	W	T	F	S
		1	■2	3	●4	5
6	7	8	9	10	11	●12
13	14	15	16	17	18	19
20	21	22	●23	24	25	26
27	28	29	30			

仕事運が良い日	11月1日	11月23日
愛情運が良い日	11月15日	11月27日
金銭運が良い日	11月9日	11月12日
移動運が良い日	11月4日	11月16日

12月

12月1日～12月31日

公私ともに多忙な状態が続き疲れ気味です。本当にやりたい事は後回しになりやすいでしょう。頼まれた案件や仕事は責任をもって行いましょう。家族との交流も欠かしてはいけません。目上からの評価が上がると全般的な運勢も上向きます。

●印はラッキーデー
■印はアンラッキーデー

S	M	T	W	T	F	S
				1	2	●3
4	●5	6	7	8	9	10
11	12	13	14	15	16	17
●18	19	20	21	■22	23	24
25	26	27	28	29	30	31

仕事運が良い日	12月10日	12月24日
愛情運が良い日	12月3日	12月25日
金銭運が良い日	12月16日	12月28日
移動運が良い日	12月5日	12月18日

2016年 出生日別 あなたの運勢

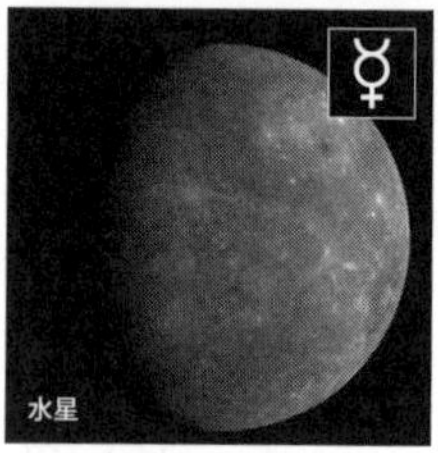

――各年・各月 共通――

5日・14日・23日 生まれ

☿惑星 日生まれの性格&人生

何事も几帳面で正確・慎重に物事を進め、周囲から信頼されていなければ生きて行けない潔癖感の強い性質です。神経過敏なところもあるので評価が分かれるタイプですが、信頼できる恩師や上司を得ることで徐々に才能を発揮し、人生の表舞台でナンバー2として活躍できることでしょう。気遣いしすぎることが災いし、誤解を受けやすい欠点があっても、長く付き合っていけば自然と理解者が増え、人生後半は部下・後輩から慕われるような運勢です。

1月

1月1日～1月31日

●印はラッキーデー
■印はアンラッキーデー

S	M	T	W	T	F	S
					1	●2
3	4	■5	6	7	8	9
10	11	12	13	●14	15	16
17	18	19	20	21	22	●23
24	25	26	27	28	29	30
31						

新年早々から落ち着かない状態が続きそうです。新たに始めようとした計画が予定通りに進まないなどです。気負わず、やり残している課題を克服しておきましょう。身辺の整理をして環境を整えると、目標に対し新たなファイトが生まれて来ます。

仕事運が良い日	1月6日	1月18日
愛情運が良い日	1月2日	1月14日
金銭運が良い日	1月11日	1月28日
移動運が良い日	1月9日	1月23日

2月

2月1日～2月29日

●印はラッキーデー
■印はアンラッキーデー

S	M	T	W	T	F	S
	1	2	3	4	5	6
7	●8	9	10	11	12	■13
14	15	16	17	●18	19	20
21	22	23	●24	25	26	27
28	29					

小さな迷いが生じて衝動的な行動に走りやすい時です。仕事とプライベートをきっちり分けて時間を過ごしましょう。必要な出来事をメモすると運気的にプラス効果が働きます。自分の目標をハッキリ決めてモチベーションを上げましょう。

仕事運が良い日	2月9日	2月24日
愛情運が良い日	2月8日	2月14日
金銭運が良い日	2月20日	2月26日
移動運が良い日	2月6日	2月18日

3月

3月1日～3月31日

●印はラッキーデー
■印はアンラッキーデー

S	M	T	W	T	F	S
		1	●2	3	4	5
6	7	8	9	10	11	●12
13	14	15	16	17	18	19
20	21	22	23	24	■25	26
●27	28	29	30	31		

春の訪れを感じるように運勢が少しずつ上向きになっていきます。爽やかな挨拶や笑顔が対人面をスムーズなものに変えます。苦手な作業や仕事は得意な人を頼って正解です。助け合いの精神を発揮し困っている人を進んで助けましょう。

仕事運が良い日	3月18日	3月27日
愛情運が良い日	3月12日	3月22日
金銭運が良い日	3月7日	3月16日
移動運が良い日	3月2日	3月19日

4月

4月1日～4月30日

●印はラッキーデー
■印はアンラッキーデー

S	M	T	W	T	F	S
					1	2
3	4	5	6	7	8	●9
10	11	12	13	14	●15	16
17	18	19	20	21	22	23
24	25	●26	27	28	29	■30

直感が冴えて次々物事を決断できる時です。前任者を引き継ぐとか、新しいプロジェクトの枠組みを決め、新たな種を植えましょう。遠方との取引や海外に関連するものとの縁が深まりそう。メールや電話を使って多様な交流を深めましょう。

仕事運が良い日	4月11日	4月28日
愛情運が良い日	4月9日	4月26日
金銭運が良い日	4月15日	4月21日
移動運が良い日	4月8日	4月13日

5月

5月1日～5月31日

●印はラッキーデー
■印はアンラッキーデー

S	M	T	W	T	F	S
1	2	3	4	●5	●6	7
8	9	10	11	12	13	14
15	16	■17	18	19	20	21
22	23	24	25	26	27	28
29	30	●31				

これまで温めてきた計画を実行するのに最適なタイミングです。計算や数字に強い人を味方につけると好結果を導きそうです。趣味やレジャーを通じて出会った仲間と意気投合する場合が出て来そうです。開運キーワードは「粘り強さ」です。

仕事運が良い日	5月5日	5月12日
愛情運が良い日	5月2日	5月24日
金銭運が良い日	5月11日	5月31日
移動運が良い日	5月6日	5月18日

6月

6月1日～6月30日

●印はラッキーデー
■印はアンラッキーデー

S	M	T	W	T	F	S
			1	2	3	4
5	6	7	8	9	●10	11
12	■13	14	15	●16	17	18
19	20	21	●22	23	24	25
26	27	28	29	30		

何事も無理に頑張り過ぎると失敗しそうです。勢いやタイミングを考えながら慎重に行動しましょう。異性や交友関係から金銭面のトラブルが生じやすいでしょう。穏やかな言葉遣いを優先させて過ごしましょう。健康的な早寝早起きの生活を…。

仕事運が良い日	6月10日	6月26日
愛情運が良い日	6月7日	6月22日
金銭運が良い日	6月16日	6月30日
移動運が良い日	6月9日	6月12日

☿ 惑星 日生まれ 2016年の運勢

成功のパワーグラフは夏場に一時的な停滞はあっても、全体運としては幸運であることを告げています。２０１６年は新しい物事に着手するのにふさわしい年で、周囲からの協力も得やすく、これまで停滞気味だったことにも新展開が望めそうです。新しい出逢いとか仕事上の新たな発見も生まれそうですが、経済的な飛躍は難しく、今一つ足踏みしてしまいそうです。専門知識の吸収や技術の習得では大いに発展性があり試験運も良好です。

2016年の月別 成功パワーグラフ

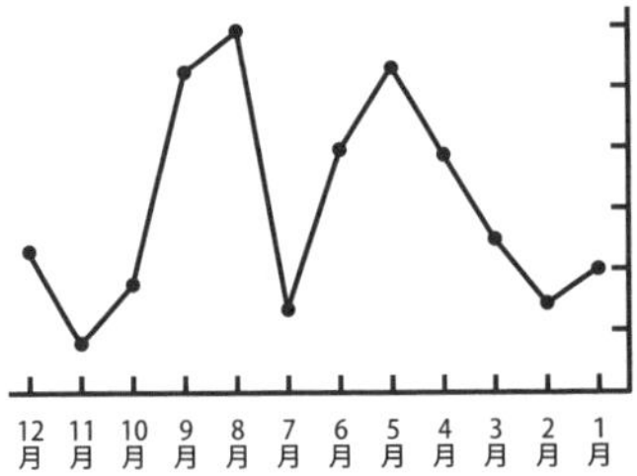

7月

7月1日〜7月31日

夏の陽射しとは裏腹に少しずつパワーの衰えを感じやすい時です。決まりかけた約束や仕事が流れるなど予期せぬ出来事がありそう。冷静な対応があなたの評価を持ち上げます。意外な相手がピンチを救ってくれる場合があるでしょう。

●印はラッキーデー
■印はアンラッキーデー

S	M	T	W	T	F	S
					1	2
●3	4	5	6	7	8	■9
10	11	12	13	14	15	16
17	18	●19	●20	21	22	23
24	25	26	27	28	29	30
31						

仕事運が良い日	7月16日	7月25日
愛情運が良い日	7月3日	7月19日
金銭運が良い日	7月7日	7月20日
移動運が良い日	7月12日	7月26日

8月

8月1日〜8月31日

身近な問題で悩みやすい時ですが、その半面、新たなチャンスも出て来そうです。休日の早朝は屋外で軽い運動をするのが良いでしょう。仲間内での人気運が強まって仕事面でもプラスに働きます。楽しみながら人脈の輪を広げましょう。

●印はラッキーデー
■印はアンラッキーデー

S	M	T	W	T	F	S
	1	2	3	4	5	6
●7	8	9	■10	11	12	13
14	15	●16	17	18	19	20
21	22	23	●24	25	26	27
28	29	30	31			

仕事運が良い日	8月12日	8月25日
愛情運が良い日	8月1日	8月16日
金銭運が良い日	8月18日	8月27日
移動運が良い日	8月7日	8月24日

9月

9月1日〜9月30日

運気のアップダウンが激しい月となりそうです。常にチャレンジャーのような意識でいると好結果に結び付きやすいでしょう。仲間内でのちょっとした問題が起こるかもしれません。周りから何かのリーダーとして推される可能性もありそう。

●印はラッキーデー
■印はアンラッキーデー

S	M	T	W	T	F	S
				1	2	3
●4	5	6	7	8	9	10
11	12	13	14	15	16	17
●18	19	20	21	●22	23	24
25	26	■27	28	29	30	

仕事運が良い日	9月10日	9月30日
愛情運が良い日	9月6日	9月18日
金銭運が良い日	9月13日	9月28日
移動運が良い日	9月4日	9月22日

10月

10月1日〜10月31日

心身共にやる気が漲っています。ただ気持ちが焦ると物事が思うように運ばなくなります。思い込みが強すぎるとトラブルの原因となるので要注意。目上のアドバイスを素直に取り入れましょう。高級ランチや日帰り旅行で気分転換すべきです。

●印はラッキーデー
■印はアンラッキーデー

S	M	T	W	T	F	S
						1
2	3	4	5	6	●7	8
9	10	11	●12	13	14	■15
16	17	18	19	20	21	22
23	24	25	●26	27	28	29
30	31					

仕事運が良い日	10月21日	10月28日
愛情運が良い日	10月1日	10月12日
金銭運が良い日	10月7日	10月18日
移動運が良い日	10月9日	10月26日

11月

11月1日〜11月30日

生活に大きな変化が出て来そうです。現実的な事柄から目を背けて妄想にひたってしまいそう。出掛けに好きな曲を聴いて気分をリフレッシュしましょう。家庭内や職場のトラブルには速やかに対応を…。ストレッチで雑念を払うと運気アップ。

●印はラッキーデー
■印はアンラッキーデー

S	M	T	W	T	F	S
		■1	2	3	4	5
6	7	●8	9	●10	11	12
13	14	15	16	17	18	19
20	21	22	23	24	25	26
●27	28	29	30			

仕事運が良い日	11月8日	11月24日
愛情運が良い日	11月2日	11月27日
金銭運が良い日	11月5日	11月19日
移動運が良い日	11月10日	11月25日

12月

12月1日〜12月31日

慌ただしく駆け巡るような月です。知り合った人からイベントやパーティーに誘われるなどしやすいでしょう。賑やかな場所に顔を出すのは運勢的にプラスです。飲食の場で飲み過ぎると翌日に持ち越しそう。仲間との情報交換は有効です。

●印はラッキーデー
■印はアンラッキーデー

S	M	T	W	T	F	S
				1	2	3
4	5	6	7	8	9	10
11	12	13	14	15	16	●17
18	■19	20	21	●22	23	24
●25	26	27	28	29	30	31

仕事運が良い日	12月20日	12月25日
愛情運が良い日	12月7日	12月22日
金銭運が良い日	12月1日	12月31日
移動運が良い日	12月17日	12月30日

2016年 出生日別 あなたの運勢

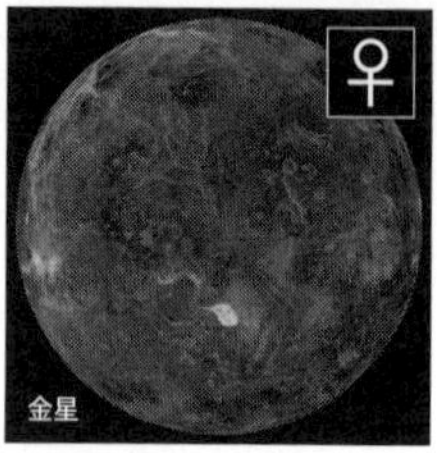

—各年・各月 共通—

6日・15日・24日 生まれ

♀惑星日生まれの性格&人生

いつもオシャレに気を遣い、愛と官能の悦びを追い求めていなければ生きて行けない享楽的な性質です。美への憧れが強いので、表面上のことに捉われやすいタイプですが、優しさと笑顔を身に付ければ、多くの人達から支持され、経済的にも恵まれて、愉しい人生が待っていることでしょう。遊び好きなことが災いし、恋愛事件から不遇をかこつ時期があっても、周りの人達に愛想よく笑顔をふりまき誠実に接していれば、常に誰かから引立てられる運勢です。

1月

1月1日〜1月31日

地元で初詣に出かけると新たなパワーを授かります。対人運活発で楽しい誘いが増えるでしょう。仲間とのコミュニケーションが飛躍の鍵を授けてくれます。親族と金銭絡みで揉めると運気にマイナス。新たな出逢いや縁を活かしましょう。

●印はラッキーデー
■印はアンラッキーデー

S	M	T	W	T	F	S
					●1	2
●3	4	5	6	■7	8	9
10	11	12	13	14	15	16
17	●18	19	20	21	22	23
24	25	26	27	28	29	30
31						

仕事運が良い日	1月5日	1月26日
愛情運が良い日	1月3日	1月11日
金銭運が良い日	1月6日	1月18日
移動運が良い日	1月1日	1月23日

2月

2月1日〜2月29日

前半は弱まる運気です。仕事上の計画をしっかりと立て、余裕を持って準備を整えましょう。メールや電話の連絡ミスには要注意です。体調管理が重要です。社交運を活かし人脈や仲間を増やすのが良いでしょう。

●印はラッキーデー
■印はアンラッキーデー

S	M	T	W	T	F	S
	1	2	3	4	●5	6
7	8	●9	10	11	●12	13
14	15	16	17	18	■19	20
21	22	23	24	25	26	27
28	29					

仕事運が良い日	2月1日	2月14日
愛情運が良い日	2月10日	2月27日
金銭運が良い日	2月5日	2月12日
移動運が良い日	2月9日	2月15日

3月

3月1日〜3月31日

色々忙しく気持ちが滅入りやすい時です。物事が思うように進まず邪魔が入りやすいようです。ライバルに打ち勝つ強い意志を持ちましょう。話題の観光スポットや遺跡巡りでパワーを蘇らせましょう。パワフルに活動すると人気が上昇します。

●印はラッキーデー
■印はアンラッキーデー

S	M	T	W	T	F	S
		1	2	3	●4	5
6	7	8	9	10	11	12
●13	14	15	16	■17	18	19
20	●21	22	23	24	25	26
27	28	29	30	31		

仕事運が良い日	3月11日	3月30日
愛情運が良い日	3月7日	3月21日
金銭運が良い日	3月2日	3月19日
移動運が良い日	3月4日	3月13日

4月

4月1日〜4月30日

一歩ずつ確実に前進するのにふさわしい時です。確かな手ごたえを感じる仕事に恵まれそう。心の中で温めていた夢を形に変える第一歩の運気です。何事にも真剣に取り組む姿勢が評価されます。手を抜いたりせず全力で打ち込みましょう。

●印はラッキーデー
■印はアンラッキーデー

S	M	T	W	T	F	S
					1	2
3	4	5	6	7	■8	9
10	11	●12	13	14	15	●16
17	18	19	20	21	22	23
24	25	26	27	●28	29	30

仕事運が良い日	4月2日	4月28日
愛情運が良い日	4月5日	4月16日
金銭運が良い日	4月12日	4月20日
移動運が良い日	4月7日	4月30日

5月

5月1日〜5月31日

爽やかな風を浴びて身も心も軽やかに駆け抜ける兆しです。今まで縁が無かったタイプの人と出逢えます。専門的知識や技術者との繋がりが有益です。見栄を張らない生活態度が大切です。素直に謝ると思いがけない利益を手にします。

●印はラッキーデー
■印はアンラッキーデー

S	M	T	W	T	F	S
1	2	3	4	5	6	7
●8	9	10	11	■12	13	14
15	16	●17	18	19	20	●21
22	23	24	25	26	27	28
29	30	31				

仕事運が良い日	5月17日	5月21日
愛情運が良い日	5月3日	5月15日
金銭運が良い日	5月11日	5月27日
移動運が良い日	5月8日	5月19日

6月

6月1日〜6月30日

周囲からの応援を受けて運気は上昇気流に乗りそうです。積極的に動いて自分の考えを主張しましょう。移転や移動はプラスに働きます。プライベートな過ごし方を考え直すと交際面が改善されます。活躍の場が広がり、外見に注目が集まりそう。

●印はラッキーデー
■印はアンラッキーデー

S	M	T	W	T	F	S
			1	●2	3	4
5	6	7	8	9	10	11
12	13	14	15	16	17	18
19	20	21	22	23	24	●25
●26	27	28	29	■30		

仕事運が良い日	6月1日	6月28日
愛情運が良い日	6月10日	6月25日
金銭運が良い日	6月2日	6月17日
移動運が良い日	6月7日	6月26日

♀ 惑星 日生まれ 2016年の運勢

2016年の月別 成功パワーグラフ

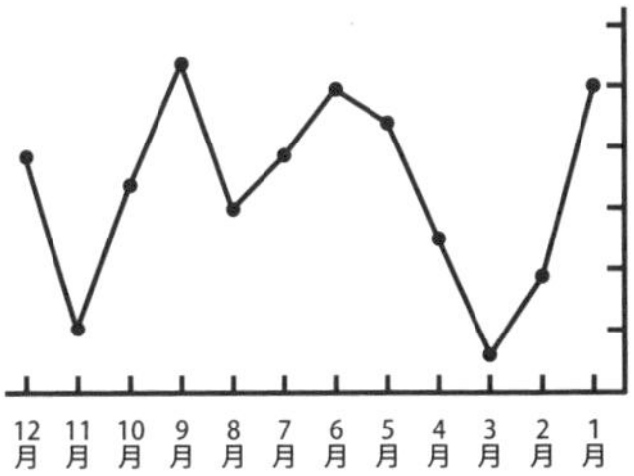

成功のパワーグラフは春頃一時的に落ち込んでいますが、年初から幸運なことを告げています。２０１６年は全般的に愛情関係が良好で異性から熱烈に愛されやすく、家族との関係も良好に展開しやすいことでしょう。新しいことにチャレンジするなら年初からが良いようです。出逢いがないと悩んでいた人は、気分も一新する春過ぎから素晴らしい縁や出逢いが生まれそうです。仕事上でのチャンスは意外なところからもたらされるでしょう。

7月
7月1日～7月31日

プライベートが忙しくて本業がおろそかになりがちな時です。周りに影響を受けて自分を見失いやすいので注意が必要です。仕事と遊びの区別をハッキリさせましょう。疎遠になっていた親族と交流を持つとか、飲食を共にすると運気がアップ。

●印はラッキーデー
■印はアンラッキーデー

S	M	T	W	T	F	S
					1	2
3	4	5	6	7	●8	9
10	11	12	13	14	15	16
17	18	19	■20	21	22	●23
24	25	26	27	●28	29	30
31						

仕事運が良い日	7月13日	7月25日
愛情運が良い日	7月8日	7月23日
金銭運が良い日	7月4日	7月15日
移動運が良い日	7月17日	7月28日

8月
8月1日～8月31日

リラックスムードが高まりそうな気配です。半面、疲れも出やすい時期なので一休みする意識が良いでしょう。最低限の仕事と役割だけ果たし旅行に出掛けるのもおススメです。墓参りや神仏の参拝など静かな時間を過ごすと心が癒されます。

●印はラッキーデー
■印はアンラッキーデー

S	M	T	W	T	F	S
	1	2	3	4	5	●6
7	8	9	10	■11	12	13
14	15	16	17	●18	19	20
21	22	23	24	25	26	27
●28	29	30	31			

仕事運が良い日	8月5日	8月29日
愛情運が良い日	8月3日	8月18日
金銭運が良い日	8月6日	8月28日
移動運が良い日	8月12日	8月23日

9月
9月1日～9月30日

華やかな熱気に包まれる日々となるでしょう。社交運に恵まれ交際面が絶好調となりそうです。ただ経済的には出費が多く、利益の乏しい状況です。臨時収入があっても貯まってくれません。悩んだ時は経験豊かな先輩のアドバイスが有効です。

●印はラッキーデー
■印はアンラッキーデー

S	M	T	W	T	F	S
				1	●2	3
4	5	6	7	■8	9	10
11	12	13	14	15	16	●17
18	19	20	21	22	23	24
●25	26	27	28	29	30	

仕事運が良い日	9月10日	9月27日
愛情運が良い日	9月2日	9月25日
金銭運が良い日	9月14日	9月30日
移動運が良い日	9月17日	9月23日

10月
10月1日～10月31日

運勢的な勢いにやや衰えを感じる時です。対人面で言葉の行き違いから些細な争いが発生しやすいでしょう。契約書や約束事は必ず何度も確認をしましょう。バッシングある時も感情に流されず、冷静な対応と丁寧な言葉遣いが信頼を呼びます。

●印はラッキーデー
■印はアンラッキーデー

S	M	T	W	T	F	S
						1
2	3	4	5	6	7	8
●9	■10	11	12	13	14	15
16	17	●18	19	20	21	22
23	24	25	●26	27	28	29
30	31					

仕事運が良い日	10月2日	10月18日
愛情運が良い日	10月9日	10月26日
金銭運が良い日	10月7日	10月23日
移動運が良い日	10月12日	10月31日

11月
11月1日～11月30日

気持ちの迷いや弱気な一面が出てきやすい時期です。あれこれ頭の中で考え過ぎるとミスが出そうです。これまでの経験を信じて勢いで乗り切りましょう。信頼できる友人や仲間の意見もプラスです。不要品を整理すると運気が立ち直ります。

●印はラッキーデー
■印はアンラッキーデー

S	M	T	W	T	F	S
		1	2	●3	4	5
6	●7	8	■9	10	11	12
13	14	15	16	17	18	19
20	21	22	●23	24	25	26
27	28	29	30			

仕事運が良い日	11月12日	11月27日
愛情運が良い日	11月7日	11月23日
金銭運が良い日	11月3日	11月16日
移動運が良い日	11月11日	11月26日

12月
12月1日～12月31日

明るい兆しが見えマイペースで日々を過ごすのに最適な時です。旧友との再会や懐かしい顔が集まる場へ出掛けましょう。頭の回転が早くなり、直感が冴えます。勉強や芸術的な趣味に没頭すると、眠っていた才能が一気に開花するでしょう。

●印はラッキーデー
■印はアンラッキーデー

S	M	T	W	T	F	S
				1	2	3
4	5	6	7	8	●9	10
●11	12	13	14	15	16	■17
18	19	20	21	22	23	24
25	26	27	28	29	30	●31

仕事運が良い日	12月20日	12月25日
愛情運が良い日	12月11日	12月24日
金銭運が良い日	12月9日	12月28日
移動運が良い日	12月21日	12月31日

2016年 出生日別 あなたの運勢

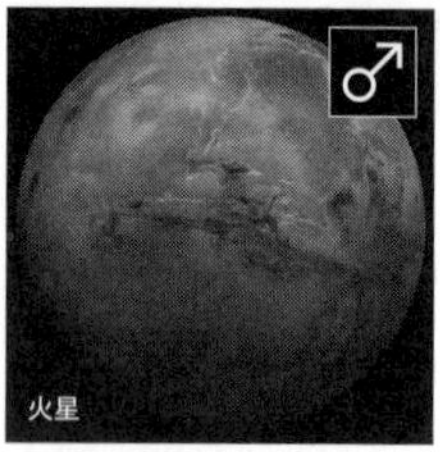

—— 各年・各月 共通 ——

9日・18日・27日 生まれ

♂惑星日生まれの性格&人生

何事にも孤軍奮闘し、周囲の反対を押し切ってでも野望を推し進めて行動しなければ我慢できない性質です。単独行動が多いので、わがままで独りよがりとみられることもありますが、成功への意欲や目標が明確であれば、やがて輝かしい記録を打ち立てる表彰台が用意されることでしょう。衝動的な部分が災いし、アクシデントに見舞われやすい時期があっても、陰から支えてくれる人を得られれば、ある時期を境として社会的に大きく飛躍する運勢です。

1月

1月1日～1月31日

昨年までの疲れを癒す休養の時期とするのに良い時です。年初のエンジンが掛かるまで少し時間が必要です。好きな物を食べたり、好きな音楽を聴いたり、自由な時間を過ごしましょう。しばらく顔を会わせていない人との縁が復活しやすい運気です。

●印はラッキーデー
■印はアンラッキーデー

S	M	T	W	T	F	S
					1	2
3	4	5	6	7	■8	●9
10	11	12	13	14	15	●16
17	18	19	20	21	22	●23
24	25	26	27	28	29	30
31						

仕事運が良い日	1月17日	1月30日
愛情運が良い日	1月9日	1月15日
金銭運が良い日	1月10日	1月22日
移動運が良い日	1月16日	1月23日

2月

2月1日～2月29日

仕事面は上昇気流にのって動き始めます。予想以上の忙しさにダウンしやすいので体調管理が大切です。身近な仲間と信頼関係を積み上げましょう。仕事上や収入面にもプラス効果が期待できます。護符を持ち歩くとピンチを救ってもらえそう。

●印はラッキーデー
■印はアンラッキーデー

S	M	T	W	T	F	S
	1	●2	3	4	5	6
7	8	9	10	11	●12	13
14	15	16	17	18	19	20
21	22	23	24	25	26	■27
28	●29					

仕事運が良い日	2月4日	2月15日
愛情運が良い日	2月2日	2月29日
金銭運が良い日	2月12日	2月18日
移動運が良い日	2月8日	2月26日

3月

3月1日～3月31日

心の底から湧き上がる無限のパワーを感じられる時です。感情は言葉にしてハッキリと周囲に伝えた方が効果的です。解決するのが難しいと感じていた問題の脱出口が見出せます。沢山のチャンスが月の後半に訪れ、感謝する日々となりそう。

●印はラッキーデー
■印はアンラッキーデー

S	M	T	W	T	F	S
		1	2	3	4	5
6	7	8	●9	■10	11	12
13	14	15	16	●17	18	19
20	21	22	23	24	25	●26
27	28	29	30	31		

仕事運が良い日	3月2日	3月13日
愛情運が良い日	3月9日	3月17日
金銭運が良い日	3月7日	3月26日
移動運が良い日	3月18日	3月29日

4月

4月1日～4月30日

順調だったペースが少しずつダウンしそうです。肩に力が入り過ぎないようにしましょう。縁の下の力持ち的な役割の方が実力を発揮できます。部下・後輩を褒めて育てるよう心掛けましょう。ペットや小さな子供達と触れ合うと運気が上向きます。

●印はラッキーデー
■印はアンラッキーデー

S	M	T	W	T	F	S
					1	2
3	■4	5	6	7	8	9
10	11	●12	13	14	15	●16
17	18	19	20	21	22	23
24	25	●26	27	28	29	30

仕事運が良い日	4月3日	4月15日
愛情運が良い日	4月16日	4月28日
金銭運が良い日	4月12日	4月26日
移動運が良い日	4月20日	4月30日

5月

5月1日～5月31日

身近な人達とのコミュニケーションが円滑ならすべてうまく行きます。家族や仲間との間で小さな揉め事に巻き込まれやすいので注意が必要です。挨拶や感謝の言葉を明確に伝えましょう。緑が多い公園や自然の中を散歩すると哀しみが消えます。

●印はラッキーデー
■印はアンラッキーデー

S	M	T	W	T	F	S
1	2	3	4	5	6	●7
8	■9	10	11	12	13	14
15	16	17	●18	19	20	21
22	23	24	25	26	27	28
●29	30	31				

仕事運が良い日	5月1日	5月22日
愛情運が良い日	5月3日	5月18日
金銭運が良い日	5月17日	5月29日
移動運が良い日	5月7日	5月25日

6月

6月1日～6月30日

運気は安定していますが寂しさや不安を感じやすい時です。友人や気が合う仲間と遊びに出かける機会をつくりましょう。メールや電話でのやり取りを控えて、実際に顔を見て話をする方が得策です。家族との時間が長いと元気を取り戻せます。

●印はラッキーデー
■印はアンラッキーデー

S	M	T	W	T	F	S
			1	■2	3	4
5	6	7	●8	9	10	11
12	13	14	15	16	17	18
19	20	21	22	23	24	25
26	●27	28	29	●30		

仕事運が良い日	6月9日	6月25日
愛情運が良い日	6月8日	6月27日
金銭運が良い日	6月11日	6月30日
移動運が良い日	6月5日	6月16日

♂ 惑星 日生まれ 2016年の運勢

成功のパワーグラフは凸凹が多くて変化の多い一年であることを告げていますが、2016年は全般的に自らの行動に関しては協力者を得やすく、タイミングにさえ恵まれれば実力以上に才能を発揮しやすいことでしょう。

一気に物事を進めていくよりも、何度かにエネルギーを分散して取り組んだ方がうまく行きます。以前から気になっていた問題が表面化しやすい時期なので注意が必要です。仕事上のチャンスは春先頃に訪れるでしょう。

2016年の月別 成功パワーグラフ

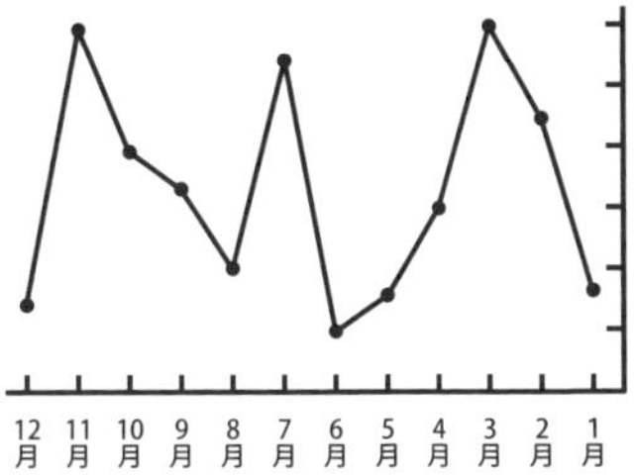

7月

7月1日～7月31日

夏に向かって物事すべてに意欲的となり、エネルギッシュな日々が続きます。胸の内でくすぶっていた不安が嘘のように消えていきます。公私共に誘われる機会が増えるでしょう。新しい事にチャレンジすると、眠っていた能力が引き出されます。

●印はラッキーデー
■印はアンラッキーデー

S	M	T	W	T	F	S
					1	2
3	4	5	6	7	8	■9
●10	11	12	13	14	15	16
17	●18	19	20	21	22	●23
24	25	26	27	28	29	30
31						

仕事運が良い日	7月2日	7月31日
愛情運が良い日	7月20日	7月23日
金銭運が良い日	7月10日	7月18日
移動運が良い日	7月7日	7月26日

8月

8月1日～8月31日

表面上は好調に見えますが、内心では苛立つことが多くなります。これまでに片付いていない問題や中途半端にしている案件を見直しましょう。一人で解決できない問題は経験豊富な先輩に相談すべきです。夢見る休息がパワーを蘇らせます。

●印はラッキーデー
■印はアンラッキーデー

S	M	T	W	T	F	S
	1	2	3	4	●5	6
7	8	9	■10	11	●12	13
14	15	16	17	18	19	20
21	22	23	24	25	26	●27
28	29	30	31			

仕事運が良い日	8月17日	8月24日
愛情運が良い日	8月5日	8月12日
金銭運が良い日	8月2日	8月21日
移動運が良い日	8月11日	8月27日

9月

9月1日～9月30日

精神的にやや持ち直した気持ちで過ごす日々となるでしょう。自分に足りないモノを身につける努力をすべきです。資格取得を目指すとか専門知識を学ぶのが良いでしょう。突然の予定変更や移動に関するハプニングが生じやすい時です。

●印はラッキーデー
■印はアンラッキーデー

S	M	T	W	T	F	S
				1	2	3
4	5	6	7	8	■9	10
11	12	●13	14	15	16	●17
18	19	20	21	22	●23	24
25	26	27	28	29	30	

仕事運が良い日	9月2日	9月26日
愛情運が良い日	9月8日	9月13日
金銭運が良い日	9月17日	9月25日
移動運が良い日	9月15日	9月23日

10月

10月1日～10月31日

楽しい予定でメモ書きが増えていきます。趣味が合う友人とのおしゃべりを楽しむのが良いでしょう。サークル仲間と過ごすのもプラスです。仕事上苦手な相手とはプライベートで関わらないことです。薄暗い店で飲食をすると恋が進展します。

●印はラッキーデー
■印はアンラッキーデー

S	M	T	W	T	F	S
						1
2	3	■4	5	6	●7	8
9	10	●11	12	13	14	15
16	17	18	19	20	21	22
23	24	25	26	●27	28	29
30	31					

仕事運が良い日	10月2日	10月27日
愛情運が良い日	10月7日	10月11日
金銭運が良い日	10月9日	10月22日
移動運が良い日	10月13日	10月31日

11月

11月1日～11月30日

今年の努力が報われて大きく花開く時です。恐れず前を向いて積極的に行動しましょう。意外な人からの応援も得られます。プライベートでも幸運のチャンスはやって来ます。物事を頼まれたなら、引き受ける場合も断る場合も即断すべきです。

●印はラッキーデー
■印はアンラッキーデー

S	M	T	W	T	F	S
		1	2	3	4	■5
6	7	8	●9	10	11	12
13	14	15	16	17	18	19
20	21	22	●23	24	25	26
27	28	●29	30			

仕事運が良い日	11月4日	11月30日
愛情運が良い日	11月7日	11月29日
金銭運が良い日	11月17日	11月27日
移動運が良い日	11月9日	11月23日

12月

12月1日～12月31日

年末に向かって疲れがたまり、全体的に衰えを感じやすい時です。対人面での気疲れが溜まっているようです。複雑な問題については慎重に答えを探しましょう。遠方や海外との縁が深まる時期です。忘年会には参加した方が幸運を呼びます。

●印はラッキーデー
■印はアンラッキーデー

S	M	T	W	T	F	S
				1	2	3
4	●5	6	7	8	9	10
11	12	13	14	15	16	17
●18	■19	20	21	22	23	24
●25	26	27	28	29	30	31

仕事運が良い日	12月2日	12月17日
愛情運が良い日	12月5日	12月25日
金銭運が良い日	12月11日	12月22日
移動運が良い日	12月1日	12月18日

2016年 出生日別 あなたの運勢

♃

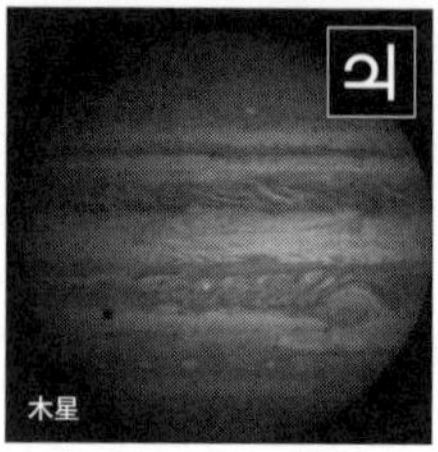

—各年・各月 共通—

3日・12日・21日 生まれ

♃ 惑星 日生まれの性格＆人生

日頃から面倒見が良く、多くの人から慕われ、愛情豊かに周りの人達に接していく懐の大きな性質です。自分の損得を考えないので、意外なほど経済面では恵まれていないのですが、多くの仲間や支持者を得て、徐々に押し上げられいつの間にか人生の表舞台に立っていくことでしょう。

優しすぎることが災いし、断り切れずバカをみることも多いのですが、信仰心が強く、人助けを重ねていくことで、人生の後半期に確固たる地位を得ていく運勢です。

1月

1月1日～1月31日

新年から物事が次々と決まり好調なスタートとなります。対人運が良好なので、未知なる出逢いには期待をかけて良いでしょう。会社等での茶目っ気発言が人気を急上昇させます。趣味や学芸面で、これまでの地道な活動が評価されます。

●印はラッキーデー
■印はアンラッキーデー

S	M	T	W	T	F	S
					1	●2
●3	4	5	6	7	■8	9
●10	11	12	13	14	15	16
17	18	19	20	21	22	23
24	25	26	27	28	29	30
31						

仕事運が良い日	1月10日	1月28日
愛情運が良い日	1月2日	1月14日
金銭運が良い日	1月3日	1月21日
移動運が良い日	1月13日	1月25日

2月

2月1日～2月29日

日頃の勢いにやや疲れが出て来る時期です。時間を取られる割に利益が上がらない仕事が与えられます。対人面も苦労がなかなか報われません。周囲のアドバイスに耳を傾け、考え方を切り替えましょう。計画的行動が好結果に繋がります。

●印はラッキーデー
■印はアンラッキーデー

S	M	T	W	T	F	S
	1	2	3	4	5	6
●7	8	●9	10	11	12	13
14	15	16	17	■18	19	20
21	22	23	24	25	●26	27
28	29					

仕事運が良い日	2月15日	2月29日
愛情運が良い日	2月9日	2月17日
金銭運が良い日	2月2日	2月26日
移動運が良い日	2月7日	2月19日

3月

3月1日～3月31日

徐々に運勢は昇り調子へ変わって行きます。新鮮な気持ちで生活パターンも変えると効果的です。仕事の仕方を改めるとか小さな改革が必要です。子供の教育や資格取得への投資が効果的。春物のジャケットやコートで気分一新すべきです。

●印はラッキーデー
■印はアンラッキーデー

S	M	T	W	T	F	S
		1	2	3	4	5
6	7	●8	■9	●10	11	12
13	14	15	16	17	18	19
20	21	22	23	●24	25	26
27	28	29	30	31		

仕事運が良い日	3月21日	3月30日
愛情運が良い日	3月8日	3月24日
金銭運が良い日	3月1日	3月14日
移動運が良い日	3月10日	3月31日

4月

4月1日～4月30日

やる気も勢いも徐々に下降気味です。仕事以外の誘いが多く、自分の時間が減ってしまいそう。不満が溜まりやすい時です。頼まれ事が多くて生活のペースが乱れがちです。ストレス発散に、散歩やジョギングなど軽めの運動が効果的です。

●印はラッキーデー
■印はアンラッキーデー

S	M	T	W	T	F	S
					1	2
3	4	5	6	7	8	9
10	11	●12	13	14	■15	16
17	●18	19	20	21	22	23
24	25	26	27	●28	29	30

仕事運が良い日	4月3日	4月27日
愛情運が良い日	4月7日	4月28日
金銭運が良い日	4月12日	4月18日
移動運が良い日	4月16日	4月30日

5月

5月1日～5月31日

頑張っている割には実質的な成果が得られにくい時です。相手の為と思って動いても、余計な事だと受け止められそう。社会的には受身で過ごすのがおススメ。プライベートではカラオケ、ダンス、温泉など日常を忘れる癒しが良いでしょう。

●印はラッキーデー
■印はアンラッキーデー

S	M	T	W	T	F	S
1	2	●3	4	●5	6	7
8	■9	10	11	12	13	14
15	●16	17	18	19	20	21
22	23	24	25	26	27	28
29	30	31				

仕事運が良い日	5月20日	5月26日
愛情運が良い日	5月3日	5月16日
金銭運が良い日	5月11日	5月21日
移動運が良い日	5月5日	5月18日

6月

6月1日～6月30日

将来を考えると明るい兆しが見えて来る時です。大事なことは晴れた日の午前中に片付けましょう。公園での日光浴や寺社への参拝も効果的です。月の後半から運気が好転し始めます。焦らず地道な足固めをしてチャンスを待ちましょう。

●印はラッキーデー
■印はアンラッキーデー

S	M	T	W	T	F	S
			1	2	3	■4
5	6	7	8	9	10	11
12	13	14	●15	16	17	18
19	20	21	22	23	●24	25
26	27	●28	29	30		

仕事運が良い日	6月13日	6月27日
愛情運が良い日	6月7日	6月18日
金銭運が良い日	6月15日	6月28日
移動運が良い日	6月19日	6月24日

♃惑星 日生まれ 2016年の運勢

成功のパワーグラフはジグザグで２０１６年が波乱の年であることを告げていますが、愛情運と家庭運は好調で周りからの人気や支持を得やすく、プライベートな面では幸運な一年となりやすいことでしょう。金運は乱調で大きく入っても大きく出ていく運勢です。何かを始める予定なら初夏くらいからが良く、好結果につながりやすいでしょう。頭を抱えてきた問題は春頃一応の解決をみます。仕事面での変化やチャンスは晩秋のころに訪れるでしょう。

2016年の月別 成功パワーグラフ

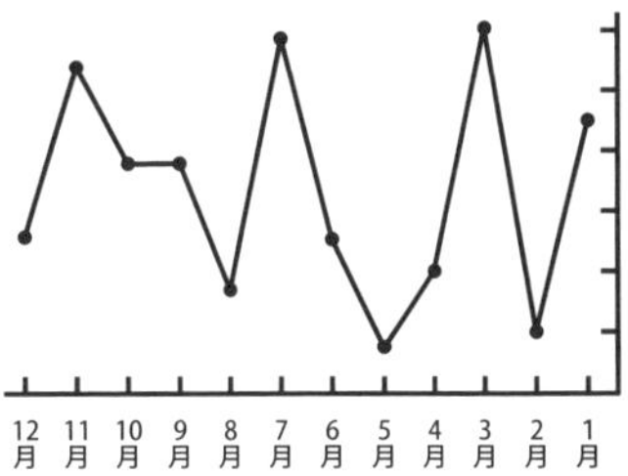

7月

7月1日～7月31日

日頃の仕事ぶりが多くの人から高評価を受けやすい時です。目上からの引立ても得られるでしょう。実績以上の恩恵や収入を得る人もいるでしょう。過去の男女関係や金銭問題が明るみに出やすい時です。謙虚な姿勢が支持を集めます。

●印はラッキーデー
■印はアンラッキーデー

S	M	T	W	T	F	S
					1	2
3	4	5	■6	7	●8	9
10	11	12	13	14	15	●16
17	18	19	20	21	●22	23
24	25	26	27	28	29	30
31						

仕事運が良い日	7月5日	7月16日
愛情運が良い日	7月18日	7月25日
金銭運が良い日	7月8日	7月22日
移動運が良い日	7月12日	7月30日

8月

8月1日～8月31日

周りの人との間に不穏な空気が漂いやすい時です。ふとした瞬間、寂しさを感じる場面も出て来そう。身内とのコミュニケーションを計って誤解がないよう気をつけましょう。癒しの時間は大切です。目前の利益より将来の目標を重視しましょう。

●印はラッキーデー
■印はアンラッキーデー

S	M	T	W	T	F	S
	1	2	3	4	5	6
7	8	9	10	■11	12	●13
●14	15	16	17	18	19	●20
21	22	23	24	25	26	27
28	29	30	31			

仕事運が良い日	8月15日	8月26日
愛情運が良い日	8月20日	8月25日
金銭運が良い日	8月13日	8月19日
移動運が良い日	8月6日	8月14日

9月

9月1日～9月30日

社交運が回復してくる時です。個性的な相手との出会いもありそうです。趣味や娯楽で楽しむ時間を大切にしましょう。スポーツやイベント会場で、親しくなった相手から学ぶことが増えそう。頭で考えるより行動を優先させた方が幸運です。

●印はラッキーデー
■印はアンラッキーデー

S	M	T	W	T	F	S
				1	2	3
4	5	6	7	8	9	10
●11	12	13	14	15	16	17
18	19	20	●21	●22	23	24
25	26	27	28	29	■30	

仕事運が良い日	9月18日	9月25日
愛情運が良い日	9月10日	9月22日
金銭運が良い日	9月4日	9月15日
移動運が良い日	9月11日	9月21日

10月

10月1日～10月31日

対人関係が活発でレジャーや遊びに時間を取られがちです。夢中になり過ぎると体調を崩しやすいでしょう。いつも通りに起床し生活ペースを崩さないことが肝心です。飲食面で偏りが出やすいので注意。プライベートの生活を充実させましょう。

●印はラッキーデー
■印はアンラッキーデー

S	M	T	W	T	F	S
						●1
2	3	4	5	■6	7	8
9	10	●11	12	13	14	15
16	17	18	19	20	21	22
23	24	25	26	27	●28	29
30	31					

仕事運が良い日	10月1日	10月21日
愛情運が良い日	10月8日	10月28日
金銭運が良い日	10月11日	10月25日
移動運が良い日	10月5日	10月17日

11月

11月1日～11月30日

活気に溢れて難しい課題もクリアできそうです。一人では解決が無理な状況も、仲間や家族のお陰で好結果に向かいそう。仕事上で成果を得ても、利益の一人占めだけは厳禁です。助けてくれた相手にはプレゼント品と手紙を贈りましょう。

●印はラッキーデー
■印はアンラッキーデー

S	M	T	W	T	F	S
		1	■2	3	4	5
6	7	●8	9	10	11	12
13	14	15	16	17	18	●19
●20	21	22	23	24	25	26
27	28	29	30			

仕事運が良い日	11月10日	11月30日
愛情運が良い日	11月3日	11月20日
金銭運が良い日	11月8日	11月27日
移動運が良い日	11月19日	11月25日

12月

12月1日～12月31日

一見好調に見えますが水面下で悩みを抱えそうです。イエスかノーか答えを迫られる場面が出て来そう。大きな問題の場合は尊敬する先輩や年長者に相談するのがベスト。社交運があり、華やかなパーティー会場がパワースポットとなりそう。

●印はラッキーデー
■印はアンラッキーデー

S	M	T	W	T	F	S
				1	2	3
4	5	6	7	8	■9	10
11	12	13	14	15	16	17
18	19	●20	21	22	●23	●24
25	26	27	28	29	30	31

仕事運が良い日	12月20日	12月27日
愛情運が良い日	12月4日	12月23日
金銭運が良い日	12月7日	12月24日
移動運が良い日	12月10日	12月18日

2016年 出生日別 あなたの運勢

——各年・各月 共通——

8日・17日・26日 生まれ

♄惑星 日生まれの性格&人生

何事も真面目に取り組み、常に奉仕と忍耐の気持ちを忘れないボランティア的な性質です。自責の念が強いので、観方によっては自ら苦境を求めがちに見えますが、物資的な目的やポストへの執着が強ければ、責任感の強さが評価され、やがて人生の晴れ舞台に立つことになるでしょう。

コンプレックスやトラウマが災いし、実力を十分に評価できないケースが多いのですが、生活面でサポートしてくれる人を得れば人生の晩年期に大きく飛躍する運勢です。

1月
1月1日～1月31日

出逢いと別れが同時に起こりそうな気配です。対人面の変化が生活面にも変化を呼び込みそうです。運勢に影響を与えるプライベートの変化です。旅先や飲食店で日常とは違う出逢いがあるでしょう。体調を崩しやすいので注意が必要です。

●印はラッキーデー
■印はアンラッキーデー

S	M	T	W	T	F	S
					1	2
3	4	5	6	●7	8	9
■10	11	12	13	14	15	16
●17	18	19	20	21	22	●23
24	25	26	27	28	29	30
31						

仕事運が良い日	1月11日	1月26日
愛情運が良い日	1月1日	1月8日
金銭運が良い日	1月15日	1月23日
移動運が良い日	1月7日	1月17日

2月
2月1日～2月29日

周囲の期待に応えようと無理をし過ぎる時です。才能を発揮するチャンスは訪れるので、特技や技術を活かしましょう。仲間内や職場内で頼りにされプレッシャーを感じそう。能力活性化とストレス発散には汗を流すジムや温泉が効果的です。

●印はラッキーデー
■印はアンラッキーデー

S	M	T	W	T	F	S
	1	2	3	4	5	●6
7	8	9	10	11	12	13
14	15	■16	17	18	19	20
●21	22	23	24	25	26	27
●28	29					

仕事運が良い日	2月2日	2月29日
愛情運が良い日	2月6日	2月18日
金銭運が良い日	2月10日	2月21日
移動運が良い日	2月14日	2月28日

3月
3月1日～3月31日

今後の目標や活躍に備えて密かに計画を立てましょう。放置してある書類や書棚の整理、使っていない日用品の処分が有効です。居住空間に空きスペースを作りましょう。部屋の空間に鉢植え植物を置くと、新しい縁や出逢いが訪れます。

●印はラッキーデー
■印はアンラッキーデー

S	M	T	W	T	F	S
		1	2	3	4	5
6	●7	8	9	10	11	12
13	14	15	16	17	●18	19
20	●21	22	■23	24	25	26
27	28	29	30	31		

仕事運が良い日	3月5日	3月27日
愛情運が良い日	3月7日	3月21日
金銭運が良い日	3月10日	3月25日
移動運が良い日	3月9日	3月18日

4月
4月1日～4月30日

周囲に守られながら新たな挑戦をするのにふさわしい時です。一度駄目になった案件が採用されるとか、前に揉めていた事柄が修復されるなど、環境が整ってくるのです。先祖へ感謝の気持が有効に働きます。目標に向かって扉が開くのです。

●印はラッキーデー
■印はアンラッキーデー

S	M	T	W	T	F	S
					1	2
3	4	5	6	7	8	9
●10	11	12	13	●14	15	16
17	18	19	20	21	22	23
24	25	■26	27	●28	29	30

仕事運が良い日	4月2日	4月18日
愛情運が良い日	4月10日	4月25日
金銭運が良い日	4月8日	4月23日
移動運が良い日	4月14日	4月28日

5月
5月1日～5月31日

爽やかな風を感じながら恋心が揺らぎやすい時です。白黒ハッキリつけられない悩みを抱えそうです。難しい問題は先輩を頼るのが一番です。豊富な経験からの客観的意見を聞きましょう。サークル活動や会合への出席を増やすのが吉です。

●印はラッキーデー
■印はアンラッキーデー

S	M	T	W	T	F	S
1	●2	3	4	5	6	7
■8	9	10	11	12	13	14
15	16	●17	18	19	20	21
22	23	24	●25	26	27	28
29	30	31				

仕事運が良い日	5月1日	5月23日
愛情運が良い日	5月2日	5月17日
金銭運が良い日	5月15日	5月28日
移動運が良い日	5月9日	5月25日

6月
6月1日～6月30日

心身共に落ち着かない月となりそうです。忙しい割には成果を得られません。苛立つときには進むのを止めて、前半を振り返る時間を持ちましょう。規則正しい生活をし精神面の健康を取り戻しましょう。好きな音楽や読書で心が癒されます。

●印はラッキーデー
■印はアンラッキーデー

S	M	T	W	T	F	S
			1	2	3	4
5	●6	7	8	■9	10	11
●12	13	14	15	16	17	18
●19	20	21	22	23	24	25
26	27	28	29	30		

仕事運が良い日	6月3日	6月15日
愛情運が良い日	6月6日	6月26日
金銭運が良い日	6月10日	6月19日
移動運が良い日	6月12日	6月21日

♄ 惑星 日生まれ 2016年の運勢

成功のパワーグラフは夏場にかけ一時的に失速しそうですが、秋口から再びパワーアップされることを告げています。2016年は全般的に仕事運が好調で、特に長期的プロジェクトに強い運勢が示されています。そのため短期間で成果の出ることより、将来的な目標に視線が注がれやすいでしょう。

何かを始める予定なら春からが良く、夏場の試練を乗り越えれば大きな成果が期待できます。交際面では新たな異性の出現がありそうです。

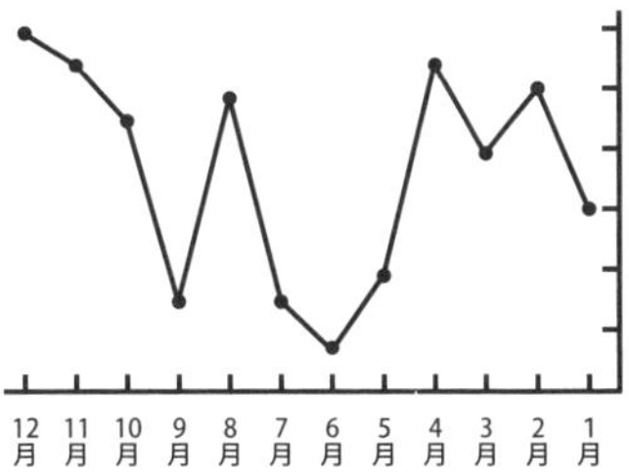

7月
7月1日〜7月31日

少しずつ前途に光が差し込むような未来志向の日々です。新規の計画は具体的な日付や予算を考えましょう。家族の助けを借りると物事がスムーズです。自分の不足を補ってくれる人を大切にしましょう。予想外の場所から交流が生まれます。

●印はラッキーデー
■印はアンラッキーデー

S	M	T	W	T	F	S
					1	●2
3	4	5	6	7	●8	9
10	11	12	13	14	15	16
17	18	19	20	21	22	23
●24	25	26	27	28	29	30
■31						

仕事運が良い日	7月5日	7月31日
愛情運が良い日	7月8日	7月22日
金銭運が良い日	7月2日	7月24日
移動運が良い日	7月15日	7月28日

8月
8月1日〜8月31日

努力が実ってスポットライトを浴びるような時です。日頃からオシャレにしておきましょう。友人や家族に小さなプレゼントを贈ると更に運気アップします。墓参りや神仏への参拝が不思議な出逢いを招きます。ペットへの愛が成功運を強めます。

●印はラッキーデー
■印はアンラッキーデー

S	M	T	W	T	F	S
	●1	2	3	4	5	6
7	8	■9	10	11	12	13
●14	●15	16	17	18	19	20
21	22	23	24	25	26	27
28	29	30	31			

仕事運が良い日	8月13日	8月25日
愛情運が良い日	8月1日	8月14日
金銭運が良い日	8月15日	8月21日
移動運が良い日	8月16日	8月31日

9月
9月1日〜9月30日

最初の頃の勢いが削がれやすい時です。足元をしっかり固めましょう。将来を見据えた行動が有利に働きます。意見を無理に押し通すのはマイナスです。後輩の悩み事には経験からアドバイスを行いましょう。地道な積み重ねが信頼を築きます。

●印はラッキーデー
■印はアンラッキーデー

S	M	T	W	T	F	S
				1	2	3
4	5	■6	●7	8	9	10
11	12	13	14	15	16	17
18	●19	20	21	22	23	24
25	26	27	●28	29	30	

仕事運が良い日	9月3日	9月28日
愛情運が良い日	9月13日	9月26日
金銭運が良い日	9月7日	9月19日
移動運が良い日	9月5日	9月22日

10月
10月1日〜10月31日

思わぬ処から良い報せが舞い込んで来る時です。自分のリズムで生活しましょう。仕事に関する理解者が現れてプラスに作用するでしょう。友人の紹介や趣味を通じての交際がスタートしそうです。アウトドアやスポーツが健康維持に有効です。

●印はラッキーデー
■印はアンラッキーデー

S	M	T	W	T	F	S
						1
●2	3	4	5	6	7	■8
9	10	11	12	13	14	15
16	17	18	19	20	21	22
23	24	25	●26	27	28	29
30	●31					

仕事運が良い日	10月7日	10月31日
愛情運が良い日	10月2日	10月16日
金銭運が良い日	10月11日	10月26日
移動運が良い日	10月16日	10月30日

11月
11月1日〜11月30日

やる気や情熱がなだらかな上昇カーブを描きます。旬の物を食べたり、お酒を飲んだり、自分へのご褒美をあげましょう。家族との絆を深めることで気持ちが穏やかになります。日常のちょっとした発見が仕事上のヒントを与えてくれます。

●印はラッキーデー
■印はアンラッキーデー

S	M	T	W	T	F	S
		1	2	3	4	5
6	●7	8	9	■10	11	12
13	14	15	16	17	18	19
20	●21	22	23	24	25	26
27	28	●29	30			

仕事運が良い日	11月1日	11月29日
愛情運が良い日	11月3日	11月25日
金銭運が良い日	11月7日	11月21日
移動運が良い日	11月18日	11月30日

12月
12月1日〜12月31日

レジャーへの愉しい気分が先行し気持ちが高揚しがちです。パーティーやイベントへの誘いが増えそう。仲間を集めて忘年会を開くのもおススメです。要領よく仕事が片付けられる時期なので、多忙でも疲れません。大掃除は早めに行うと吉です。

●印はラッキーデー
■印はアンラッキーデー

S	M	T	W	T	F	S
				1	2	3
4	5	6	7	8	9	●10
11	12	13	14	15	16	17
18	19	20	21	●22	●23	24
25	26	27	28	29	■30	31

仕事運が良い日	12月8日	12月16日
愛情運が良い日	12月10日	12月24日
金銭運が良い日	12月21日	12月23日
移動運が良い日	12月22日	12月28日

2016年 出生日別 あなたの運勢

—各年・各月 共通—

4日・13日・22・31日 生まれ

惑星 日生まれの性格&人生

表面上は大人しく見えても、集団に溶け込むことを嫌い、独自の発想や思想で生きて行こうとする超個性派の性質です。何事にもハッキリした考え方を持ち、孤立しやすいタイプですが、潜在的な能力や素質を活かすことが出来れば、やがては輝かしい成功を掴むことが出来るでしょう。不愛想なことが災いし、仲間外れにされやすい時期があっても、理解力ある目上の人を得れば、人生の後半で予期せぬ場面から人気を得て大きく飛躍できる運勢です。

1月

1月1日～1月31日

人の出入りと金銭の出入りが活発な月です。家族そろっての団らんや神仏への参拝が好結果を呼び寄せます。気の合う仲間との新年会ではアクティブに動き回りましょう。賑やかな場に出ると閃きが生まれます。書き初めに目標を書くと実現しそう。

●印はラッキーデー
■印はアンラッキーデー

S	M	T	W	T	F	S
					●1	●2
3	4	5	6	7	8	9
10	11	12	13	14	15	16
●17	18	19	20	■21	22	23
24	25	26	27	28	29	30
31						

仕事運が良い日	1月1日	1月23日
愛情運が良い日	1月18日	1月28日
金銭運が良い日	1月2日	1月17日
移動運が良い日	1月10日	1月31日

2月

2月1日～2月29日

運気がちょっと停滞気味です。古い考えや方法を捨て新しい知識を求めましょう。ITを活用した情報集めがプラスに働きそう。雑誌・テレビからは今年の流行をチェックしましょう。ペットや後輩と会話する機会を増やすと、人気運が上昇します。

●印はラッキーデー
■印はアンラッキーデー

S	M	T	W	T	F	S
	1	2	3	4	5	6
7	8	■9	●10	11	12	13
14	15	16	17	18	19	20
21	22	●23	24	25	26	27
●28	29					

仕事運が良い日	2月3日	2月25日
愛情運が良い日	2月10日	2月28日
金銭運が良い日	2月8日	2月23日
移動運が良い日	2月14日	2月18日

3月

3月1日～3月31日

季節の変わり目を感じて身体の調子がやや狂いがちです。無理せず仕事をセーブし、体調を優先させる生活を送りましょう。おふくろの味や旅先の名物が気力の回復に役立ちそう。冠婚葬祭を通じて疎遠だった相手との交流が復活します。

●印はラッキーデー
■印はアンラッキーデー

S	M	T	W	T	F	S
		1	2	●3	4	5
6	7	8	9	10	11	12
13	●14	15	16	●17	18	19
20	21	■22	23	24	25	26
27	28	29	30	31		

仕事運が良い日	3月10日	3月21日
愛情運が良い日	3月1日	3月14日
金銭運が良い日	3月3日	3月17日
移動運が良い日	3月12日	3月27日

4月

4月1日～4月30日

意欲や情熱はゆるやかに下降し始めます。やりたい事が十分に出来ないようです。ストレスが溜まると過激な発言をしがちなようです。仕事の合間にジョークや深呼吸をしてリラックスムードを作りましょう。季節イベントへの参加が効果的です。

●印はラッキーデー
■印はアンラッキーデー

S	M	T	W	T	F	S
					1	2
3	4	5	6	7	8	9
●10	11	12	13	14	15	■16
17	●18	19	20	21	22	23
24	25	●26	27	28	29	30

仕事運が良い日	4月9日	4月28日
愛情運が良い日	4月10日	4月18日
金銭運が良い日	4月7日	4月22日
移動運が良い日	4月13日	4月26日

5月

5月1日～5月31日

心身共に絶好調の運気に突入しました。職場やサークル活動でこれまでの努力が認められそう。仕事上でも予想以上の評価が期待できます。目上からの引立て運で小さなミスまでカバーしてもらえます。愛情面は甘えた方がうまく行きそう。

●印はラッキーデー
■印はアンラッキーデー

S	M	T	W	T	F	S
1	●2	3	4	5	6	7
8	9	10	11	12	13	14
●15	16	17	18	●19	20	21
22	23	24	25	26	27	28
29	30	■31				

仕事運が良い日	5月15日	5月26日
愛情運が良い日	5月2日	5月29日
金銭運が良い日	5月8日	5月19日
移動運が良い日	5月11日	5月21日

6月

6月1日～6月30日

複数の目標を掲げるとうまく行きません。一つに絞りましょう。計画の練り直しもプラスに働きそう。一足早い夏のレジャーもおススメです。朝起きてストレッチやヨガをすると心身の流れがスムーズに。新鮮な野山の空気で生まれ変わりましょう。

●印はラッキーデー
■印はアンラッキーデー

S	M	T	W	T	F	S
			1	2	3	4
5	6	7	●8	9	10	11
12	■13	14	15	●16	17	18
19	20	21	22	23	24	25
26	27	●28	29	30		

仕事運が良い日	6月3日	6月28日
愛情運が良い日	6月16日	6月21日
金銭運が良い日	6月1日	6月16日
移動運が良い日	6月8日	6月30日

♅ 惑星 日生まれ 2016年の運勢

成功のパワーグラフはアップダウンが激しいことを告げていますが、2016年は良いことと悪いことが交互に起こって環境全般も変わりやすく、そのため周囲の評価も二分しやすいことでしょう。目的だけに意識を集中できれば、思いがけないチャンスがやって来て大いに活躍できる兆しです。傷つくことが多かった場面でも、必ず救いの手が差し伸べられます。素晴らしい出逢いや幸運な仕事面での誘いは初夏と初秋のころに訪れることでしょう。

2016年の月別 成功パワーグラフ

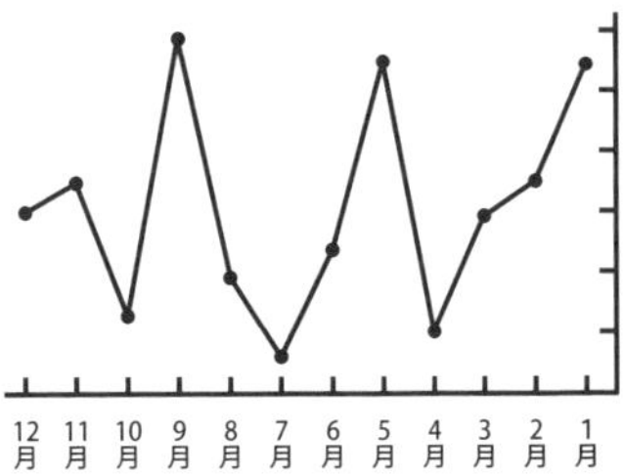

7月

7月1日～7月31日

過密スケジュールをこなすのに精一杯な日々です。無駄な動きを減らして身体を軽くしましょう。プライベートの時間を持ちましょう。海や川など季節を感じる所へ足を運ぶと気分が一新します。苦手な勉強・技術を習得すると後から役立ちます。

●印はラッキーデー
■印はアンラッキーデー

S	M	T	W	T	F	S
					■1	2
3	4	5	6	7	8	9
10	11	12	13	14	15	16
17	18	19	●20	21	●22	23
24	25	26	27	28	●29	30
31						

仕事運が良い日	7月6日	7月25日
愛情運が良い日	7月17日	7月20日
金銭運が良い日	7月3日	7月29日
移動運が良い日	7月9日	7月22日

8月

8月1日～8月31日

スランプを抜け出し、ふんわり気分で心も穏やかです。友人や同僚との何気ない会話に仕事上のヒントが隠れています。悩んでいた問題でも解決策が見つかります。家族写真かパートナーの画像を待ち受けにすると、仕事運が上昇し始めます。

●印はラッキーデー
■印はアンラッキーデー

S	M	T	W	T	F	S
	1	2	3	4	5	6
●7	8	■9	10	11	●12	13
14	15	16	17	18	19	20
21	●22	23	24	25	26	27
28	29	30	31			

仕事運が良い日	8月12日	8月20日
愛情運が良い日	8月11日	8月27日
金銭運が良い日	8月7日	8月22日
移動運が良い日	8月5日	8月26日

9月

9月1日～9月30日

年長者や目上からの引立て運に恵まれる時期です。予期せぬ形でリーダーや大役を担うことにもなりそう。冠婚葬祭でのスピーチや出席場面が出て来そうです。日頃から会話の仕方を勉強しておくと役立ちます。情報交換を大切にしましょう。

●印はラッキーデー
■印はアンラッキーデー

S	M	T	W	T	F	S
				1	2	●3
4	5	6	■7	8	9	10
11	●12	13	14	15	16	17
18	19	20	21	22	23	24
25	26	27	28	29	●30	

仕事運が良い日	9月12日	9月18日
愛情運が良い日	9月2日	9月26日
金銭運が良い日	9月16日	9月20日
移動運が良い日	9月3日	9月30日

10月

10月1日～10月31日

気合いが入り過ぎると空回りになりやすい月です。目立ちたい願望は抑えた方が良いでしょう。ボランティア的活動は好結果を呼びます。仲間の友人に励まされて気分が浄化されます。趣味が高じて副業的になるかも…。心が癒される店が必要です。

●印はラッキーデー
■印はアンラッキーデー

S	M	T	W	T	F	S
						1
2	3	■4	5	6	7	8
9	●10	11	12	13	14	15
16	17	●18	19	20	21	22
23	24	25	26	27	●28	29
30	31					

仕事運が良い日	10月10日	10月23日
愛情運が良い日	10月2日	10月18日
金銭運が良い日	10月7日	10月28日
移動運が良い日	10月12日	10月25日

11月

11月1日～11月30日

精神的な余裕が出て充実した時間を過ごせそうです。月初めから意欲と実行力に溢れています。休日は歴史を持つ街並探索や遺跡巡りも良いでしょう。旅行などで風水効果を試すのに良い時期です。知識や教養をしっかり磨いて輝きましょう。

●印はラッキーデー
■印はアンラッキーデー

S	M	T	W	T	F	S
		1	2	3	4	5
6	7	8	●9	10	11	12
13	14	15	16	●17	18	19
20	21	22	23	■24	25	●26
27	28	29	30			

仕事運が良い日	11月11日	11月17日
愛情運が良い日	11月10日	11月26日
金銭運が良い日	11月8日	11月22日
移動運が良い日	11月3日	11月9日

12月

12月1日～12月31日

中旬から月末にかけ何かと大忙しです。依頼事はなるべく年内に片付けましょう。責任感を持ちすぎると胃が痛む場面が出て来るかも…。大好きな映画を観るとかパーティーを楽しみ、笑う時間を作りましょう。週に一度は完全休暇が必要です。

●印はラッキーデー
■印はアンラッキーデー

S	M	T	W	T	F	S
				1	■2	3
4	5	6	7	8	9	10
11	12	13	14	15	16	17
18	●19	20	21	22	●23	24
●25	26	27	28	29	30	31

仕事運が良い日	12月10日	12月21日
愛情運が良い日	12月19日	12月25日
金銭運が良い日	12月23日	12月30日
移動運が良い日	12月25日	12月31日

2016年 出生日別 あなたの運勢

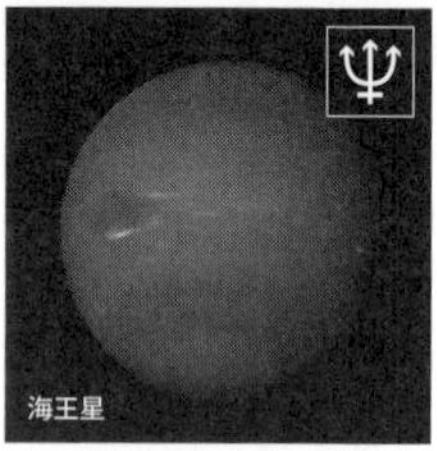

──各年・各月 共通──

7日・16日・25日 生まれ

♆ 惑星 日生まれの性格&人生

感受性が人一倍強く、情感も濃やかで優しく、何事にも情緒性豊かな反応を示す性質です。自己犠牲心も強いので、観方によっては意志の弱さが目立つ気迷いの多いタイプですが、特技を磨き芸術や芸能の方面に進めば大いに才能を発揮し、活躍の場が用意されることでしょう。

優柔不断なことが災いして誤解を受けるとか、苛められ社会で低迷する時期があっても、奇妙なところから人気を博し、環境ががらりと変わって大きく飛躍できる運勢です。

1月 1月1日～1月31日

頭の中に様々なアイデアや閃きが満ち溢れます。実行は春からで準備を整えるのに留めましょう。ノートに今年の目標を書き出し、覚悟を決めると実現化しやすいでしょう。朝寝坊をするとか約束の時間に遅れると運気が急降下しそうです。

●印はラッキーデー
■印はアンラッキーデー

S	M	T	W	T	F	S
					●1	2
●3	4	5	6	7	8	9
10	11	12	13	14	15	16
17	■18	19	20	21	22	23
24	25	●26	27	28	29	30
31						

仕事運が良い日	1月14日	1月29日
愛情運が良い日	1月1日	1月26日
金銭運が良い日	1月5日	1月25日
移動運が良い日	1月3日	1月18日

2月 2月1日～2月29日

意見や考えをハッキリと主張して行動すべきです。強運に後押しされ思いのほか物事がスムーズに…。尊敬する師を目指して物事に打ち込むとうまく行きそう。レジャーの時間も用意しましょう。人目の無い場所でも努力することが大切です。

●印はラッキーデー
■印はアンラッキーデー

S	M	T	W	T	F	S
	1	2	3	4	■5	6
7	●8	9	10	11	12	13
14	15	●16	17	18	19	20
21	22	23	24	25	26	●27
28	29					

仕事運が良い日	2月8日	2月29日
愛情運が良い日	2月3日	2月16日
金銭運が良い日	2月2日	2月12日
移動運が良い日	2月15日	2月27日

3月 3月1日～3月31日

発展運と拡大運に恵まれています。自分から動く方が開運に繋がりそう。いつもとは違う相手に悩みを打ち明けましょう。問題の解決方法が見つかるでしょう。さまざまな角度から技術や手法を吸収しましょう。新たな人間関係が始まります。

●印はラッキーデー
■印はアンラッキーデー

S	M	T	W	T	F	S
		1	2	3	4	5
6	7	●8	9	10	■11	12
13	14	15	16	●17	18	19
20	●21	22	23	24	25	26
27	28	29	30	31		

仕事運が良い日	3月15日	3月28日
愛情運が良い日	3月8日	3月17日
金銭運が良い日	3月19日	3月26日
移動運が良い日	3月5日	3月21日

4月 4月1日～4月30日

気持ちが先走り、体力がついていかない時期です。焦れば焦るほどマイナスに陥りそう。マイペースを早く取り戻しましょう。同僚やライバルと競争しすぎないことです。マッサージや温泉で癒しの時間を過ごしましょう。妙な直感が冴えます。

●印はラッキーデー
■印はアンラッキーデー

S	M	T	W	T	F	S
					1	2
3	4	■5	6	7	8	●9
10	11	●12	13	14	15	16
17	18	19	20	21	22	23
●24	25	26	27	28	29	30

仕事運が良い日	4月2日	4月27日
愛情運が良い日	4月12日	4月24日
金銭運が良い日	4月3日	4月16日
移動運が良い日	4月9日	4月18日

5月 5月1日～5月31日

金運が低迷する運気に突入しそうです。欲しいものを購入した後で後悔が生じやすい時です。気持を切り替え乗り越えましょう。生活パターンや食事のバランスを考え、健康第一で生活しましょう。入浴後や就寝前にストレッチすると安眠できます。

●印はラッキーデー
■印はアンラッキーデー

S	M	T	W	T	F	S
1	2	●3	4	5	6	●7
8	9	10	11	12	13	14
15	16	17	18	19	20	21
22	●23	24	25	26	■27	28
29	30	31				

仕事運が良い日	5月15日	5月22日
愛情運が良い日	5月7日	5月23日
金銭運が良い日	5月1日	5月20日
移動運が良い日	5月3日	5月16日

6月 6月1日～6月30日

対人面で変化が訪れ、環境にも動きが出て来るでしょう。好きな人や気が合う仲間とバーベキューを楽しむと気分転換に…。新たな出会いが訪れる一方、移動による別れの暗示もみられます。仲間とは協調性を保つのが成功の秘訣です。

●印はラッキーデー
■印はアンラッキーデー

S	M	T	W	T	F	S
			1	2	3	4
5	6	7	■8	9	●10	11
12	13	14	15	16	●17	18
19	20	21	22	23	24	25
26	27	●28	29	30		

仕事運が良い日	6月2日	6月15日
愛情運が良い日	6月10日	6月29日
金銭運が良い日	6月6日	6月17日
移動運が良い日	6月13日	6月28日

♆ 惑星 日生まれ 2016年の運勢

成功のパワーグラフは人生と同じくジグザグ波乱型ですが、一芸に秀でて注目されることを告げています。２０１６年は才能開花となりやすい運気で、目上からの引立てを得やすく、そのため潜在的に眠っていた素質が一気に開花しやすいことでしょう。何かを始める時期としては春からが好結果につながりやすいでしょう。気に掛かっていることは目立った進展がなく、迷いが強まります。運命の出逢いや仕事上のチャンスは晩秋に訪れるでしょう。

2016年の月別 成功パワーグラフ

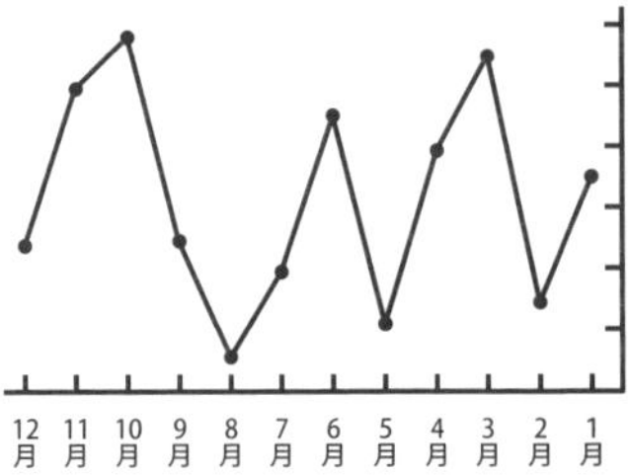

7月
7月1日～7月31日

今は粘り強さが開運の鍵です。希望する方向へ進むのが難しくても粘り強く交渉しましょう。将来を考え、目の前の課題を少しずつクリアするよう努めましょう。家族ぐるみの付き合いが幸運を呼びます。休日の遊びに進んで参加しましょう。

●印はラッキーデー
■印はアンラッキーデー

S	M	T	W	T	F	S
					1	2
3	4	5	6	7	8	9
10	11	12	13	14	15	16
17	18	19	20	21	22	23
24	25	26	27	28	29	30
31						

仕事運が良い日	7月1日	7月25日
愛情運が良い日	7月2日	7月20日
金銭運が良い日	7月7日	7月21日
移動運が良い日	7月17日	7月29日

8月
8月1日～8月31日

気持ちが空回りしやすい運気の時です。当初の計画が変更されやすい時でもあります。キャンセルなどトラブルがあっても笑顔で応じましょう。パートナーとの関係がうまく行くのが一番です。食事会や旅行に参加しパワーを吸収しましょう。

●印はラッキーデー
■印はアンラッキーデー

S	M	T	W	T	F	S
	1	2	3	4	5	6
7	8	9	10	11	12	13
14	15	16	17	18	19	20
21	22	23	24	25	26	27
28	29	30	31			

仕事運が良い日	8月10日	8月28日
愛情運が良い日	8月5日	8月13日
金銭運が良い日	8月12日	8月22日
移動運が良い日	8月18日	8月30日

9月
9月1日～9月30日

思いがけない対人運が訪れそうです。意外な人からのアドバイスで運気が好転します。困った時には助け舟が現れそう。失敗談が身近な人達に大うけしそうです。話すことで信頼され絆も深まります。次の活躍に備え体力を蓄えましょう。

●印はラッキーデー
■印はアンラッキーデー

S	M	T	W	T	F	S
				1	2	3
4	5	6	7	8	9	10
11	12	13	14	15	16	17
18	19	20	21	22	23	24
25	26	27	28	29	30	

仕事運が良い日	9月13日	9月25日
愛情運が良い日	9月1日	9月22日
金銭運が良い日	9月8日	9月17日
移動運が良い日	9月10日	9月29日

10月
10月1日～10月31日

今年一番エネルギッシュに飛び回り、発展出来る時です。未知なる分野や冒険は特にふさわしい月です。ライバルとの争いにも負ける気はしません。多方面に個性を発揮し、自ら売り込みをかけるのが吉です。決めた目標へと邁進すべきです。

●印はラッキーデー
■印はアンラッキーデー

S	M	T	W	T	F	S
						1
2	3	4	5	6	7	8
9	10	11	12	13	14	15
16	17	18	19	20	21	22
23	24	25	26	27	28	29
30	31					

仕事運が良い日	10月3日	10月20日
愛情運が良い日	10月9日	10月18日
金銭運が良い日	10月2日	10月12日
移動運が良い日	10月15日	10月27日

11月
11月1日～11月30日

心身共に疲れを感じやすい時です。ふとした時に過去のトラウマを思い出しそう。仕事ばかりに集中せず気分の切り替えが必要です。世話事が多いと空しさが込み上げて来そうです。親友とお茶を飲むとか、趣味の時間を楽しみましょう。

●印はラッキーデー
■印はアンラッキーデー

S	M	T	W	T	F	S
		1	2	3	4	5
6	7	8	9	10	11	12
13	14	15	16	17	18	19
20	21	22	23	24	25	26
27	28	29	30			

仕事運が良い日	11月4日	11月25日
愛情運が良い日	11月10日	11月22日
金銭運が良い日	11月9日	11月18日
移動運が良い日	11月17日	11月30日

12月
12月1日～12月31日

吉凶が交わる運気の時期です。悲しい場面の後に嬉しい出来事が待っていそうです。欲張ると大切な物を失ってしまうので目標を一つに絞るべきです。サポートが必要な時には、目上の人にお願いしましょう。家族が力を貸してくれそうです。

●印はラッキーデー
■印はアンラッキーデー

S	M	T	W	T	F	S
				1	2	3
4	5	6	7	8	9	10
11	12	13	14	15	16	17
18	19	20	21	22	23	24
25	26	27	28	29	30	31

仕事運が良い日	12月10日	12月24日
愛情運が良い日	12月21日	12月23日
金銭運が良い日	12月8日	12月30日
移動運が良い日	12月15日	12月31日

2016年 出生日別 あなたの運勢

—各年・各月 共通—

10日・20日・30日 生まれ

♇惑星日生まれの性格&人生

自分のルーツやトラウマにこだわり、コンプレックスが強く、時に周囲が理解できない言動をしがちな性質です。アクやクセが強いので、観方によって評価が分かれるタイプですが、苦労して育った人は懐の深い人物となり、徐々にのしあがって人生の晴れ舞台を飾ることが出来るでしょう。得体のしれないことが災いし、周囲から距離を置かれ、不遇をかこつような時期があっても、努力を重ねて才能発揮の機会を得れば、その時から大きく飛躍できる運勢です。

1月

1月1日〜1月31日

新年はゆるやかに運気が上昇してスタートします。全てにおいて目標を設定した方が意欲的に振る舞えます。過去の実績が信用となり社会運が好調です。期待に応えようと気負わず、マイペースを心掛けましょう。何事も手抜きしないことです。

●印はラッキーデー
■印はアンラッキーデー

S	M	T	W	T	F	S
					1	●2
3	●4	5	6	7	8	■9
10	11	12	13	14	15	16
17	18	19	20	21	22	23
24	25	26	27	●28	29	30
31						

仕事運が良い日	1月10日	1月22日
愛情運が良い日	1月4日	1月28日
金銭運が良い日	1月1日	1月16日
移動運が良い日	1月9日	1月17日

2月

2月1日〜2月29日

思いがけない邪魔が入って物事が滞りがちです。焦る気持ちを抑え冷静な対応を心がけましょう。中途半端に終えていた仕事や勉強を再開するのに良い時です。不要な書類の整理もプラスに働きます。周囲をスッキリさせると仕事もはかどります。

●印はラッキーデー
■印はアンラッキーデー

S	M	T	W	T	F	S
	1	2	3	4	■5	6
●7	8	9	10	11	12	●13
14	15	16	17	18	19	20
●21	22	23	24	25	26	27
28	29					

仕事運が良い日	2月16日	2月21日
愛情運が良い日	2月14日	2月19日
金銭運が良い日	2月7日	2月27日
移動運が良い日	2月1日	2月13日

3月

3月1日〜3月31日

交際運が活発で広がりを見せる時期です。言葉の行き違いによるトラブルだけは要注意。マメなメールや電話のやり取りが信頼関係を築きます。衝動的行動や気分的発言を控えて計画に沿って生活しましょう。予定の事前確認は重要です。

●印はラッキーデー
■印はアンラッキーデー

S	M	T	W	T	F	S
		1	2	3	4	5
6	7	●8	9	10	11	12
13	14	15	16	17	18	●19
■20	●21	22	23	24	25	26
27	28	29	30	31		

仕事運が良い日	3月4日	3月15日
愛情運が良い日	3月8日	3月21日
金銭運が良い日	3月19日	3月26日
移動運が良い日	3月5日	3月10日

4月

4月1日〜4月30日

今年一番の反乱期に突入しました。公私共にトラブルが生じやすい時なので家族の忠告を受け入れましょう。後輩や子供に関わる問題に少し悩まされそう。愛情面での悩みごとが生じたなら、人生の先輩を頼ってアドバイスを受けましょう。

●印はラッキーデー
■印はアンラッキーデー

S	M	T	W	T	F	S
					1	2
●3	4	5	6	7	8	9
10	11	12	13	14	15	●16
17	18	19	20	21	22	23
●24	■25	26	27	28	29	30

仕事運が良い日	4月1日	4月22日
愛情運が良い日	4月3日	4月28日
金銭運が良い日	4月16日	4月30日
移動運が良い日	4月7日	4月24日

5月

5月1日〜5月31日

明るい光を浴びて気分まで明るくなる運気です。屈折した感情が浄化するような気持ちになれるでしょう。大自然の美しい場所や公園に出かけると心が和らぎます。部屋の模様替えは風水効果を得られます。休養し心身のメリハリをつけましょう。

●印はラッキーデー
■印はアンラッキーデー

S	M	T	W	T	F	S
1	2	■3	4	●5	6	7
8	9	10	11	12	13	14
●15	16	17	18	19	●20	21
22	23	24	25	26	27	28
29	30	31				

仕事運が良い日	5月12日	5月23日
愛情運が良い日	5月5日	5月20日
金銭運が良い日	5月7日	5月15日
移動運が良い日	5月18日	5月19日

6月

6月1日〜6月30日

仕事上では前半の集大成ともいえる時期です。日頃の実績と信用でチャンスを引き寄せましょう。流行アイテムを取り入れると対人関係がスムーズに…。ファッションは華やかさが一番です。ヨガやダンスなど身体を動かしリフレッシュすべきです。

●印はラッキーデー
■印はアンラッキーデー

S	M	T	W	T	F	S
			1	●2	3	4
5	6	7	8	9	10	11
12	13	14	15	16	●17	18
●19	20	21	■22	23	24	25
26	27	28	29	30		

仕事運が良い日	6月13日	6月26日
愛情運が良い日	6月2日	6月19日
金銭運が良い日	6月12日	6月23日
移動運が良い日	6月8日	6月17日

P 惑星 日生まれ 2016年の運勢

成功のパワーグラフは春夏よりも秋冬にかけパワーアップされることを告げていますが、２０１６年は健康状態に運気が左右されやすく、心身が爽快な時は十分に能力や実力を発揮できます。したがって体調維持を心掛けることが本年の課題と言えます。

何かを始める予定なら夏場以降からが好結果に繋がりやすいようです。引きずってきた問題は春先までに一応の解決をみます。素晴らしい出逢いや仕事上のチャンスは夏の終わりに訪れるでしょう。

2016年の月別 成功パワーグラフ

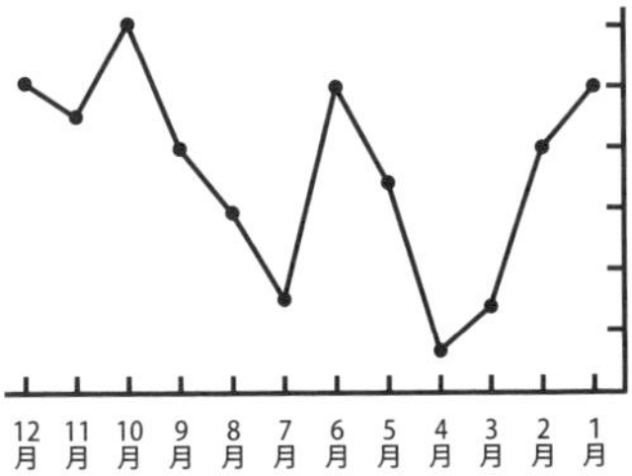

7月
7月1日～7月31日

休日の予定に気を取られ日常業務に支障が出そうです。仕事にプライベートを持ち込まないよう注意しましょう。小さなミスをしやすいので印鑑管理はしっかりと…。休日は引きこもるより、買い物や旅行など戸外の気分転換がおススメです。

●印はラッキーデー
■印はアンラッキーデー

S	M	T	W	T	F	S
					1	2
3	4	●5	6	7	■8	9
10	11	12	13	14	15	16
17	18	19	●20	21	22	23
24	●25	26	27	28	29	30
31						

仕事運が良い日	7月1日	7月29日
愛情運が良い日	7月25日	7月31日
金銭運が良い日	7月11日	7月20日
移動運が良い日	7月5日	7月16日

8月
8月1日～8月31日

暑さに負けず気力充実、情熱が湧き上がります。学生時代の友人との再会や懐かしい仲間との交流がベスト。夏バテ気味なので胃腸は冷やさず睡眠も十分が基本です。温泉やサウナでじんわりと汗を流すと体内から悪い気が排出されます。

●印はラッキーデー
■印はアンラッキーデー

S	M	T	W	T	F	S
	1	2	3	4	5	●6
7	8	9	●10	11	■12	13
14	15	16	17	18	19	20
●21	22	23	24	25	26	27
28	29	30	31			

仕事運が良い日	8月6日	8月19日
愛情運が良い日	8月10日	8月25日
金銭運が良い日	8月9日	8月11日
移動運が良い日	8月13日	8月21日

9月
9月1日～9月30日

秋風の訪れとともに運気も上昇ムードが漂います。仕事運やレジャー運が絶好調です。趣味や遊びを通じ知り合った相手と良い雰囲気に…。仕事面でも面白い展開が期待できそう。野山など緑多い場所に出かけると交際上新展開が起きます。

●印はラッキーデー
■印はアンラッキーデー

S	M	T	W	T	F	S
				1	2	3
4	5	6	●7	8	9	■10
11	12	13	14	15	16	●17
18	19	20	21	22	23	24
25	26	27	●28	29	30	

仕事運が良い日	9月3日	9月17日
愛情運が良い日	9月7日	9月28日
金銭運が良い日	9月19日	9月25日
移動運が良い日	9月2日	9月21日

10月
10月1日～10月31日

生まれ変わったように新鮮な気持ちで過ごせる時です。流れに乗って何事に対しても積極的に取り組みましょう。新規の計画を実行するのに格好の機会が到来。人脈作りの輪が広がるでしょう。今年一番の出逢いのチャンスを掴むでしょう。

●印はラッキーデー
■印はアンラッキーデー

S	M	T	W	T	F	S
						1
2	3	4	5	6	7	●8
■9	10	11	12	13	14	15
●16	17	18	19	20	21	●22
23	24	25	26	27	28	29
30	31					

仕事運が良い日	10月2日	10月16日
愛情運が良い日	10月1日	10月28日
金銭運が良い日	10月8日	10月22日
移動運が良い日	10月10日	10月30日

11月
11月1日～11月30日

変化運の影響でアップダウンが激しい時期です。月後半の思わぬアクシデントなど要注意。臨時収入は使わずに貯めておきましょう。周囲から頼られてプレッシャーを感じやすいかも…。一度関わった事柄は最後まで気を抜かず見届けましょう。

●印はラッキーデー
■印はアンラッキーデー

S	M	T	W	T	F	S
		1	2	3	4	●5
6	7	8	9	10	11	12
13	14	●15	16	17	18	19
20	21	●22	■23	24	25	26
27	28	29	30			

仕事運が良い日	11月7日	11月30日
愛情運が良い日	11月5日	11月22日
金銭運が良い日	11月15日	11月28日
移動運が良い日	11月8日	11月19日

12月
12月1日～12月31日

静かな気力と筋力が上昇中です。一足早く来年の目標を立てましょう。出来れば大掃除も早めに終えてしまいましょう。華やかなパーティーやイベントに出席するのは大吉です。頑張った自分へご褒美を買うと、来年に向けてパワーが全開します。

●印はラッキーデー
■印はアンラッキーデー

S	M	T	W	T	F	S
				1	2	3
4	5	■6	7	8	●9	10
11	12	13	14	15	●16	17
18	19	20	21	22	23	24
25	26	●27	28	29	30	31

仕事運が良い日	12月16日	12月21日
愛情運が良い日	12月20日	12月24日
金銭運が良い日	12月9日	12月27日
移動運が良い日	12月23日	12月30日

生まれ年の守護本尊・守護星・守護龍とマントラ開運術

生まれ十二支年別の守護本尊&守護星&守護龍

【子年生まれ】
★守護本尊は《千手観音菩薩》で、毎朝三回「オン・バザラ・タラマ・キリク」と唱える。御縁日の毎月17日は七回唱えるのが効果的。
★守護星は北斗七星の《貪狼星》で、月曜日になると輝きを強めて、性的魅力を授けてくれる。
★守護龍は《黒龍》で、黒い龍の置物が財をもたらす。数え年の29歳で「愛の災い」を被りやすいが、信仰深ければ不動産と子孫に恵まれる。

【丑年生まれ】
★守護本尊は《虚空蔵菩薩》で、毎朝三回「ノウボウ・アキャシャキャラバヤ・オンアリキャ・マリボリソワカ」と唱える。御縁日の毎月13日は七回唱えるのが効果的。
★守護星は北斗七星の《巨門星》で、火曜日になると輝きを強めて、思慮深さを授けてくれる。
★守護龍は《金龍》で、金龍の置物が財をもたらす。18歳で「事故の危険」があるが、先祖の墓を守って信仰深ければ徐々に財を成す。

【寅年生まれ】
★守護本尊は《虚空蔵菩薩》で、毎朝三回「ノウボウ・アキャシャキャラバヤ・オンアリキャ・マリボリソワカ」と唱える。御縁日の毎月13日は七回唱えるのが効果的。
★守護星は北斗七星の《禄存星》で、水曜日になると輝きを強めて、財運を授けてくれる。
★守護龍は《青龍》で、青い龍の置物が才能をもたらす。59歳で「事故」に遭いやすいが、兄弟愛深く信仰も深ければ名誉に恵まれる。

【卯年生まれ】
★守護本尊は《文殊菩薩》で、毎朝三回「オン・アラワシャノウ」と唱える。御縁日の毎月25日は七回唱えるのが効果的。
★守護星は北斗七星の《文曲星》で、木曜日になると輝きを強めて、芸術的才能を授けてくれる。
★守護龍は《青龍》で、青い龍の置物が愛情と名誉運をもたらす。数え年の35歳で「愛の禍」に巻き込まれやすい。年長者に親切で、日頃から信仰深ければ才能と人気運に恵まれる。

【辰年生まれ】
★守護本尊は《普賢菩薩》で、毎朝三回「オン・サンマヤ・サトバン」と唱える。御縁日の毎月14日は七回唱えるのが効果的。
★守護星は北斗七星の《廉貞星》で、金曜日になると輝きを強めて、特異な個性を授けてくれる。
★守護龍は《黒龍》で、黒い龍の置物が財をもたらす。数え年の49歳で「水難の危険」に襲われやすいが、小さな子供達にやさしく、日頃から信仰深ければ愛情と旅行運に恵まれる。

【巳年生まれ】
★守護本尊は《普賢菩薩》で、毎朝三回「オン・サンマヤ・サトバン」と唱える。御縁日の毎月14日は七回唱えるのが効果的。
★守護星は北斗七星の《武曲星》で、土曜日になると輝きを強めて、商才と財運を授けてくれる。
★守護龍は《赤龍》で、赤い龍の置物が名誉をもたらす。数え年の50歳で「命の危険」を被りやすいが、ボランティア活動に熱心で、日頃から信仰深ければ仕事運と社交運に恵まれる。

【午年生まれ】
★守護本尊は《勢至菩薩》で、毎朝三回「オン・サンザン・ザンサクソワカ」と唱える。御縁日の毎月23日は七回唱えるのが効果的。
★守護星は北斗七星の《破軍星》で、日曜日になると輝きを強めて、開拓者精神を授けてくれる。
★守護龍は《赤龍》で、赤い龍の置物が愛をもたらす。数え年の26歳で「窮地」に追い込まれやすいが、信仰深ければ才能と美貌に恵まれる。

【未年生まれ】
★守護本尊は《大日如来》で、毎朝三回「オン・バザラ・ダトバン」と唱える。御縁日の毎月8日は七回唱えるのが効果的。
★守護星は北斗七星の《武曲星》で、土曜日になると輝きを強めて、商才と財運を授けてくれる。
★守護龍は《金龍》で、金龍の置物が財をもたらす。数え年の63歳で「生命の危険」に遭いやすいが、身内・親戚との交流が活発で、日頃から信仰深ければ引立て運と不動産に恵まれる。

【申年生まれ】
★守護本尊は《千手観音菩薩》で、毎朝三回「オン・バザラ・ダトバン」と唱える。御縁日の毎月8日は七回唱えるのが効果的。
★守護星は北斗七星の《廉貞星》で、金曜日になると輝きを強めて、特異な個性を授けてくれる。
★守護龍は《白龍》で、白い龍の置物が愛情をもたらす。数え年の56歳で「不慮の事故」に遭いやすいが、信仰深ければ金運と異性に恵まれる。

【酉年生まれ】
★守護本尊は《不動明王》で、毎朝三回「ノウマクサンマンダ・バザラダンカン」と唱える。御縁日の毎月28日は七回唱えるのが効果的。
★守護星は北斗七星の《文曲星》で、木曜日になると輝きを強めて、芸術的才能を授けてくれる。
★守護龍は《白龍》で、白い龍の置物が愛情をもたらす。23歳で「愛の別れ」に遭いやすいが、異性にやさしく、信仰深ければ金運に恵まれる。

【戌年生まれ】
★守護本尊は《阿弥陀如来》で、毎朝三回「オン・アラミタ・テイゼイ・カラウン」と唱える。御縁日の毎月15日は七回唱えるのが効果的。
★守護星は北斗七星の《禄存星》で、水曜日になると輝きを強めて、財運を授けてくれる。
★守護龍は《赤龍》で、赤い龍の置物が名誉をもたらす。数え年の29歳で「大災害」を被りやすいが、信仰深ければ不動産と仕事運に恵まれる。

【亥年生まれ】
★守護本尊は《阿弥陀如来》で、毎朝三回「オン・アラミタ・テイゼイ・カラウン」と唱える。御縁日の毎月15日は七回唱えるのが効果的。
★守護星は北斗七星の《巨門星》で、火曜日になると輝きを強めて、思慮深さを授けてくれる。
★守護龍は《黒龍》で、黒い龍の置物が財をもたらす。数え年の46歳で「水難」を蒙りやすいが、信仰深ければ旅行運と人気運に恵まれる。

占

占いの基礎的知識

技術的な分類

占いを技術的に分類すると、大きく四つに分けることが出来ます。①は「神霊」に基づくもので、事実上、特別な技術は不要なケースが多いものです。②は「時空」に基づくもので、年・月・日・時を土台として占うケースが多いものです。③は「形相」に基づくもので、本人の手や顔や姓名などを土台として占うケースが多いものです。④は「媒体」に基づくもので、タロットや易筮や水晶球等を土台として占うケースが多いものです。①の「神霊」に基づく占いには、先天的に備わった霊感・霊視や、何らかの事故とか修行で目覚めた特異な能力によって占うのが普通です。②の「時空」に基づく占いには、占星術や干支術が多く、西洋占星術、四柱推命、奇門遁甲、気学九星、数秘術などが含まれます。未来を図表的に表出しようとします。③の「形相」に基づく占いには、手相、人相、骨相、姓名相、書相、家相、墓相、声相などが含まれます。現在の形貌に未来が含まれるという発想です。④の「媒体」に基づく占いには、タロット、易筮、トランプ、水晶球、亀甲、獣骨、コーヒー占いなどが含まれます。媒体物を通して未来が託されるという発想です。

地域的な分類

占いを地域的な角度から分類すると、大きく①東洋地域の占い、②西洋地域の占いに分けられます。その東洋地域の中でも「日本の占い」等に細分することが出来ます。もっとも、現代では各地域の占いが混ざり合って、純粋な地域性は薄れています。日本に特有の占いでは、本書で取り上げた「墨色判断」の他、「天津金木占法」や「推条」「辻占」「粥占」等があります。同一の占いでも地域が異なることによって、占い方や判断結果が異なるケースもあります。

時代的な分類

占いを時代的に分類する方法もあります。紀元前に行われていた占いの多くは、媒体物を用いる占いで、牛や羊や鹿などの「獣骨占い」や、動物や鶏などの「内臓占い」も盛んにおこなわれました。紀元前後くらいに増えて来たのが「星占い」の類いで、惑星占い、月の形象占い、星座占い、恒星占い、星宿占いなどです。日本では平安時代になって以降、中国から輸入された「式占」と呼ぶ占盤を使った占いが隆盛を極めました。江戸時代に入ってからは、易占と観相術が盛んになり、占いというより〝兵法〟として八門遁甲と風水が密かに伝承されていたのです。

使用法としての分類

占って貰う側の立場から分類すれば、現代は多様な占いが存在していることに気付きます。もっとも普遍的な方法としては「直接鑑定」で、〝占いの館〟〝占いハウス〟〝占いコーナー〟のような街中にある特定の場所で占って貰う方式と、〝宅占〟と云って自宅の一室で占って貰う方式とがあります。この方法の変形として「出張鑑定」と呼ばれる依頼者宅まで来て占う方式や、ホテルの一室で占ってくれる方式もあります。直接鑑定を好まない人には、電話の中で占ってくれる「電話鑑定（テレフォン占い）」や、チャットやスカイプを用いたIT型の占い方もあります。又、古典的な方法の一つとして、占い師の直筆による巻物的な「書面鑑定」や、ごく一般的な「手紙鑑定」もあります。もっとも現代では、この手紙の役割を「メール鑑定」が果たしています。近年多いのは「占いサイト」に組み込まれた鑑定方式でしょう。

占いの相互関連

占星術

「占星術」とか「星占い」に属する占いの種類は多く、オーソドックスな個人の生涯を占うネイタル占星術の他、事件や出来事を占うホラリー占星術、政治・経済などを占うマンデン占星術が広く知られています。ネイタルは個人の出生年月日時から生涯の運命を予測する占星術です。ホラリーは事件の発生を出生に観立てて事の顛末を予測する占星術です。マンデンは国家の誕生日から国の行く末を予測する占星術です。これらは、いずれも人物や国家や物事の誕生時の太陽系宇宙の様相（ホロスコープ）が、そのまま「運命」として反映される、という仮説の元に成立している占星術です。その〝天界の様相〟を、もっとリアルに追求しようとしたのが「プライマリー占星術」や「小惑星占星術」や「十三星座占星術」で、より天文学の方に近づいていきます。惑星より恒星を研究対象としたのが「恒星占星術」で、似たような要素は「宿曜占星術」にも見られます。惑星や星座の影響を深層心理で捉えようとしたのが「心理占星術」や「サビアン占星術」です。

九星術

日本で独自の進化を遂げたのが「九星気学」と呼ばれる占術です。元々九星術は、中国で「太乙九宮」とか「紫白九宮」とか呼ばれて、古くから存在した占術です。ただ奇門遁甲術に取り込まれて存在感を失っていきました。それを日本の研究者が本来の〝単独九星術〟として蘇らせたのです。〝天地盤による現象判断法〟は誇れる占法と思いますが、元々「易卦」や「方位」との関係が深く、生まれ年の九星だけで運勢を読むのは邪道です。

干支術

「干支暦」を用いる占術の多くが〝干支術〟に含まれる占術です。つまり、四柱推命、奇門遁甲、紫微斗数、星平会海、河洛理数、七政四余、六壬神課、十二歳建神殺法等の占術です。中でも干支術として、もっとも広く浸透しているのは「子平」とか「八字」とも呼ばれる四柱推命です。その四柱推命と七政四余を合わせた占術が「星平会海」で、四柱推命と紫微斗数を合わせた占術が「星平参合」です。また七政と奇門を合わせた方位術が「七政星学」です。日本では芝山流干支術が有名で、物事の発生日時を干支に置き換え、その干支の関係性から全てを判断します。完全なる「干支術」ですが、中国の推命的解釈とも六壬的解釈とも異なる、独自の干支術です。

三才・八卦

周易は「天・地・人」の〝三才〟と「乾・兌・離・震・巽・坎・艮・坤」の〝八卦〟によって成り立っています。三才に関しては手相術「天紋・人紋・地紋」の三才、人相術「天停・人停・地停」の三才として使用されています。風水では「玄空八卦」と呼ばれる八卦配当が行われます。気学の挨星法では九星を八卦に転換し、それを重ね合わせ、判断を引き出します。

五行

八卦と同じように、「五行」も幅広い分野で応用されています。東洋手相術では五行に合わせた〝五つの手形分類〟を行っていますし、人相の顔面上では「眉＝木」「眼＝火」「鼻＝土」「口＝金」「耳＝水」の〝五官相法〟が定着しています。日本の姓名学では「姓」と「名」との五行関係が判断の決め手となります。日本の獣骨占い「太占」でも、ひび割れと五行との関係は重視されます。江戸末期に注目された「真智形占法」でも、五行が吉凶判断を左右しました。

格局

「格局」を四柱推命だけの用語と勘違いしている方は多いものです。「格局」は各種の占術で使用された用語で、奇門遁甲でも、六壬神課でも、星平会海でも、紫微斗数でも使用されていた占術用語です。

密教宿曜占星術による運勢と宿命的相性

インド人の不空が中国の密教僧である恵果に伝え、それを弘法大師として知られる空海が日本に持ち帰ったのが「密教宿曜占星術」です。本来は密教経典の一つであり、それぞれの宿命を背負って生まれた人達が、どう生きて行けば良いのか密教的視点から説こうとしたものです。インドには元々さまざまな占星術があり、その一つが「宿曜術」で、月の通り道である白道を27等分し、〝月がどの星宿に位置した日に産まれているか〟で占う占星術です。「星宿」というのは〝星座の小型化〟だと思ってください。月の天周は、27日と7時間余ですが、これをインドでは「27日間」として扱い、中国では「牛宿」を加えて「28日間」として扱います。インドで生まれた「宿曜占星術」は27日間の宿曜を採用しているのです。当時の天文観察から考えると、午後8時の星宿位置が基準なのではないかと思われます。月の動きは速いので、厳密に言えば、どの時刻の星宿を採用するかで〝産まれた宿〟が違ってきますが、古来「宿曜占星術」では〝一律の宿〟を採用しています。インド→中国→日本を経由して今日に辿り着いた占星術は、その占い方や判断内容にも微妙な変遷の跡が窺われます。今日では研究者によって、個々の星宿の性格とか運命の解釈にも、多少ばらつきが出て来ているのが実情です。けれども古典的な占星術として、その相性判断は特に高い評価を得ているのが宿曜占星術の特徴です。本書では、各星宿との関係性をわかりやすく示し、その一方で生涯における〝個々の運勢〟も含めて、役立つアドバイスを総合的に記述しています。

1 婁宿（ろうしゅく）

性格と才能

観察能力が高く、すばやく状況を察知するのが得意で臨機応変に対応することが出来ます。相手との距離感を捉えることにもたけていて、気配り上手なので周囲から頼りにされることが多くなります。ただ細かなところにまで神経が行き届いてしまうので、口うるさく批判的にみられてしまうこともあります。秘書的存在として尊敬できる人をアシストするような分野なら、大いに才能を発揮できます。

幸運へのアドバイス

目的から目をそらさず、苦しくても突き進んでいけば、一気に視界が開けて成功への階段を駆け上るタイプ。妨害にあっても焦らないこと。

良好な相性

天真爛漫な「鬼宿」とは長短補え合えるベストカップル。働き者の「壁宿」とは仕事での組合せなら最高。志の高い「斗宿」とは自ら惚れ込んでいく形で損得抜きで尽くせば最良。

前世的な相性

同じ「婁宿」とは衝突しやすいので〝ずれ違い〟の方が良い。個性派の「星宿」とは正直すぎる生き方が一致し離れられない。不器用で仕事熱心な「尾宿」には世話を焼く形。

不吉な相性

有能でも口うるさい「井宿」とは口論になると互いに傷つけ合う。大らかに物事を進める「室宿」とは生活のリズムが合わずうまく行かないことが多い。

先天的な運勢

仕事運

注意力や観察力が発達している「婁宿」は、医療や生物の分野で才能を発揮。数理にも強いので金融もOK。職場内の対人関係で、上司と衝突しやすいので要注意。

金運

人や物を繋ぐ役割を持つ「婁宿」は、人と人、人と物の仲介的な役割を演ずると予期せぬ大金が転がり込む。それ以外は徐々に財運を伸ばして積み上げていく運気。

恋愛運

異性にもチェックの厳しい「婁宿」は、相手の欠点やミスも指摘しがち。寛容さや包容力が身に付くと愛される。親友に恋人紹介すると奪われることがあるので注意。

健康運

日常で神経を使うことが多い「婁宿」は、心身のバランスが崩れると、それが原因で各種の疾患が生じやすい。腰痛や関節炎など骨に関する部位に弱点がみられる。

宿星の見つけ方

❶ 表2で、自分が生まれた年（横軸）と生まれた月（縦軸）がぶつかったところの数字を見る。	例1：1976年4月15日生まれの場合には「76」の軸と「4月」の軸の交点は「2」	例2：1991年7月10日生まれの場合には「91」の軸と「7月」の軸の交点は「24」
❷ その数字と自分が生まれた日の数字を足す。	例1：「2」＋15＝17	例2：「24」＋10＝34　34－27＝7（27以上になったら27を引く）
❸ 表1で、上記の計算で得た数字の宿星を探す。	例1：表1から「17」を探すと「房宿」となる。	例2：表1から「7」を探すと「井宿」となる。

表1

1	婁宿	4	畢宿	7	井宿	10	星宿	13	軫宿	16	氐宿	19	尾宿	22	女宿	25	室宿
2	胃宿	5	觜宿	8	鬼宿	11	張宿	14	角宿	17	房宿	20	箕宿	23	虚宿	26	壁宿
3	昴宿	6	参宿	9	柳宿	12	翼宿	15	亢宿	18	心宿	21	斗宿	24	危宿	27	奎宿

表2

月＼年	26	27	28	29	30	31	32	33	34	35	36	37	38	39	40	41	42	43	44	45	46	47	48	49	50	51	52	53	54	55	56	57	58	59	60	61	62	63	64	65	66	67	68	69	70
1月	9	20	3	13	23	5	16	27	8	17	1	11	22	3	14	25	7	17	27	10	20	4	13	24	5	14	26	8	19	2	11	23	4	14	24	7	17	27	9	21	4	13	23	5	15
2月	13	23	6	16	26	8	19	4	12	22	5	14	25	7	18	2	10	21	3	13	24	7	16	27	9	19	2	12	22	5	14	25	7	18	1	10	20	3	12	24	7	16	26	9	19
3月	13	24	8	16	27	9	21	4	12	22	6	15	26	7	19	3	11	21	5	13	24	7	17	27	9	20	4	12	22	5	15	26	7	18	2	11	21	4	14	24	8	17	1	9	20
4月	17	27	9	20	3	12	24	7	16	26	10	17	2	10	22	5	14	25	9	17	27	8	20	3	12	23	7	16	26	9	19	2	11	22	6	14	25	8	17	1	11	20	4	13	23
5月	19	3	12	22	5	14	26	9	17	2	11	21	4	12	24	8	17	27	9	20	3	11	23	6	15	26	10	18	2	10	21	4	13	24	8	17	27	10	20	4	11	22	7	16	26
6月	23	6	16	26	9	17	2	13	22	4	14	25	8	16	1	11	20	4	13	23	6	15	26	9	18	2	13	22	6	13	25	8	16	27	12	20	4	12	23	6	15	26	10	19	3
7月	26	9	17	2	12	20	5	13	24	8	17	27	10	19	3	13	22	6	15	26	9	17	2	12	20	4	14	25	8	16	27	10	19	3	14	23	7	15	26	9	17	1	12	21	5
8月	2	13	22	5	13	24	8	16	27	12	20	4	15	22	7	15	26	10	19	3	14	21	5	16	22	8	17	1	12	20	4	15	22	6	15	26	11	18	3	14	21	5	14	25	9
9月	7	18	27	10	17	1	13	21	5	16	25	9	17	27	11	19	3	14	23	7	18	26	10	18	1	13	21	5	17	24	9	20	27	11	20	4	15	23	7	18	26	9	18	2	13
10月	10	20	3	14	22	5	16	28	8	17	1	12	20	4	16	23	6	17	27	11	21	2	14	22	5	16	25	9	19	1	12	20	4	14	23	7	17	27	11	21	2	13	22	5	16
11月	13	23	6	17	25	9	20	1	11	22	5	16	24	7	18	27	10	20	3	14	24	6	18	25	9	19	1	12	22	4	16	24	7	18	27	10	21	3	14	24	6	16	25	8	19
12月	16	27	9	20	1	11	23	6	13	25	7	17	16	10	22	2	12	23	5	16	27	8	20	1	11	22	4	14	26	7	18	26	10	21	2	13	24	5	17	1	8	19	1	11	22

月＼年	71	72	73	74	75	76	77	78	79	80	81	82	83	84	85	86	87	88	89	90	91	92	93	94	95	96	97	98	99	00	01	02	03	04	05	06	07	08	09	10	11	12	13	14	15
1月	25	7	19	2	11	23	4	14	24	6	18	1	10	21	3	13	23	4	16	26	8	19	3	12	21	3	14	23	6	17	1	10	21	4	13	23	5	15	27	9	19	2	12	22	3
2月	2	11	22	6	15	25	8	18	1	9	21	4	13	24	6	17	27	8	19	2	11	22	6	15	24	7	18	1	10	20	5	14	24	7	17	27	8	19	3	12	23	6	15	25	7
3月	3	12	23	6	15	27	8	19	1	11	21	4	13	25	6	17	27	10	20	3	11	23	7	16	25	8	19	1	10	21	5	14	25	9	17	27	8	20	3	12	23	7	16	26	7
4月	6	16	26	9	18	2	11	22	5	14	25	8	16	1	8	21	4	13	23	6	15	27	10	19	2	12	22	5	12	25	8	17	1	10	21	4	12	23	6	15	26	11	19	2	11
5月	9	18	2	12	21	5	14	25	8	17	27	10	19	4	12	23	6	16	26	9	17	2	10	21	4	14	25	8	16	27	11	19	4	13	23	6	15	26	9	18	2	13	22	5	13
6月	13	22	5	13	24	8	17	1	11	21	4	12	22	6	15	26	10	19	3	13	21	5	14	24	8	18	1	11	20	4	12	23	6	16	27	10	18	3	13	21	5	14	25	8	17
7月	13	25	8	16	27	11	19	3	14	23	7	15	25	9	18	7	11	22	5	13	24	8	16	27	10	20	4	12	22	7	15	25	8	18	2	12	21	5	13	24	7	17	27	11	20
8月	17	1	12	20	3	15	23	7	15	27	11	18	2	14	21	5	13	25	10	17	27	12	20	3	14	22	7	16	26	11	18	2	13	22	6	17	25	10	17	27	11	20	4	15	23
9月	21	6	17	24	8	20	27	11	19	4	16	23	6	18	26	9	18	3	14	22	5	17	24	8	19	1	12	20	4	16	22	6	17	26	10	18	2	14	22	5	16	25	8	20	1
10月	25	9	20	1	11	20	4	15	23	8	18	27	10	21	2	13	21	6	16	25	9	20	1	11	19	4	15	23	6	18	27	10	20	3	13	22	6	17	25	9	19	1	12	22	4
11月	1	13	23	4	15	24	7	18	26	11	21	3	14	25	6	16	24	9	20	2	12	24	5	15	23	8	18	27	11	21	3	14	24	6	17	25	9	20	2	12	22	5	15	23	7
12月	3	15	26	7	17	27	10	21	1	13	25	6	16	25	9	19	27	12	23	4	15	27	7	17	26	11	21	2	13	24	6	16	27	9	20	27	11	23	4	15	26	7	18	26	9

2 胃宿（いしゅく）

幸運へのアドバイス
世の中が大きく変動するような時、俄然、頭角を現すような素質があります。トップに立つよりナンバー2としての方が実力発揮出来そう。

性格と才能

あらゆることに対して貪欲で、好奇心が旺盛なタイプです。願望や欲望が大きければ大きいほどエネルギッシュな人生となります。また周囲からの期待が高いほど懸命に努力し、勉学にも励む傾向があります。独立独歩の精神を持っているので自立心が強く、親や目上からの支援は当てにしていません。ただ気が短く血の気が多いのが欠点です。組織よりも一匹狼的な分野の方が才能を発揮できます。

良好な相性
気品ある「昴宿」とは性格が違っても生活リズムが合う好相性。個性派「星宿」とは目的が共通なら尊敬し合って仕事にもプラス。志の高い「斗宿」とは尽くす形で成立すれば良好。

前世的な相性
同じ「胃宿」とは本音を見せない者同士でわかり合えない相性。人脈多い「張宿」とは交際面でプラスに作用する。負けず嫌いの「箕宿」とは感覚共通で話さなくても通じ合える。

不吉な相性
何かとトップに立ちたがる「氐宿」とはライバルを意識し衝突しやすい相性。信念を貫く「亢宿」とは一緒に居ても癒されることがなく窮屈。

先天的な運勢

仕事運
どんな分野にも開拓者精神旺盛な「胃宿」は、将来的に独立できるベンチャー企業や機密を扱う分野で成功。飲食や海外に関連ある分野でも才能を発揮できる。

恋愛運
独特の雰囲気を持っている「胃宿」は、年下や気の弱い人から愛されやすい。ライバルが居る相手だと燃える。飲食を通じて知り合った相手とは良縁で長続きする。

金運
何でも消化吸収が激しい「胃宿」は、経済観念は乏しいタイプ。趣味や特技を活かすと収入がグ〜ンとアップ。不動産としての財産より流動資産の方が身に付く運気。

健康運
日頃から怒りを腹に収めることの多い「胃宿」は、ストレスが溜まりやすく、そこから体調を崩しやすいので注意。不規則不摂生な食事から種々の病気を誘発しやすい。

3 昴宿（ぼうしゅく）

幸運へのアドバイス
先天的な素質や能力を活かすことが出来れば、必ず社会的に成功するチャンスを掴むことが出来ます。理想が高すぎると足元をすくわれます。

性格と才能

理想主義者で世の中に貢献したいという気持ちが強いタイプです。弁舌さわやかで周囲を魅了し、リーダー的な資質も持っています。ブランド志向が強く、何に対しても一流品を好む傾向も見受けられます。学問や芸術の分野で独創的な才能を発揮し、多くの人から支持されて、華やかな人生を歩むケースも見受けられます。世間知らずな一面があって、ライバルから陥れられやすい弱点を持ちます。

不吉な相性
精神面を重視する「奎宿」とは価値観の違いから衝突しやすい。気性の激しい「柳宿」とはズケズケと入り込まれて本能的に拒絶感が強い。

前世的な相性
同じ「昴宿」とは本音で語ることが出来ず、わかり合えるのに敬遠しがち。完璧主義の「翼宿」とは共通する話題多く好相性。志が高い「斗宿」とは好印象で最初から仲良くなれる。

良好な相性
常識派の「畢宿」とは何事も息がピッタリでベストパートナー。勝負強い「張宿」とは仕事で組めば心強い最強コンビ誕生。義理堅い「星宿」とは互いに信頼し協力し合える相手。

先天的な運勢

仕事運
難しいことを考えるのが好きな「昴宿」は、研究者や教育家向き。アーティストとしても独自の世界を築きそう。刃物を扱う仕事にも向いているが後継者には不向き。

恋愛運
理想が高くて傷つくのを恐れる「昴宿」は、多くの人から羨望の的ですが、恋愛は奥手で片想いとなりやすい。潔癖感が強いので相手の浮気や不倫は絶対許せない。

金運
周りからサポートを得られやすい「昴宿」は、お金に困ることは稀です。結婚後に金運・財運を伸ばすのが特徴。最初に名誉が得られて、後から財運が来るのが特徴。

健康運
大食漢や美食家が多い「昴宿」は、その飲食が元で体調を崩していくケースが多い。晩年は視力障害にも注意。中年以降には、糖尿病にかかりやすいので注意が必要。

4 畢宿（ひっしゅく）

幸運へのアドバイス
スロースターターですが目標が定まると何処までも突き進んで成功を勝ち取る。進路決定まで時間が掛かり過ぎるので即断即決も時には必要。

性格と才能

信念が強くて初期方針を変えない意志の強さを持っています。派手さはないのですが粘り強く物事に当たるので、周囲から信頼を寄せられています。多くの人の役に立ちたいという願望を抱いています。庶民的な親しみやすさもあって、多くの人から愛されます。本質的には大器晩成型なので若い時には苦労をしやすいでしょう。時代や環境の変化にもろく、適応していくのが難しい一面もあります。

良好な相性
落ち着いた「觜宿」とは理屈抜きに包み込んでくれる最高の相性。派手好み「虚宿」とは正反対だが互いに惹かれ合う。威厳備えた「翼宿」とは見習うところ多く成長できる相性。

前世的な相性
同じ「畢宿」とは好印象を抱きながら接近できない相性。社交性豊かな「軫宿」とは仲間としてなら好相性。如才のない「女宿」とは最初は良くても徐々にギクシャク目立つ相性。

不吉な相性
庶民派の「壁宿」とは目指すものが違いすぎて合わせられない。信念を貫く「亢宿」とは欠点やあら探しを行ってしまう間柄で協調できない。

先天的な運勢

仕事運
正直すぎるところを持っている「畢宿」は販売や営業的仕事より、技術資格を必要とする分野が成功しやすい。体力にも恵まれているので肉体的にハードな仕事でもOK。

金運
社会的な立場を築くのに時間を要する「畢宿」は経済的にも徐々に財産を積み上げていく形で熟年後は安泰。財運を焦ると、身内関係の問題から出費がかさみやすい。

恋愛運
家庭的な愛情が強い「畢宿」は恋愛のチャンスや出逢いは比較的少ない。恋愛から即結婚を意識するタイプ。意中の相手が出て来たなら一途に追い求める求愛型。

健康運
体力的には自信がある「畢宿」は四方八方へ飛び回るような生活を選択しやすい。短時間の睡眠でも大丈夫。但し、車の事故などに遭いやすいのでその点を注意。

5 觜宿（ししゅく）

幸運へのアドバイス
臆病で群集を嫌うので組織から孤立しがちな時があり、それが運気の発展を狭めている。自ら人の和に入っていく勇気を持てば人気上昇する。

性格と才能

男女とも社会的な視野が広く、名誉心が強くて誇り高いところを持っています。向学心にも富み、勉強好きで常識もわきまえていますが、融通性のあるタイプではなく、意見の食い違う人を放置できません。誠実な努力家ですが、衝突しやすい傾向もあり、対人面のトラブルに巻き込まれやすいでしょう。引立て運を持っているので、相性の良い目上からの恩恵を受け社会的地位を得られる人生です。

不吉な相性
アクの強い「胃宿」とは物質的な欲求で結びつくが衝突しやすい。常に地道な「壁宿」とはいつまでも打ち解けられずわかり合えず終わる。

前世的な相性
同じ「觜宿」とは互いに欠点が見えてしまうので距離感が必要。そつのない「角宿」とは仕事熱心と職人気質で結びつく相性。気風の良い「虚宿」とは支え合う相手として理想的。

良好な相性
アイデア溢れた「参宿」とは斬新な世界へと導かれる相性。穏やかな人柄の「軫宿」とはリラックスして話が弾む相性。落ち着きある「翼宿」とは律儀なところが似ている相性。

先天的な運勢

仕事運
リーダーシップを持っている「觜宿」は言語能力に秀でているので、言葉や会話が必要な分野で成功しやすい。秘密を取り扱うような分野の仕事でも才能を発揮できる。

金運
表現力に優れている「觜宿」は早くから才能の一端が世間に知られるチャンスが訪れる。経済的な自立も早い。生涯を通じ比較的恵まれるが、中年以降が特に良好。

恋愛運
臆病なところを持っている「觜宿」は相手が自分を拒否しないと確信が持てるまでは積極的に出て行かない傾向。大丈夫と確信すると、驚くほど大胆にアタックする。

健康運
常識的な生活枠を乱さない「觜宿」は比較的健康だが首から上に弱点を持ち、体力低下は頭部に表出される。神経、毛髪、視力、耳鼻、歯等の部位疾患には注意。

6 参宿（しんしゅく）

幸運へのアドバイス
組織的なごたごたや動乱の中からチャンスを掴みとっていくタイプ。天真爛漫な言動を許してくれるような環境にあることが成功する秘訣。

性格と才能

エネルギッシュで行動力があり、物事を改革していく統率力を秘めています。既存のものを打ち破って新たな世界を打ち立てていく創造者です。何事もハッキリ言い切り過ぎるので、敵を持ちやすい弱点を持ちます。カリスマ性があるので支持者も多いが、強引さが目立つと足元をすくわれます。指導的地位に就くことが出来れば才能をいかんなく発揮して、華やかな人生を歩むことが出来るでしょう。

良好な相性
素直で器用な「角宿」とは陰から支えられる最良の相性。ユニークな「鬼宿」とは互いに個性を認め合う楽しい相性。冷静で理性的な「井宿」とは困った時に助け合う良好な相性。

前世的な相性
同じ「参宿」とはさっぱりとした性格同士で同志的結合の相性。頭領運の「亢宿」とはグループ交際から入れば良好な相性。ピュアな「危宿」とは良悪が絡みギクシャクする相性。

不吉な相性
デリケートな「婁宿」とは感覚的に合わせにくく苛立ちやすい相性。情緒性豊かな「房宿」とは一方が片想いという関係になりやすい相性。

先天的な運勢

仕事運
アイデア豊富な「参宿」はクリエイティブな仕事、企画・開発に関する分野で才能発揮することになりやすい。インストラクター業務や新規事業にも向いている。

恋愛運
異性への依存度が強い「参宿」は異性と出逢うチャンスも多く、大胆な恋愛交際と急な別れを繰り返しやすい。相手選びが下手で異性遍歴が多くなりがちな傾向がある。

金運
努力を惜しまない「参宿」は十代から収入を得る経験をしているケースが多い。それが金運にはプラスに働く。徐々に収入が増える傾向を持つが総じて一攫千金型。

健康運
幼少時に大病を患うこともある「参宿」は青年以降は健康体となり、女性は出産後に体力的にも恵まれていく。心臓や腰部や目などに弱点を持っているケースが多い。

7 井宿（せいしゅく）

不吉な相性
黙々と働く「畢宿」とは体質的にも感覚的にも合わせられない相性。デリケートな「軫宿」とは心休まらない関係でイライラしやすい相性。

前世的な相性
同じ「井宿」とは縁深いが短期間で絆が途切れる別離の相性。ざっくばらんな「氐宿」とは現実的な対応で一致できる相性。自信家の「室宿」とは仕事上で組めば双方に好い相性。

良好な相性
クリエイティブな「参宿」とは親近感を抱きやすく居心地良い相性。信念の強い「亢宿」とは尊敬し合う形で良い関係を築ける相性。独立心が強い「房宿」とは話が合いやすい相性。

性格と才能

頭脳明晰で物事すべてを理論的に考え、マイペースな生活態度を崩さないタイプです。一見、情緒性が乏しいように見えますが情感の豊かさも併せ持っています。情報収集能力が高いので、重要なポストを占めると本来の実力や手腕をいかんなく発揮し始めます。ナイーブで寂しがり屋の一面も備えています。人生で何度か大きな悲哀や挫折を味わっても、必ず蘇って活躍できる底力を秘めています。

幸運へのアドバイス
人生上で変転や波乱の大きい運勢なので、逆境に負けない強い精神力が必要。途中で人生を投げ出さなければ、必ず輝かしい栄光が訪れる。

先天的な運勢

仕事運
頭脳明晰なところを持っている「井宿」は大きな仕事や、公共的プロジェクトの方が本領や実力を発揮できる。大自然と向き合うような過酷な仕事分野にも適性がある。

恋愛運
理想を追い求めやすい「井宿」は何度かの失恋を経験した後になって素晴らしいパートナーを射止める傾向。結婚は一度では終わらずに再婚となるケースが多い。

金運
理論的に物事を捉える「井宿」は経済観念が発達しているので、実生活に必要がないものには大金を投じない。ところが身内に関連して時々大きな出費が必要となる。

健康運
消化器系に持病を持ちやすい「井宿」は水分の取り方や栄養摂取の仕方が重要で、体質改善も可能。中年以降は糖尿病になったり、泌尿器系統に弱点を持ちやすい。

8 鬼宿（きしゅく）

幸運へのアドバイス

周りからの影響を受けやすいので仲間択び、友達択びは重要。相性の良い上司を持つことも成功の絶対条件。謙虚すぎるとチャンスを失う。

性格と才能

人一倍好奇心が強く、常識に捉われることなく全ての物事に接していくタイプです。基本的に世間の眼は気にしません。最終的な判断は理屈よりも自らの直感やヒラメキで決めていきます。社会や組織としての枠組や管理を極端に嫌い、自分の本当の居場所を求めて若い頃には放浪しやすいでしょう。衝動的で無邪気なところがあり、悪い仲間に加わると徐々に染まってしまう危うさを秘めています。

良好な相性

情熱的な「柳宿」とは絶妙なコンビネーション発揮の相性。現実派の「氐宿」とは相手の種々サポートを得られる相性。意志の強い「亢宿」とは尊敬し合うと長続きしていく相性。

前世的な相性

同じ「鬼宿」とは双方ともデリケートで衝突しやすい相性。情緒性が豊かな「房宿」とは噛み合うところ少なくギスギスした相性。地道な「壁宿」とは献身的に尽くしていく相性。

不吉な相性

おっとりしている「昴宿」とは生活のテンポに違いが生じやすい相性。不器用な「尾宿」とはシャレや遊び心を理解してもらえず退屈な相性。

先天的な運勢

仕事運

勘の鋭いところを持っている「鬼宿」は先見性を要求される分野で才能を発揮。海外関連でも十分に成功できる。心配性のところがあるので大胆には行動できない。

金運

やや変わった感性の持ち主である「鬼宿」は経済的にも独特の考え方、捉え方をする。交際費にお金が掛かる。先祖が絡んでいる不動産で大儲けができるケースもある。

恋愛運

どこか危なっかしいところがある「鬼宿」は恋愛面でも安全性の高い異性には反応しない。危うさに惹かれる。自分が好いと思う相手に対しては積極的に働きかける。

健康運

ひ弱そうでいて強い「鬼宿」は肉体的には比較的丈夫で特別な心配はいらない。ただ精神面には脆さがある。他に旅行中、移動中の交通事故には十分に気をつける。

9 柳宿（りゅうしゅく）

幸運へのアドバイス

敵対者が出て来ると途端に気弱になって本来の力を発揮できない弱点あり、精神面から克服すべき。周囲の言葉に耳を傾ける謙虚さも必要。

性格と才能

何事も全体的に把握するのではなく、その一部にこだわって理解しようとするタイプです。基本的に凝り性であり、専門性が強い性質とも言えます。自分が納得するまで追及を止めません。取引や交渉事においては粘り強く、駆け引き巧みなので着々と成果を伸ばしていくでしょう。怒ると感情的になりやすく、相手に対し容赦しないのも特徴です。反面、ライバルに足元をすくわれやすい傾向もあります。

不吉な相性

何かと目立つ「参宿」とは自己主張で激しく衝突し合う相性。孤高に生きる「亢宿」とは接近は出来ても心から親しむことが出来ない相性。

前世的な相性

同じ「柳宿」とは気性の激しい者同士の組合せで癒されない相性。理解力ある「心宿」とは目標一致していれば最良の相性。上品好みの「奎宿」とは相手に合わせれば心地良い相性。

良好な相性

陽気で純粋な「鬼宿」とは優しく接することが出来る相性。頭がきれる「房宿」とは仕事上関われば収入増に繋がる相性。理知的な「井宿」とは現実的な価値観で共感できる相性。

先天的な運勢

仕事運

趣味的分野で活躍しやすい「柳宿」は専門的要素の強い仕事であれば素質を活かせる。総合職には向かない。マニアックな世界で実力を発揮して著名となることも。

金運

要領の良いところも持っている「柳宿」は特別お金に困るケースは少ない。資格を持った方が経済的にプラス。中年以降になると複数の収入源を持つ可能性もある。

恋愛運

セックスアピールの強い「柳宿」はライバルがいる恋愛の方が燃え上がる恋となりやすい。SEXに溺れやすい。相手の意向に従って大きく変貌していくような人もいる。

健康運

職場と家庭では異なった顔を持っている「柳宿」は職場ではエネルギッシュに振る舞っても、私生活では脆い。仕事によっては腰部に弱点が出やすい傾向がある。

10 星宿（せいしゅく）

性格と才能

一つの目標とか理想に向かって全精力を傾けていくタイプです。とてもピュアで世間知らずの部分もあります。要領は悪いのですが忍耐強いため、一見不可能に思えるようなことでもある程度の成果は成し遂げてしまいます。個性が尊重される分野に進めば評価されますが、管理的組織の中だと周囲から孤立しやすいようです。独創力に優れ長期的プロジェクトの方が成功しやすい傾向がみられます。

幸運へのアドバイス

自分の夢を形にしていけるかどうかで、その後の人生の明暗が分かれる。観察力と統率力が優れているので、仕事に活かせれば成功できる。

良好な相性

華やかな「張宿」とは性格も才能も表裏一体で結びつく理想的な相性。愛嬌がある「心宿」とは楽しくリラックスできる相性。機転の利く「房宿」とは生き方を尊重し合える相性。

前世的な相性

同じ「星宿」とは目的意識の強さで一致する同志の相性。負けず嫌いの「尾宿」とは献身的で一方的に進みやすい相性。デリケートな「婁宿」とは意識過剰でギクシャクする相性。

不吉な相性

存在感が強い「斗宿」とは惹かれ合いながらも反発し合う相性。複雑な性質の「虚宿」とは人間性を理解し合えず会話が成り立たない相性。

先天的な運勢

仕事運

こだわりが強い「星宿」は体制派には従わず独自路線を歩むのが特徴。ただ忍耐強く大企業や公務員も良い。ビルの上層階のオフィスで働くと才能や手腕を発揮する。

恋愛運

何事にも真剣な「星宿」は恋愛においても妥協性に乏しく、〝夢の途中〟としての恋愛劇を何度も経験しやすい。但し結婚は案外身近な普通の相手を択びやすい。

金運

本当の活躍まで時間が掛かる「星宿」は経済的にも中年以降に恵まれてくるタイプで、若い頃の金運は悪い。いぶし銀のような存在感で、やがて財運も伴うようになる。

健康運

一見ひ弱そうに見える「星宿」は意外なほどタフで、体力的には無理が利く体質。深夜まで続く仕事も大丈夫。肉体的に疲労した場合の最初の疲れは眼球に表れる。

11 張宿（ちょうしゅく）

性格と才能

華やかで情熱的な雰囲気を持ち、物事に几帳面なところと自意識過剰な部分を併せ持っています。神経質で緊張感の強い性質は対人面ではマイナスに作用します。それでも交友関係は広く、人脈に恵まれ、目上からの引立て運も加わって、早くから頭角を現すことでしょう。傲慢さが表に出ると部下・後輩が離れていきます。社会的な地位や名誉に比べると、金運・財運にはあまり恵まれていません。

幸運へのアドバイス

人目に立つ外貌を備えている場合が多く、それを仕事で活かせる分野に進んだ方が成功しやすい。個性の強さを受け入れる企業が望ましい。

不吉な相性

わがままな「角宿」とは束縛し合う状態から愛が離れていく相性。魅惑的な「房宿」とは四六時中振り回されて恋愛関係が破綻していく相性。

前世的な相性

同じ「張宿」とは勝ち気さやプライドが邪魔して難しい相性。猪突猛進型の「箕宿」とは不足する部分を補い合える相性。ユーモラスな「胃宿」とは変動時に出逢うと発展する相性。

良好な相性

落ち着いた「翼宿」とは豊かな包容力を感じて最高の相性。職人気質の「尾宿」とは真面目な部分で結びつき支え合う相性。穏やかな「軫宿」とは細やかなフォローを得られる相性。

先天的な運勢

仕事運

どんな分野でも実力発揮する「張宿」は組織の中にいる方が個性を活かすことが出来る。医師や教員も良い。大企業でもOKだが、家業の後継者は向いていない。

恋愛運

セクシーな魅力を持っている「張宿」は熟れ立ての果実のように30代以降に異性から熱い視線を集める傾向。予期せぬ形でハイレベルの相手から求愛されやすい。

金運

闘争本能を備えている「張宿」は金運獲得においても最大限の努力を惜しまない。趣味分野に出費しやすい。果実のある鉢植え植物を室内で育てると金運が強まる。

健康運

神経質な弱点を持つ「張宿」はストレスを溜めないことを心掛ければ、基本的にはいつまでも健康でいられる。残業が続くと、首や肩などの筋を痛めやすいので注意。

12 翼宿（よくしゅく）

性格と才能

おっとりしているように見えても、実は完璧主義者で妥協を許さないところがあります。多少ナルシストな部分もあって、夢や目標が大きく、使命感にも燃えていて、自らの生活を犠牲にするような点も見受けられます。ただ時間とか金銭に対してルーズで現実を忘れがちです。目的が定まっている場合は多くの人から愛され、予期せぬ形で名誉も与えられます。目的が定まらないと流浪が続きます。

幸運へのアドバイス
地元に留まっていると才能を発揮できないタイプで、故郷を大きく離れて幸運を掴む特徴がある。自らの魅力や特技を発掘することが大切。

良好な相性
穏やかな性質の「軫宿」とは息が合って自然体で過ごせる相性。一本気な「箕宿」とは適度な距離間を保てば良好な相性。観察力鋭い「星宿」とは理屈抜きに愛される最高の相性。

前世的な相性
同じ「翼宿」とは善良な者同士なのに十分接近しきれない相性。負けず嫌いの「斗宿」とは対抗意識生じて愛情育たない相性。目立ちやすい「昴宿」とは個性を尊重し合える相性。

不吉な相性
合理主義的な「井宿」とはついていけないものを感じて後ずさりする相性。気風の良い「虚宿」とは話は合うが実生活が噛み合わない相性。

先天的な運勢

仕事運
遠方取引や交渉事に強い「翼宿」はなるべく地元外と取引をする形が良い。海外関連、車関連の仕事は良い。旅行業界やＩＴ関連も良く、投資事業でも成功を招く。

金運
お金に執着することがない「翼宿」は年齢と共に収入が徐々に増えていくタイプなので、お金に困るケースは少ない。但し地元に購入した不動産は保てないのが特徴。

恋愛運
理想の高いところを持っている「翼宿」は異性なら誰でも良いというタイプではなく、相手を十分に吟味する。慎重すぎるくらいだが、目上から紹介された縁は育たない。

健康運
食生活にも恵まれている「翼宿」は健康を意識した食生活を心掛ける限り、持病に悩むようなケースは少ない。ただ足腰など下半身に弱点があり、交通事故には注意。

13 軫宿（しんしゅく）

性格と才能

その場の雰囲気を見て上手に振る舞うことが出来るタイプです。物静かに見えるとか、甘えん坊に見えるとかするので、敵を作ることは少ないようです。寂しがり屋で利害に敏い点もありますが、表面上それを表わさないので嫌われません。人を陰から支えるような役割を演ずると高く評価されます。勝ち気で負けず嫌いな面が表に出てしまうと、反感を買い人気を失ってしまうので注意が必要です。

幸運へのアドバイス
交際運に恵まれ、ごく自然に人脈が広がっていくのが特徴。その人脈を活かすことが出来れば大いに活躍できます。動き回れる環境も必要。

不吉な相性
不愛想な「星宿」とは壁を作られているような雰囲気で打ち解けがたい相性。単純明快な「尾宿」とは生き方が異なり誤解招きやすい相性。

前世的な相性
同じ「軫宿」とは困難な時でも互いに助け合っていける相性。情緒性豊かな「女宿」とは相手側が献身的に尽してくれる相性。努力家の「畢宿」とは精神面で深く共鳴し合う相性。

良好な相性
爽やかな印象の「角宿」とは息ピッタリで元気を貰える相性。忙しい生活の「斗宿」とは自然体で寄り添うことが可能な相性。華やかな「張宿」とは一緒に居ると惹かれ合う相性。

先天的な運勢

仕事運
社交性が豊かな「軫宿」は人気商売やサービス業などでは特に才能を発揮しやすい。事務系は適していない。流行に関連ある業種や変化ある分野も大変に向いている。

金運
目上から寵愛を受けやすい「軫宿」は比較的若い頃から金運にも恵まれやすい。ただ交際費への出費が多い。目に見える形での財産というのは案外子孫に遺せない。

恋愛運
交際上手な「軫宿」は狙った獲物は外さないタイプで、積極的にアタックして意中の相手を次々獲得していく。その代わり一人の相手とは長続きし難い傾向を持つ。

健康運
動いている方が元気で居られる「軫宿」はやや下半身に弱点があり、特に膝関節や肘関節に故障が生じやすい。自分での運転は曲がり角での衝突事故にも注意が必要。

14 角宿（かくしゅく）

幸運へのアドバイス

こだわりや頑固さを控えて、常にオシャレで清潔感を心掛ければチャンスが廻って来る。好き嫌いを出さず手先の器用さを活かすのも有効。

性格と才能

人情味豊かで清潔感に溢れ、オシャレな雰囲気を漂わせているタイプです。好き嫌いがハッキリとし、好きな人には献身的なのに、嫌いな人には見向きもしません。仕事には熱心で事務処理能力や手先の器用さを持っている場合が多いようです。趣味の分野でいつの間にか有名になるなど、思わぬ形で脚光を浴びることもあります。自己管理が苦手で、グータラ生活に埋没しないよう注意が必要です。

良好な相性

献身的に尽くす「女宿」とは良き伴侶として理解し合える相性。誠実で真面目な「翼宿」とは生活を管理して支えてもらえる相性。誇り高い「斗宿」とは共に人生を楽しめる相性。

前世的な相性

同じ「角宿」とは気持ちが通じやすく息もピッタリの相性。自尊心が強い「虚宿」とは互いに欠点をカバーし合える相性。落ち着いた「觜宿」とは価値観を共有し尽くし合う相性。

不吉な相性

勝負強い「張宿」とはいずれ争い合って双方とも傷つく相性。荒っぽいところがある「箕宿」とは何かとウマが合わず損失を与えられる相性。

先天的な運勢

仕事運

幅広い趣味を持つ「角宿」は日頃から趣味や特技の腕を磨くことで、仕事上でチャンスを呼び込むことが多い。人気商売や接客、販売など幅広く適応できる分野がある。

金運

数字に強い人が多い「角宿」は経済観念もしっかりしているが、交際面で不意の出費に見舞われることがある。物資運は有るので貯蓄より不動産を求めると良い。

恋愛運

爽やかな印象で人気を集める「角宿」は異性からの好感度が高いが、異性の選択が悪く恋愛は失敗しやすい。早めに結婚して家庭に入った方が愛情面は落ち着く。

健康運

食生活でも好き嫌いが激しい「角宿」は偏食となりやすく、栄養も偏りやすい。不規則な食生活にも問題あり。日常生活で些細な打撲、打ち身、突き指等のことが多い。

15 亢宿（こうしゅく）

幸運へのアドバイス

人生上で挫折し、凹んだ状態から立ち直って成功していくケースが多い。不死鳥のようなエネルギーを秘めている。失恋後の飛躍も多い。

性格と才能

普段はソフトな印象を与えるが、本来はプライドが高く妥協性の乏しいタイプです。反骨精神が強く、自分が正しいと思っている思想・信仰・主義を必死に守り抜こうとします。単独で闘うのではなく、仲間を引き連れて挑もうとするのが特徴で、どこまでも理念に従って生きようとします。世の中のブームの火付け役として活躍する人も多い。ナルシストで世間の目を必要以上に気にし過ぎています。

不吉な相性

我が道を行く「星宿」とは意見が食い違ってトラブルが生じる相性。デリケートな「婁宿」とは親しくなるきっかけが掴めず別れが来る相性。

前世的な相性

同じ「亢宿」とは理解は出来ても反発が必至の相性。気分重視の「危宿」とは尽くされる形であれば良好な相性。天真爛漫な「参宿」とは協調性が活かされ欠点が抑えられる相性。

良好な相性

精神面不安定な「虚宿」とは互いに支え合うことが出来る理想的相性。内向的な「軫宿」とはわがままをうまく吸収し合える。自分に厳しい「井宿」とは目標が一致しやすい相性。

先天的な運勢

仕事運

信念の強い「亢宿」は愛想があまり良い方ではなく、サービス業や接客業には不向き。正義感を活かせる分野。技術者、研究者、職人の世界などは大変向いている。

金運

金銭管理がしっかりしている「亢宿」は経済的にはやりくり上手であり、いつの間にか小金を貯めているタイプ。中年以降、社会的な肩書きに応じて収入が増える。

恋愛運

自分の方からは相手に合わせない「亢宿」は恋愛体験が多くなるタイプではない。その代わり恋は即断決行型。急に同棲するとか、入籍して周囲の者を驚かせる。

健康運

自分なりの健康法を持つ場合が多い「亢宿」は大きな病気は少ないが、対人面でのストレスが高じて体調を崩す。特に咽喉など呼吸器系統やリンパ系に弱点が出やすい。

16 氐宿（ていしゅく）

幸運へのアドバイス

身内の為とか、仲間の為という意識で動いた方が好結果に結びつき易い。困難な状況に追い込まれてもへこたれず這い上がる気力はピカ一。

性格と才能

目立ちたがり屋で野心が強く、度胸の良さを人一倍秘めているタイプです。性格的には頑固ですが、他人の知恵や知識をうまく活用する術に長けています。踏まれても蹴られても凹まないタフな精神と、常に動いているエネルギッシュな生命力の持ち主です。一度は困難な状況に追い込まれ何もかも失くしても、そこから再び立ち上がっていく意志の強さや成功への執念が勝利を掴む秘訣のようです。

良好な相性

繊細な神経の「房宿」とはパートナーとして補い合う相性。信念を貫く「亢宿」とは私生活で上手にコントロールしてくれる相性。気が利く「角宿」とはフォローし合う相性。

前世的な相性

同じ「氐宿」とは勝ち気な者同士で密着しすぎなければ良い相性。自己中心的な「室宿」とは生活リズムが合わない相性。理性的な「井宿」とは自ら尽くす形を取れば良い相性。

不吉な相性

スローテンポの「畢宿」とは波長が合わずイライラさせられる相性。したたかさを秘めた「女宿」とは主導権争いが生じて調和出来ない相性。

先天的な運勢

仕事運

周囲の力になりたい気持ちが強い「氐宿」は熱い期待を背負って頼りにされると、実力以上の力を発揮できる。営業系や販売系が向いているが、金融関係も比較的良い。

恋愛運

自分にとって有利に働く相手を択ぼうとする「氐宿」は多少打算的に見える恋愛をしがちな傾向がみられる。相手の方が尽くしてくれる形の恋愛なら長続きする。

金運

目的意識の強い「氐宿」はお金に関しても、ハッキリとした目標が定まっている方が良好な結果を実現できる。何に使用するかを決め、目標額を設定しておくと良い。

健康運

勝ち気なところを持っている「氐宿」は体力の限界に挑むとか、体調面が悪くても我慢して仕事を続けやすい。特に腰部、下肢に弱点を持ち、腸疾患にも注意が必要。

17 房宿（ぼうしゅく）

幸運へのアドバイス

先天的に勘の鋭いところを持っているので、困難には勘で対応するのが良い。セクシーな魅力も活用すべきで異性との仕事では有効に働く。

性格と才能

慎重で用心深いところを持っていますが、親しみある風貌と協調性があるので、表面上は誰とでも付き合えるタイプです。物事を見通す洞察力にも優れ、面倒見も良いので自然と人が集まって来ます。部下としてより上司としての方が実力を発揮できます。異性を惹きつける魅力もありますが、エリート意識が出やすい弱点がみられます。女性は付き合う男性しだいでその後の運命が大きく変化します。

不吉な相性

気が利く「婁宿」とは細かな部分から徐々に亀裂が生じていく相性。威厳のある「翼宿」とは心の底から打ち解けていくことが難しい相性。

前世的な相性

同じ「房宿」とは男女関係に進みギクシャクしやすい相性。物事に動じない「壁宿」とは縁の深さで自然に結ばれる相性。お人好しな「鬼宿」とは束縛し合わなければ良好な相性。

良好な相性

ユーモアのある「心宿」とは運の強さで深い絆を感じる相性。押しの強い「氐宿」とは個性を活かし合える最良の相性。アクの強い「室宿」とは相手ペースに合わせて良好な相性。

先天的な運勢

仕事運

緻密な性質を持っている「房宿」は専門分野でミスのない仕事が出来るので、医療系・技術系の専門職に向く。海外取引が多い外資系でも十分に手腕を発揮できる。

恋愛運

幼少期から異性の注目を集めやすい「房宿」は〝玉の輿〟的な出逢い運の持ち主。自分の魅力を磨くのが一番。名誉・財産に恵まれた相手の心を掴むことが出来る。

金運

大人になって恵まれていく「房宿」は経済面でも徐々に豊かになる特徴を持つ。複数の収入源を持ちやすい。早くマイホームを持つように努力すると財産が増える。

健康運

普段は比較的健康体の「房宿」はつい自分の体力を過信しがちな傾向がある。徹夜や超過勤務の無理は禁物。女性は、婦人科の慢性的疾患にかかりやすいので注意。

18 心宿（しんしゅく）

幸運へのアドバイス

自ら複雑な心を持て余し気味で、情緒的不安定さは仕事面でマイナス。周りの信頼さえ勝ち取れば元々人気運があるので大きく飛躍できる。

性格と才能

心身共にデリケートで周りの状況に左右されやすく、自分を見失いやすいタイプです。相手の気持ちには人一倍敏感で、一瞬のうちに察して機転の利く対応が出来ます。にこやかでユーモアもあり、サービス精神も旺盛なので魅力的ですが、気分にムラが多く、精神面が不安定なので信頼度は今一つありません。本能的に警戒心が強く怖がりなので、心の底から相手を信じるということが出来ません。

良好な相性

芯が強く地道な「尾宿」とは互いの長短を補い合う理想的相性。セクシーな魅力の「房宿」とは多く語らなくてもわかり合える相性。地味な印象の「壁宿」とは安心できる相性。

前世的な相性

同じ「心宿」とは複雑な内面同士なので微妙な相性。純粋な「奎宿」とは仕事相手としても理想的でメリットが大きい相性。頑張り屋の「柳宿」とは献身的に尽くしてしまう相性。

不吉な相性

気位の高い「翼宿」とは些細なことから大喧嘩に発展しやすい相性。批評眼が鋭い「亢宿」とは真正面から批判を繰り返す可能性ある相性。

先天的な運勢

仕事運

人の心を掴むのがうまい「心宿」は人気商売や接客商売に適している。芸能関係に進んでも成功する可能性あり。他にＩＴ関係とか企画力を必要とする分野も良い。

金　運

多くの人が周りに集まってくる「心宿」は仕事上でも人脈や人気を活かせるかどうかで、金運は大きく分れる。家族・親戚関連での出費の多い傾向がみられる。

恋愛運

ジェラシーが人一倍強い「心宿」は恋愛面ではナイーブで、意外なほど臆病な一面を見せがち。片想いも多い。駆け引きなど使わない方が、良い相手を獲得できる。

健康運

見た目よりもタフな肉体の「心宿」は持病を持つかどうかで熟年の運命が大きく分かれる。持病は命取りとなる。特に飲食過剰や、SEX過剰からの諸病に要注意。

19 尾宿（びしゅく）

幸運へのアドバイス

物事の土台作りが幸運を呼ぶ生まれで、何事もスタートラインが重要。多少時間を要しても、基礎固めを行ってから取り組めば成功しやすい。

性格と才能

見定めた目標に対して人一倍執念を燃やし、集中力と忍耐強さを発揮していくタイプです。適当なところで妥協するということを知りません。自分が物事の先頭に立つのではなく、尊敬できる人の後に続こうとするのが特徴です。屋台骨を失うと途端に意気消沈して気弱になります。何事にも基礎を重要視し、冒険心も強いが神経質な一面もあり、「師」として尊敬できる人物を得られるかが課題といえます。

不吉な相性

爽やかすぎる「角宿」とは本当の親しみを感じることが難しい相性。口うるさい「觜宿」とは苦手な意識が出やすく少しも癒されない相性。

前世的な相性

同じ「尾宿」とは互いに競争意識が出て長続きし難い相性。しっかり者の「婁宿」とは相手に気遣ってもらえる幸せな相性。マイペースの「星宿」とは親子関係のような絆の相性。

良好な相性

多面性ある「心宿」とは人脈が広がっていく良好な相性。気高く純粋な「奎宿」とは美意識で一致し互いに刺激を受ける相性。勘の鋭い「房宿」とは粘り強さで一致し最高の相性。

先天的な運勢

仕事運

最後まであきらめない「尾宿」は物事の仕上げを任せれば大変有能で、どのような分野でも実力を発揮できる。特に技術系の大企業や建設関係なら将来的に有望。

金　運

人生設計がしっかりしている「尾宿」は経済的には蓄えを充実させておく性質で、いざという時の備えは常に十分。収入面でも、中年以降にじわじわと増えていく傾向。

恋愛運

どこか固い印象を与えがちな「尾宿」は相手のチェックが厳しいので、本格的な恋愛に移行するまでに時間が掛かる。お見合いとか紹介という形式の方が向いている。

健康運

常に健康面にも気を遣っている「尾宿」は対人面でのストレスが無ければ比較的健康に過ごしていくことが可能。いつまでも仕事を続ける方が長寿の傾向がある。

20 箕宿（きしゅく）

幸運へのアドバイス
世間的流行やブームに乗って登場する形をとると成功する確率が高くなるのが特徴。目上との関係が良好なら人よりも早く地位も得られる。

性格と才能

負けず嫌いで支配欲が強く、常に周りに人を集めていないと気が済まないタイプです。自己顕示欲が強く、目上から束縛されるとか管理されることを極端に嫌います。比較的簡単に人を信じて騙されやすく、裏切られて大損をすることなど生じやすいようです。自分が先頭に立ちたいと願う気持ちが強いので、時代や流行に対しては敏感で、それをうまく活用して成功に結び付ける術に長けています。

良好な相性
おっとり型の「斗宿」とは全てに最良のパートナーとなれる相性。協調性のある「婁宿」とは相手にリードしてもらえる相性。潔癖な「奎宿」とは友情から恋愛に進んでいく相性。

前世的な相性
同じ「箕宿」とは付き合いが進むと衝突しやすい相性。攻撃的な面もある「胃宿」とは普通の会話が通じにくい相性。派手で勝気な「張宿」とは相手を支える形となりやすい相性。

不吉な相性
地味で働き者の「壁宿」とは距離を置かないと意見が衝突する相性。迫力のある「觜宿」とは最初良くても敵対関係へと変貌しやすい相性。

先天的な運勢

仕事運
商才を秘めている「箕宿」は営業や販売向きで、サービス業なども良い。制服を着るような職業でも成功する。ただ自ら起業する自営型職業は不向きで失敗しやすい。

金運
若い頃にはお金の苦労をしやすい「箕宿」は中年以降になって、徐々に金銭的な余裕が出て来る人生となる。基本的には散財型なので、財産を残すのは難しい。

恋愛運
情愛の豊かな性質を持つ「箕宿」は世間の枠から少し外れているような相手に惹かれやすい傾向がみられる。何度か別れを経験しないと本当の良い相手と出逢えない。

健康運
お酒の好きな人が多い「箕宿」は飲み過ぎて体調を崩すような事態が生じやすい。調子に乗り過ぎないこと。季節の変わり目には風邪をひき易い傾向も窺われる。

21 斗宿（としゅく）

幸運へのアドバイス
持って生まれた肉体や容貌を活かすことが出来れば、活躍の場が一気に広がる。仲間達と一緒になって理想の状況を目指していく形が理想的。

性格と才能

人より一歩も二歩も先んじて、時代や大衆をリードしていくカリスマ性を持っているタイプです。様々な情報や知識を集め、それを世の為、人の為役立てようと奔走します。勝負事にはめっぽう強く、あらゆる戦いで勝利を収める強運の持ち主です。独創力もあるのでアーティストとか企画・開発の仕事にも適しています。才能を見出してくれる良い目上に出逢えるかどうかで人生が左右されます。

不吉な相性
自己中心的な「室宿」とは相手に圧倒されて親しめない相性。やり手としての一面を持つ「氐宿」とは感覚が異なり気疲れしてしまう相性。

前世的な相性
同じ「斗宿」とは競争心強い者同士でライバル化しやすい相性。存在感の大きい「昴宿」とは生き方の部分で共鳴し合える相性。夢の大きい「翼宿」とは補い合う形で理想的な相性。

良好な相性
呑み込み早い「胃宿」とは打てば響くような心地良い相性。爽やかで素直な「角宿」とは似た者同士で一体化しやすい相性。したたかな「女宿」とは生き方を応援してもらえる相性。

先天的な運勢

仕事運
美的センスに恵まれている「斗宿」は芸術的分野、ファッションや美容、デザインに関連する分野で成功できる。世の中の指針となる政治・教育・宗教などの分野も良い。

金運
闘争心の強いところがある「斗宿」は経済の面でも、ライバル的存在が居てくれた方が収入面でプラスに働く。お金を必要とする目的が明確な方が預金を増やせる。

恋愛運
周囲の人達に恵まれている「斗宿」は恋愛面でも身近な仲間内の中から、ふさわしい相手を択びがちな傾向。私生活も上手にサポートしてくれる相手であればベスト。

健康運
幼い頃に大病などを経験しやすい「斗宿」は徐々に体質が改善され、いつの間にか不死身な肉体へ変身しがち。運気が衰えると、一気に病魔が襲ってくるので注意。

22 女宿（じょしゅく）

幸運へのアドバイス

資格や履歴が後々ものをいう運命。自分磨きが役立つ。綿密な計画のもと物事を進めて成功を掴みとる。組織の中で力を発揮した方が良い。

性格と才能

一見物静かで控えめな印象なので、目立たないところで活躍する「縁の下の力持ち」的タイプです。対人関係にはシビアで礼儀とか常識に厳しく、それを欠く人は容易に切り捨て情を施しません。上昇志向が強く、権威や肩書きに弱い弱点も見受けられます。自分が主導するよりも、蔭に廻ってコントロールしようとする意識が強いのが特徴です。専門的な分野に進むと才能を発揮しやすいようです。

良好な相性

精神面に不安定さある「虚宿」とは互いに協力し合っていける相性。素直で器用な「角宿」とは仕事のパートナーとしては最高の相性。志の高い「斗宿」とは癒されて心和む相性。

前世的な相性

同じ「女宿」とは共通の話題で盛り上がりを楽しめる相性。我が道を行く「畢宿」とは感覚的に似た部分あって親しめる相性。内向的な「軫宿」とは安らぎを感じて心が開ける相性。

不吉な相性

不器用な「尾宿」とはいったんぶつかると和解できる道が塞がれる相性。気が利く「婁宿」とは徐々に譲れない部分が増え破綻していく相性。

先天的な運勢

仕事運

権力志向を秘めている「女宿」は表舞台に立つより、裏舞台で実力を発揮する職種の方が、力量を発揮できる。公務員、弁護士、伝統工芸やアンティーク販売等も良い。

金運

先天的にスポンサー運を持っている「女宿」は正規の収入以外にも、蔭からの副収入を得やすい運命の持ち主。資格を持っている場合は、特にそれが晩年に役立つ傾向。

恋愛運

プライベートでは〝暗さ〟が出やすい傾向のある「女宿」は片想いや不倫関係で思い悩むことなどが生じやすい。女性は良妻賢母型だが仕事と恋愛との両立は難しい。

健康運

神経過敏なところを持っている「女宿」は表面上見えない箇所に疾患を抱え込みやすい。病院通いしやすい。特に女性は婦人科系の持病で苦しむケースが多い。

23 虚宿（きょしゅく）

幸運へのアドバイス

異性からの人気運を持っているので、それを活用することが成功への近道。神仏との関わり強く、信仰や霊感から幸運が訪れることもある。

性格と才能

どんな環境にあっても夢と理想を追い求め続けるロマンチストなタイプです。感受性が極端に強いのでナーバスになりやすく、衝動的行動も目立つようです。情緒性が豊かで空想の世界に遊ぶことが多く、芸術や文学や芸能に親しみ、鋭いヒラメキと特異な感性で社会的な賞賛や注目を浴びる時もあります。その一方、現実の生活に不満や不安が生じやすく、一挙に生活が破たんしていく人もいます。

不吉な相性

愛嬌のある「心宿」とは表面上は良くても内面的に寛げない相性。感激しやすい「柳宿」とは感覚的な違いから距離感を縮められない相性。

前世的な相性

同じ「虚宿」とは嫌いな自分を見ているような嫌な相性。思慮深い性質の「觜宿」とは精神的に深く癒し合う相性。爽やかな雰囲気の「角宿」とは互いに長所を引き出し合う相性。

良好な相性

無邪気な性質の「危宿」とは華やかな共通点があり甘えられる相性。我が道を行く「畢宿」とは情愛豊かで癒される相性。気高さを感じる「昴宿」とは自然に溶け込める良好な相性。

先天的な運勢

仕事運

試練を乗り越えた後で大きく開花する「虚宿」は一度は挫折して苦境に立ってから、本領発揮するのが本来の姿。組織の中よりもフリーの立場で才能を発揮しやすい。

金運

ある種のギャンブル運を備えている「虚宿」は思わぬところから窮地に大金が転がり込んで来る強運の持ち主。その半面、詐欺商法などに引っ掛かりやすいので注意。

恋愛運

人一倍感受性の鋭い「虚宿」は自分自身でもよくわからない衝動的言動で、恋愛は失敗しやすい傾向を持つ。異性運自体は強いので恋愛面は常に波乱含みとなる。

健康運

精神面に脆いところを持つ「虚宿」は精神面から体調を崩していくケースが多い。肉体そのものは、案外強い。体調が悪くなると何故か幻覚や妄想等に襲われやすい。

24 危宿（きしゅく）

性格と才能

あまりにも純真潔癖で、自分というものを偽ることが出来ないタイプの人です。精神面や芸術面への理解力には優れていますが、現実的な処理能力が乏しく、長期的な計画とか努力目標の設定は苦手なようです。遊び好きで個人的興味を優先し、好き嫌いだけで物事を決めるなど、周囲をハラハラさせがちです。過激な言動も多いので敵味方が分かれやすく、気分屋との評価も多く信頼度は低いようです。

幸運へのアドバイス

その時々の気分やムードに支配されやすいので、中途挫折しやすい弱点あり。その点だけ克服出来れば元々人気運あるので成功間違いない。

良好な相性

物おじしない「室宿」とは互いの不足を補い合える相性。華やかさを持つ「虚宿」とは夢を追う部分が共通し長続きする相性。嘘のない「角宿」とは細やかな情愛で結びつく相性。

前世的な相性

同じ「危宿」とは人気者同士の組合せで長続き難しい相性。目立ちやすい「参宿」とは行動の軽さが一致し理解し合える相性。信念を貫く「亢宿」とは損得抜きで尽くし合う相性。

不吉な相性

二面性を持つ「心宿」とは相手の計算高さが相容れない相性。気品を感じさせる「昴宿」とはライバル的な状況が生まれやすく癒されない相性。

先天的な運勢

仕事運

ヒラメキとセンスを持っている「危宿」は創意工夫を必要とする分野や、情緒を必要とするような分野に向く。俗に言う〝固い企業〟では長続きさせるのが難しい。

恋愛運

周りの異性が放っておかない「危宿」は常に誰かしら相手がいる場合が多いが、本気と浮気とを分けて捉えるタイプ。自分がほれ込むと、一途に尽くしていくのが特徴。

金運

金儲けに興味を持たない「危宿」はお金が入れば入っただけ使うタイプで、手元に残しておくことが出来ない。金運にムラがあるが、特に困るような状況にはならない。

健康運

管理社会を嫌う「危宿」はどうしても不規則な生活になりやすい傾向を持つ。飲食面も偏食になりがちな傾向。病気だけでなく突発的な事故にも遭いやすいので注意。

25 室宿（しつしゅく）

性格と才能

慎重で思慮深い面を持ちながら、その一方で大胆不敵なことをやってのけるタイプです。無邪気で正直でもあるため多くの人から愛されます。有言実行の自信家で周りの人達をまとめていく才能を持っているようです。一つのことに気持ちが向かうと他が見えなくなる弱点があり、決して器用な方ではありません。仮に失敗をしても立ち直りが早く、新たな目標に向けチャレンジ精神旺盛なようです。

幸運へのアドバイス

独立独歩で人を頼らず、自らの努力と不屈の精神で運勢を切り開いていく。一度や二度の失敗で諦めない忍耐力や生命力を養うことが大切。

不吉な相性

本音が見えない「心宿」とは腹を割った話し合いが出来ずに背き合う相性。恐れを知らない「箕宿」とは互いに虚勢を張って衝突する相性。

前世的な相性

同じ「室宿」とはライバル関係となり疲れてしまう相性。冷静で知性派の「井宿」とは仕事上組むなら最高の相性。欲望が強い「氐宿」とは互いの利己的な部分から衝突する相性。

良好な相性

真面目で働き者の「壁宿」とは優しく包み込んでくれる理想の相性。型破りな「参宿」とはスケールの大きさが一致している相性。気風の良い「虚宿」とは文句なく気の合う相性。

先天的な運勢

仕事運

エネルギッシュで瞬発力を持っている「室宿」は与えられた環境の中、徐々に自らのポジションを勝ち取っていく。ライバルの居る競争が激しい世界ほど力を発揮する。

恋愛運

ロマンチックな感覚の乏しい「室宿」は一方的な一目ぼれから、強引に交際へと結び付けていくケースが多い。事務処理的に異性との関係を合理的に進めようとする。

金運

成功への階段は一気に駆け上っていく「室宿」は大きな組織ほど向いていて、年齢が行くほど出世をしていく。経済的には地位・役職に応じて収入がアップしていく。

健康運

日頃から健康に自信を持っている「室宿」は自らの体力を過信しやすく、無理をし過ぎた結果諸病を呼び込む。いったん体調を崩すと次々と病魔に襲われやすい。

26 壁宿（へきしゅく）

性格と才能

日頃は物静かですが、ここぞという瀬戸際に追い込まれた時に本来の力を発揮できるタイプです。強い信念と長期的なビジョン、それにゆるぎない自信の持ち主です。どちらかというと〝縁の下の力持ち〟的な立場を演ずることが多いのですが、常に実利を計算し、着実に目標へと近づいていきます。親しみやすく誰に対しても公平ですが、本心は見せず妥協を嫌うので人付き合いは良くありません。

幸運へのアドバイス

一般的な仕事より特殊な分野とか珍しい職種で異彩を放つのが本来の姿。土壇場に強いので、仕上げ工程を任されると最も力を発揮できる。

良好な相性

常識的な「奎宿」とは生活のテンポが合う良好な相性。目立ちたがりの「柳宿」とは役割分担をハッキリさせると良い相性。理知的な「井宿」とは不思議とウマが合う良好な相性。

前世的な相性

同じ「壁宿」とは頑固者同士で歩み寄れない相性。好奇心旺盛な「鬼宿」とは互いの個性を理解し合える相性。緻密な考えの「房宿」とは公私共に支え合うことが出来る良い相性。

不吉な相性

独特の感性を持つ「虚宿」とは一緒に居ると違いが目立って衝突しやすい相性。ストレスを溜め込む「觜宿」とは小さな亀裂が拡大する相性。

先天的な運勢

仕事運

多くの人と一緒に行動するのを好まない「壁宿」は単独で行える作業が理想だが、組織なら仕上げの工程が良い。コンサルタント、福祉、監査業務等も向いている。

金運

全ての行動に大義名分を必要とする「壁宿」はハッキリとした目的や理由があれば、収入増や財産獲得に励む。従ってマイホームなどの目標を持った方が良い。

恋愛運

何に対してもじっくり取り組む「壁宿」は初対面で親しくなるのは苦手で、出逢いを活用できないケースが多い。いったん交際が生じると長く継続させていくのは得意。

健康運

物事全てに慎重な「壁宿」は事故や怪我をする心配はないが、下半身に持病が出やすい体質を持っている。年齢とともに下半身の膝や腰などに注意を払うのが良い。

27 奎宿（けいしゅく）

性格と才能

イマジネーションが豊かで文学とか美術などの素質に恵まれているタイプです。常に刺激のある生活を望み、同時にいくつかのことに関わるのが好きです。知的好奇心も旺盛で、いくつもの趣味や特技を持っていることが多いようです。一見、理論的に生きているように見えて実は勘や閃きに従って行動しています。やや世間知らずなところがあり、予期せぬ挫折や試練に弱い特徴が見受けられます。

幸運へのアドバイス

自分自身が選んだ道では中途挫折しやすく、他人が敷いたレールに乗っかる形で成功しやすい特徴がある。女性は玉の輿型の結婚に縁あり。

不吉な相性

裏情報に詳しい「女宿」とは批評的な眼差しを向けられて安らげない相性。無難に生きている「軫宿」とは接近しようとすると苛立つ相性。

前世的な相性

同じ「奎宿」とは長所は良いが欠点も意識しやすい相性。好奇心旺盛な「柳宿」とは互いの方向性に違いが出やすい相性。本能で行動する「心宿」とは生活感覚が相容れない相性。

良好な相性

気が利く「婁宿」とは不足する部分を補ってもらえる相性。苦労人の「壁宿」とは陰から支えてサポートし合う相性。包容力のある「室宿」とは心をオープンに付き合える相性。

先天的な運勢

仕事運

知的好奇心が旺盛な「奎宿」は調査・研究して行う職種分野がもっとも向いている。趣味も多く適性は幅広い。教育、金融、司法、医療などの分野で活躍できる。

金運

金銭の貸し借りを嫌う「奎宿」はサイドビジネスに励む場合も多く、さまざまな形を使い収入を増やそうとする。本来は独立自営的なフリーの業務の方が金運に恵まれる。

恋愛運

先天的に結婚運には恵まれている「奎宿」は家庭的で比較的順調に恋愛から結婚へ進んでいくケースが多い。異性を見る目も確かで、恋愛が敗れてしまうケースは稀。

健康運

見た目的にも清潔感漂う「奎宿」はオシャレできれい好きな人が多く、家庭内でも清潔さを保つ生活をしがち。但し女性は、婦人科系疾患にかかりやすいので注意。

古代エジプト占星術による運勢と成功予知術

今から約5000年前、アフリカ大陸ナイル流域に花開いたのが「古代エジプト文明」です。現代に通じる文明の先行者は一年を365日間とし、一年を12ヶ月とし、一日を24時間とし、昼・夜共12時間の制度を採用していました。男女平等の意識が強く、女王が統治している期間もありました。オシャレで現代と同じくウィッグを用い、アイシャドーを施し、ピアスを身に付け、シースルーのドレスで着飾るなど優雅な女性達で溢れていました。信仰心の篤い民族でしたが、文学・音楽・舞踏・魔術も好みました。その古代エジプト文明で培われたのが36区分の「デカン占星術」です。彼らは夜空を彩る星たちを〝神々の顔〟として認識し「デカン＝顔」と名付けたのです。デンデラ神殿の天井に描かれた円形天文図には、北斗七星や黄道12星座と共にデカン36星座も描かれています。デカンは、厳密に言うと〝星座中もっとも輝きの強い恒星〟を指しますが、星座全体を「夜空の守護神」とし、南中している間は〝守護神の力が及ぶ〟と観立てていたようです。あなたの生まれ月日から、守護神による成功術がわかります。

No.	守護神名	デカンの星座期間
1	ラー	7月23日〜8月1日
2	セクメト	8月2日〜8月12日
3	アケル	8月13日〜8月23日
4	プタハ	8月24日〜9月2日
5	セシャト	9月3日〜9月12日
6	ミン	9月13日〜9月22日
7	マアト	9月23日〜10月3日
8	ムウト	10月4日〜10月13日
9	ネフティス	10月14日〜10月23日
10	アヌビス	10月24日〜11月2日
11	アポピス	11月3日〜11月12日
12	ソティス	11月13日〜11月22日
13	ベヘデティー	11月23日〜12月2日
14	ヌウト	12月3日〜12月11日
15	ネクベト	12月12日〜12月21日
16	クヌム	12月22日〜12月31日
17	ベヌウ	1月1日〜1月10日
18	セト	1月11日〜1月20日

No.	守護神名	デカンの星座期間
19	イシス	1月21日〜1月29日
20	ソカル	1月30日〜2月8日
21	ハピ	2月9日〜2月18日
22	セベク	2月19日〜2月29日
23	サティス	3月1日〜3月10日
24	オシリス	3月11日〜3月20日
25	アメン	3月21日〜3月30日
26	ゲブ	3月31日〜4月9日
27	ホルス	4月10日〜4月20日
28	ハトホル	4月21日〜4月30日
29	アピス	5月1日〜5月10日
30	ムネヴィス	5月11日〜5月20日
31	テフヌト	5月21日〜5月31日
32	シュウ	6月1日〜6月10日
33	トト	6月11日〜6月21日
34	ケプリ	6月22日〜7月1日
35	アトウム	7月2日〜7月12日
36	コンス	7月13日〜7月22日

7月23日～8月1日の出生日

No.1 真昼に輝く太陽の神

《ラー》のデカン

性格・特徴

真昼に輝く太陽の影響を受け、明るく情熱的で名誉心が強く、派手好きな性質です。褒められると実力以上の力を発揮します。オシャレで個性的ファッションを好みます。虚栄心やプライドに拘るので、目上から虐げられると怒りっぽく苛立ちやすい性質が表れます。

才能・適性

自らが光り輝いていられる仕事。具体的には映画スター、政治家、モデル、アイドル、指揮者、映画監督。

成功の秘訣

華やかなファッションと明るい笑顔こそ成功への秘訣。何事にも自信を持って華やかに振る舞うことも大切。個性や独創力を生かすこと。成功しやすい季節は夏。能力を発揮する方位は東&南。救いの神は権力者。避けるべきは深夜の深酒。

神話伝承

神々の王として誕生。生命の守護神。創造の神でもあり芸術や科学の分野で〝新たな誕生〟を促す。ヘリオポリスを起源とする国家神。

8月2日～8月12日の出生日

No.2　雌ライオンの神

《セクメト》のデカン

性格・特徴

華やかな容姿の生まれであり、何事にも弱音を吐かず、負けず嫌いの努力家です。他から攻撃を受けると優しさが消え、猛烈に敵対心が強まります。冒険心が強く前向きですが、頼りにしていた人物を喪うと、途端に気弱となって情熱を失くしてしまう弱点があります。

才能・適性

伝統を守り抜いていく仕事。具体的には舞踏家、思想家、陶芸家、花火師、オペラ歌手、芸者、考古学者。

成功の秘訣

司令塔となって指示する立場に就くことが成功への秘訣。心身を燃え尽くせる世界を発見することが大切。負けず嫌いの性質を活かすこと。成功しやすいのは繁華街。力を発揮する所は丘陵地。救いの神は親や親戚。避けるべきは地下活動。

神話伝承

伝統的家系・血族と故郷の守護神。邪悪な敵から身を守り〝炎で焼き尽くす〟力を授けられている。王都メンフィスを起源とする神。

8月13日～8月23日の出生日

No.3　太陽の門を開く神

《アケル》のデカン

性格・特徴

目上に対して献身的で忠実な性質を持ち、黙々と職務を遂行していく性質です。頑張り過ぎて時々勇み足をします。人前では明るく開放的でユーモアもあります。社会への不満がくすぶっているので、ストレスを処理しきれないと無軌道な行動に出る性質が表れます。

才能・適性

朝早くから必要とされる職務。具体的には駅業務、運転手、弁当屋、新聞配達、証券マン、神主、保育士。

成功の秘訣

恩師や上司など有力者から引立てられることが成功の秘訣。目上との対人関係を良好に保つことも大切。サポート能力を磨くこと。成功しやすい時間帯は夜明け。力を発揮する方位は真東。救いの神はパートナー。避けるべきは深夜の電話。

神話伝承

現世と来世の境界にある門の守護神。一対〝双頭のライオン〟で、太陽を支える神を表わす。大地に蘇りの力を与えるギザが起源の神。

8月24日～9月2日の出生日

No.4　緑色の肌の創造神

《プタハ》のデカン

性格・特徴

独創力の強さと清潔感を持ち、研究心旺盛で常に冷静であり、物静かな性質です。小さなミスにも神経質となり、体調を崩しやすい弱点があります。優秀な頭脳や手腕を活かし、あまり自分を責めすぎず、命の根源に関わるものと向き合う職場で働くのが理想的です。

才能・適性

言葉を使って何かを作り出す仕事。具体的には落語家、営業マン、翻訳家、作詞家、ゲーム制作、製造業。

成功の秘訣

お祝い事に多く参加することが成功への秘訣。先祖との関わりや伝統的なものに囲まれる生活も大切。情緒性の豊かさを活かすこと。成功しやすいのは春分前後。理想的な場所は先祖所縁の地。救いの神は趣味特技。避けるべきは家族の変更。

神話伝承

職人や技術者が多い地域での創造神。特に建築設計、金属加工、陶芸の分野で力を発揮。王都メンフィスの戴冠式で重要視される神。

9月3日～9月12日の出生日

No.5　測地と学問の神

《セシャト》のデカン

性格・特徴

山や海など大自然への憧れ強く、探求心が人一倍あって、細心の注意を怠らない性質です。忍耐強くて組織立った頭脳の持ち主です。大地のエネルギーを体内に取り込む能力を持っています。仕事上で行き詰まると、目上に対し批判的となって潔癖感が過度に表れます。

才能・適性

宇宙や技能に関連ある仕事。具体的には測量士、建築家、気象予報士、時計技術者、天文学者、土木業者。

成功の秘訣

神社・仏閣の近くに居住することが成功への秘訣。神仏への礼拝を欠かさず、輝きある髪飾りを身に付けること。成功しやすい時間帯は夕方以降。実力を発揮する理想の地は海外。救いの神は満天の星降る下の神殿。避けるべきは固定観念。

神話伝承

学問の女神として有名で、天文学、科学、測量の守護神。頭部に〝七つの光〟が描かれ、神殿建築時は必ず主神。サイス地方の女神。

9月13日～9月22日の出生日

No.6　農耕と豊饒を司る神

《ミン》のデカン

性格・特徴

食材や飲食物へのこだわりが強く、清潔好きで季節に対して敏感な性質です。潔癖感が強いので整理整頓や選別に適した能力を持ちます。必要なもの、排除すべきものを本能的に嗅ぎ分けます。愛を喪うと神経質となり、本来の緻密さを欠きミスの多い弱点が表れます。

才能・適性

地元関連の産業や官能的な仕事。具体的には農業、酒造業、乳製品販売、風俗業、観光業、野菜ソムリエ。

成功の秘訣

セクシーなオシャレが成功への秘訣。世の中に何かを生み出していくことも大切。先祖への感謝を忘れず供養を行うこと。成功しやすい場所は先祖が眠る大地。エネルギーの源は緑の野菜。必要なのは官能的な悦び。避けるべきは天空の旅。

神話伝承

豊穣神として王朝以前から存在。野菜収穫の守護神。中でも「チシャ」と呼ばれるレタスの神。古くコプト地域で崇拝された農業神。

9月23日～10月3日の出生日

No.7　死後法廷で活躍する神

《マアト》のデカン

性格・特徴

何事に対しても公平で正義感が強く、高い精神性を持ち、気分に左右されない性質です。誰に対しても分け隔てなく接し、平等に愛を分け与えようとします。周囲との調和を考え、人や物の調整役として活躍します。真実をゆがめられると嘆き悲しむ性質が表れます。

才能・適性

正義感を活かし、真実を追求できる仕事。具体的には裁判官、評論家、推理作家、刑事、検察医、審査官。

成功の秘訣

何度突き落とされても復活するのが成功への秘訣。逆境にあっても諦めないこと。ハート型装飾品を身に付けること。成功しやすいのは季節の変わり目。力を発揮するのは各種の審査業務。救いの神は法律知識。避けるべきは嘘をつくこと。

神話伝承

死後法廷の神として重要。「真実・正義・秩序」の女神。通常〝ダチョウの羽毛〟で表現。主にメンフィスやテーベで崇拝された神。

10月4日～10月13日の出生日

No.8　王子の乳母としての神

《ムウト》のデカン

性格・特徴

愛情豊かで本能的な優しさを持ち、包容力が強く、慕われやすい性質です。家庭的な方面で優れた素質を発揮します。部下・後輩の育て方がうまい特徴を持ちます。社会的立場を失い、責任が外れてしまうと積極性が消えて、優柔不断な性質が目立つようになります。

才能・適性

血統や家系を継承していく仕事。具体的には家業、助産婦、保育士、モデル、ガイド、調律師、宝飾販売。

成功の秘訣

目下の人達を育成していく気持ちこそ成功への秘訣。個性的ヘアスタイルや帽子愛用も大切。最後に戻るべき場所を忘れないこと。成功しやすいのは生まれ月の頃。実力を発揮するのは河岸付近。救いの神は大切な異性。避けるべきは争い事。

神話伝承

母親的な意味合いでの地域的守護神。家系と血統を守っていく役割が強く、〝家族の守護神〟でもある。テーベを起源とする乳母神。

10月14日～10月23日の出生日

No.9　宮殿を支配する女神

《ネフティス》のデカン

性格・特徴

何事にも冷静で指導力を持ち、正義感が強く、観察力の鋭い性質です。美しいものへの憧れが強く、それを得るため全てを犠牲にすることさえあります。人前では優雅な雰囲気でも美貌が衰えると、虚栄心の強すぎる自分に苛立ち、落ち込みの激しい状態が続きます。

才能・適性

兄弟関連や名誉を保つ仕事。具体的には共同事業、マンション経営、広報、行政書士、人材派遣業、弁護士。

成功の秘訣

神聖で未知なる分野に向かうのが成功への秘訣。大き目のペンダントを身に付けることも大切。どんな時でも正義感を失わないこと。成功しやすいのは夕方以降。能力を発揮するのは高層ビル。救いの神は外国人。避けるべきは引きこもり。

神話伝承

イシス女神の妹でセト神の妻。宮殿の守護神。亡くなった近親者を〝復活・再生させる能力〟を備えている。死者の内臓を守護する神。

10月24日～11月2日の出生日

No.10　王墓を守る山犬の神

《アヌビス》のデカン

性格・特徴

組織への忠誠心に溢れ、神仏との関わり強く、生命力漲っている性質です。何事でも白黒をハッキリつけたがります。いったん決めたことは、不利とわかっても必ず実行します。目上との関係が途切れると、途端に批判的となって、時に復讐心を抱くこともあります。

才能・適性

生命を蘇らせる仕事。具体的には住宅リフォーム業、リサイクル事業、歯科技工士、鍼治療師、腹話術師。

成功の秘訣

復活の神から授かった強靭な生命力を活かすことこそ成功への秘訣。外出時に〝変身的なオシャレ〟を楽しむことも大切。成功しやすいのは年始&春先。能力を発揮しやすいのは緑の大地。救いの神は武術道場。避けるべきは先祖への冒瀆。

神話伝承

死者のミイラに対して、トト神と共に「口開きの儀式」を行う神。墓地や遺体を守護する神。上エジプトのサマールート近郊が起源。

11月3日～11月12日の出生日

No.11　冥界の航海を助ける神

《アポピス》のデカン

性格・特徴

潜在的な恐怖心が強く、負けず嫌いな反面、愛する人にはひたむきに尽くす性質です。人の見ていないところで努力します。言葉より行動で気持ちを表わし、ストレスを消化しにくい弱点があります。対人面での調和を失うと、意地悪くなって怨みを継続しがちです。

才能・適性

闘い合う仕事や誰かを守る仕事。具体的にはプロレスラー、ボクサー、SP、スタントマン、廃棄物処理。

成功の秘訣

危険に立ち向かうことが成功への秘訣。使命を授けられていると信じることも大切。通学・通勤中の出逢いを活かすこと。成功しやすい時間帯は夕方以降。能力発揮には邪魔者の排除が必要。救いの神はペット。避けるべきは午前中の契約。

神話伝承

不死身な生命力を持ち、邪悪な世界から神王を守る神。航海の神でもあり〝船旅〟における守護神。冥界の危険を払い除いてくれる。

11月13日～11月22日の出生日

No.12　シリウスが神格化された神

《ソティス》のデカン

性格・特徴

向上心が人一倍強く、理想や目標が大きく、常に前向きな性質です。乗っている時と落ち込んだ時のギャップが大きいのが特徴です。心の奥では自己の力不足を嘆きがちです。当面の目標を見失ってしまうと、引きこもりがちとなり、反抗的な態度や性質が表れます。

才能・適性

予告関連業務や宇宙に関する仕事。具体的には気象予報士、地震学者、占星術師、アナリスト、SF作家。

成功の秘訣

過去と未来の水先案内人こそ成功への秘訣。光る髪飾りやネックレスを身に付けることも大切。直観に導かれた行動も必要。成功しやすいのは夜。力を発揮するのは海外。発明・発見の分野。救いの神は老人。避けるべきは頑迷な固定観念。

神話伝承

洪水の到来を予知・予告する女神。また〝子牛の守り神〟としても活躍。90日間地平線下に沈み、日の出直前に出現すると洪水予告。

11月23日～12月2日の出生日

No.13　戦場を舞う鳥神

《ベヘデティー》のデカン

性格・特徴

本能的に闘争心が強く、敵やライバルへの報復に対し情熱の炎を燃やす性質です。霊感が鋭く、どう動けば勝利に結びつくか、災難を回避できるか予知する能力を持っています。常に東奔西走しています。自らの衝動性や無鉄砲さに腹立たしさを感じる夜もあります。

才能・適性

遠方や事件に関わる仕事。具体的には自衛官、パイロット、海外駐在員、レスキュー隊、登山家、格闘家。

成功の秘訣

恋愛でも仕事でも、ライバルと競い合うのが成功への秘訣。華やかなファッションにサングラスを掛け、長い髪であれば理想的。成功しやすい季節は夏。能力発揮の方位は東&南。栄光は海外。救いの神は著名人。避けるべきは雨天の外出。

神話伝承

「翼の生えた太陽円盤の神話」では王国を守る闘いの神。各地で〝戦勝記念〟として神殿の凱旋門上に描かれた。エドフが発祥の地。

12月3日～12月11日の出生日

No.14　愛情豊かな天空神

《ヌウト》のデカン

性格・特徴

包容力が豊かで何事にも理解があり、昼間よりも夕方から夜にかけエネルギッシュとなる性質です。あまり一か所に落ち着くタイプではありません。管理社会を嫌い自由な生活を好みます。身近な人達が離れてしまうと、ずぼらで好い加減で無気力な性質が表れます。

才能・適性

裸に関連ある仕事や航海に関連ある仕事。具体的にはモデル、ヨットマン、宮大工、AV女優、灯台勤務。

成功の秘訣

大自然と一体化して生活することが成功への秘訣。裸に近いランジェリー姿でベッドに入ることも大切。大きな観葉植物を室内に置くこと。成功しやすいのは夕方以降。能力発揮しやすいのは高所、方位は西。避けるべきは室内にこもること。

神話伝承

死後王国の巨大天蓋として誕生。天空が本来の守護領域。「千の魂を持つもの」という異名もあり、大いなる母性として出産も司る。

12月12日～12月21日の出生日

No.15　王墓を守る２女神中の１神

《ネクベト》のデカン

性格・特徴

部下後輩たちの面倒見が良く、社会的な野心は大きく、美意識の強い性質です。本当に大切なことは何かを意識し、日常の小さなことにこだわらない。上下関係を大切にして献身的に尽くすが、後ろ盾を失うと復讐心が強まり、粗暴な行動に出てくる可能性があります。

才能・適性

伝統権威を守っていく仕事。具体的には助産師、寮母、外交官、民宿経営、漫才師、狂言師、ダンス講師。

成功の秘訣

伝統やしきたりを守る一方で組織改革に着手するのが成功への秘訣。クッキリとしたメイクも大切。家系・血統から吸収する智恵。成功しやすい季節は春&秋。能力を発揮する方位は現在地。救いの神は敵対者。避けるべきは午前中の契約。

神話伝承

王家代々の伝統と血統を守る神。「二女神」としての価値が高く、〝共同事業〟や〝提携〟でも力を発揮。アル・カブ地域が起源の神。

12月22日～12月31日の出生日

No.16　牡ヒツジの創造・技工神

《クヌム》のデカン

性格・特徴

精力的に働くけれども融通が利かず、頑固一徹で気難しい部分もあり、忍耐強い性質です。目標が定まると、それに向かって突進するので絶大なパワーを発揮します。真面目で慎重ですが、役目を終えると情熱を失い、ロボットのようなぎこちない日常が始まります。

才能・適性

何かを創り出す技術職。具体的にはIT技術者、陶芸家、彫刻家、部品製造、水道局勤務、金属系技術者。

成功の秘訣

技術分野でコツコツ技を磨くのが成功への秘訣。目立たなくても社会の役に立っていることが大切。小さな半島や岬を訪れること。成功しやすい季節は春。能力発揮は生産性部門で故郷付近。救いの神は芸術品。避けるべきは雨天のデート。

神話伝承

飢餓で苦しむ国民を夢に現れ救い出した水源の神。陶芸の神でもあり、〝ろくろを使って〟人類を創造。エレファンテーネ発祥の神。

1月1日～1月10日の出生日

No.17　聖鳥による復活神

《ベヌウ》のデカン

性格・特徴

古くからの伝統と規律を重んじ、何事にも秩序正しく、実務に有能な性質です。現状に見合った生活を心掛け、自分を客観視する能力を備えています。几帳面でデータを利用するのが巧みです。苦手な人達に囲まれると会話を嫌がり、過去のトラウマが蘇って来ます。

才能・適性

長期的スタンスで挑む仕事。具体的には地域振興産業、質屋、再生医療、リフォーム業、廃品回収、造船。

成功の秘訣

歴史に埋もれるものを蘇らせる役割こそ成功への秘訣。過去のデータに学ぶことも大切。ジムに通って肉体改造すること。成功しやすいのは年始&春先。能力発揮は緑の大地、方位は東。救いの神は先祖。避けるべきは腕時計を外した生活。

神話伝承

不死鳥として500年ごと蘇り、父鳥の遺骸をヘリオポリスの太陽神殿に運ぶ。「火の鳥」として太陽神が蘇り、王国に繁栄をもたらす。

1月11日～1月20日の出生日

No.18　王位を奪った神

《セト》のデカン

性格・特徴

常に現状への不満を抱き、慎重に物事を進め、野心を満たそうと試みる性質です。何事も組織力を活かそうとするのが特徴です。働き者で、目標の為にはすべてを犠牲にします。社会的な地位や立場を失うと、強引で頑固一徹となり、わがままで粗暴な性質が表れます。

才能・適性

ライバルと競う合う仕事。具体的には政治家、レーサー、騎手、官僚、キャバ嬢、営業マン、ネット販売。

成功の秘訣

正攻法で攻めるより陰に廻ってチャンスを窺うのが成功への秘訣。一気呵成に勝利を握ることも大切。赤と黒のオシャレが基本。成功しやすい時間帯は夕方。能力を発揮する方位は西。救いの神はペット。避けるべきは真昼の契約やデート。

神話伝承

オシリス神話では王位を略奪するため実兄オシリスを殺害。息子ホルスによって敵を討たれた。「偉大なる力」として自然災害の神。

1月21日～1月29日の出生日

No.19　シリウスと同一視された神

《イシス》のデカン

性格・特徴

気高い精神を持ち、身の周りへの愛情が人一倍強く、人道主義的な性質です。平和を求める気持ちが強く、ボランティアに熱心です。人前では爽やかな笑顔を絶やさないけれども、独りになると複雑なトラウマに苦しみ、誰にも相談できない葛藤から嘆き悲しみます。

才能・適性

多くの人に愛を捧げる仕事。具体的には保育士、アイドル、接客業、宗教家、漫画家、占い師、ダンサー。

成功の秘訣

全ての人に共通の願いを追い求めることが成功への秘訣。クロス型ペンダントを身に付けることも大切。兄弟の交流を欠かさないこと。成功しやすいのは夏至付近。能力を発揮するのは河海付近。救いの神は母親。避けるべきは深夜の会食。

神話伝承

オシリス神話ではオシリスの妻で、殺害された夫を呪術で蘇らせる。ラー神話では「ラー」の秘密を呪術を使い訊き出すことに成功。

1月30日～2月8日の出生日

No.20　墓地の守護神

《ソカル》のデカン

性格・特徴

先祖や神仏への信仰心が強く、伝統や規律を重んじ、静けさを好む性質です。今現在に関心が薄く、過去や未来に意識を向ける傾向があります。人一倍ピュアな精神を持つ。対人関係で支障が生じると、集団生活を嫌う傾向が強まって、奇行が目立つようになります。

才能・適性

埋蔵物や土地に関する仕事。具体的には歴史学者、土木業、ゴルフ場経営、庭師、石油会社、観光ガイド。

成功の秘訣

先祖の恩恵を活かし地元発展に貢献するのが成功への秘訣。温泉でリフレッシュすることも大切。郷土について詳しくなること。成功しやすいのは春分&秋分。能力発揮は北緯30度付近、方位は東。救いの神は血縁者。避けるべきは天空の旅。

神話伝承

ギザのスフィンクス近くには〝ソカルとその聖船〟に捧げられた礼拝堂がある。「測地の神」としての顔もある。メンフィスが発祥。

2月9日～2月18日の出生日

No.21　ナイルの水源を司る神

《ハピ》のデカン

性格・特徴

アイデアが豊かで勘も鋭く、規律正しい生活を営み、企画力に優れた性質です。物事の本質を考えたがる点があって哲学的です。ユーモアもあり、対人面では爽やかな対応をします。失敗が続くと自信と希望を失い、理想と現実のギャップに苦悩する性質が表れます。

才能・適性

仕分けや調整を行う仕事。具体的には肥料会社、仕分け業務、データ管理、企画開発、研究職、商社マン。

成功の秘訣

人々に癒しと潤いを与えることが成功への秘訣。泉のようにアイデアを産み出すことも大切。上下に分かれた洋服のパーツを身に付けること。成功は季節の変わり目。雨季。能力を発揮する方位は南。救いの神はデータ。避けるべきは虚言。

神話伝承　ナイル水源で水位を調節する神。アスワン洞窟には〝両手壺から水を灌ぐ〟ハピ神レリーフが存在。垂れさがる乳房は「豊穣」の証。

2月19日～2月29日の出生日

No.22　河で邪神と対決する神

《セベク》のデカン

性格・特徴

部下後輩たちの面倒見が良く、水辺付近を好み、フィーリングで生きて行く性質です。本能的な洞察力に優れ、初対面でも相手の本心を見破る能力があります。優しく情緒性は豊かです。頼りにしていた人物を喪うと憂鬱な面が強まり、不愛想に変わる性質が表れます。

才能・適性

本能的直感が要求される仕事。具体的には麻薬Gメン、秘書、ケースワーカー、探偵、SP、パイロット。

成功の秘訣

愛する人に対して献身的に尽くすことが成功への秘訣。対人関係を良好にしておくことも大切。河海付近で暮すこと。成功しやすい季節は冬至～正月。能力を発揮する方位は真北。救いの神は部下・後輩。避けるべきは活動領域外への遠出。

神話伝承　中王国時代には発祥地のファイユームに近い神殿内で「聖なるワニ」が飼われ、死ぬとミイラにして神殿に奉納。干拓事業の守り神。

3月1日～3月10日の出生日

No.23　作物の豊饒を司る神

《サティス》のデカン

性格・特徴

日頃から健康や飲食に注意を払い、情緒性深く、包容力に満ちた性質です。与えられる愛より犠牲的に与える愛を好む傾向。周囲から求められる役割を演じようとします。大切な部下・後輩達が離散すると感傷性が強まり、極端に気弱となってしまう性質が表れます。

才能・適性

与えられた範囲を守り抜く仕事。具体的には看護師、警備員、不動産管理、養護教諭、輸入販売、畜産業。

成功の秘訣

自分の役割を自覚し、その使命を果たすことが成功への秘訣。日頃から革製品を着用することも大切。地域の名産品に関わること。成功しやすいのは実りの秋。能力を発揮する方位は南。救いの神は自然界。避けるべきは都会に暮らすこと。

神話伝承　南の国境を守護する神。神話上では「クヌム神の妻」としても登場。敵に向かって〝矢を放つ名人〟とされる。セーヘル島が発祥地。

3月11日～3月20日の出生日

No.24　永遠の冥界の神

《オシリス》のデカン

性格・特徴

信仰心が強く責任感に富む反面、どこか退廃的で悟りきったところがある性質です。一度は〝どん底〟のような生活体験をしがちです。苦境から這い上がってくる底力を持ち、後輩たちの信頼が厚いのが特徴です。独りになると、自らの無力さを嘆く性質が表れます。

才能・適性

復活・再生する仕事。具体的にはリサイクル事業、美容外科医、生花店勤務、福祉職員、薬剤師、古美術。

成功の秘訣

心の底のトラウマをバネに変えるのが成功への秘訣。外出時は変身的ファッションをすることも大切。一度や二度の失敗で諦めないこと。成功しやすいのは春。時間帯は夕方。能力の発揮は西。救いの神は上司。避けるべきは先祖への冒瀆。

神話伝承　王国を代表する神。「二度死んで三度生まれる」復活神話が有名。〝作物の再生豊穣〟に関係する神。冥界王の側面では長寿を司る。

3月21日～3月30日の出生日

No.25　隠れた太陽の神

《アメン》のデカン

性格・特徴

華やかな雰囲気で気性の激しい部分と、妙に恥ずかしがりやで秘密めいた部分を併せ持つ性質です。強烈な個性を何らかの形で世の中に認めさせていく力を持っています。直感でスピーディーに物事を決断する半面、集団から孤立すると、ふさぎ込む性質が表れます。

才能・適性

暗闇の中で行う仕事。具体的には映画館経営、写真館、検査技師、宝石鑑定士、風俗業、宗教家、呪術師。

成功の秘訣

何事もスピーディーに決断し実行することが成功への秘訣。先天的な素質・能力に磨きをかけることも大切。赤い宝飾品を身に付けること。成功しやすい時間帯は明け方。季節は春。能力発揮は真東。救いの神は支援者。避けるべきは妄想。

神話伝承

ヘルモポリスの創世神話では「八神」の一つ「隠れたる者」。新王国時代「ラー」と結びつき「アメン・ラー」として国家神となる。

3月31日～4月9日の出生日

No.26　緑の大地を表す男神

《ゲブ》のデカン

性格・特徴

根気強さと行動力に優れ、働き者でリーダー的資質にも富み、持久力も備えた性質です。ここぞという時に闘争心を発揮します。劣勢であっても、それを跳ね返す底力を持っています。将来的目標を見失うと、粗野粗暴な部分が表れて喧嘩っ早くなる性質が表れます。

才能・適性

大地と一体化するような仕事。具体的には土木業、登山家、農業、造園業、石材業、牧場経営、開発事業。

成功の秘訣

自分のことより他人のため忙しく飛び廻るのが成功への秘訣。郷土に関わることも大切。黒いセクシーなオシャレを心掛けること。成功しやすい季節は夏。能力を発揮するのは先祖が眠る大地。救いの神は年上の異性。避けるべきは空の旅。

神話伝承

神話上では天空の神ヌウトを妻とし、オシリスやイシスの父とされる。「神々の継承者」として玉座に就く者を選抜する役割も担う。

4月10日～4月20日の出生日

No.27　国家を統一した神

《ホルス》のデカン

性格・特徴

正義感と義侠心が強く、リーダーシップを持っていて、開拓者精神も旺盛な性質です。敵やライバルに襲われても、怯むことなく立ち向かっていく勇気の持ち主です。目算が立たずに将来の希望を失ってしまうと、焦りばかりが強まって、怒りっぽい性質が表れます。

才能・適性

統率力を発揮できるような仕事。具体的には政治家、企業経営、指揮者、商社マン、ピアニスト、自営業。

成功の秘訣

目標に向かって愛と情熱で突き進むことこそ成功への秘訣。流行を先取りしていくことも大切。サングラスを愛用すること。成功しやすいのは朝方。季節は年始&春先。幸運な方位は真東。救いの神は外国人。避けるべきは地下鉄での通勤。

神話伝承

王朝3000年間に及ぶ国家神。オシリス神話では、正統王子として宿敵セトに勝利し、父の敵を晴らす。ラー神話では天空神として活躍。

4月21日～4月30日の出生日

No.28　神王の乳母神

《ハトホル》のデカン

性格・特徴

愛情深く子供好きであり、情感が豊かで涙もろく、世話好きな性質です。身の回りの人達に対する面倒見が良く、多くの人から慕われます。独占欲や嫉妬心の強いところがあり、恋人を失うショックなどで心が傷つくと、鬱的になり、頑迷で疑い深い性質が表れます。

才能・適性

愛や恋を形に出来るような仕事。具体的には声楽家、舞踏家、宝飾品販売、演奏家、ホステス、天文学者。

成功の秘訣

芸術品のコレクターを目指すことが成功への秘訣。個性的な帽子やヘアスタイルも大切。クロス型ペンダントを身に付けること。成功するのは生まれ月前後。能力発揮は河海付近。方位は南東。救いの神は年上の異性。避けるべきは争い事。

神話伝承

原初は「天空の女神」ヌウト、永遠の王母イシスと同じ役割を担っていた。「芸術の女神」や「果樹園の女神」としても崇拝された。

5月1日～5月10日の出生日

No.29　太陽円盤を備えた神

《アピス》のデカン

性格・特徴

芸術への関心が高く、明るく素直で人一倍愛情が深く、争いを好まない性質です。日頃から変身願望が強く、それを叶えるべく努力します。ほのぼのとした家庭的な雰囲気を持っています。ただ独りになると寂しさが強まり、所有欲の強さや嫉妬深い性質が表れます。

才能・適性

制服などで変身できる仕事。具体的には女優、キャバ嬢、メイドカフェ嬢、ディーラー、駅員、機動隊員。

成功の秘訣

美しい調度品に囲まれた生活こそ成功への秘訣。スピリチュアル系の私生活に切り替えることも大切。牛革のバッグを持つこと。幸運なのは早朝。能力を発揮するのは流行の発信地。方位は東。救いの神はピアス。避けるべきは月夜の外出。

神話伝承

古王国時代の国家神。聖牛アピス伝説によれば、天空からの光線で誕生した牛が「天空神」。死後はミイラ化され円天井の部屋に埋葬。

5月11日～5月20日の出生日

No.30　太陽神としての聖獣神

《ムネヴィス》のデカン

性格・特徴

目上への忠誠心が強く、愛情面での独占欲が強く、情緒性豊かな性質です。人前では明るく振る舞っても、その本質は寂しがり屋です。可愛らしいペットを好みます。面倒見は良いのですが、気が小さく神経質なので、時々落ち込み、殻に閉じこもる性質が表れます。

才能・適性

地域や郷土に関わる仕事。具体的には居酒屋業、不動産業、地方銀行、生花店、酪農、観光ガイド、巫女。

成功の秘訣

地元・地域の中で人気を得ることこそ成功への秘訣。周囲から慕われて生きることも大切。革製品を身に付けること。成功しやすいのは実りの秋。能力を発揮するのは田舎・地方。救いの神は大自然。避けるべきは大都会の街中で暮すこと。

神話伝承

アトウム神と集合し「偉大なる成功」を司る神。〝神々の魂〟と位置づけられることもある。「周壁内のホルス」という称号も持っている。

5月21日～5月31日の出生日

No.31　男神シュウと一対の女神

《テフヌト》のデカン

性格・特徴

兄弟や親友からの影響を受けやすく、雰囲気やムードに弱く、周囲に敏感な性質です。明るいところと暗いところが入り混じり、複雑な印象です。対人関係は比較的上手です。独りになると自己矛盾が現れて、憂鬱な状態を表わしたり、気分のムラが生じたりします。

才能・適性

ペアで行う仕事。気象関連の仕事。具体的には奇術師、デュエット歌手、漫才師、司会業、海の家、民宿経営。

成功の秘訣

空気を読んで機転や融通を利かすのが成功への秘訣。物事をペアで行える相手がいることも大切。家電をうまく活用すること。成功しやすいのは季節の変わり目。雨天・曇天の日。方位は北。救いの神はパートナー。避けるべきは単独行動。

神話伝承

神話伝承では「シュウ」と「テフヌト」は双生児で夫婦。二人の間に、オシリスやイシスが生まれることになる。本来は「湿気の神」。

6月1日～6月10日の出生日

No.32　女神テフヌトと一対の男神

《シュウ》のデカン

性格・特徴

寂しがり屋で孤立を嫌い、甘えん坊のところがあり、情報通で融通の利く性質です。多才であり器用なところを持っています。多方面で活躍できる素質を持っています。何事にも反応が素早いが、必要性がないことに気付くと、陰鬱となり奇行癖を持つ性質が表れます。

才能・適性

人と人との仲介役となる仕事。具体的には共同事業、アシスタント、マネージャー、秘書、広報、代理店。

成功の秘訣

人と人、人と物、物と物とを橋渡しするのが成功への秘訣。良い親友や仲間を持つことも大切。蔭から献身的にサポートしていくこと。幸運な時間帯は朝。能力発揮は光ある丘陵。或いは地元。救いの神は親友。避けるべきは地下街の活動。

神話伝承

本来は「大気の神」だが、環境全般の守護神。〝飛行物体〟を守護する神でもある。「天空神」ヌウトを持ち上げ王国を誕生させた立役者。

6月11日〜6月21日の出生日

No.33　時と文字を司る神

《トト》のデカン

性格・特徴

幅広い知識を持ち、発明の素質に恵まれていますが、落ち着きに乏しい性質です。シャレやユーモアのセンスがあり、話術には説得力があります。神経過敏で極度の潔癖症です。人当たりはソフトで快活ですが、才能に行き詰まると、妄想や幻覚に脅える性質が表れます。

才能・適性

会話・記述・教育に関連ある仕事。具体的には作家、記者、教諭、研究職、編集者、通訳、司書、翻訳家。

成功の秘訣

アイデアやヒラメキを仕事に活かすことこそ成功への秘訣。マスコミやネットで注目されることも大切。流行やブームに乗ること。成功しやすい時間帯は夕方以降。能力発揮は海外。方位は西。救いの神は仲間達。避けるべきは固定観念。

神話伝承

「文字の発明者」として重要な神。「暦の発明者」としても登場する。ホルス神の左目を治療した、医師としての役割も見逃せない。

6月22日〜7月1日の出生日

No.34　黄金虫型の太陽神

《ケプリ》のデカン

性格・特徴

華やかなオシャレに関心が高く、ユニークな生き方を求めながらも、家庭的な性質です。自分の関わる領域に対し防衛本能が強いようです。人当たりが良く、誰に対しても愛嬌をふりまきます。独りきりになるとデリケートな部分が目立ち、感傷的な性質が表れます。

才能・適性

移動があり午前中に行う仕事。具体的にはアーティスト、新聞配達、駅員、調理師、宅配業務、駅弁売り。

成功の秘訣

常に前向きで地域密着型の生活を行うのが成功の秘訣。良い仲間を得ていくことも大切。華やかなファッションで髪を輝かせること。成功しやすい季節は夏。時間帯は朝方。能力発揮の方位は南東。救いの神は著名人。避けるべきは夜更し。

神話伝承

タマオシコガネ虫は牛の糞を後ろ足で転がし「巣」に持ち帰り、卵を産み付ける。その糞を食べて成長した虫が突如金色となって飛翔。

7月2日〜7月12日の出生日

No.35　原初から存在した神

《アトウム》のデカン

性格・特徴

何事も基本に忠実で、根本的な部分にこだわり、同志的結合が強い性質です。過去を懐かしむことが多いようです。人生に癒しや憩いを求める気持ちが強く、それを求めてさまよい続けます。自らの使命感を失ってしまうと感傷的となりうろたえる性質が表れます。

才能・適性

新企画や新発売に関わる仕事。具体的には発明家、商品開発、企業家、人材育成、塾講師、企画会社経営。

成功の秘訣

紆余曲折を経て自分の世界を見出すのが成功への秘訣。仲間たちと手を携えていくことも大切。大自然に耳を傾けること。成功しやすい季節は夏至前後。時間帯は夕方。能力発揮の方位は西。救いの神は神社仏閣。避けるべきは早朝の活動。

神話伝承

創造神話では、アトウム神がシュウ＆テフヌトを産み、その二人からヌウト＆ゲブが産まれ、その二人からオシリス＆イシスが産まれた。

7月13日〜7月22日の出生日

No.36　原初的な月の神

《コンス》のデカン

性格・特徴

夢見がちで想像力に溢れ、いつまでも幼い頃の感性を保ち、家庭的な性質です。理想や幻想を追い求めて現実を忘れがちな弱点があります。情緒性が豊かで包容力もあります。愛を失って独りになると、口数が減り、やる気を失い、現実逃避しがちな性質が表れます。

才能・適性

出産や育児に関係ある仕事。具体的にはヒーラー、助産師、産科医、保育士、行商、セラピスト、旅芸人。

成功の秘訣

庶民や大衆から愛されることこそ成功への秘訣。沢山の子供たちと親しくなることも大切。各地域の名産品と関わること。成功しやすい季節は実りの秋。時間帯は夕方。能力発揮は満月の時。救いの神は子供達。避けるべきは大都会の雑踏。

神話伝承

主として「妊娠・出産」を司る神。危害を及ぼす動物から守護してくれる役割もある。安産用の御守りとして〝コンス人形〟がある。

東洋四柱推命術による運勢と人生の歩み方

四柱推命の基本構造と「命式」の作成法

今日、一般に「四柱推命」と呼ばれる占術は、他に「子平」とか「八字」とも呼ばれることのある占術です。中国で発祥した占いですが、今日では台湾、日本、香港、韓国、シンガポール、英国など幅広い地域で実践・研究されている信頼度の高い占術です。

四柱推命は最初に「命式」と呼ばれる出生年月日時を図表化したものを作成し、その命式を基に判断していきます。命式表に一定の基準はないのですが、本書では左ページに掲げた見本命式を使って解説していきます。

近年、日本では推命学の翻訳書が何冊も出ていますが、その命式表記は初心者にとって判り難く、推奨できません。他の占術に比べて、やや複雑な判断構造を持っている四柱推命は、学び方を間違えると何年かかっても習得できません。逆に、順序良く学びさえすれば、それほど難しい占術ではありません。占いの初心者が四柱推命を難しく感じてしまうのは、基礎的な事柄について順序良く述べられている教科書が乏しいからです。四柱推命に何より必要なのは「陰陽・五行」と「十干・十二支」に対する正しい知識です。十干・十二支には、それぞれに陰陽と五行が定められています。十干に対する陰陽・五行はわかりやすいのですが、十二支に対する五行配当は上記のように複雑であり、一律ではないのです。

「十干」と「十二支」の陰陽五行

癸	壬	辛	庚	己	戊	丁	丙	乙	甲	十干
●陰	○陽	●陰	○陽	●陰	○陽	●陰	○陽	●陰	○陽	陰陽
水		金		土		火		木		五行

亥	戌	酉	申	未	午	巳	辰	卯	寅	丑	子	十二支
●	○	●	○	●	○	●	○	●	○	●	○	陰陽
水	土	金	金	土	火	火	土	木	木	土	水	四季五行
木	火	金	水	木	火	金	水	木	火	金	水	三合五行
水	金	金	金	火	火	火	木	木	木	水	水	方合五行

❶生まれ年の干支表（2月4日以前に生まれている人は前年干支を使用します）

出生年	西暦	干支	出生日	西暦	干支	出生年	西暦	干支
昭和6	1931	辛未	昭和36	1961	辛丑	平成3	1991	辛未
7	1932	壬申	37	1962	壬寅	4	1992	壬申
8	1933	癸酉	38	1963	癸卯	5	1993	癸酉
9	1934	甲戌	39	1964	甲辰	6	1994	甲戌
10	1935	乙亥	40	1965	乙巳	7	1995	乙亥
11	1936	丙子	41	1966	丙午	8	1996	丙子
12	1937	丁丑	42	1967	丁未	9	1997	丁丑
13	1938	戊寅	43	1968	戊申	10	1998	戊寅
14	1939	己卯	44	1969	己酉	11	1999	己卯
15	1940	庚辰	45	1970	庚戌	12	2000	庚辰
16	1941	辛巳	46	1971	辛亥	13	2001	辛巳
17	1942	壬午	47	1972	壬子	14	2002	壬午
18	1943	癸未	48	1973	癸丑	15	2003	癸未
19	1944	甲申	49	1974	甲寅	16	2004	甲申
20	1945	乙酉	50	1975	乙卯	17	2005	乙酉
21	1946	丙戌	51	1976	丙辰	18	2006	丙戌
22	1947	丁亥	52	1977	丁巳	19	2007	丁亥
23	1948	戊子	53	1978	戊午	20	2008	戊子
24	1949	己丑	54	1979	己未	21	2009	己丑
25	1950	庚寅	55	1980	庚申	22	2010	庚寅
26	1951	辛卯	56	1981	辛酉	23	2011	辛卯
27	1952	壬辰	57	1982	壬戌	24	2012	壬辰
28	1953	癸巳	58	1983	癸亥	25	2013	癸巳
29	1954	甲午	59	1984	甲子	26	2014	甲午
30	1955	乙未	60	1985	乙丑	27	2015	乙未
31	1956	丙申	61	1986	丙寅	28	2016	丙申
32	1957	丁酉	62	1987	丁卯	29	2017	丁酉
33	1958	戊戌	63	1988	戊辰	30	2018	戊戌
34	1959	己亥	平成元	1989	己巳	31	2019	己亥
35	1960	庚子	2	1990	庚午	32	2020	庚子

	時	日	月	年	
通変	財帛		梟神	食神	実例
天干	甲	庚	戊	壬	月令 金
地支	申	寅	申	戌	
蔵干	壬・庚	丙・甲	壬・庚	辛・丁・戊	男・女 命
通変	食神 比肩	七殺 財帛	食神 比肩	劫財 正官 梟神	
神殺・十二運	干禄・駅馬 建	絶	干禄・駅馬 建	大殺・紅艶 衰	

【命式表の記入法】

（1982年9月4日午後3時20分生まれの場合）

1. あなたの生まれ年の干支を❶に求めます。
例えば、1982年9月4日であれば「壬戌」となります。命式表の「年」の列の「天干」に「壬」、「地支」に「戌」と記入。ちなみに「天干」とは「十干」、「地支」とは「十二支」のこと。

2. 生まれ月の干支を❷に求めます。
「干支月」でいう「9月」は9月8日～10月8日までの期間を指し、9月4日は該当せず、その前の「8月」が8月8日～9月7日までに該当し、「壬」の年なので「戊申」となります。

3. 次に❸から「月令」を求めます。9月生まれは「秋季」に属し、五行は「金」となります。「月令」に「金」と記入。また、❹から、年支「戌」の蔵干が「辛・丁・戊」、月支「申」の蔵干が「壬・庚」であるとわかります。

4. ❺と❻を使って、生まれ日の干支を求めます。❺から生まれ年と生まれ月がぶつかる数に出生日数をプラスした数が求める干支数となります。1982年9月の場合は「23」に出生日の「4」をプラスした「27」が求める干支数です。❻で確認すると、この数に対応する「庚寅」が日干支となります。

5. 生まれ時刻の干支を❼から求めます。午後3時20分の生まれであれば「庚」の日なので、「甲申」が時刻干支となります。

❼ 生まれ時刻の干支表

癸戊の日	壬丁の日	辛丙の日	庚乙の日	己甲の日	生まれ日／生まれ時刻
壬子	庚子	戊子	丙子	甲子	子の刻（PM11～AM1）
癸丑	辛丑	己丑	丁丑	乙丑	丑の刻（AM1～AM3）
甲寅	壬寅	庚寅	戊寅	丙寅	寅の刻（AM3～AM5）
乙卯	癸卯	辛卯	己卯	丁卯	卯の刻（AM5～AM7）
丙辰	甲辰	壬辰	庚辰	戊辰	辰の刻（AM7～AM9）
丁巳	乙巳	癸巳	辛巳	己巳	巳の刻（AM9～AM11）
戊午	丙午	甲午	壬午	庚午	午の刻（AM11～PM1）
己未	丁未	乙未	癸未	辛未	未の刻（PM1～PM3）
庚申	戊申	丙申	甲申	壬申	申の刻（PM3～PM5）
辛酉	己酉	丁酉	乙酉	癸酉	酉の刻（PM5～PM7）
壬戌	庚戌	戊戌	丙戌	甲戌	戌の刻（PM7～PM9）
癸亥	辛亥	己亥	丁亥	乙亥	亥の刻（PM9～PM11）

❷ 生まれ月の干支表

癸戊の年	壬丁の年	辛丙の年	庚乙の年	己甲の年	生まれ年／生まれ月
甲寅	壬寅	庚寅	戊寅	丙寅	2月生まれ（2/4～3/5）
乙卯	癸卯	辛卯	己卯	丁卯	3月生まれ（3/6～4/4）
丙辰	甲辰	壬辰	庚辰	戊辰	4月生まれ（4/5～5/5）
丁巳	乙巳	癸巳	辛巳	己巳	5月生まれ（5/6～6/5）
戊午	丙午	甲午	壬午	庚午	6月生まれ（6/6～7/6）
己未	丁未	乙未	癸未	辛未	7月生まれ（7/7～8/7）
庚申	戊申	丙申	甲申	壬申	8月生まれ（8/8～9/7）
辛酉	己酉	丁酉	乙酉	癸酉	9月生まれ（9/8～10/8）
壬戌	庚戌	戊戌	丙戌	甲戌	10月生まれ（10/9～11/7）
癸亥	辛亥	己亥	丁亥	乙亥	11月生まれ（11/8～12/6）
甲子	壬子	庚子	戊子	丙子	12月生まれ（12/7～1/5）
乙丑	癸丑	辛丑	己丑	丁丑	1月生まれ（1/6～2/3）

多くの推命学書が十二支五行について「四季五行」のみ記して次に進むので、十二支も単一五行だと誤解してしまうのです。十二支には、子・卯・午・酉のように〝一つの五行〟だけが割り当てられたもの、寅・巳・申・亥のように〝二つの五行〟を含むもの、辰・未・戌・丑のように〝三つの五行〟を含んでいる十二支とがあるのです。

命式の記入は干支転換からスタートします。生まれ年の干支は❶の表を使って、生まれ月の干支は❷の表を使って、生まれ日の干支は❺❻の表を使って、生まれ時刻の干支は❼の表を使って求めます。命式表で「天干」と記されている枠内に十干を、「地支」と記されている枠内に十二支を記入します。この内、生まれ日干支だけは、最初に❺で出生の年と月から「基数」を求め、それに出生日数を足すことで、❻の「干支数」となります。次に「月令」と「地支蔵干」を表出します。月令は〝生まれ月日〟から求め、❸の表を使って「木」「火」「金」「水」「土」に区分されたどの五行季節に出生しているか、確認し記入すれば良いだけです。「地支蔵干」とは〝十二支に内蔵された十干〟の意で、地支全てに存在します。つまり地支は、単に十二支として機能するだけでなく、「蔵干」も含んでいるのです。十二支には〝一つの十干〟だけ内蔵、〝二つの十干〟を内蔵、〝三つの十干〟を内蔵するものとに分かれます。月支蔵干が特に重視されるのは「月令」からのパワーを得ているからです。

命式表に天干・地支・蔵干を記入したなら、次に「通変」と呼ぶも

❸「月令」を求める表

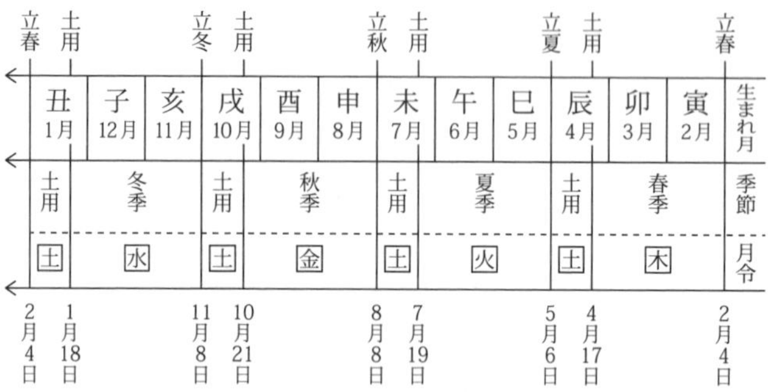

立春 土用 立夏 土用 立秋 土用 立冬 土用 立春
生まれ月
寅 2月
卯 3月
辰 4月
巳 5月
午 6月
未 7月
申 8月
酉 9月
戌 10月
亥 11月
子 12月
丑 1月
季節
春季 土用 夏季 土用 秋季 土用 冬季 土用
月令
木 土 火 土 金 土 水 土
2月4日 4月17日 5月6日 7月19日 8月8日 10月21日 11月8日 1月18日 2月4日

❹地支蔵干表

十二支	子	丑	寅	卯	辰	巳	午	未	申	酉	戌	亥
蔵干	癸	癸	丙	乙	乙	庚	丁	丁	壬	辛	辛	甲
	／	辛	甲	／	癸	丙	／	乙	庚	／	丁	壬
	／	己	／	／	戊	／	／	己	／	／	戊	／

❻出生日干支を求める「干支数」

1 甲子	2 乙丑	3 丙寅	4 丁卯	5 戊辰	6 己巳	7 庚午	8 辛未	9 壬申	10 癸酉
11 甲戌	12 乙亥	13 丙子	14 丁丑	15 戊寅	16 己卯	17 庚辰	18 辛巳	19 壬午	20 癸未
21 甲申	22 乙酉	23 丙戌	24 丁亥	25 戊子	26 己丑	27 庚寅	28 辛卯	29 壬辰	30 癸巳
31 甲午	32 乙未	33 丙申	34 丁酉	35 戊戌	36 己亥	37 庚子	38 辛丑	39 壬寅	40 癸卯
41 甲辰	42 乙巳	43 丙午	44 丁未	45 戊申	46 己酉	47 庚戌	48 辛亥	49 壬子	50 癸丑
51 甲寅	52 乙卯	53 丙辰	54 丁巳	55 戊午	56 己未	57 庚申	58 辛酉	59 壬戌	60 癸亥

※❺で表出した基数に生日数を加えた数が「干支数」です。

のを記入しなければなりません。この通変が、命式を読み解く上での切り札となるのです。「通変表」を使って求めますが、日干を「我」とし、我である日干から、他の天干や地支蔵干を照らし合わせて表出します。地支蔵干を表出しない流派や、月支蔵干のみ表出する流派もありますが、本書では一応すべての通変を表出します。その方が日干と各十二支との五行関係を把握しやすいからです。

通変の次は「十二運」と呼ばれるものを求めます。この十二運は「我」である日干から、各地支を照らし合わせて表出していきます。この十二運に関しては、多くの流派で「丙」と「戊」、「丁」と「己」とが同一の十二運を用いていますが、本書では理論的にもデータ的にも、土行の陽干「戊」は火行に寄せ、土行の陰干「己」は金行に寄せた十二運として扱います。

次に古典原書と実占データから厳選した「神殺」を表出していきます。神殺には、生日干支から求めるもの、生日干から求めるもの、生年支から求めるもの、生月支から求めるもの、生日支から求めるものなど多数あります。この中で「陽乙貴神」と「陰乙貴神」とは意味が同じなので、解説ではまとめてあります。「通変」「十二運」「神殺」の表出・記入で命式表は完成です。

研究者の中には「十二運」や「神殺」を用いない方もいますが、もし「通変」だけですべて判断できる自信があれば、わざわざ記す必要はありません。命式判断の主役は通変で、十二運や神殺はあくまで〝脇役として〟、運命を補足する役割となるからです。

❺出生日干支を求める早見表（基数表）

生年	西暦	1月	2月	3月	4月	5月	6月	7月	8月	9月	10月	11月	12月	生年	西暦	1月	2月	3月	4月	5月	6月	7月	8月	9月	10月	11月	12月
S.6	1931	52	23	51	22	52	23	53	24	55	25	56	26	51	1976	48	19	48	19	49	20	50	21	52	22	53	23
7	1932	57	28	57	28	58	29	59	30	1	32	2	32	52	1977	54	25	53	24	54	25	55	26	57	27	58	28
8	1933	3	34	2	33	3	34	4	35	6	36	7	37	53	1978	59	30	58	29	59	30	0	31	2	32	3	33
9	1934	8	39	7	38	8	39	9	40	11	41	12	42	54	1979	4	35	3	34	4	35	5	36	7	37	8	38
10	1935	13	44	12	43	13	44	14	45	16	46	17	47	55	1980	9	40	9	40	10	41	11	42	13	43	14	44
11	1936	18	49	18	49	19	50	20	51	22	52	23	53	56	1981	15	46	14	45	15	46	16	47	18	48	19	49
12	1937	24	55	23	54	24	55	25	56	27	57	28	58	57	1982	20	51	19	50	20	51	21	52	23	53	24	54
13	1938	29	0	28	59	29	0	30	1	32	2	33	3	58	1983	25	56	24	55	25	56	26	57	28	58	29	59
14	1939	34	5	33	4	34	5	35	6	37	7	38	8	59	1984	30	1	30	1	31	2	32	3	34	4	35	5
15	1940	39	10	39	10	40	11	41	12	43	13	44	14	60	1985	36	7	35	6	36	7	37	8	39	9	40	10
16	1941	45	16	44	15	45	16	46	17	48	18	49	19	61	1986	41	12	40	11	41	12	42	13	44	14	45	15
17	1942	50	21	49	20	50	21	51	22	53	23	54	24	62	1987	46	17	45	16	46	17	47	18	49	19	50	20
18	1943	55	26	54	25	55	26	56	27	58	28	59	29	63	1988	51	22	51	22	52	23	53	24	55	25	56	26
19	1944	0	31	0	31	1	32	2	33	4	34	5	35	H.1	1989	57	28	56	27	57	28	58	29	0	30	1	31
20	1945	6	37	5	36	6	37	7	38	9	39	10	40	2	1990	2	33	1	32	2	33	3	34	5	35	6	36
21	1946	11	42	10	41	11	42	12	43	14	44	15	45	3	1991	7	38	6	37	7	38	8	39	10	40	11	41
22	1947	16	47	15	46	16	47	17	48	19	49	20	50	4	1992	12	43	12	43	13	44	14	45	16	46	17	47
23	1948	21	52	21	52	22	53	23	54	25	55	26	56	5	1993	18	49	17	48	18	49	19	50	21	51	22	52
24	1949	27	58	26	57	27	58	28	59	30	0	31	1	6	1994	23	54	22	54	23	54	24	55	26	56	27	57
25	1950	32	3	31	2	32	3	33	4	35	5	36	6	7	1995	28	59	27	58	28	59	29	0	31	1	32	2
26	1951	37	8	36	7	37	8	38	9	40	10	41	11	8	1996	33	4	33	4	34	5	35	6	37	7	38	8
27	1952	42	13	42	13	43	14	44	15	46	16	47	17	9	1997	39	10	38	9	39	10	40	11	42	12	43	13
28	1953	48	19	47	18	48	19	49	20	51	21	52	22	10	1998	44	15	43	14	44	15	45	16	47	17	48	18
29	1954	53	24	52	23	53	24	54	25	56	26	57	27	11	1999	49	20	48	19	49	20	50	21	52	22	53	23
30	1955	58	29	57	28	58	29	59	30	1	31	2	32	12	2000	54	25	54	25	55	26	56	27	58	28	59	29
31	1956	3	34	3	34	4	35	5	36	7	37	8	38	13	2001	0	31	59	30	0	31	1	32	3	33	4	34
32	1957	9	40	8	39	9	40	10	41	12	42	13	43	14	2002	5	36	4	35	5	36	6	37	8	38	9	39
33	1958	14	45	13	44	14	45	15	46	17	47	18	48	15	2003	10	41	9	40	10	41	11	42	13	43	14	44
34	1959	19	50	18	49	19	50	20	51	22	52	23	53	16	2004	15	46	15	46	16	47	17	48	19	49	20	50
35	1960	24	55	24	55	25	56	26	57	28	58	29	59	17	2005	21	52	20	51	21	52	22	53	24	54	25	55
36	1961	30	1	29	0	30	1	31	2	33	3	34	4	18	2006	26	57	25	56	26	57	27	58	29	59	30	0
37	1962	35	6	34	5	35	6	36	7	38	8	39	9	19	2007	31	2	30	1	31	2	32	3	34	4	35	5
38	1963	40	11	39	10	40	11	41	12	43	13	44	14	20	2008	36	7	36	7	37	8	38	9	40	10	41	11
39	1964	45	16	45	16	46	17	47	18	49	19	50	20	21	2009	42	13	41	12	42	13	43	14	45	15	46	16
40	1965	51	22	50	21	51	22	52	23	54	24	55	25	22	2010	47	18	46	17	47	18	48	19	50	20	51	21
41	1966	56	27	55	26	56	27	57	28	59	29	0	30	23	2011	52	23	51	22	52	23	53	24	55	25	56	26
42	1967	1	32	0	31	1	32	2	33	4	34	5	35	24	2012	57	28	57	28	58	29	59	30	1	31	2	32
43	1968	6	37	6	37	7	38	8	39	10	40	11	41	25	2013	3	34	2	33	3	34	4	35	6	36	7	37
44	1969	12	43	11	42	12	43	13	44	15	45	16	46	26	2014	8	39	7	38	8	39	9	40	11	41	12	42
45	1970	17	48	16	47	17	48	18	49	20	50	21	51	27	2015	13	44	12	43	13	44	14	45	16	46	17	47
46	1971	22	53	21	52	22	53	23	54	25	55	26	56	28	2016	18	49	18	49	19	50	20	51	22	52	23	53
47	1972	27	58	27	58	28	59	29	0	31	1	32	2	29	2017	24	55	23	54	24	55	25	56	27	57	28	58
48	1973	33	4	32	3	33	4	34	5	36	6	37	7	30	2018	29	0	28	59	29	0	30	1	32	2	33	3
49	1974	38	9	37	8	38	9	39	10	41	11	42	12	31	2019	34	5	33	4	34	5	35	6	37	7	38	8
50	1975	43	14	42	13	43	14	44	15	46	16	47	17	32	2020	39	10	39	10	40	11	41	12	43	13	44	14

通変の微妙な違いに気付くことが大切

完成された命式表には、「通変」が多数表出されたことと思います。最低でも七つ、最高十五の通変が表出されるはずなのです。いずれも「我」である十干と照らし合わせて表出された「通変」ですが、その役割は同一ではありません。天干の上に表出された通変は〝社会的な命〟を吹き込まれた通変で、その人が実際に具体化していく出来事と深く結びついています。それに対して、地支蔵干として表出された通変は〝潜在的に秘めている素質〟を表わすもので、具体的な現象として表面化するかどうかは本人しだいなのです。但し、同じ地支蔵干でも「月支蔵干」だけは、確実に「月令」パワーを得るので、本人の〝中核的な存在〟すなわち〝「核」＝「格」〟となり、推命学上では「格局」という名称で、運命に深く関わって来ることになるのです。特に社会的な命を吹き込まれた天干上の通変が月支蔵干とも一致して重なるなら、その人の生涯における「運命の主役」として、通変の持つ作用が人生を左右する役割を果たすのは間違いがありません。

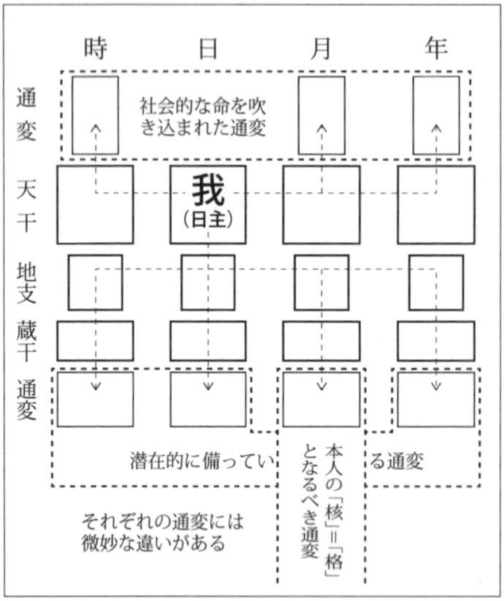

十二運表（出生日の十干から求める）

癸	壬	辛	庚	己	戊	丁	丙	乙	甲	生日／12運
卯	申	子	巳	子	寅	酉	寅	午	亥	生
寅	酉	亥	午	亥	卯	申	卯	巳	子	浴
丑	戌	戌	未	戌	辰	未	辰	辰	丑	冠
子	亥	酉	申	酉	巳	午	巳	卯	寅	建
亥	子	申	酉	申	午	巳	午	寅	卯	旺
戌	丑	未	戌	未	未	辰	未	丑	辰	衰
酉	寅	午	亥	午	申	卯	申	子	巳	病
申	卯	巳	子	巳	酉	寅	酉	亥	午	死
未	辰	辰	丑	辰	戌	丑	戌	戌	未	墓
午	巳	卯	寅	卯	亥	子	亥	酉	申	絶
巳	午	寅	卯	寅	子	亥	子	申	酉	胎
辰	未	丑	辰	丑	丑	戌	丑	未	戌	養

通変表（出生日の十干から求める）

癸	壬	辛	庚	己	戊	丁	丙	乙	甲	生日／通変
癸	壬	辛	庚	己	戊	丁	丙	乙	甲	比肩
壬	癸	庚	辛	戊	己	丙	丁	甲	乙	劫財
乙	甲	癸	壬	辛	庚	己	戊	丁	丙	食神
甲	乙	壬	癸	庚	辛	戊	己	丙	丁	傷官
丁	丙	乙	甲	癸	壬	辛	庚	己	戊	偏財
丙	丁	甲	乙	壬	癸	庚	辛	戊	己	正財
己	戊	丁	丙	乙	甲	癸	壬	辛	庚	七殺
戊	己	丙	丁	甲	乙	壬	癸	庚	辛	正官
辛	庚	己	戊	丁	丙	乙	甲	癸	壬	梟神
庚	辛	戊	己	丙	丁	甲	乙	壬	癸	印綬

古典原書と実占データから生み出された神殺表

生日干より表出する神殺表

生日干＼神殺	陽貴神	陰貴神	干禄	文昌	紅艶	学堂	羊刃
甲	未	丑	寅	巳	午	亥	卯
乙	申	子	卯	午	午	午	辰
丙	酉	亥	巳	申	寅	寅	午
丁	亥	酉	午	酉	未	酉	未
戊	子	申	巳	申	辰	寅	午
己	丑	未	酉	酉	辰	酉	未
庚	丑	未	申	亥	戌	巳	酉
辛	寅	午	酉	子	酉	子	戌
壬	卯	巳	亥	寅	子	申	子
癸	巳	卯	子	卯	申	卯	丑

生年支より表出する神殺表

生年支＼神殺	孤臣	寡宿	大耗
子	寅	戌	未
丑	寅	戌	午
寅	巳	丑	酉
卯	巳	丑	申
辰	巳	丑	亥
巳	申	辰	戌
午	申	辰	丑
未	申	辰	子
申	亥	未	卯
酉	亥	未	寅
戌	亥	未	巳
亥	寅	戌	辰

生月支より表出する神殺表

生月支＼神殺	天徳貴神	月徳貴神	華蓋	注受
子	戊	壬	辰	寅
丑	庚	庚	丑	丑
寅	丁	丙	戌	子
卯	己	甲	未	亥
辰	壬	壬	辰	戌
巳	辛	庚	丑	酉
午	戊	丙	戌	戌
未	甲	甲	未	亥
申	癸	壬	辰	子
酉	己	庚	丑	丑
戌	丙	丙	戌	寅
亥	乙	甲	未	卯

出生日の干支で定まる神殺表

神殺名	出生日の干支			
魁罡	庚辰	庚戌	壬辰	戊戌
日刃	丙午	戊午	己未	壬子
日徳	甲寅	丙辰	戊辰	壬戌
日貴	丁酉	丁亥	癸巳	癸卯
防害殺	乙酉	己卯	辛卯	壬午
淫欲殺	乙卯	丁巳	庚申	辛酉

生日支より表出する神殺表

生日支＼神殺	駅馬	咸池	劫殺	亡神	喪門	三刑	六害	病符	大殺	浮沈
子	寅	酉	巳	亥	寅	卯	未	亥	申	戌
丑	亥	午	寅	申	卯	戌	午	子	酉	酉
寅	申	卯	亥	巳	辰	巳	巳	丑	戌	申
卯	巳	子	申	寅	巳	子	辰	寅	巳	未
辰	寅	酉	巳	亥	午	辰	卯	卯	午	午
巳	亥	午	寅	申	未	申	寅	辰	未	巳
午	申	卯	亥	巳	申	午	丑	巳	寅	辰
未	巳	子	申	寅	酉	丑	子	午	卯	卯
申	寅	酉	巳	亥	戌	寅	亥	未	辰	寅
酉	亥	午	寅	申	亥	酉	戌	申	亥	丑
戌	申	卯	亥	巳	子	未	酉	酉	子	子
亥	巳	子	申	寅	丑	亥	申	戌	丑	亥

「通変十星」が秘めている特有な現象

比肩

独立独歩で人生の荒波に立ち向かって行く性質です。親兄弟との関わりが極端に強いタイプと、身内との縁が極端に乏しいタイプがいます。孤軍奮闘して初心貫徹し、目標とするものを達成しようと努力します。プラス面が出れば、行動派で自ら起業し成功を勝ち取ります。マイナス面が出れば、親兄弟と衝突し、金銭的な苦労を背負います。

劫財

負けず嫌いですがサービス精神旺盛な性質です。恋愛面と経済面とで波乱が多いタイプと、趣味や遊びが仕事に変わっていくタイプがいます。環境に振り回されやすく、一攫千金を狙って努力します。プラス面が出れば、思いも掛けぬところから成功と財産が転がり込みます。マイナス面が出れば、借金に苦しみ、事件や災難に巻き込まれます。

食神

のんきで多少ルーズですが包容力のある性質です。衣食住に恵まれ家庭的で人柄善いタイプと、自制心乏しく体調を崩していくタイプがいます。縁故関係に恵まれ、飲食面では不自由なく育ちます。プラス面が出れば、表現力に優れ、部下後輩に恵まれます。マイナス面が出れば、子供やペットを溺愛し、自堕落な生活から抜け出せません。

傷官

聡明で感受性が強く、世の中の不公平さを嫌う性質です。潔癖感が強過ぎ目上と衝突しやすいタイプと、技術に優れエキスパートとして活躍するタイプがいます。対人面で悩むことが多く、ライバルに足元をすくわれます。プラス面が出れば、批評眼に優れ人気にも恵まれます。マイナス面が出れば、口論生じやすく、愛情面で悲哀を経験します。

偏財

開放的で人情味に優れ、人のため東奔西走する性質です。交渉や取引が巧みで商売を愛するタイプと、異性関係が華やかで金遣いの荒いタイプがいます。人もお金も出入りが激しく、多角的に物事を行うのが特徴です。プラス面が出れば、才能発揮し異性もお金も集まって来ます。マイナス面が出れば、借金を重ねやすく虚栄の人生となります。

正財

真面目で大人しく誠実で家庭的な性質です。勤勉で周囲からの信頼が厚いタイプと、無駄遣いを極端に嫌い頑固で融通の利かないタイプがいます。マイホームタイプで浮気を嫌い、上下関係を重視するのが特徴です。プラス面が出れば、慎重で長期計画に沿って生活します。マイナス面が出れば、優柔不断で形式に拘り実利のみ追いかけます。

七殺

気性が激しく大きな野心を持ち、部下後輩を可愛がる性質です。周りの人達の面倒見が良いタイプと、強引に物事を実行化しようとするタイプがいます。改革型の働き者ですが、会社や上司とぶつかるのが特徴です。プラス面が出れば、ライバルを蹴落とし権力を手にします。マイナス面が出れば、大病に侵され世間を敵に廻し名誉を失います。

正官

プライドが高く几帳面ですが気難しい性質です。生まれ育ちや過去の履歴が良いタイプと、神経質で癇癪持ちで協調性に乏しいタイプがいます。大きな団体や組織向きですが、目上の引立てを得やすいのが特徴です。プラス面が出れば、資格や履歴を活かして栄光の座を得ます。マイナス面が出れば、理想に振り回され孤立して地位を失います。

梟神

好奇心旺盛で独創力があり周りを気にしない性質です。研究や企画が斬新で勘に優れたタイプと、社会性乏しく世間から遊離した発想のタイプがいます。放浪流転型の人生ですが、異性からの援助を得やすいのが特徴です。プラス面が出れば、時を得て才能を発揮し飛躍的に成功します。マイナス面が出れば、憂鬱型となって苦悩し続けます。

印綬

大人しく目上に従順信仰心の強い性質です。約束を守り学究型で計画性に富むタイプと、経済観念が乏しく世間知らずなタイプがいます。家系・血縁からの良好な遺伝を受け継ぎ、若くして才能を開花しやすいのが特徴です。プラス面が出れば、援助や引立てを得て名誉を獲得します。マイナス面が出れば、実社会に適さず煩悶し続けます。

十二運が表している意味と役割

生
自意識が強く、探究心旺盛で、責任感も強い性質です。人生を前向きにとらえ、新鮮な環境に憧れます。目上からの引立てや恩恵を受けやすい運命です。

浴
自立心旺盛ですが、気迷い多く、反発心が強い性質です。人生に夢やロマンを求め、自由な生活に憧れます。寂しがり屋で不倫を経験しやすい運命です。

冠
目的意識が強く、何事にも性急で、直情的な性質です。人生に落ち着き乏しく、華やかな生活に憧れます。冒険心が強く精力的に活躍しやすい運命です。

建
責任感が強く、粘り強く、慎重に成果を待つ性質です。社会的な信用を求めて所属する世界を大切にします。用心深く着実に財産を築き上げる運命です。

旺
支配欲が強く、わがままで、自己主張の強い性質です。社会的な権力に憧れ独自の世界を打ち立てようとします。統率力があり名誉運に恵まれる運命です。

衰
口数少なく、悟りの境地に達し、妥協性豊かな性質です。引っ込み思案で、自制心の強さも特徴です。変化を嫌って常識の枠内で生活していく運命です。

病
美意識が強く、ロマンチストで、感受性の強い性質です。夢見がちで勘は鋭く、芸術への素質が見受けられます。神経過敏で精神面が不安定な運命です。

死
探求心が強く、大自然を敬愛し、共感性の強い性質です。環境に順応して新規な事柄に情熱を傾けます。技術や学問など、専門分野で活躍する運命です。

墓
管理や強制を嫌い、家系や血統を重んじ、伝統を尊重する性質です。環境の変化を嫌い、質素な生活を好みます。古典的なものを継承していく運命です。

絶
感覚鋭く、ムードに弱く、衝動に流されやすい性質です。寂しがり屋で放浪癖があり持続力に欠けています。病弱で何かと危機に直面しやすい運命です。

胎
気が変わりやすく、好奇心が強く、落ち着き乏しい性質です。多芸多才で依頼心が強く時代の流れに敏感です。不平不満生じやすく波乱万丈の運命です。

養
ピュアな精神を持ち、甘えん坊で、ユーモアあふれる性質です。社交性巧みで敵を作らない受け身の人生です。逆境でも誰かに守ってもらえる運命です。

出生日干支による神殺

魁罡
運勢の吉・凶ともに激しい生まれで、気性も激しい性質です。芸術や学問など文化的方面で成功します。強情気短で結婚に失敗しやすい弱点があります。

日刃
恋人や配偶者と衝突しやすい生まれで、気位が高い性質です。女性は大人しい男性でなければうまく行きません。愛しながら互いに傷つけ合う運命です。

日徳
心が広く、信義に厚く、人徳あって慕われる性質です。ボランティア的な活動に適します。互いに尊敬し合うことが出来る恋人・配偶者と巡り会います。

日貴
気品と落ち着きを備えた生まれで目上から信頼される性質です。感情に振り回されることがありません。社会的地位や名誉ある異性と結ばれる運命です。

妨害殺
身内との折り合い悪く、孤独を噛み締めやすい運命です。特に恋愛・結婚に関し、相手家族からの反対を受けます。三角関係等にも陥りやすい運命です。

淫欲殺
家庭内に波乱生じやすく、欲望に悶々としやすい性質です。恋愛・結婚が浮気や不倫から破れる人生です。SEXトラブルに巻き込まれやすい運命です。

日干より表出する神殺

陽乙貴神&陰乙貴神
協調性があり、誠実でおっとりとした性質です。目上からの引立てや恩恵が得られる人生です。人生の苦境にあっても必ず救いの人物が現れる運命です。

干禄
自立心が強く、自信家で落ち着いた性質です。マイホームを得て、収入が増えていく人生です。二つ以上表出されると複数の収入源を得ていく運命です。

文昌
文章に限らず、学術全般に優れた素質を持っています。試験運にも強い生まれで、資格が役立つ人生です。仕事としての芸術や文学で成功する運命です。

紅艶
お金絡みの異性や性愛生活に関わりやすい傾向を持っています。異性の人気を得やすく、接客商売に成功する人生です。浮気相手が出現しやすい運命です。

学堂
専門的な資格や技術に恵まれる性質です。日頃から学習好きであり、試験にも強い人生です。国家資格や免許が必要な分野で大いに活躍できる運命です。

羊刃
気性が激しく、敵を作りやすい性質です。積極性があり、遂行力に優れていますが、トラブルが多い人生です。複数あれば事故死する危険のある運命です。

年支より表出する神殺

孤臣 身内の縁が薄く、孤独な環境に置かれやすい人生です。男性の場合、恋人・配偶者と生死別が生じやすい運命です。

寡宿 身内家族との縁薄く、孤独な家庭環境で育つ人生です。女性の場合、恋人・配偶者と生死別が生じやすい運命です。

大耗 経済的な損失を被りやすく、金銭的な出入りの激しい人生です。予期せぬ形で、出費や散財が生じやすい運命です。

月支より表出する神殺

天徳貴神 方位的吉凶作用が形となりやすい人生です。先祖や家系的な地域に向かい礼拝すると、社会的成功を招く運命です。

月徳貴神 身内から支援や恩恵を得られやすい人生です。家族を大切にすると、目上から引立てを得て成功を招く運命です。

華蓋 芸術や宗教で才能を発揮し名誉を得ていく人生です。家庭運は良いと言えず、孤独な環境に置かれやすい運命です。

注受 逆境にあっても、必ず救いの手が差し伸べられる人生です。見ず知らずの有力者に引立てを与えられる運命です。

日支より表出する神殺

駅馬 旅行や移動の多い人生です。一か所に留まらない方が成功を掴める運命です。

咸池 異性関係が華やかな人生です。不倫や三角関係に巻き込まれやすい運命です。

劫殺 健康上の支障を招きやすい人生です。車の事故に巻き込まれやすい運命です。

亡神 デリケートで持病を持ちやすい人生です。家庭的にも孤立しやすい運命です。

喪門 身近な人に早世する人が出て来る人生です。親戚との関係も乏しい運命です。

三刑 出世に邪魔者が出現しやすい人生です。思わぬ人が敵に廻っていく運命です。

六害 恋愛や結婚に支障が生じやすい人生です。反対や妨害を受けやすい運命です。

病符 病院と縁が中々切れない人生です。大切な時期に病魔が襲ってくる運命です。

大殺 大いなる災いと遭遇する人生です。地震や台風など自然災害注意の運命です。

浮沈 趣味・嗜好に溺れてしまう人生です。酒やギャンブルなど要注意の運命です。

「格局」判断の〝決め手〟と〝ポイント〟

四柱推命では命式全体から総合的に性質や運命を判断する方法として、「格局」という観方を伝統的に用いています。入門レベル以上の推命学書では、必ず登場するのが「格局」による観方なのです。本書では日干も含めて、天干として表出する十干を「格」に採用する命式を「外格」、天干として表出しない十干を「格」に採用する命式を「内格」とします。外格には、日干と月支五行とが同一で、月支以外にも同一五行を含む十二支が並ぶ命式を「従旺格」、月支蔵干が日干以外の天干と同一で、月支以外にも同一五行を含む十二支が並ぶ命式を「従勢格」とします。さらに従旺格には、日干&月令が「木」となる「木旺格」、日干&月令が「火」となる「火旺格」、日干&月令が「土」となる「土旺格」、日干&月令が「金」となる「金旺格」、日干&月令が「水」となる「水旺格」に分かれます。一方、従勢格には、天干に「食神」や「傷官」が表出する「従児格」、天干に「偏財」や「正財」が表出する「従財格」、天干に「正官」や「七殺」が表出する「従殺格」、天干に「印綬」や「梟神」が表出する「従印格」、そして天干に各種通変が表出する「従勢格」に分かれます。月令五行が日干として表出しながら「従旺格」にならなかった命式は、月支蔵干と日干が同一なら「建禄格」、陰陽が別なら「羊刃格」とします。月支蔵干が日干以外の天干として表出しながら「従勢格」にならなかった命式は、天干に食神が表出する「食神格」、傷官が表出する「傷官格」、正財が表出する「正財格」、偏財が表出する「偏財格」、正官が表出する「正官格」、七殺が表出する「七殺格」、印綬が表出する「印綬格」、梟神が表出する「梟神格」に分かれます。これらの分類から「従旺格」や「従勢格」は〝特殊な格局〟として、それ以外は〝一般格局〟として扱うのです。

月支蔵干が天干として表出していない命式は「内格」として扱います。内格の場合、月支蔵干が一つだけであれば、その通変がそのまま格局名となります。例えば、月支蔵干の通変が食神であれば「食神格」、月支蔵干の通変が正財であれば「正財格」といったように定めます。月支蔵干が複数ある場合は、月令五行と同一な蔵干通変を採用し、それが正官であれば「正官格」、印綬であれば「印綬格」とします。出生年月日時の情報に基づき組織された命式を、総合的に判断する〝切り札〟ともいうべき「格局」は、先天的な性質や運命の特徴を物語るだけでなく、われわれがどう生きて行けば良いのか、何を目的として生きるべきなのか、どうすれば幸運が掴めるのかを、無言の内に教えようとしています。総じて外格として分類された命式は、社会に果たすべき役割が明確な人生を表し、それぞれの格局名に沿った生き方を強いられる傾向が観られます。その内、従旺格は自らの個性や才能が世の中に受け入れられれば成功が約束され、若くして幸運の階段を駆け上がっていきます。但し、後天運の関係である年齢までは、逆境に置かれ悲惨な体験を強いられるケースも少なくありません。一方、従勢格の場合は元々「棄命従格」という表記が正式名称で、〝自らの命を棄てて生きる〟ことを強いられる特殊な格局なのです。つまり「……のために人生のすべてを捧げます」と誓い、自らの命を棄てて通変に従えば、〝幸運な人生が保証されている〟という先天的な示唆なのです。自分の気持ちとか欲望とかを優先してはならないのです。それらを優先した途端、〝運命の転落〟が待ち構えていることに気付かなければいけません。

月支としての五行が、四柱の地支全体で結びつくことを「一気」と呼びます。この一気が存在する命式構造が「従旺格」と「従勢格」なのです。これらは一つの五行パワーだけが極端に強くなるので、その〝五行に逆らわず生きて行く〟ことが、〝幸運な生き方〟となります。それ以外の命式構造では、月支蔵干が天干に表出している場合は「外格型」で、通変名に沿った現象や出来事が運命を支配しますが、その五行を適度に抑制して〝五行バランスを整える〟生き方こそ、幸運を享受できる生き方となります。月支蔵干が天干に表出しない場合は「内格型」で一行への偏りが少なく、五行バランスは整えやすいのですが、突出した個性や能力とは言えず、潜在的な素質や能力をどう活かすかが問われる人生となります。

天干への強調を決定づける月令による「旺・相・休・囚・死」の表

天干		月令から得られるパワー度数
100%	旺令	
70%	相令	
30%	休令	
10%	囚令	
0%	死令	

癸壬	辛庚	己戊	丁丙	乙甲	天干／月令
休令	囚令	死令	相令	旺令	木 春季
囚令	死令	相令	旺令	休令	火 夏季
死令	相令	旺令	休令	囚令	土 土用
相令	旺令	休令	囚令	死令	金 秋季
旺令	休令	囚令	死令	相令	水 冬季

天干を強力にサポートする地支の一気表

癸壬	辛庚	己戊	丁丙	乙甲	天干／地支
辰子申	丑酉巳		戌午寅	未卯亥	三合一気
丑子亥	戌酉申	未戌丑辰	未午巳	辰卯寅	方合一気
亥子申	酉申申	戌辰辰	寅午午	寅寅卯	雑合一気
辰子辰	申巳酉	辰丑未	戌午未	寅卯亥	
丑申子	酉酉丑	丑丑戌	午巳巳	卯未辰	

人生の歩み方を教えてくれる「格局」

従旺格の幸運な生き方

木旺格 率直で理想が高く、信念に従った生き方となります。宗教や思想の研究、遺跡の保護、救済医療に向いています。知識と精神性の追求が幸運を運びます。

火旺格 情熱を内に秘め、愛と芸術に燃える生き方となります。ファッション業界、芸能界、画家、学者にも向いています。美貌と名声の追求が幸運を運びます。

土旺格 真面目で誠実であり、先祖を敬う生き方となります。伝統的な家業継承、不動産業、農業、庭師に向いています。信仰と不動産の追求が幸運を運びます。

金旺格 現状への不満を持ち、改革を叫ぶ生き方となります。ビジネス最前線、証券業、金融業、金属加工に向いています。改良と収益の追求が幸運を運びます。

水旺格 臨機応変に立ち回り、流行に敏感な生き方となります。各種情報産業、ホテル業、運送業、水商売に向いています。変化と性愛の追求が幸運を運びます。

従勢格の幸運な生き方

従児格 自我を殺して、子供やペットに尽くす生き方となります。故郷や両親と疎遠になるのは仕方がありません。作品や調理に情熱を捧げると幸運が掴めます。

従財格 自我を殺して、事業や恐妻に尽くす生き方となります。兄弟や親戚と疎遠になるのは仕方がありません。商売や才能発掘に命を捧げると幸運が掴めます。

従殺格 自我を殺して、組織や国家に尽くす生き方となります。健康や家庭を犠牲にするのは仕方がありません。企業戦士として情熱を捧げると幸運が掴めます。

従印格 自我を殺して、恩師や両親に尽くす生き方となります。財産や才能を犠牲にするのは仕方がありません。血統を守るため情熱を捧げると幸運が掴めます。

従勢格 自我を殺して、周りの人達に尽くす生き方となります。自分の時間を犠牲にするのは仕方がありません。勢いやブームに便乗して稼ぐと幸運が掴めます。

外格：天干として表出している月支蔵干を格局としている命式

一行特化させる格局

区分	格局	条件	格	内容
身強型の外格	従旺格	月支蔵干が日干として表出する（日干五行を「格局名」とする）／日干五行の地支の「一気」がある	木旺格	月令も日干も「木」となる
			火旺格	月令も日干も「火」となる
			土旺格	月令も日干も「土」となる
			金旺格	月令も日干も「金」となる
			水旺格	月令も日干も「水」となる
身弱型の外格	従勢格	月支蔵干が日干以外に表出する（天干通変を「格局名」とする）／月令五行が地支の「一気」となる	従児格	通変が「食神」か「傷官」
			従財格	通変が「正財」か「偏財」
			従殺格	通変が「正官」か「七殺」
			従印格	通変が「印綬」か「梟神」

五行を均衡化する目的の格局

「外格」としての格局命式

建禄格	月支蔵干が日干として表出する／日干五行の地支の「一気」がない
外格通変格	月支蔵干が日干以外に表出する（天干通変を「格局名」とする）／月令五行の地支の「一気」がない
羊刃格	月令五行と日干五行が同一となる／月令五行の地支の「一気」がない

外格としての八格

食神格	天干表出している「食神」
傷官格	天干表出している「傷官」
正財格	天干表出している「正財」
偏財格	天干表出している「偏財」
正官格	天干表出している「正官」
七殺格	天干表出している「七殺」
梟神格	天干表出している「梟神」
印綬格	天干表出している「印綬」

内格：月支蔵干が天干として表出せず月支蔵干を直接格局とする命式

区分	格局	条件
（外格型の内格）	内格外通格	月令五行が日干以外に表出する（月支蔵干通変を「格局名」とする）／月令五行の地支の「一気」がない
（完全な内格）	内格通変格	月令五行が天干に存在していない（月支蔵干通変を「格局名」とする）／月支蔵干通変を「格局名」とする

内格としての八格

食神格	月支蔵干通変が「食神」
傷官格	月支蔵干通変が「傷官」
正財格	月支蔵干通変が「正財」
偏財格	月支蔵干通変が「偏財」
正官格	月支蔵干通変が「正官」
七殺格	月支蔵干通変が「七殺」
梟神格	月支蔵干通変が「梟神」
印綬格	月支蔵干通変が「印綬」

外格通変型の幸運な生き方

潜在的な願望を達成しやすいのが「外格通変型」です。自分の個性や能力のどの部分が社会に受け入れられるのか、通変から把握することが幸運への第一歩です。格局名に沿った現象や事柄の内、自分にはどれが当てはまっているか、何であれば具体化できるのか、過去を照らし合わせて考えましょう。

内格通変型の幸運な生き方

潜在的な能力を発見しにくいのが「内格通変型」です。自分の個性や能力が分散している場合もあり、通変以外からも幸運や成功を抽出できることが特徴です。格局名に拘ることなく、格局の通変を活かすのは何か、天干通変パワーが強いのは何なのか、過去を照らし合わせながら考えましょう。

建禄格

素直で個性が強く、負けず嫌いで独立心旺盛な性質です。頑固さやわがままな部分を抑えることが出来れば多くの人達から支持され、若くして成功を掴むことが出来ます。独立自営の仕事環境がベストで、管理された組織の中では思うように才能を発揮できません。フリーの立場で活躍しようとします。協調性を心掛けることが成功の秘訣です。

羊刃格

温和で融通性はありますが、強引で自尊心が強く注意力散漫な性質です。飽きっぽさや浪費癖を抑えることが出来れば、華やかな分野で成功を掴むことが出来ます。趣味的な仕事環境がベストで、忠実・精密な仕事分野では思うように能力を発揮できません。一か八かの勝負にかけようとします。詐欺や誘惑から身を守るのが成功の秘訣です。

食神格

快楽主義的な考え方の持ち主ですが、情緒性豊かで感覚的な性質です。日常のルーズさを抑えることが出来れば衣・食・住の関連分野で成功を掴むことが出来ます。陽気で和やかな職場がベストで、融通の利かない職場では思うように能力を発揮できません。グルメな食生活を継続しようとします。体調管理をしっかりするのが成功の秘訣です。

傷官格

センスが良く批評眼に優れ、表現力豊かな性質です。好き嫌いの激しさを抑えることが出来れば、専門的な技術や資格の分野で成功を掴むことが出来ます。上下関係に拘泥しない職場がベストで、意見を言えない職場では思うように能力を発揮できません。クリエーティブな生活をしようとします。辛辣な批評をしないことが成功の秘訣です。

偏財格

明るく義理人情が豊かで、サービス精神も旺盛な性質です。遊び好きな点を抑えることが出来れば、交渉・取引・接客の分野で成功を掴むことが出来ます。仕事上の交際費を認める職場がベストで、経理がうるさい職場では思うように力を発揮できません。人脈を広げて商売をしようとします。四方八方手を広げ過ぎないことが成功の秘訣です。

正財格

人間関係を大切にし、誠実・勤勉で信頼度の高い性質です。潔癖すぎる部分を抑えることが出来れば、金融や行政や教育の分野で成功を掴むことが出来ます。見栄や虚飾の無い職場がベストで、変化の多い職場では思うように能力を発揮できません。規則を守って生活をしようとします。信仰や倹約を人に押し付けないことが成功の秘訣です。

七殺格

大きな野心を抱き、多少荒っぽいが正義感の強い性質です。気の短い部分を抑えることが出来れば、部下を統率しなければならない分野で成功を掴むことが出来ます。何事も大雑把な職場がベストで、規則にうるさい職場では思うように能力を発揮できません。後輩の面倒見が良いと評判が高まります。一匹狼とならないことが成功の秘訣です。

正官格

環境への順応性に優れ、組織に忠実で、規律を重んじる性質です。プライドに拘る点を抑えることが出来れば、行政や管理や法曹の分野で成功を掴むことが出来ます。品行方正な職場がベストで、風紀の乱れた職場では思うように能力を発揮できません。ブランド物に囲まれる生活を切望しています。ユーモアを交えた会話が成功の秘訣です。

梟神格

精神世界を重視し、好奇心にあふれ、夢とロマンを求める性質です。現実を忘れがちな点を抑えることが出来れば、芸術や神秘の分野で成功を掴むことが出来ます。奇妙な芸術空間の環境がベストで、堅い職場環境では思うように能力を発揮できません。常識から遊離した生活を切望しています。独創的能力を発揮することが成功の秘訣です。

印綬格

同情心が強く、理解力にあふれ、聡明で善良な性質です。騙されやすい部分を抑えることが出来れば、教育や研究や伝統芸の分野で成功を掴むことが出来ます。静かな職場環境がベストで、騒々しい職場環境では思うように能力を発揮できません。のんびりとした癒しの生活を切望しています。何事も人に頼り過ぎないことが成功の秘訣です。

西洋幾何学手相術による運勢と適職判断法

古くて新しい幾何学手相術

西洋式手相術の発祥地がどこであるかは判然としていません。古代インドという説もありますが、確かな根拠が欠けています。ただ歴史書でもある『旧約聖書』の中に「手相」を指すと思われる記録が存在しています。例えば「その右手に長寿あり、その左手に富と権威があり…」という記述などです。紀元前の昔から、手相判断は知られていたのです。西洋式手相術では掌に〝古代の七惑星〟を当てはめて解釈しようとします。われわれの掌は人体の中で唯一天空に向かって突き出すことができ、天空神からのメッセージを反映しやすい、と考えられたからです。手首中央を「地球」に観立てた時、その地球にもっとも近い「月」や「金星」を手首近くに配し、もっとも遠い「土星」は中指下に配するという惑星丘理論は、多くの手相家達に支持されています。それぞれの部位には、こんもり隆起する八つの領域が存在していることは否定できないからです。この内、火星丘だけは親指側と小指側に分れています。双方とも、占星術と同様な火星の意味合いを表わしていますが、親指側の火星Ⅰ丘は〝肉体的な闘争〟に関与し、小指側の火星Ⅱ丘は〝精神的な闘争〟に関与しています。プロスポーツの選手は第一線から遠ざかると火星丘の肉付きが落ちます。手相術の三大線に関しては、ギリシャ・ローマの時代から、その名称も意味合いもあまり大きく変化していません。母指球を取り巻く弧状の生命線、掌中央をゆるやかに下降していく頭脳線、四指下を人差し指方向に走行する感情線です。この三大線を基本として、それにいくつかの線を加えて判断していくのが「幾何学手相術」です。その第一は「火星三角形」とか「火星四角形」と呼ばれる形の把握で、左図のような形状の三角形や四角形が一般的です。このように大きさや形状がバランス良く表出するのが「幸運な手相」です。

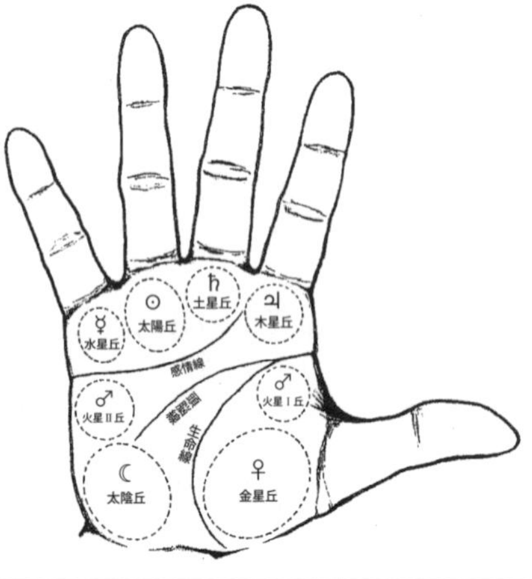

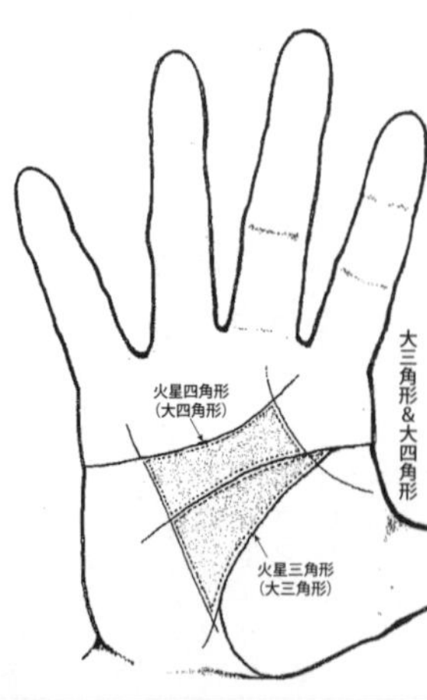

実際の手相上における三角形や四角形は、ある程度それを意識して観察しないと、最初は見付けることが難しいかもしれません。慣れてくれば一瞬で掌に三角形や四角形を発見できますが、それまでは〝意識して観察する〟癖をつけて下さい。左の図のようにクッキリと刻まれた水星線や火星線があれば判別しやすいのですが、これらの線は誰でも出現しているわけではないので、出現していない場合「仮想線」を引くことで、三角形や四角形の位置を特定します。但し、不完全な形状の三角形や四角形と捉えます。理想的な三角形や四角形の状態としては、まず、双方の面積比がほぼ同等になること、火星三角形はその一片を形作る水星線がクッキリ長く刻まれていること、火星四角形は感情線と頭脳線の長さがほぼ同等であること――これらが条件的に重要です。火星三角形の面積が広く大きければ、社会的な活動範囲の広いことを表わしていますが敵やライバルが出現しやすく、奮闘努力の必要な人生を物語っています。逆に三角形が小さければ、争いを避け狭い世界に閉じこもりがちな人生を物語ります。三角形には生命線と頭脳線とで作る「上角」、頭脳線と水星線とで作る「中角」、生命線と水星線とで作る「底角」が存在します。それぞれの角度によっても意味するものが微妙に違ってきます。火星四角形の面積が広ければ、社会的な交際範囲の広いことを表わしていますが周りからの影響を受けやすく、自分の気持ちや欲求を無意識に抑えることの多い人生を物語っています。逆に四角形が狭ければ、周りとの交際を極端に嫌って排除しようとします。火星三角形にしろ、火星四角形にしろ、完全な三角や四角ではなく、カーブを含む形状となっているケースが多いものです。また、これら定説化されている大きな三角形や四角形とは別に、それに付随する形で存在する新たな〝小三角形〟や〝小四角形〟を発見するのが「幾何学手相術」としての醍醐味です。

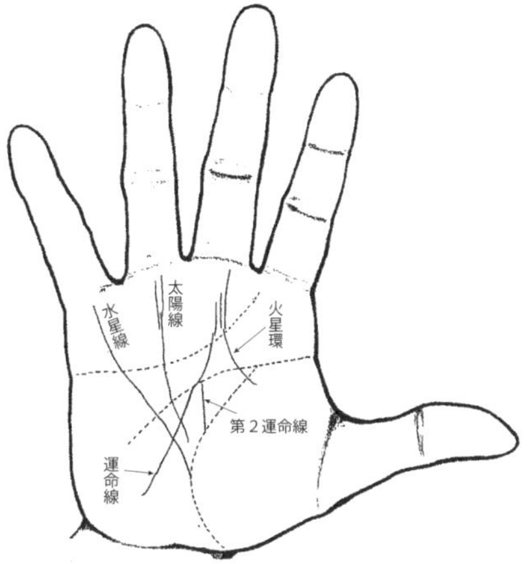

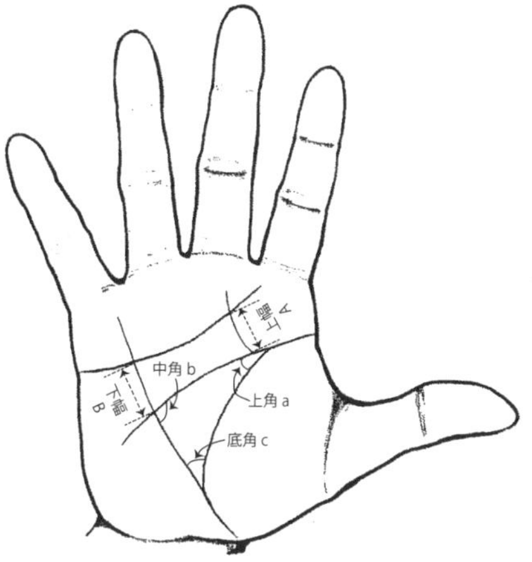

水星線や火星環がない手相の注意点

水星線が出現する位置には種々の雑線も出現しやすく、水星線が判別しにくい手相もあります。どの線であっても、三角形や四角形の一部を形作る位置なら、その線を採用して構いません。雑線で代用できるなら、水星線や火星環でなくても良いのです。

火星四角形の種々相と適職判断法

頭脳線も感情線も定規で引いたように直線で長く、火星四角形が文字通り「長方形」となっているのは、頑固で融通の利かない人の相ですが、冷静で意志が強く、推理力や分析力に優れ、批評能力にも長けている人の相です。敵を持ちやすい弱点があります。若くして独立独歩の生活に入ることが多く、企業や組織なら管理部門や経理部門が良く、実利重視の営業にも適しています。その他、銀行員、数学者、評論家、統計学者、推理作家、裁判官として成功します。

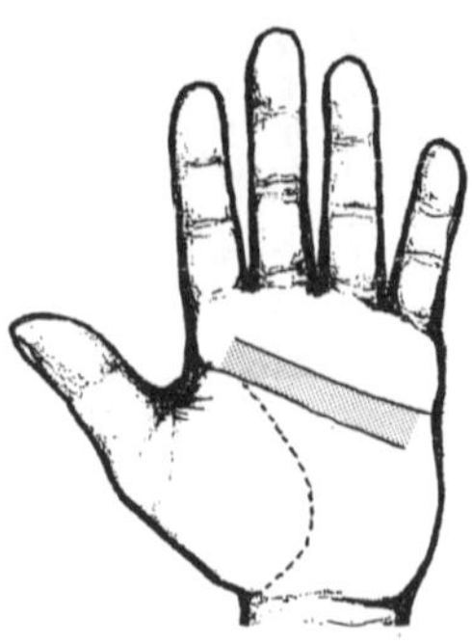

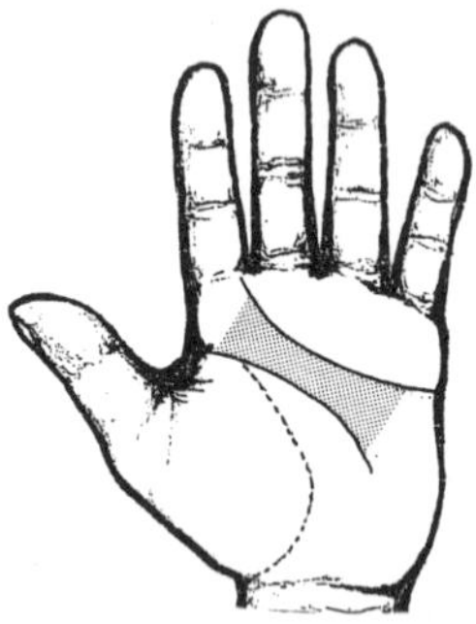

頭脳線も感情線もゆるやかにカーブし、火星四角形の面積が比較的広く、長方形の両端部分がやや広がっているのは、温厚で包容力があり、一般常識に富み、理解力にも優れていて、適応分野の広い人の相です。交友関係の広い特徴があります。どのような分野に進んでも能力を発揮する可能性が高く、一般企業なら総務や広報には特に適しています。子供達を指導する立場も向いています。その他、公務員、商社マン、営業マン、弁護士、司会業として成功します。

頭脳線が大きく下降し、感情線は途中から大きく上曲して、火星四角形の形が歪んで「リボンのような形状」となるのは、人一倍ロマンチストで夢見がちなところを持ち、他からの干渉を嫌って、理想に走る人の相です。外部の干渉を許さない特徴があります。大きな組織より自由な環境を択び、一般企業では技術者やスペシャリストとして力を発揮します。芸術や芸能の分野も向いています。その他、医療技術者、IT技術者、伝統工芸家、歴史家として成功します。

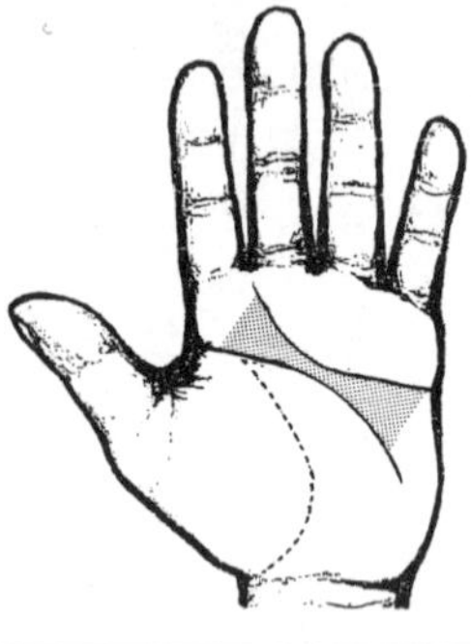

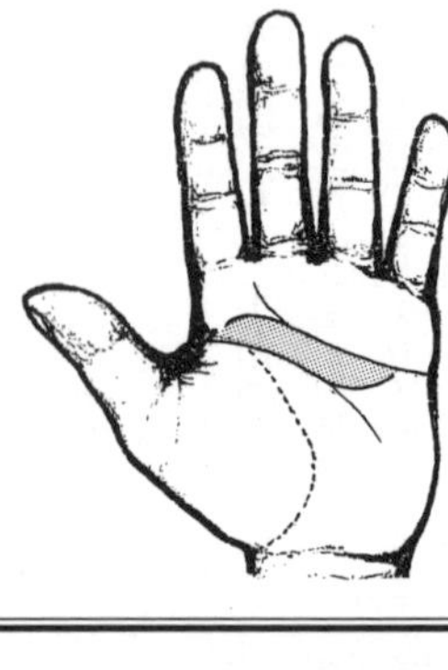

頭脳線の後半部分から枝線が上曲し、感情線の後半部分から枝線が下降し、火星四角形が「ひょろ長い形状」へと変化するのは、思い込みが激しく、商売や事業に熱心で、自分が関わる分野以外の人達との交流を敬遠する人の相です。何を考えているか判り難い特徴があります。人一倍義侠心の強い部分と、独占欲の強い部分があります。商売や事業には適しています。その他、コンサルタント、実業家、証券アナリスト、リサイクル企業経営者として成功します。

火星四角形の種々相と適職判断法

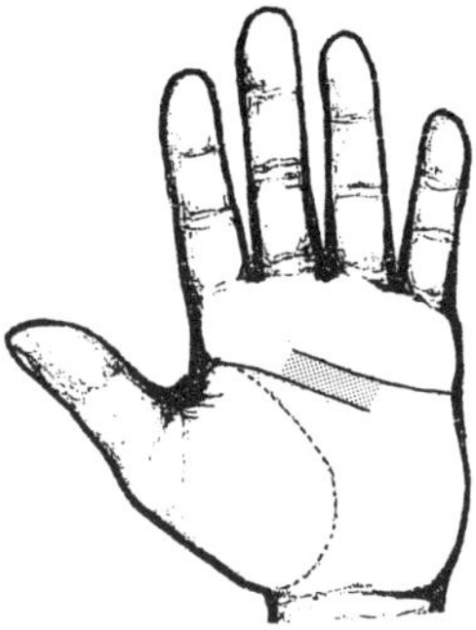

頭脳線がやや短く直線的で、感情線も短く直線的であるのは、必然的に両線の間隔が狭く、火星四角形が「小さな長方形」となります。これは全てに自分本位の考え方をしがちな相で、狭量で相手を思いやる気持ちに欠けていて、利害のみ追求する人の相です。深く思考するのを嫌う特徴を持ちます。その言動は直情的で、粗野な振る舞いが目立ちます。単純作業に適しています。内勤であれば製造業や倉庫管理に向き、外勤なら土木建設や清掃業として成功します。

頭脳線と感情線とが完全に一体化して掌を真横に横断すると、俗に「マスカケ」と呼ばれる特殊な相となります。完璧なマスカケは火星四角形が存在せず、他人が〝入り込む余地のない〟精神構造となります。自我が強く、全てに強引で、他人の思惑を気にしない言動が目立ちます。普段は冷静沈着で、仕事や金銭への執着が強く、興味の対象が移り変わりやすい特徴を持ちます。独立自営に適します。その他、レーサー、格闘家、科学者、新規事業で成功します。

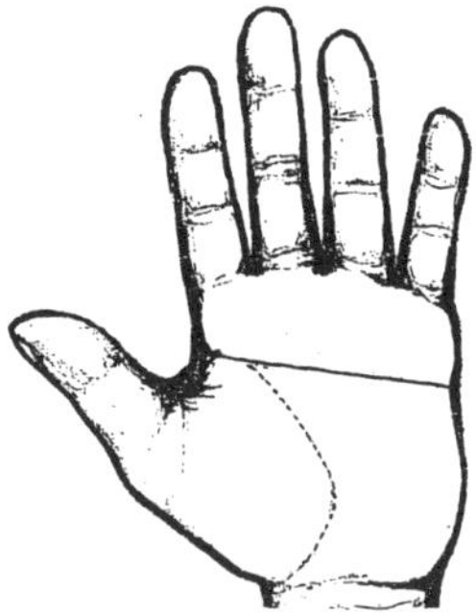

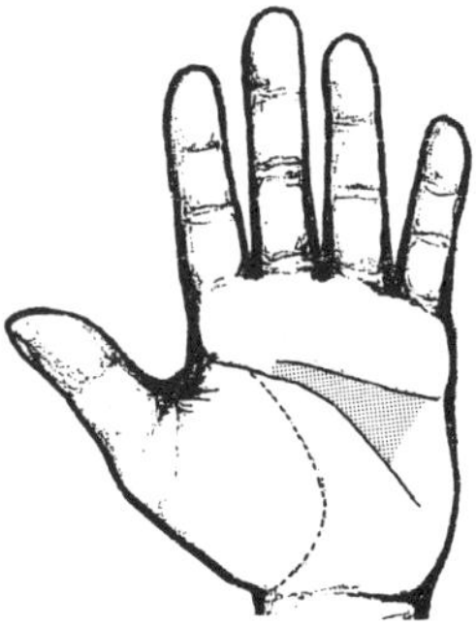

感情線が直線的に刻まれ、頭脳線が大きく下降すると、火星四角形の形が歪んで「いびつな四角形」となります。正直で親切ですが、物事を必要以上に深刻に考え、〝妥協を許さない〟生き方となります。恋愛や結婚が仕事の犠牲となりやすい特徴を持ちます。アイデア豊かで、時代をリードするような分野に適性があります。こだわりの強い芸術家や芸能人に時折見受けられます。一般企業の場合はＩＴ技術者、伝統工芸家、ギャンブラー、ＳＦ作家で成功します。

頭脳線が直線的に刻まれ、感情線がカーブして上昇すると、火星四角形の形が歪んで「いびつな四角形」となります。仕事熱心ですが、物事を利害のみで捉え、〝礼節やマナーは無視する〟生き方となります。常識を逸脱した交渉や取引を展開しがちな特徴を持ちます。義理人情には欠けるので、反感を持たれやすい弱点があります。周囲と摩擦を生じやすい事業家に時折見受けられます。その他、飲食業、営業・販売、ＩＴ技術者、不動産業、自営業で成功します。

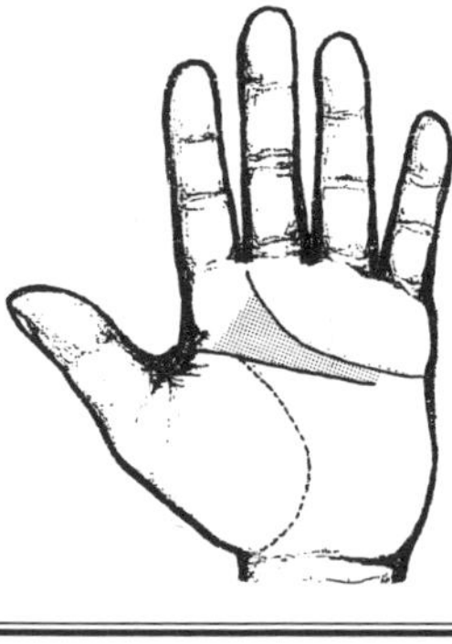

火星三角形の種々相と適職判断法

頭脳線が深く下降し、水星線が生命線の中央付近から上昇すると、三角形の面積が狭まりバランスを欠いた「火星三角形」となります。社会的な活動範囲が狭まる形で、広く世間に打って出ようとする意欲が乏しい相となります。物事の決断や実行に欠ける形で、引きこもりやすい特徴を持ちます。マニアックな世界に強く、趣味的な世界で才能を発揮できます。秘密を扱うような分野でも成功できます。その他、医療技術者、宗教家、詩人、古書店等で成功します。

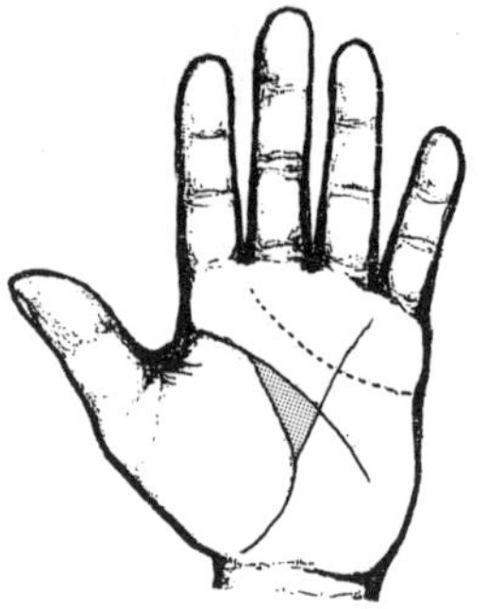

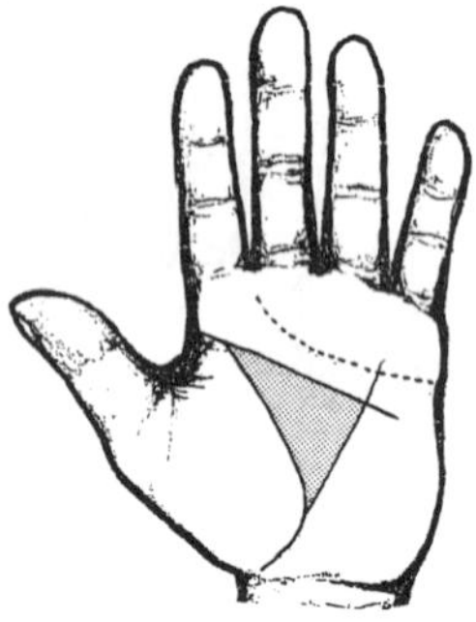

生命線と頭脳線の分離が早く、頭脳線が上部を走り、水星線が生命線の下部から上昇すると、三角形の面積が広がって「大きな火星三角形」となります。社会的な活動範囲が広くなる形で、健康で勤労意欲が強く、勇敢で野心に満ちた人の相となります。環境への適応性に富んでいるのが特徴です。幅広い分野で活躍できますが、ライバルが出現しやすいものです。競争激しい分野の方が適しています。その他、政治家、実業家、自衛官、競技選手として成功します。

火星三角形の中で、生命線と頭脳線とで作る角度を「上角」と呼びます。データ的に大体30度前後となるのが「一般的な上角」と言えます。これより狭い角度（a）であれば、慎重で注意深い性質が強まります。極端に狭い場合は神経質すぎて臆病な傾向が表れやすいものです。「上角」が狭い場合には細かな配慮が必要な仕事、微細なことを扱う仕事が向いているものです。例えば、秘書、宝飾鑑定家、金細工師、遺体修復、細菌研究者、調律師として成功します。

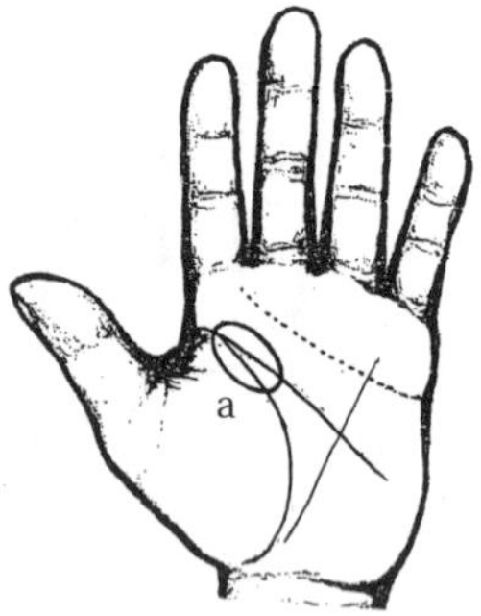

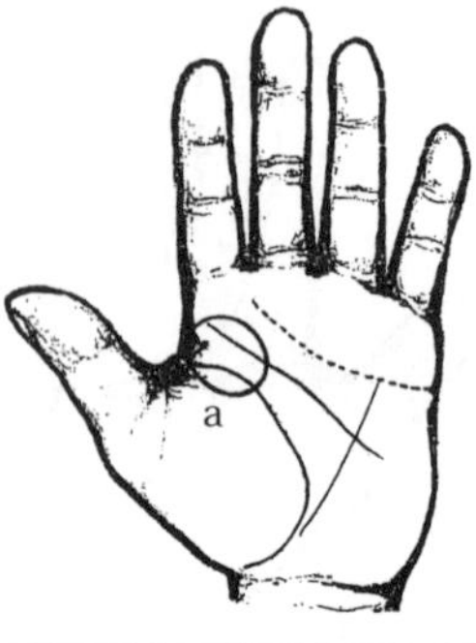

生命線と頭脳線とが離れて発現する場合、火星三角形の「上角」が事実上は存在していない相となります。両線を繋ぐ枝線が出現しているなら、それを「上角」とします。存在していない場合、注意力や慎重さに欠ける形で、小さなミスが生じやすい相です。その代わり度胸があり、行動力と開拓者精神を持っています。未知なものへの情熱と大胆な統率力を必要とする仕事に向いています。例えば、探検家、タレント、請負師、開発業者、建築家として成功します。

火星三角形の種々相と適職判断法

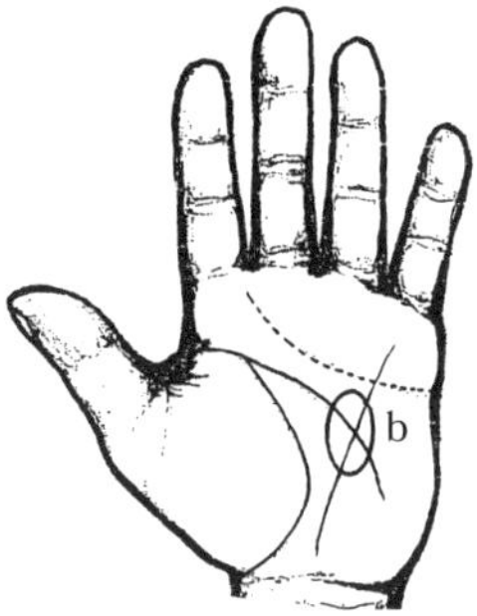

火星三角形の「中角」、即ち頭脳線と水星線が作る内側の角度は90度が理想です。90度以上となる中角は、独自の生活スタイルを貫き、健康で長寿の体質を持ち、経済的にも恵まれる人の相となります。理論やデータより、勘に頼って生きて行く形で、事務処理的なことは苦手です。アバウトな感覚の持ち主ですが、ショービジネスには向いています。その他、健康・医療関係、インストラクター、美容関連ビジネス、宗教家、調理師、ブティック経営で成功します。

火星三角形の「中角」、即ち頭脳線と水星線が作る角度が判然としないのはビジネス上の機転や融通に欠ける形で、大金が動く仕事に不向きな相です。中角が90度より狭くなるのは、神経過敏で細かなことにこだわり、仕事上のチャンスを逃しやすい人の相です。大事な時に体調を崩しやすい弱点があります。常に緊張感を持たなければならない仕事には向いていません。その他、ＩＴ技術、危険物処理、医療関係、金融関係、特殊金属、精密機械等で成功します。

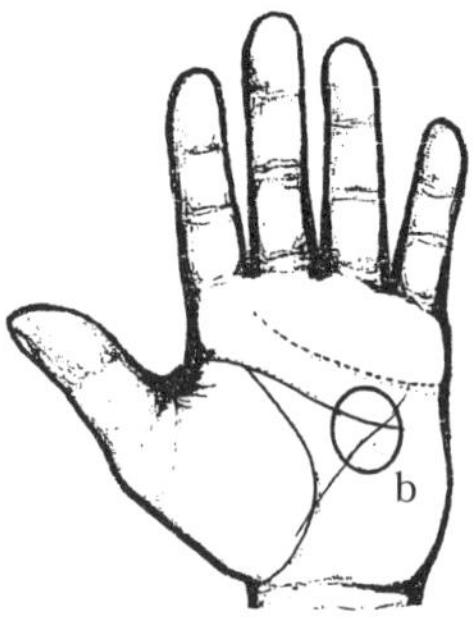

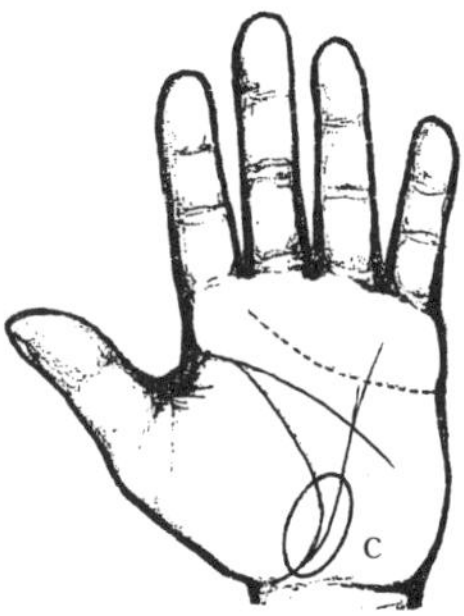

火星三角形の「底角」、即ち生命線と水星線が作る角度は30度前後となるのが理想です。水星線が生命線と一体化し30度前後なら、健康維持に気を遣い、長命となりやすい人の相となります。生命線に触れず水星線が上昇するのは、肉体的に強健で、部下後輩の運にも恵まれます。底角が30度以下となるのは、肉体的に潔癖症であり、何らかの持病を抱えやすい相です。職業的には、学術研究、医薬、美容関係、飲食関連の専門的なビジネス分野であれば成功します。

火星三角形の「底角」、即ち生命線と水星線が作る角度が判然とせず、他の線や仮想線で描く場合、健康面に弱点が生じやすく、仕事や職場環境にも変化が起きやすい相です。生命線と水星線で作る角度が30度よりも広くなるのは、仕事に対する反応は鈍いけれども、忍耐強く、どのような仕事環境にも弱音を吐かない人の相となります。部下・後輩想いで移動の多い仕事に向いている相です。その他、不動産業、建設・土木関係、製造業、プロスポーツで成功します。

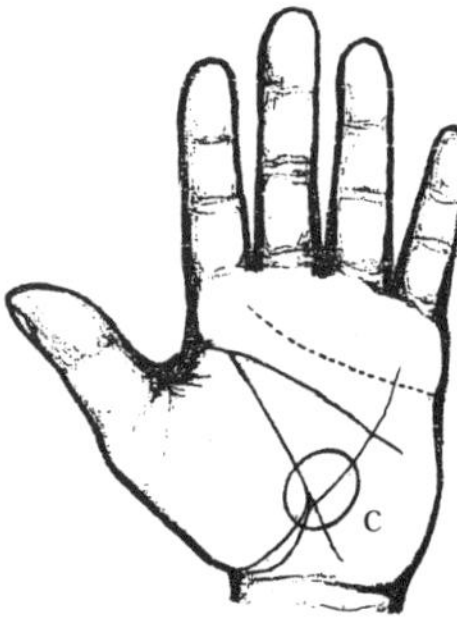

火星四角形&火星三角形と掌線との関係

火星四角形の内部に多数の横線が生じるのは、交際面において人一倍気を遣い、気疲れから体調を崩しやすく、呼吸器系に支障が生じやすい相です。サービス精神は旺盛で献身的な情愛の深い相ですが、人一倍傷つきやすく、落ち込みやすい人の相となります。恋人や配偶者からＤＶを受けやすいので注意が必要です。能力的には多才ですが、器用貧乏で持続力に欠けるようです。職業的にはサービス業全般に向いています。その他、接客業、芸能方面で成功します。

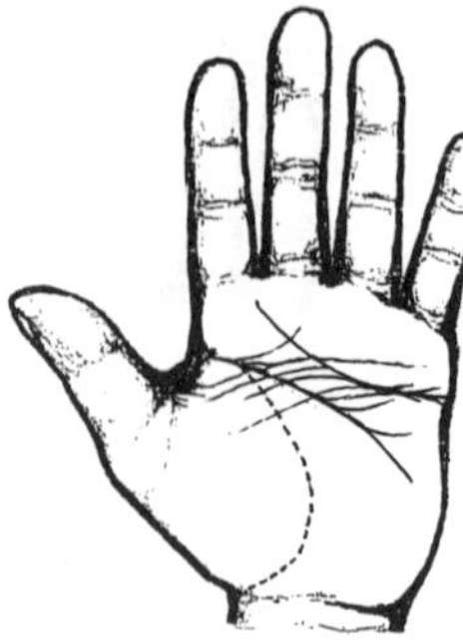

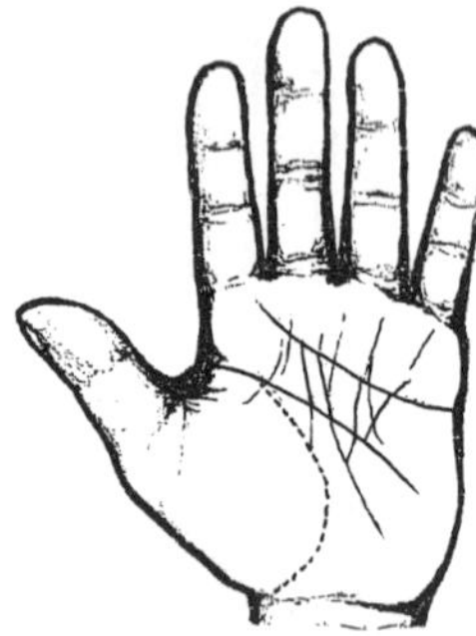

火星四角形の内部に多数の縦線が生じるのは、仕事上の対人関係に恵まれる形で、周囲をリードしていくカリスマ性もあり、ごく自然に支持者や協力者が周りに集まってくる人の相です。俗に言う〝人脈〟に恵まれ、社会的に引立てられ、成功しやすい人の相となります。仕事以外でも尊敬されるとか、心酔して支持する人たちが現れ、影響力の強い相となります。職業的には政治家、事業家、宗教家等、どの分野でもカリスマ的立場として活躍することになります。

火星三角形の内部に多数の横線が生じているのは、生命線内部から発している場合が多く、「障害線」とか「干渉線」と呼ばれることが多い線です。特に頭脳線付近に留まる障害線は、本人の思想行動や宗教活動に「待った」を掛ける相で、身内との間に大きな溝を生むケースが多いものです。もう一つは健康上の障害線となる場合で、社会生活を阻むような形で、次々と病魔が襲ってくることになりやすい相です。障害線が細い場合は単に神経質で悲観的な人の相です。

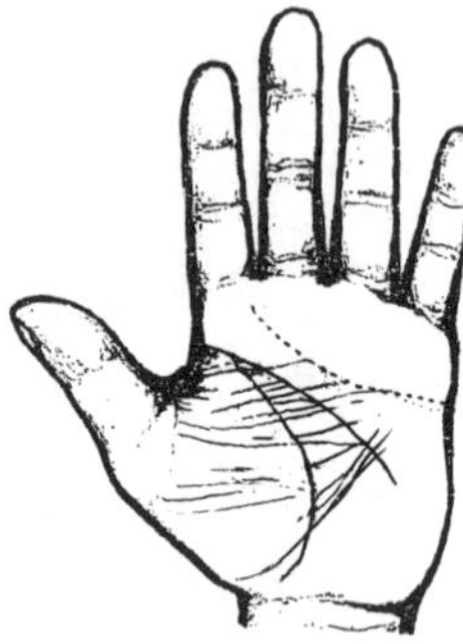

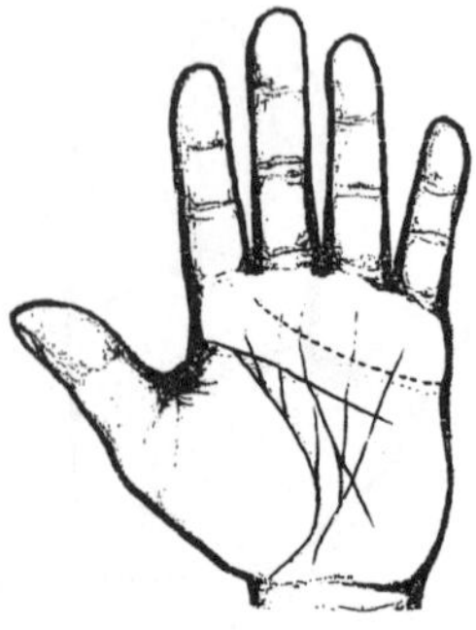

火星三角形の内部に多数の縦線が生じるのは、エネルギッシュで闘争心が強く、努力家で働き者の相です。特に生命線に起点を持つ上昇線が多いのは、開拓者精神に満ち、決して現状に満足することがないのが特徴です。多方面に活躍の場を広げ、組織内に留まるより、自ら起業する方が〝生きがいを感じられる〟人の相です。一人何役も演じなければならない仕事分野で成功します。東奔西走するような役割を演じがちです。プライベートの時間が削られる相です。

「幾何学手相術」における火星三角形や火星四角形の観方は、単に大枠としての三角形や四角形を把握するに留まりません。実は三角形や四角形は、その内部に重なり合う形で、小さな〝三角形〟〝四角形〟を秘めている場合が多いのです。これらの内、人差し指・中指に寄って表出されるのが「内部三角形」や「内部四角形」、薬指・小指に寄って表出されるのが「外部三角形」や「外部四角形」です。その多くは運命線や太陽線の一部分を利用して成立するもので、形の良い三角形や四角形が特徴です。

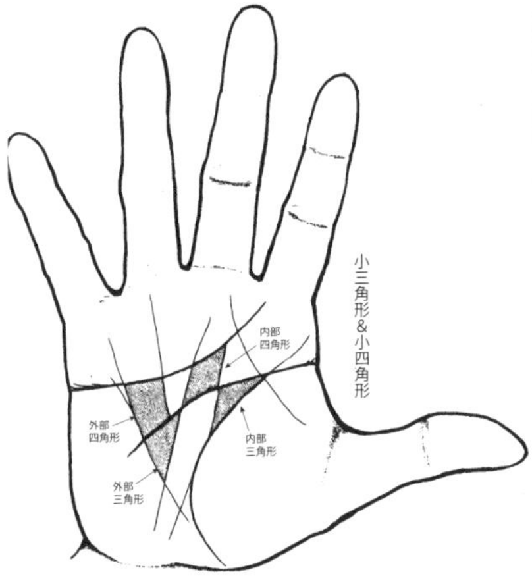

「小三角形」の中でも、もっとも頻繁に見受けられるものの一つが、生命線と頭脳線と運命線による「内部三角形」で、この場合の運命線は生命線途中に起点を持って直立する線です。ここに示した実例のようにクッキリ大きく出現する場合と、もう少し上部にやや小さく出現する場合とがあります。いずれも二等辺三角形、或いは直角三角形の形状に表出されるのが特徴です。自ら起業するとか、フリーの立場で奮闘努力し、社会的に才能を発揮していく人の相で、個性派の努力家が多い特徴を持ちます。

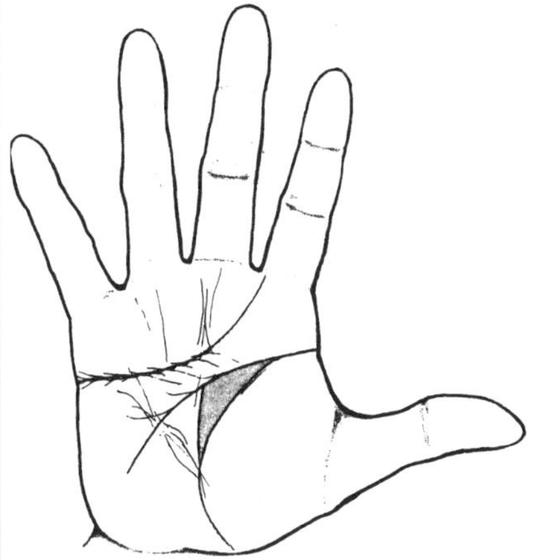

「小四角形」は三角形より判別が難しいケースが多いのですが、その多くは感情線と頭脳線の一部分を利用し、運命線、太陽線、水星線、火星環など〝縦の線〟を採り込んで成立するものです。ここに示した実例のように縦の線が何線か、よく判らない場合でも、四角形が成立しているなら、見逃してはなりません。内部四角形は、外部四角形より成立し難く、仕事上で才能や手腕を十分発揮し社会的な権威を得ている人に見かける相で、特に〝時代の変化〟を利用してチャンスを掴んでいるのが特徴です。

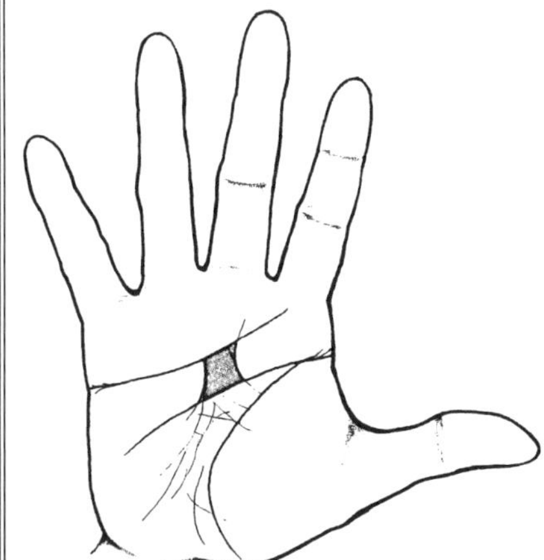

「外部三角形」には、運命線と頭脳線と水星線で成立する三角形の他に、運命線と水星線と感情線で成立する三角形もあります。後者の三角形の方がクッキリ形良く表出していれば、そちらの方を優先します。俗に「やり手」と呼ばれるような事業家や商売人に見かける相で、「正三角形」に近ければ近いほど、職業上の勘が働き、経営手腕が巧みなことを物語っています。但し、三角形を形成する三線の内、水星線が極端に細いとか弱々しい線の場合は、才能はあるけれども財運が比例しない人の相です。

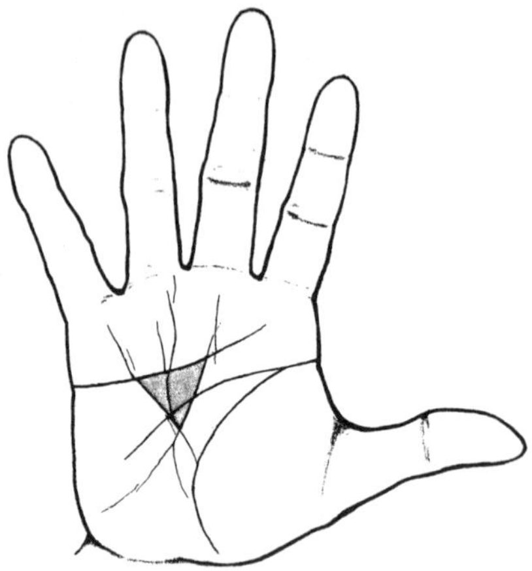

「小三角形」が見受けられる手相の中でも、左図のように生命線と運命線と頭脳線による「内部三角形」、運命線と頭脳線と水星線による「外部三角形」、さらに運命線と感情線と水星線による「外部三角形」の〝三種類の三角形〟が表出されている手相もあります。これはほとんどの場合、創業者として一代で栄光を掴んだような人に見かける「帝王の相」で、その成功には持続性があり、巨万の富を得ていく勢いが漂っているのが特徴です。三角形がいずれも〝形良く〟判然としていることが条件です。

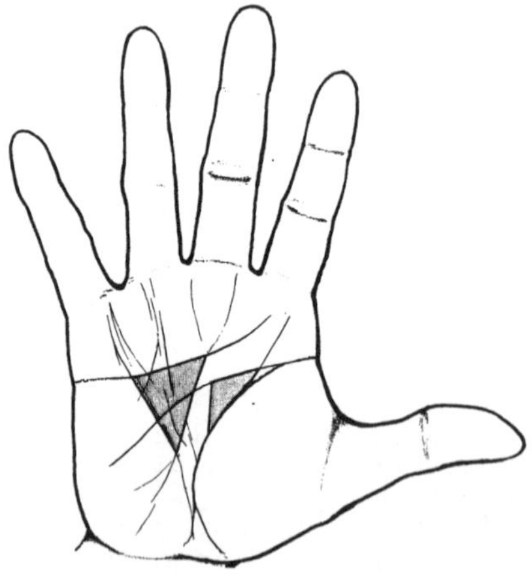

感情線と頭脳線との間に作られる「火星四角形」が、両サイドの区切り線あって判然としているのは、火星四角形としては理想的で対人関係に恵まれ、目上からも目下からも信頼の厚い人の相です。特に四角形の形状がバランス良く、感情線と頭脳線との間隔が広ければ、多くの部下・後輩を育てていく人の相です。火星四角形と共に「外部三角形」も判然と表出していれば、自分が携わる仕事上の知識や技術に対し絶対的自信を持っている人で、その三角形が小さければ小さいほど〝専門分野〟向きです。

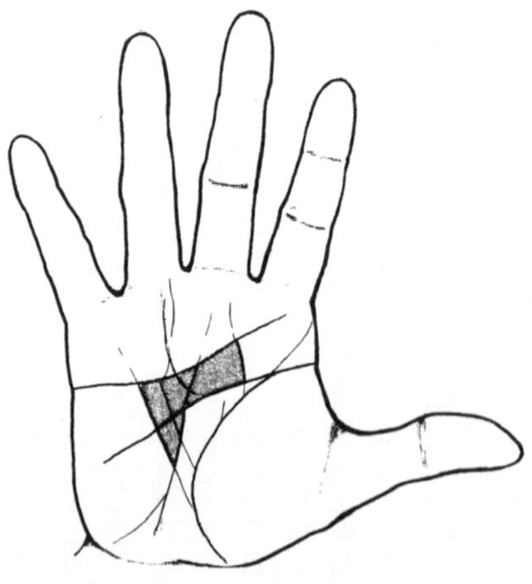

「火星四角形」は、やや変則的な形状で出現することも珍しくありません。その代表的なものは、左図のように感情線と運命線と頭脳線と太陽線の四線で形作られる四角形で、やや長方形に表出されるものです。この四角形と共に「内部三角形」も見事に表出しているのは、優秀な才能と素質を持ち、人一倍の努力も重ねて、三十代以降社会的に頭角を現していく形で、名誉も財力も手にすることが出来る相です。苦労の後に起業し成功を掴んでいく相で、いくつもの事業を並行して進めるのも特徴です。

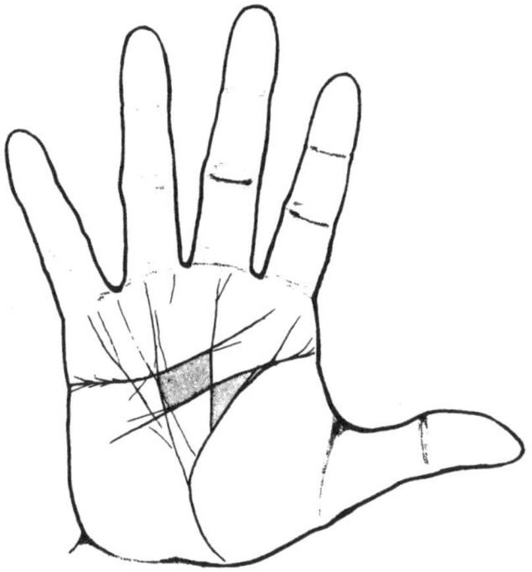

頭脳線と生命線と運命線で成立する〝二等辺三角形〟としての「内部三角形」と、運命線と頭脳線と水星線で成立する大き目の「外部三角形」が出現しているのは、組織内部にあっても優秀であり、独立しても十分に才能を発揮できる人の相です。社会生活において〝そつのない人〟に見かける相で、組織内部に留まれば、徐々に出世していきます。外部三角形の方が内部三角形よりも大きいのは、交渉・取引に巧みで幅広い知識と人脈を持ち、臨機応変の対応が出来る形で、財産を作るのもうまい相です。

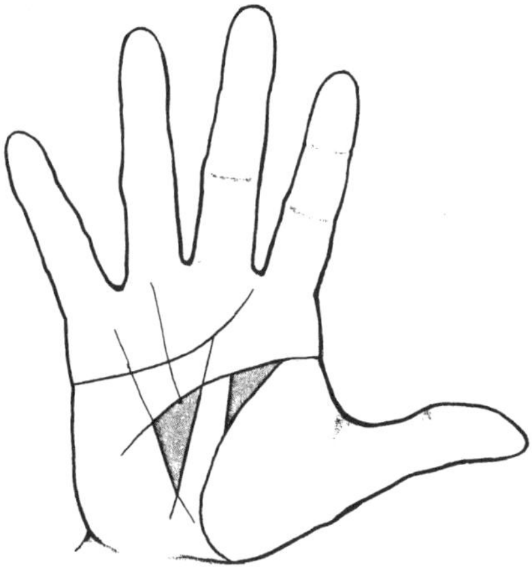

火星四角形の中でも「小四角形」は中々判別が難しいもので、慣れないと見過ごしてしまうから注意が必要です。左図は二本の運命線で縦線が構成され、感情線と頭脳線の枝線により横線が構成された「内部四角形」です。仕事上必要な人脈に恵まれ、特に専門的な知識や技術を得ていくのに必要な人材を得られる相です。また、二本の水星線が縦線を構成し、感情線と頭脳線の枝線が横線を構成する「外部四角形」は、収入増に寄与する人脈に恵まれる形で、副業でも大きな収益を得ていくのが特徴です。

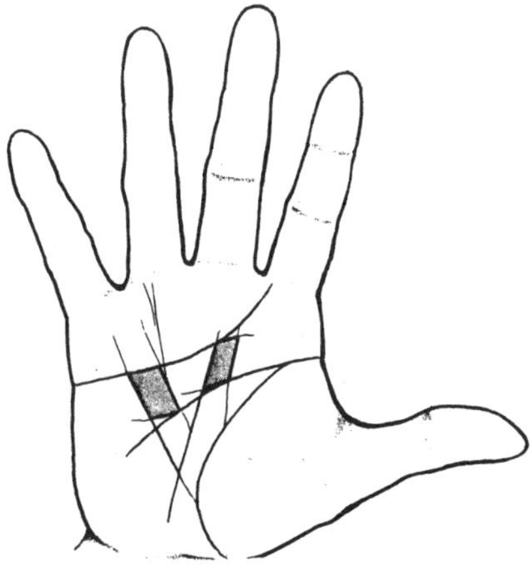

東洋気血色人相術による運勢と恋愛・家庭運

気血色人相術の源流

東洋系の人相術には、昔から〝二つの観方〟が存在しています。その一つは〝象形〟による判断方法で、文字通り人の姿・形から判断していく方法で、目鼻立ちなど各パーツの形状・大きさ・位置などを基にして観ていく方法です。もう一つは〝気血色〟による判断方法で、顔面の各部位に表出した血色・気色の状態を基にして観ていく方法です。後者の観方は「東洋系人相術」の著しい特徴で、今から2000年以上も前の中国で、唐挙という観相家によって確立された観方です。その後、中国では「達磨相法」、「麻衣相法」、「柳荘相法」等の新たな判断方法が開発されていきますが、それらにも気血色の観方は採り入れられ、東洋系人相術の主役となっていきます。日本では江戸時代に次々と中国式人相術の和訳書が出版され、密教僧などにより観相術が普及していきます。やがて日本独自の気血色判断法も、長崎の鶴翁（著書『天中巻』）、京都の菅沼梅荘（著書『相法玉振録』）、大阪の水野南北（著書『南北相法』）など優れた観相家の出現によって確立されていきます。特に水野南北は〝実占型〟の優秀な観相家で、中国の観方に頼らない独自の観相法を打ち立てています。彼らに少し遅れて登場したのが、千葉の林文嶺（著書『神相精微』）で、江戸末期から明治にかけて活躍し「画相術」と呼ばれる〝特異な観相〟を創始したことで知られています。顔面上に心霊画像的な〝気の形〟を捉え判断していく人相術の〝最高奥義〟です。実は水野南北も時々使用していたのですが「象物」と呼び、メインの観相法とはしていませんでした。画相術が本格的に研究されているのは日本だけです。正邪の観方が混合している中国式の人相術は「正中十三部位」と呼ばれる〝顔面部位の設定〟からスタートします。これらの部位に出現する個々の気血色により運勢を見ていくのです。

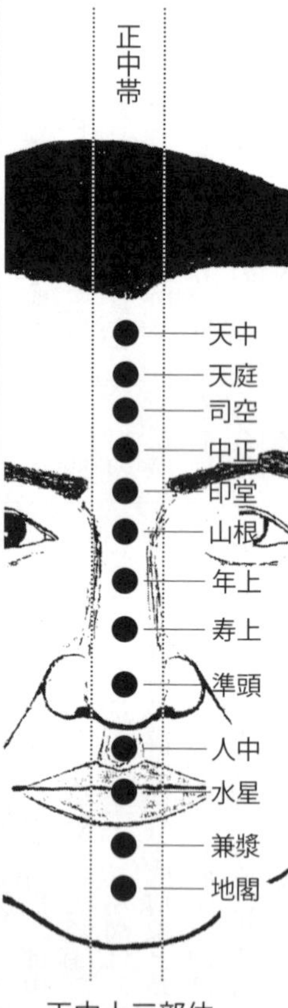

正中十三部位

顔面上の縦区分と横区分

「正中十三部位」に始まった顔面部位の特定は、その後の数百年で「百三十部位」へと進化していきました。中国の古典的な観相書には「顔面総部位の図」として、位置判別が難しい百三十部位の顔面図を掲載しているものもあります。もっとも、この「百三十部位」にはからくりがあり、先に示した「正中十三部位」を基に、そのまま横にずらし10分割した結果が130になっているだけで、あくまで機械的な分割なのです。顔面上の個々の位置や意味合いを確認しながら徐々に増やしていった130ではないのです。もちろん、人の顔面は真四角ではないので、そのような機械的な分割がそのまま当てはまるわけもなく、いわば「百三十部位」というのはお題目で、実際にはその内40~60くらいの箇所だけが「部位」と呼ぶのにふさわしい箇所なのです。因みに、日本の著名な観相家達の顔面区分を調べてみると、水野南北が「28」、大熊光山が「36」、櫻井大路が「37」、大和田斎眼が「45」、熊﨑健翁が「46」、大熊茅楊が「54」、中村文聰が「61」、八木喜三朗が「65」、林文嶺が「67」、目黒玄龍子が「70」といった具合で、未だ確定されていないというのが実情です。本書では、顔面上の横区分を古典的な「天停」「人停」「地停」の三区分、縦区分を「中央面」「正面」「側面」の三区分に分けます。さらに横区分の方は三停それぞれを「天位」「人位」「地位」の三位に分け、合計九区分として、縦横の組合せを〝26部位〟とします。実際の顔面部位はこれほど単純でも機械的でもなく、人によっても微妙に位置がずれたりするのですが、目安となる基準線としては実占的にも妥当で、本格的な部位研究にとって有効な〝基準ライン〟とはなるはずです。縦区分の「中央面」は〝人生上の主要な出来事〟や宿命的な事柄が表示されます。左右の「正面」は〝社会生活上の出来事〟や人気の有無が表示されます。左右の「側面」は〝私生活上の出来事〟や秘め事などが表示されます。横区分の「天停」範囲内には〝目上のこと〟&〝名誉関連〟が示されます。「人停」範囲内には〝世間のこと〟&〝愛情関連〟が示されます。「地停」範囲内には〝目下のこと〟&〝住居関連〟が示されます。

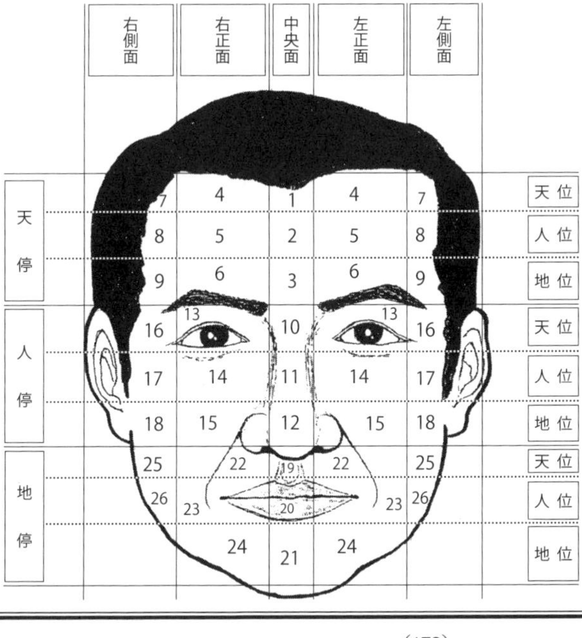

顔面十二宮相法の秘訣

顔面部位で実占家に広く普及しているのが「十二宮相法」です。この十二宮さえ把握しておけば観相家として通用するかもしれません。日常的な判断なら、❶は眉間の「命宮」で、〝願望の成就〟を予知することが出来ます。❷は小鼻を含んだ鼻頭の「財帛宮」で、〝現在の金運〟が示されます。❸は両眉位置の「兄弟宮」で、〝兄弟・親友との関係〟が示されます。❹は目と眉の間の「田宅宮」で、〝家庭運〟が示されます。❺は下瞼の「男女宮」で、〝子供運〟と〝SEX関係〟が表示されます。❻は口唇の両端から法令線下の「奴僕宮」で、〝部下・後輩の運〟が示されます。❼は目尻後方の「夫妻宮」で、〝恋人・配偶者との関係〟が表示されます。❽は鼻柱の「疾厄宮」で、〝健康状態〟が示されます。❾は額両脇の「遷移宮」で、〝旅行・移動の運〟が示されます。❿は額中央部の「官禄宮」で、〝名誉運〟が示されます。⓫は眉尻上部の「福徳宮」で、〝金銭取引〟が示されます。⓬は眼球位置を額に移動させた「父母宮」で、〝親子関係〟が示されます。

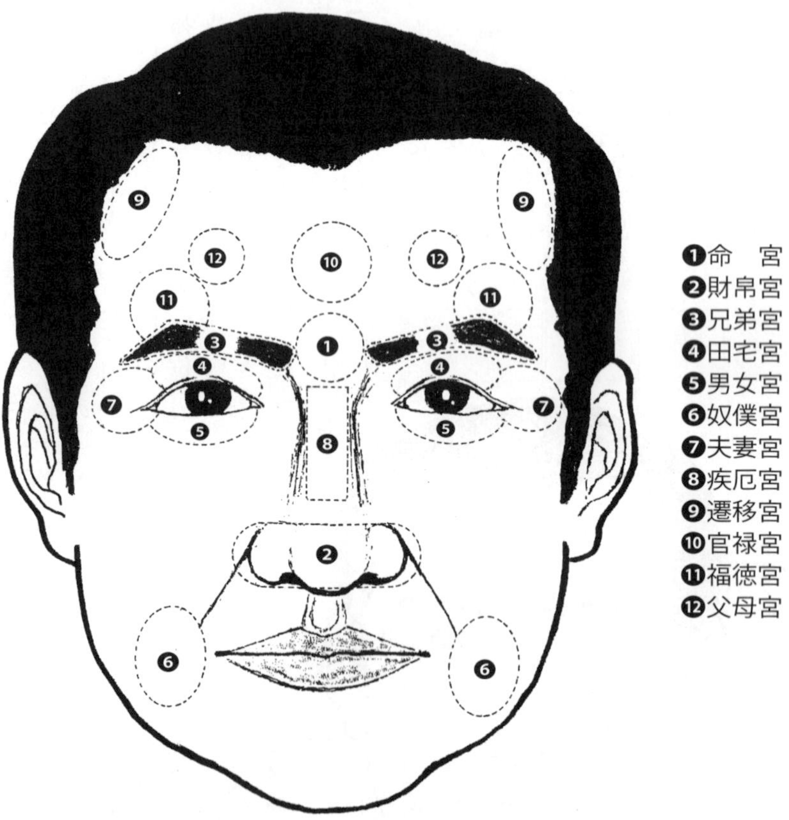

顔面十二宮の位置

顔面十二宮相法の具体的な判断方法は、❶の「命宮」では、生命力旺盛で希望に満ち溢れている時には、この部位が輝くような白潤色となります。命宮から額上部にかけ白潤色が貫くのは「願望通達の相」です。ほんのり紅潤色なら「愛情面での悦び事」を示し、婚約や結婚や出産の表示となります。暗蒙色が漂うのは「願望叶わずの相」です。同じ暗色でも〝赤暗色〟は、願望達成への苛立ちが強く焦り過ぎで成就しません。❷の「財帛宮」では、鼻頭付近が暗蒙色となるのは「経済的な問題」を抱える相で、金運と共に人気も低迷します。小鼻が凹んだように膨らまない時も金運は良くありません。出費がかさみやすい時は小鼻の周辺に赤みが漂います。財帛宮全体が艶やかに輝くのは「大金が入る相」で、予期せぬ形で賞金を手に入れるとか、高価なプレゼントが届く場合もあります。❸の「兄弟宮」では、眉毛の後半部分が欠けて来るのは「身内との金銭トラブルの多い相」で、兄弟との関係も良くありません。眉頭部分に赤色が出るのは「兄弟・親友間で論争起こる相」で、喧嘩別れとなりやすいものです。❹の「田宅宮」では、淡い紅潤色が出現すると「家庭的な悦び事」が起きる相で、マイホーム購入や遺産相続などの可能性があります。❺の「男女宮」では、凹んで暗蒙色となるのは「体力消耗の相」で、性的な悦びを得られません。逆にふっくら紅潤色に輝くのは「官能的な悦びを得る相」で、異性の人気も急拡大します。❻の「奴僕宮」では、肉付き豊かになるのは「部下・後輩から慕われる相」であり、やや凹んで暗蒙色となるのは「部下からの迷惑が掛かる相」です。❼の「夫妻宮」では、ほんのり紅潤色となるのは「相思相愛の相」であり、赤い斑点が出るのは「相手とのトラブル勃発の相」です。❽の「疾厄宮」では、暗蒙色となるのは「内臓疾患を抱える相」であり、赤点・赤色が出るのは「出費散財がかさむ相」です。❾の「遷移宮」では、赤点・赤苞が出るのは「旅行中の事故」に要注意の相であり、暗蒙色は「旅行中止の相」です。❿の「官禄宮」では、白潤色に輝くのは「社会的名誉を得る相」であり、暗蒙色となるのは「失脚の相」です。⓫の「福徳宮」では、赤暗色となるのは「経済的な窮地」に陥っている時です。⓬の「父母宮」が白骨色となるのは「親を亡くす相」です。

小人形相法による観方

古来、観相家達に秘伝として継承されてきた観方に「小人形相法」と呼ばれる判断方法があります。これは本人の顔面に〝人体を投影させる〟観方で、額中央部を「頭部」とし、眉間を「胸」とし、鼻柱を「胴体」とし、両眉を「両腕」とし、鼻頭を「下腹部」とし、法令線を「両脚」と観立てて〝人体を投影させる〟秘伝的な観相法です。全身を顔面に投影するため、特に「健康診断」等では威力を発揮し的中性が高いものです。これに類似する「逆人形法」と呼ぶ女性限定の観方も唱道されていますが、的中性はありません。

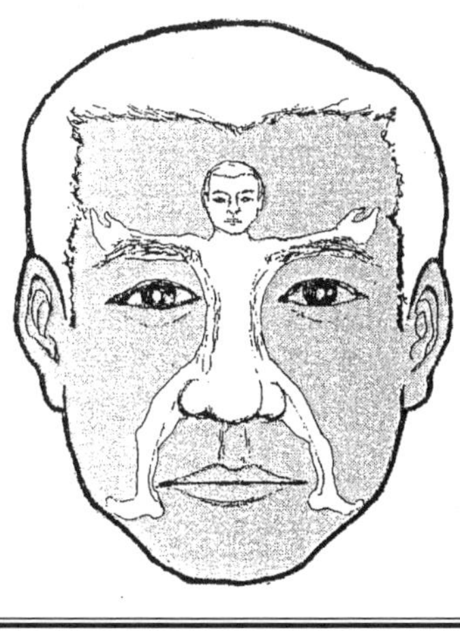

五官三部による八卦相法

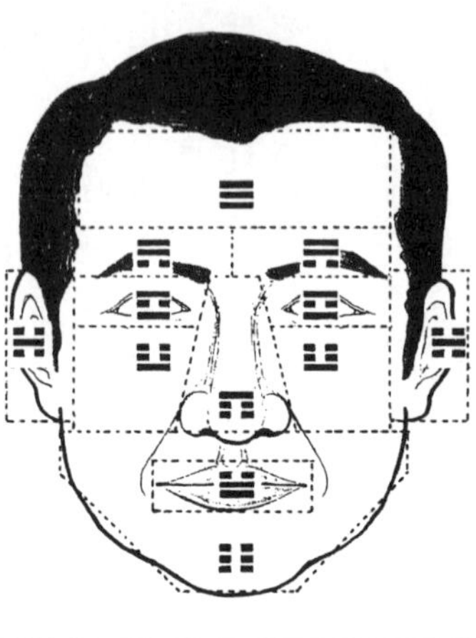

気血色観相法の秘伝として「八卦相法」と呼ぶ観方もあります。この判断方法の特徴は、気血色の判断を行うのに、まず顔面を「五官」と「三部」の〝八つの領域〟に区分し、そこに〝易の八卦〟を当てはめ、気血色も〝八種類〟に分けて、それらを組み合わせて〝易卦的な判断〟を試みることにあります。気血色を「易卦」として捉え直すことで、ただ単に「これこれが起きる」と予知できるだけでなく、それに対して「どうすれば良いか」の対処法を、見つけ出すことが可能となるからです。この相法における「五官」とは、眉の「保寿官＝巽（風）」、眼の「監察官＝離（火）」、鼻の「審弁官＝艮（山）」、口の「出納官＝兌（沢）」、耳の「採聴官＝坎（水）」で、多少、その周辺も含め〝五官領域〟と捉えるのが特徴です。また「三部」とは、額の「天部＝乾（天）」、頬の「人部＝震（雷）」、頤の「地部＝坤（地）」で、先に解説した「三停」とほぼ同様ですが、若干、範囲が狭くなることに注意が必要です。こうして顔面上の各領域が「八卦」に置き換えられます。実際の判断では、これらの八卦を「内卦＝下卦」とします。次に、顔面上に出現してくる気血色の方も〝八卦〟に合わせて〝八色〟とします。【乾（天）＝ホワイト系の気血色】、【兌（沢）＝ピンク系の気血色】、【離（火）＝レッド系の気血色】、【震（雷）＝ブルー系の気血色】、【巽（風）＝グレー系の気血色】、【坎（水）＝ブラック系の気血色】、【艮（山）＝セピア系の気血色】、【坤（地）＝イエロー系の気血色】が、その分類です。顔面の五官三部による〝八卦領域〟と、そこに出現してくる〝八卦色〟を組み合わせ、六十四卦の易卦に置き換え判断します。そして問題の対処法には易占の「生掛法」を使用します。

気血色の分類とその見分け方

「八卦相法」では顔面上に出現してくる気血色を〝八色〟としていますが、実際にはもう少し複雑です。そこで上記の八色を、より具体的に分類します。【ホワイト系の気血色】には白潤色、白銀色、白濁色、白骨色、白苞、白点が含まれます。【ピンク系の気血色】には紅潤色、紅白色、紅美色、紅点が含まれます。【レッド系の気血色】には赤色、赤暗色、銅色、赤濁色、赤苞、疵、赤点が含まれます。【ブルー系の気血色】には青潤色、青暗色、青白色、紫色、青脈が含まれます。【グレー系の気血色】には蒙色、暗蒙色、赤蒙色、茶蒙色が含まれます。【ブラック系の気血色】には暗色、黒色、暗蒙色、暗褐色、暗赤色、暗青色、暗点が含まれます。【セピア系の気血色】には茶色、茶蒙色、茶褐色、土色が含まれます。【イエロー系の気血色】には黄金色、黄金点、黄色、黄土色、黄濁色が含まれます。顔面には個々の人物が持っている地色があり、それに重なり合うよう部分的に出現するのが気血色です。したがって、常にそれを念頭に置きながら観察すべきです。

顔面上の気血色による恋愛運の種々相

aのように目尻付近から青紫、又は暗気色のスジが起ってこめかみへ消えるのは、交際中の相手と〝別れなければならない事情〟が発生してくることの表示です。色濃く起つほど〝哀しい別れ〟で運命的事情が潜んでいることを表します。bのように人中（鼻下溝）に赤苞（赤っぽいデキモノ）や、赤い斑点が出現するのは、交際中の相手との間でトラブルが生じることの予告で、その多くは浮気や三角関係です。また予期せぬ〝妊娠トラブル〟が生じる時もあります。

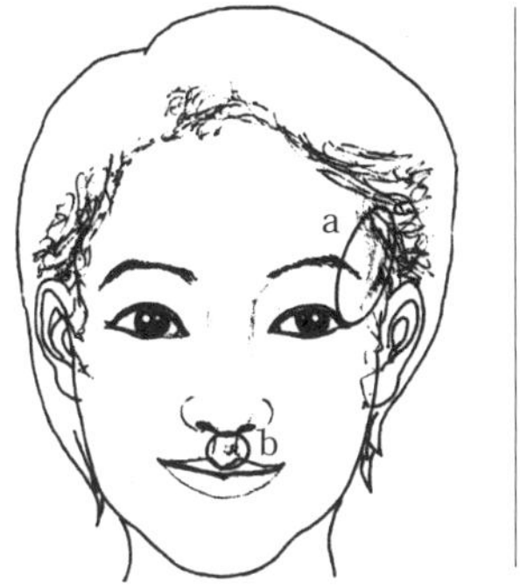

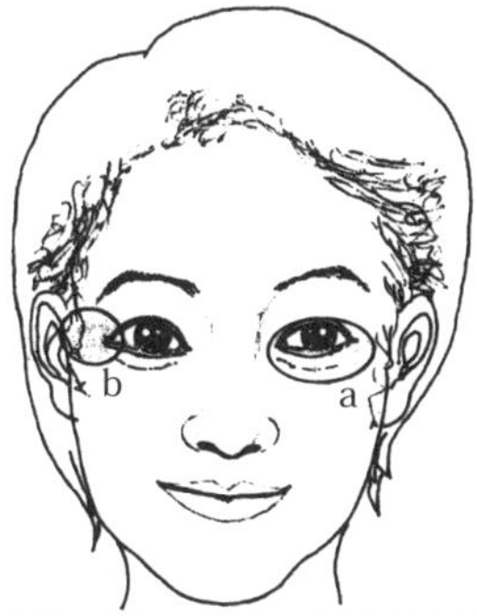

aのように下瞼の肉付きが瑞々しく膨らみ、目尻にかけ微かに紅味がさしているのは、愛情運の強まっていることを表し、女性の場合は性愛に目覚めて性ホルモン分泌が旺盛となり、男性を惹きつける魅力が増してきている相です。bのように目尻後方が淡い紅潤色となって肉付きもやや増していくのは、素晴らしい出逢いから一気に恋愛の始まる時、或いは恋人から愛される悦びを感じ始めている時、又は待ち望んだ婚約が正式に成立した後に見受けられる相です。

aのように鼻頭に赤紫の斑点が出るのは、激しいＳＥＸ後に疲労を感じている時の相です。交際相手との間で金銭トラブルが生じやすい傾向も見受けられます。bのように鼻柱自体に赤蒙色が出るのは、心身の疲労あって精神的落ち着きを欠き、焦燥感が強く、無駄な出費が続きやすい相です。恋愛は片想いで終わります。cのように下瞼に暗蒙色が出るのは、体質的に性ホルモンの供給が十分ではなく、恋人がいてＳＥＸしても、性愛の悦びを感じられない相です。

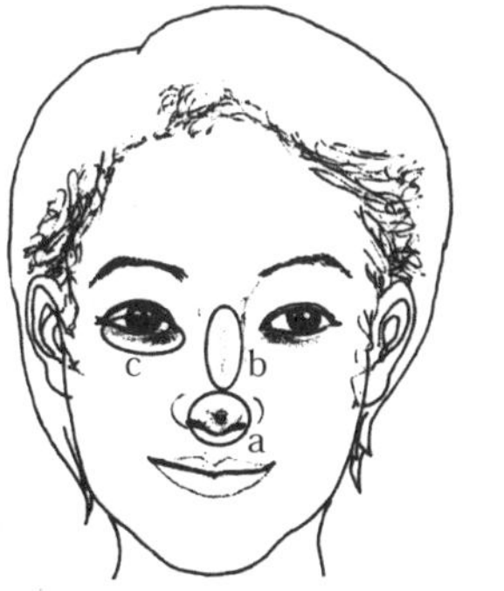

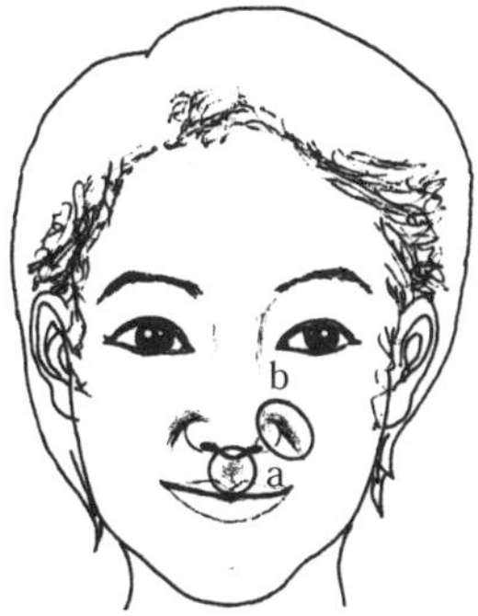

aのように鼻の下の人中部分が、全体的に蒙色となっている女性は、日頃から性的欲求が十分満たされていない相です。交際中の相手がいてＳＥＸを重ねても、人中が蒙色となっている場合は性的欲求が満たされることはなく、悶々とした日々を過ごすことになります。bのように小鼻の脇に暗蒙色が掛かって来る時には、無駄なことに対して出費しやすい時で、単なる遊び相手への大盤振る舞いとか、恋人とは言えない異性に〝貢ぐ形での出費〟をしやすい相です。

顔面上の気血色による恋愛運の種々相

aのように目尻後方やや上部に赤蒙色が出るのは、表沙汰に出来ない恋人とか、不倫相手との間に〝別れる〟〝別れない〟の問題が発生している時で、暗蒙の色合いが強ければ〝哀しみの別れ〟となり、赤色が強ければ〝喧嘩別れ〟の意味合いが強くなります。bのように左右の目頭を繋ぐかのような青蒙色が出るのは、俗に言う〝不義密通の相〟であり、不倫や三角関係などにのめり込み、自ら煩悶して苦しんでいる時の相です。家庭がある場合は不和となります。

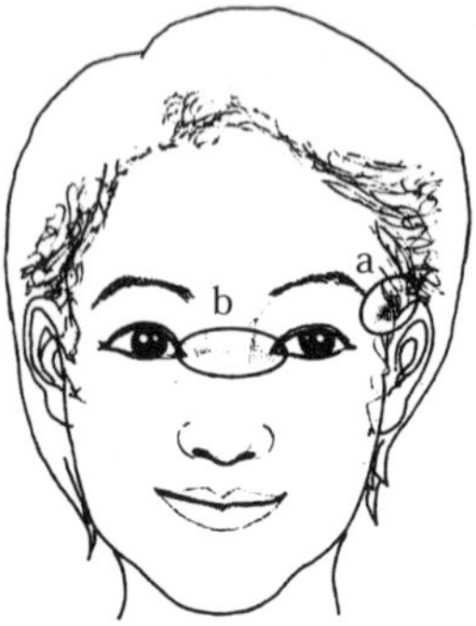

aのように目尻後方に赤苞、或いは赤点が出現するのは、異性に関するトラブルが浮上してくる時の相で、この場合、赤苞や赤点が目尻に近ければ、交際中の恋人との問題や出来事であり、目尻から遠ければ、新しい相手や微妙な相手との間に生じる問題や出来事となります。bのように鼻の下の人中にほんのり紅潤色が出るのは官能的な悦びを知る相であり、曇った感じで赤蒙色が出現するのは、交際中の相手との間で〝浮気問題〟などが浮上しやすい時の相です。

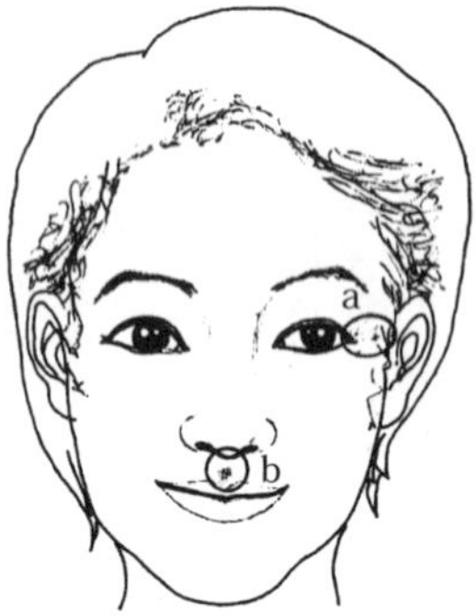

aのように目の周辺が全体的に暗く、下瞼から目尻にかけ暗蒙色が漂っているのは、恋愛そのものに対する積極性に欠け、過去のトラウマから恋愛を拒絶してしまいがちな相です。下瞼も、目尻も、共に凹んでいる場合には〝恋愛に絶望している〟ケースも多く、警戒心ばかりが強いものです。bのように口唇端のラインをそのまま延長し、顎に達する少し手前の部位に暗蒙色が出れば、ストーカーの被害を受けやすい時で、騙す目的で近づく異性にも注意が必要です。

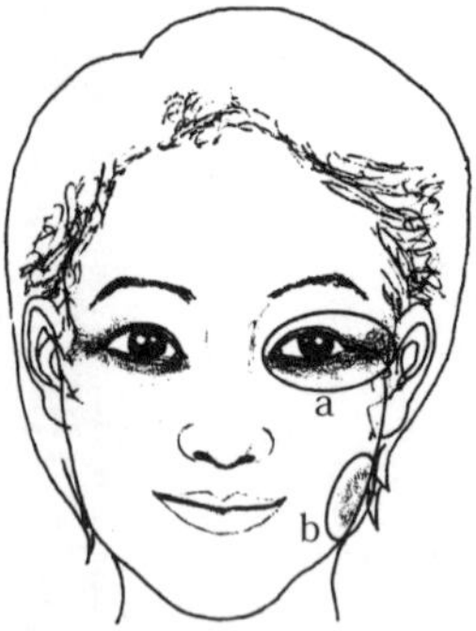

aのように下瞼の肉がプックリ桜色に盛り上がるのは、性欲旺盛で官能的な悦びを追い求めていく人の相です。特に目頭側の肉付きが良く、下瞼のラインを押し上げているのは、人一倍〝愛欲の強い相〟です。女性の場合、一人の男性では十分に満足できない淫乱タイプもいます。bのように目尻上部にこんもり肉が付き、艶やかな紅潤色を呈するのは、〝妖しい官能〟で男性を翻弄するタイプです。女性は肉体を武器に〝玉の輿〟を射止めるケースが多いものです。

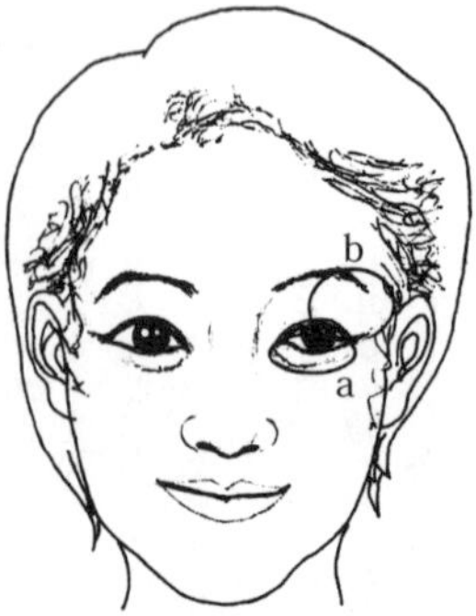

顔面上の気血色による結婚運の種々相

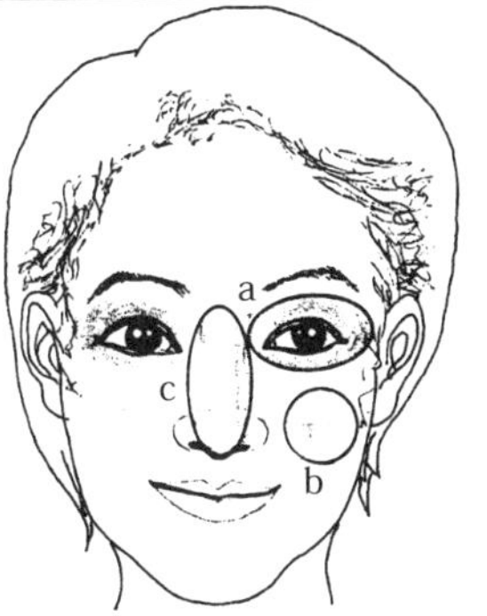

aのように目の周囲全体が淡い紅潤色に染まるのは、周囲から祝福されている相で、〝婚約・結婚・出産〟のいずれかに見受けられる相です。本人自身も〝愛される悦び〟を噛み締めています。bのように頬骨よりも下の頬肉部分が、丸く大きく紅潤色となるのは、身内以外の人達からも〝祝福を受けている〟時で、幸福感に満ちている相です。cのように鼻柱全体が美しい白潤色となって輝くのは、女性の場合は〝理想の夫〟を射止めた悦びを表わしている相です。

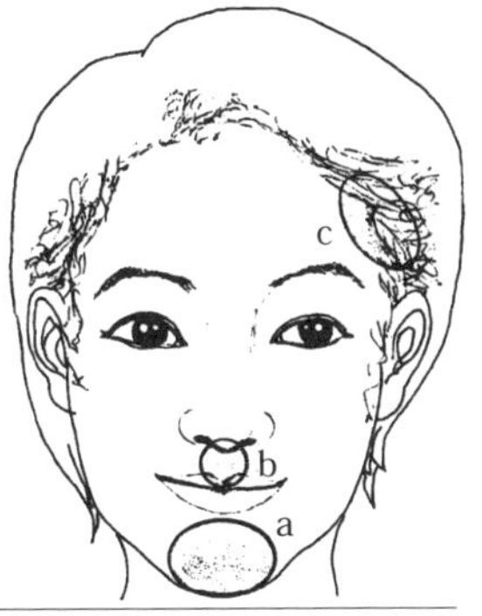

aのように下頤全体が紅潤色となるのは、〝新しい家庭を持つ悦び〟に満ちている時の相で、結婚に伴って住居が移動する時にしばしば見受けられます。bのように人中が淡く艶やかな紅潤色となっているのは、初夜を迎える悦びとか、新婚旅行を待ち望む気持ちを表す相で、妊娠比率が高い相です。cのように額の側面部分に紅潤色が出るのは、愛する人との旅行を楽しみにしている相ですが、広い範囲に出るのは結婚に際して新居を購入した場合にも見られます。

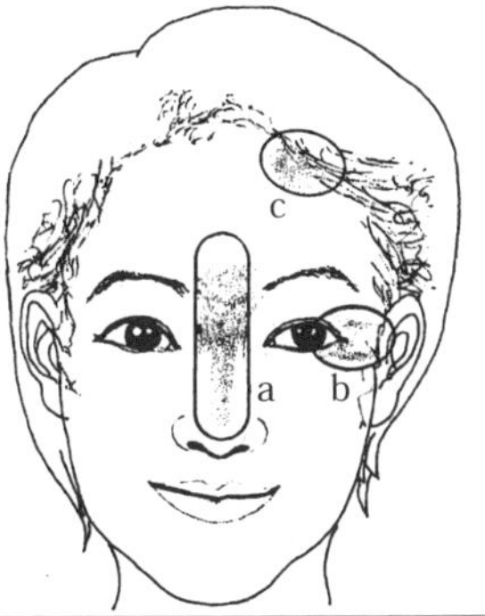

aのように鼻柱全体が暗蒙色となって汚く見えるのは、既婚女性の場合は夫のことで問題続出して煩悶している相であり、未婚女性の場合は自らが世間的に非難を浴びやすい時期です。また男性からの邪念を受け縁談スムーズに進まない時の相でもあります。bのように目尻後方に白気あって、その周囲を蒙色が囲んでいるのは、愛する人が病床にあるとか、死亡してしまう時の相です。cのように髪際上部に暗蒙色漂うのは先祖の因縁あって縁談が進まない相です。

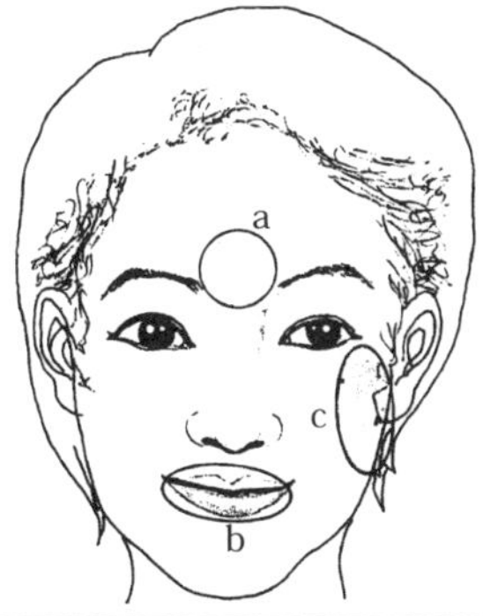

aのように眉間が白潤色に大きく輝くのは〝願望通達の相〟であり、女性の場合には片想いから両想いに変わる時にも見受けられます。また近日中に〝素晴らしい出逢い〟が生じる時や、婚約成立の時にも見受けられる相です。bのように口唇全体、中でも下唇が艶やかに輝くのは性愛の悦びを享受している相で、愛情運が強い時の相です。cのように耳の手前に当たる側面が淡い紅潤色となるのは、身内親戚から良縁を持ち込まれやすく、正式婚約も成立します。

顔面上の気血色による家庭運の種々相

aのように下瞼がプックリ膨らみ白潤色になっているのは、既婚女性の場合は〝妊娠していること〟を示す印で、同時に下瞼の睫毛もめくれてきて目立つのが特徴です。この場合、本人の右側下瞼の膨らみが目立てば男児の妊娠であり、左側下瞼の膨らみが目立てば女児の妊娠です。bのように鼻柱全体に潤いが漂い、中でも鼻頭部分が白潤色に丸く輝いているのは〝妊娠中〟であることの表示で、臨月が近づくほど白い輝きが強くなり、白桃色となるケースもあります。

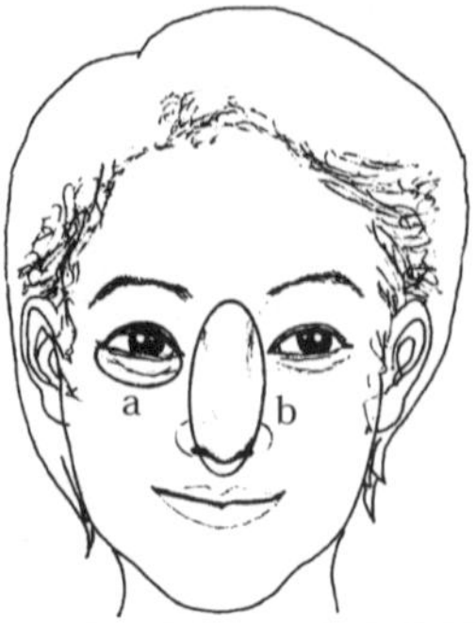

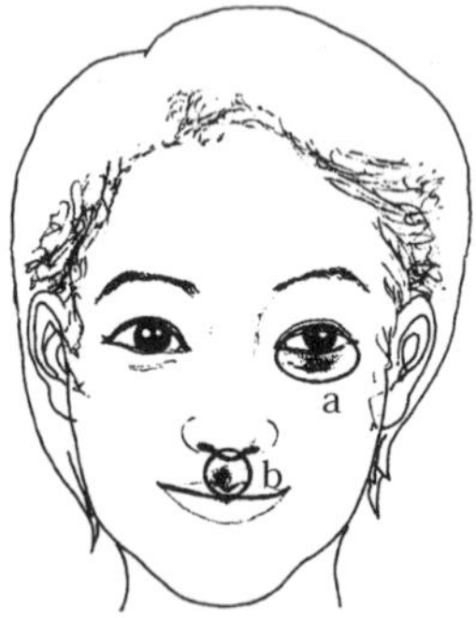

aのように下瞼に暗蒙色が漂い、下瞼の肉付きも萎んでくるのは、既婚女性の場合は子供のことに関して煩悶が続いている相で、子供の病気を案じているケースと、子供の素行を悩んでいるケースとがあります。この場合も、左の下瞼が目立てば女児であり、右の下瞼が目立てば男児です。bのように人中に暗蒙色漂うのは〝妊娠問題〟或いは〝相続問題〟で悩みを抱える形で、家系・家業の継続や、後継者・遺産も絡んで問題を複雑にしているケースが多いものです。

aのように上瞼が凹んで茶蒙色となるのは、家庭・家族の問題を抱えて苦悩し続けている時の相で、家族間に対立や争い事が絶えない場合が多いものです。また遺産相続の揉め事が長続きしている相とも見ることがあります。bのように眉尻上部からこめかみにかけて茶蒙色となるのは、親戚間で財産争いが続いている場合が多く、土地・不動産が絡んでいることが特徴です。cのように「山根」と呼ばれる両眼の間に蒙色が漂うのは家族の病気を心配する時の相です。

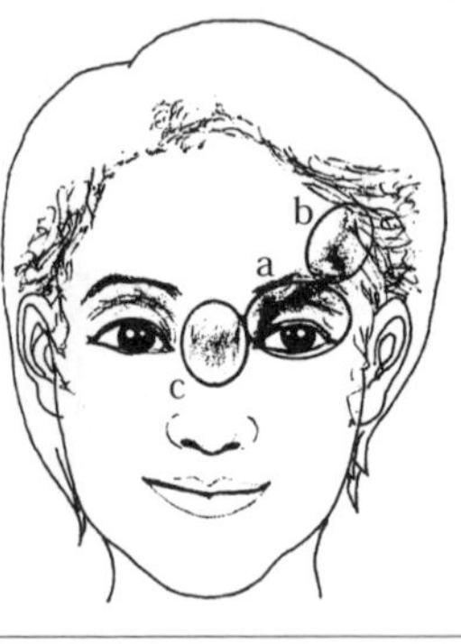

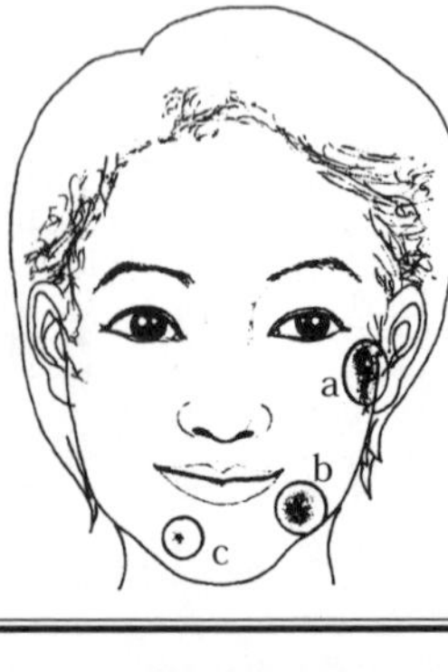

aのように耳の手前の側面部分に赤蒙色が出るのは、親戚との間でトラブルが生じている時の相で、訴訟問題に発展する可能性もあります。bのように口角下に暗蒙色が出るのは、多くの場合ペットの病気を心配している相ですが、稀に使用人に金を盗まれるなどの被害を被る時もあります。cのように下頤の中央から少しそれた部位に赤苞・赤点が出るのは、近隣とのトラブル生じる時の相で、争い事に発展しやすいのですが、多少、妥協性や協調性が必要な時です。

顔面上の気血色による家庭運の種々相

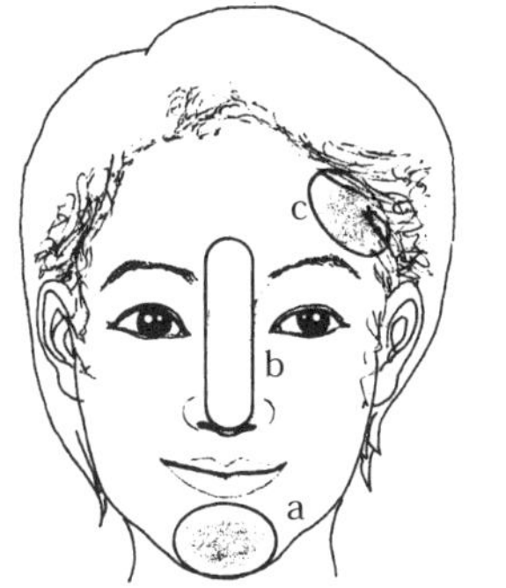

ａのように下顋に紅潤色が出現するのは〝住居移動の相〟ですが、この紅色が濃いのは現住居を離れざるを得ない事情からの移動、潤色が強く〝淡く美しい紅色〟は待ち焦がれた移動となります。お嫁入りの新居とか、理想のマンションに入るなどです。ｂのように鼻柱全体が黄潤色となる女性は、財産家の元に嫁いでいく時の相です。ｃのように眉尻上部からこめかみにかけて黄潤色が出るのは、自宅の新築や別荘の獲得、或いは財産としての不動産取得の相です。

ａのように眼球上部に当たる額の位置に赤蒙色が出るのは、親との喧嘩離別時に見受けられる相です。赤みが強いほど壮絶な喧嘩バトルとなります。女性の場合、左側なら母親、右側なら父親と不仲となります。赤苞、赤点が出て親が事故に遭うケースもあります。ｂのように目と眉の間の「田宅」部位に暗蒙色が出るのは、同居する親と不和が続いている形で、家庭内全体が陰鬱な空気に包まれるものです。暗蒙の中に白気があれば、家系的な因縁を受ける相です。

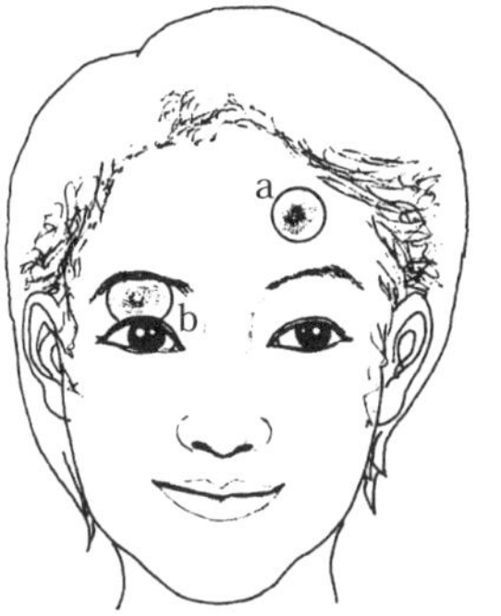

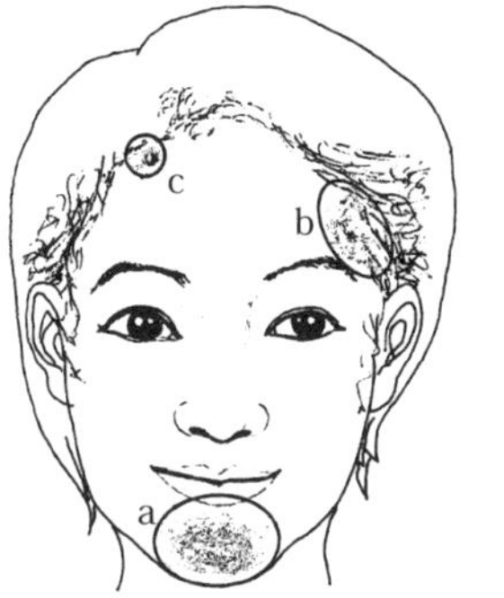

ａのように下顋に暗青色が漂うのは、住居が水害に遭いやすい時の相です。台風や集中豪雨で家が水没する可能性もあります。ｂのように額側面の広い範囲に暗蒙色が出るのは、家族との旅行中、或いは移動中に災難に遭遇するケースが多く、天気予報で注意報が出ている時に外出してはいけません。ｃのように髪際で額中央からは逸れている箇所に赤苞や赤点が出るのは、落雷や竜巻や地震など不慮の災難に遭遇して怪我をする可能性があるので注意が必要な相です。

ａのように目の周囲全体に仄かな紅潤色が出現しているのは、家庭的な悦び事が待っている人の相で、元々家庭愛の強い人に出現しやすいものです。〝お見合い結婚〟に最良の相です。家族親戚からの人気が集まっている時の相です。ｂのように人中がほんのり紅潤色となるのは、ＳＥＸに関しての悦び、又は妊娠に関しての悦びで、幸福感に満ちている時の相です。ｃのように頬肉部分が豊かに膨らみ紅潤色となるのは、地域の人々からも愛されている時の相です。

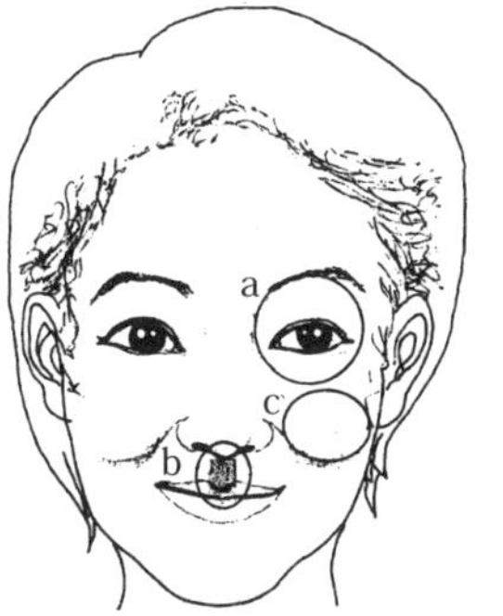

ヒエログリフ姓名判断による運勢と潜在能力

縦書きも可能なヒエログリフの表記

古代エジプト文明期に使用された象形文字を「ヒエログリフ」と言います。3000年にも及ぶ長い期間使用されていた文字ですが、皆さんも画像などで一度は見たことがあるでしょう。日本語表記に似て、横書きでも縦書きでもOKなのが特徴です。通常、文字は時代が進むにつれ変化していくのですが、ヒエログリフはほとんど変化していません。それは古代エジプト人達が、ヒエログリフを〝霊力が宿っている文字〟として神聖視していたからです。それが証拠に、ライオンなど猛獣の象形文字は胴体を半分にして描いています。また、現存するカルトゥーシュ(楕円形の王名枠)には、その内部の王名が故意に削り取られたものがいくつも存在しています。ヒエログリフの王名を削り取ることで〝霊力が消える〟と信じられていたからです。古代エジプト文明は失われましたが、5000年を経過した今でも、ギザの大ピラミッドを超える石造建築はありません。数多くの神殿建築や彫像も、まるで霊力が宿っていたかのように、その姿を遺しています。

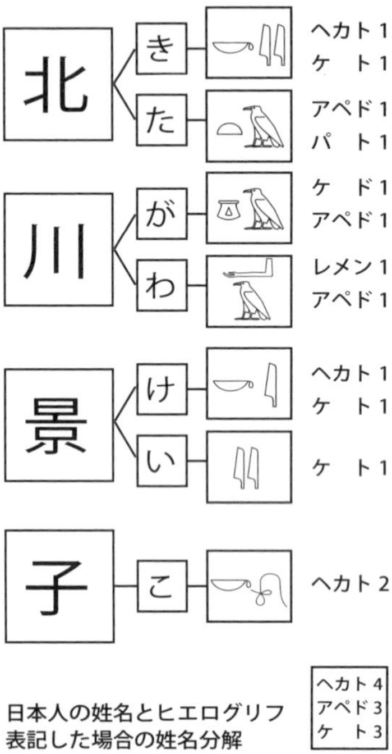

日本人の姓名とヒエログリフ表記した場合の姓名分解

ヒエログリフによる姓名判断は、まず、あなた自身の姓名をヒエログリフ表記に転換するところからスタートします。ここに見本として掲げたのは女優・北川景子さんのヒエログリフ表記と、その姓名分析です。日本人の姓名表記の場合、まず、ひらがな表記に転換し、それを次頁の「ヒエログリフ50音」に写し替えるのが第一段階です。次に「ヒエログリフ姓名判断」では、様々な文字の象形を十二に分類し、表記した姓名のそれぞれの象形が、十二分類のどれに属しているか探し出していくのが第二段階です。例えば、北川景子さんの場合、十二分類では「ヘカト」に属する象形がもっとも多く、「ヘカト」に記された「光」&「闇」の内容が、彼女の運命や人生を物語ることになるのです。より具体的には、姓名表記でもっとも多い象形文字の「光」の方に記されている潜在能力や方向性に進めば、やがて必ず、時が来れば光り輝く人生を歩むことになります。もしも選択を誤って「闇」の予期せぬ危険や落とし穴の方へと進めば、どんなに優れた能力の持ち主でも、無意識に人生の輝きからどんどん遠ざかる方向へ進んでしまい、幸運や財運や栄光から見放され、不遇な環境へと追いやられ、苦悶の日々と向き合う人生が待ち構えていることを表わしているのです。

アペド

光 アペドは「鳥」の象形で、高い霊性と先見力を表し、束縛を受けず〝自由に生きられる環境〟にあると、優れた才能を開花させ、充実した人生を歩むことが出来ます。芸術分野や精神世界に関する仕事で成功します。

闇 飲食の席で目上の人と論争するのを避けなければいけません。どんなにあなたのいうことが正しかったとしても、目上に逆らうとか、目上と対立が生じると、その途端にツキが落ち、人生に暗雲が漂い始めます。

ヌウト

光 ヌウトは「天空」の象形で、大自然からの恵みを表し、日頃から信仰心が強く〝自然に恵まれた環境〟で育つと、スケールの大きな人生を歩み、経済的にも恵まれます。農作物や建設関係、牧畜業で成功します。

闇 情緒不安定になって感情を爆発させると、交渉や取引が土壇場で壊れてしまいます。また自己主張が強すぎ、周りの人達との協調性に欠けると、部下・後輩から反感を買い、足元をすくわれるケースもあります。

ケト

光 ケトは「植物」の象形で、物事すべてに柔軟性があり、生命力強く、しなやかに自己を表現し、引立てを得る人生を歩み、周囲の人達にも恵まれています。センスが必要な分野、又は接客的な仕事で成功します。

闇 異性関係から予期せぬ〝落とし穴〟が待っている場合があります。交友関係、特に異性との関係では慎重さが求められます。又お酒が絡んでいるアクシデント的なトラブルや事件に遭いやすいのも特徴です。

メンケト

光 メンケトは「布」の象形で、オシャレな生活が可能であることの暗示です。〝流行をリードしていく〟生き方が、多くのファンを掴み、財運を導き出します。美容関連、インターネット関連の仕事で成功します。

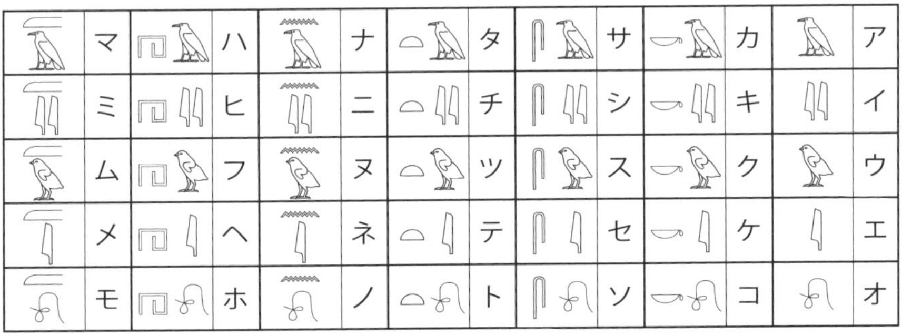

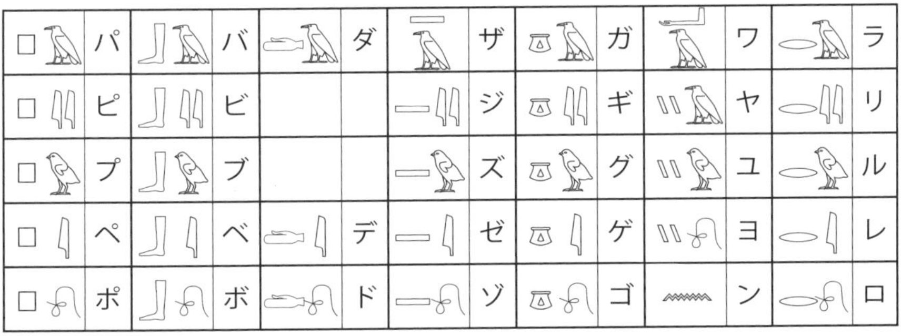

闇 古いもの、伝統的なものとの関わりが、予期せぬ不運を呼び込むようです。リサイクルの製品やお金の貸し借りも要注意で、たとえ身内や友達であっても金銭のやり取りには危険が付き物だと心してください。

ウイ

光 ウイは「棒」の象形で、新たな研究とか発見に関わることの暗示で、地味ではあっても〝新しいものを創り出す〟生き方が強い使命感に結び付きます。製造・技術・開発関連、又は専門的な分野で成功します。

闇 飲食物に関わる分野では、あなたの持っている素質や能力が十分に活かし切れず、〝場違いだった印象〟をあなた自身に与えそうです。裏方的な役割や人のご機嫌を窺うような分野もあなたには合いません。

レメン

光 レメンは「手足」の象形で、大胆な行動力の一方、事務処理能力にも優れ、組織の中で〝階段を駆け上がっていく〟人生となります。公務員や、海外と関わる分野で成功します。

闇 スペシャリストの分野では、予期せぬ妨害や障害に出遭いやすくなります。特に神仏に関連ある分野は時間が掛かり、行く手を阻む邪悪なものたちが待ち受けていそうです。

象形の分類	日本語表記に用いられる文字の象形	日本語の「カナ」として発する場合の音
アペド（鳥の象形）		ア・ウ・カ・ク・サ・ス・タ・ツ・ナ・ヌ・ハ・フ・マ・ム・ラ・ル・ワ・ヤ・ユ・ガ・グ・ザ・ズ・ダ・バ・ブ・パ・プ
ヌウト（天地の象形）		ザ・ジ・ズ・ゼ・ゾ・ナ・ニ・ヌ・ネ・ノ・ン
ケ　ト（草木の象形）		イ・エ・キ・ケ・シ・セ・チ・テ・ニ・ネ・ヒ・ヘ・ミ・メ・リ・レ・ギ・ゲ・ジ・ゼ・デ・ビ・ベ・ピ・ペ
メンケト（衣服の象形）		サ・シ・ス・セ・ソ
ウ　イ（棒の象形）		ヤ・ユ・ヨ
レメン（手足の象形）		ワ・ダ・デ・ド・バ・ビ・ブ・ベ・ボ
シェペト（口の象形）		ラ・リ・ル・レ・ロ
マ　ア（神台の象形）		マ・ミ・ム・メ・モ
ヘカト（道具の象形）		カ・キ・ク・ケ・コ・オ・ソ・ト・ノ・ホ・モ・ロ・ヨ・ゴ・ゾ・ド・ボ・ポ
ケ　ド（器の象形）		ガ・ギ・グ・ゲ・ゴ
パト（田畑の象形）		タ・チ・ツ・テ・ト
ペル（家の象形）		ハ・ヒ・フ・ヘ・ホ・パ・ピ・プ・ペ・ポ

象形それぞれが秘めている潜在的なパワーと能力

アペド	鳥は魂の象徴であり、神々の使者としての役割を背負っています。天地を自由に行き来し、高い霊性と精神力の持ち主です。
ヌウト	天空や波・山・池などの大自然は敵にも味方にもなり生活に欠かす事のできない存在です。先祖からの恩恵があります。
ケ　ト	植物の精霊が宿っています。植物のもっているしなやかさや忍耐強さ、生命力の強さ、さらに柔軟性も備わっています。
メンケト	衣装や冠などに使用されている布は貴重品でした。財力を持っていることの証しとなることから、財運を呼び寄せる生活力。
ウ　イ	記号的な意味でも使用される棒の形象は新たな発見や研究の基いとして捉えられました。技術的能力を物語ります。
レメン	手足の部分から作られた文字は行動力や体力、肉体的な資質の証しでした。日常の問題を片付ける能力に優れています。
シェペト	口は何よりも飲食物の通り道として健康状態と関係し、同時に言葉を伝える情報機関としての役割も果たし人間関係の基い。
マ　ア	神殿や神象と深く関わっている台座で、聖なる事柄や能力と関係しています。天才的なヒラメキや発明・発見も導いてくれます。
ヘカト	生活用具と関係が深い形で、日常における知恵や専門的な知識を授けてくれます。物事を解決するヒントが得られます。
ケ　ド	各種の容器と関わっている文字形で、物事の持続性や維持する力、及び大切なものを継承する能力を授けます。
パ　ト	田畑やパンと関わっている文字群で、農作物の生育と結びついてます。物だけでなく人を育て成長させる育成能力も備えます。
ペ　ル	建築物や調度品と関係が深く、それらを作り出すのに必要な論理的な思考や部下・後輩に対する統率力。

シェペト

光 シェペトは「口」の象形で、会話や言葉の必要性と飲食物の摂取に深く関係し、〝口や言葉を使っての商売〟が、もっともふさわしい生き方となります。営業・販売や飲食業、又は文字表記や言葉関連で成功します。

闇 スピードが関連してくる分野は基本的に良い成果を上げられません。海外や遠方が絡む分野も黄色信号で、どんなに頑張っても好結果に繋がりません。特に集団で物事を行うことは失敗を促しやすいようです。

マア

光 マアは「神台」の象形で、神聖なる出来事と深く関係し、感覚が鋭く〝ある種の閃きや霊感〟に導かれて行動し、幸運を掴んでいく生き方となります。発明発見や企画開発、又は人気を必要とする分野で成功します。

闇 先祖や家系との関係を断ってしまうと、そこから転落が始まっていくので注意が必要です。親兄弟や親戚との関係、家系的な宗教とか墓参りなどを嫌って、血縁者達と疎遠になるのは出来るだけ避けましょう。

ヘカト

光 ヘカトは「道具」の象形で、日常生活と常に密着し、専門知識に優れ〝物事を解決する切り札〟の役割を与えられている人生と言えます。衣・食・住に関連する仕事の分野や、高度で専門的な職業で成功します。

闇 自然破壊に結び付くような事柄に、積極的に加わっていくと、たとえそれが仕事でもそこから人生の暗雲が立ち込めていきます。大自然との接触を増やし、忍耐強く物事に取り組む精神を育むことも必要です。

ケド

光 ケドは「容器」の象形で、物事の継続性と伝承能力に関係し、何世代も〝受け継いでいく知識や技術〟の橋渡し役としての人生と言えます。生活用品に関連する分野や、又は継承していく技術に関する仕事で成功します。

闇 贅沢用品といえるようなものに大金を注ぐ趣味にはまると、そこから人生の暗雲が立ち込めていきます。実用性のあるものを大切にし、過去からの遺産を守り抜いていく意識が必要です。

パト

光 パトは「田畑」の象形で、農作物の生育に関係し、物心両面から〝人や物を育てていくこと〟に深く関わる人生と言えます。インストラクターなどの分野や、又は新製品の開発や肉体を活かす仕事で成功します。

闇 地道な生活を忘れ、次々流行を追い求める生活に向かうと、そこから人生の暗雲が立ち込めていきます。住居や仕事や職場を変えすぎるのも問題で、忍耐強く、一つの物事に取り組む姿勢が大切です。

ペル

光 ペルは「住居」の象形で、冷静で論理的な思考に深く関係し、常に〝的確な選択と決断〟で、周囲をリードする人生と言えます。瞬時の判断が必要な分野や、組織の中でリーダーとなっていく仕事で成功します。

闇 感情が先行して衝動的に行動し、組織の規律を破るとか、わがままを押し通すと、そこから人生の暗雲が立ち込めていきます。仕事上の知識や技術の向上心を失って、目標を持たず虚無的に過ごすのも厳禁です。

ヒエログリフ表記でもっとも多い象形が「光」で潜在能力を示し、180度向かいが「闇」で凶暗示

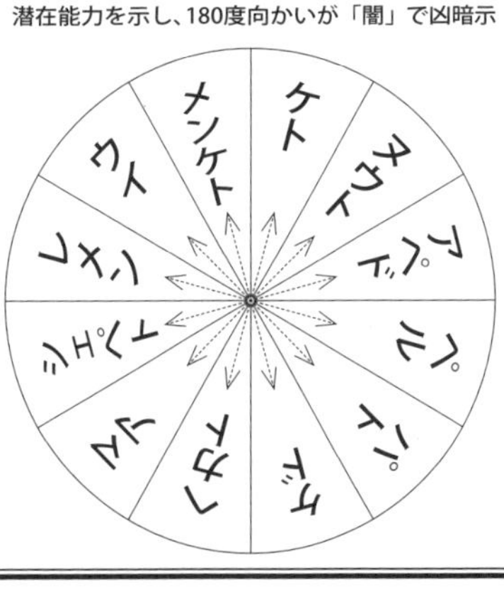

東洋墨色判断法 による運勢と病気予知法

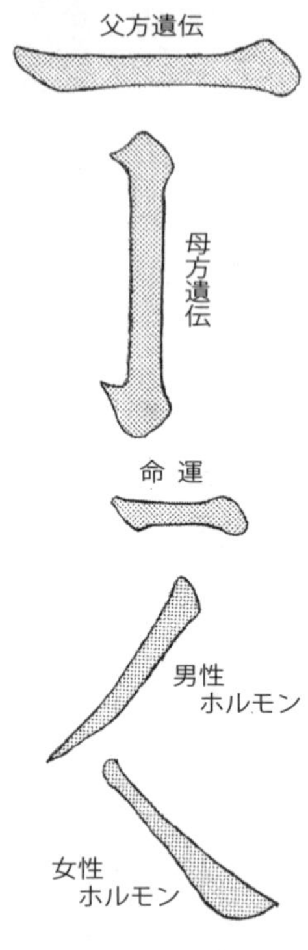

「本」の字の分解

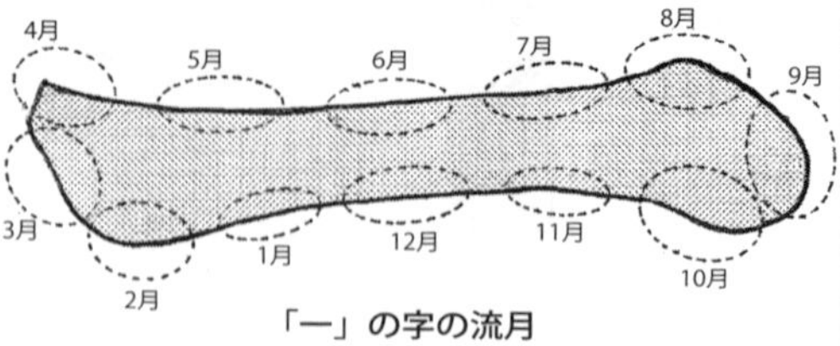

「一」の字の流月

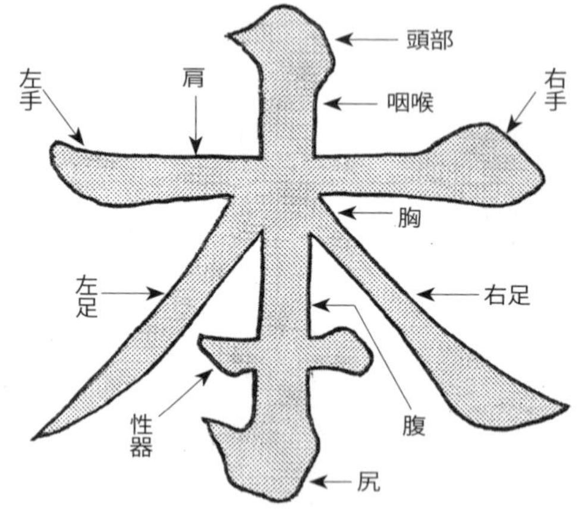

「本」の字の人形法

「一」の字判断と「本」の字判断の謎

今日では滅多に見られなくなってしまった占断方法の一つが「墨色判断」です。この占法が誕生したのは、中国の漢の時代とも、唐の時代ともいわれますが、日本で行われ出したのは元禄時代（18世紀）からのことです。私自身は30代の一時期に実占していましたが、墨を使うので部屋が汚れやすく、的中率は高くても休止せざるを得ませんでした。墨色判断は当然のことながら「墨色」を判断材料とする占いで、占いを乞う本人が硯で墨を磨り、筆を使って指定された文字を書き、その筆文字を見て占い師が判断する占いです。一般的には漢字の「一」の字を書かせることが多いのですが、占う事柄によっては、例えば方位判断なら「○」の字、不動産売買なら「土」の字、男女の相性判断なら「人」の字、そして病気などの人体判断なら「本」の字を書かせることが多いものです。病気判断で「本」の字を使うのは、人相の「小人形法」と同じで、両腕両肢を開いて起立した人体に「本」の字が似ているからです。墨色判断の技法としては、古書に「十二門の吉凶」とか「八宮の吉凶」など伝えられていますが、まだまだ未開拓の分野で、確立されていないのが現状です。本書では「一」の字の方を〝一年間の運勢〟用として使い、「本」の字の方を〝一年間の健康診断〟用として使います。「一」による〝一年間の運勢〟では、上に掲げた「流月」を用いて各月の運勢を判断することも可能ですが、まずは似たような形状の「一」の字を探し、全体的な運勢を調べてみましょう。

Ⅰ

Ⅱ

Ⅲ

Ⅳ

Ⅴ

Ⅵ

Ⅶ

Ⅷ

「一」の字の墨色による今年の運勢

Ⅰのように「刀刃」とも呼ばれる書き出し部分が鋭く尖って、「威備」とも呼ばれる右上終止部分がまとまっているのは、自己主張が強く、指導力があり、新規事業をスタートするのにふさわしい形状で、積極的に物事を進めて成功する年です。Ⅱのように「刀刃」部分が２つに割れてスタートし、「威備」が大きく凹んでいるのは、迷いの多い一年でトラブルに巻き込まれやすく、財産が失われやすい年です。Ⅲのように書き出し部分が全体的に細く、右側の「威備」が大きく盛り上がるのは、前半年は愛情面で苦労が多いけれども仕事面は好調で、特に秋以降は金運に恵まれる年です。Ⅳのように「刀刃」部分が跳ね上がって勢い良く出発し、「威備」も上部に跳ね上がって終わるのは、自ら積極的に物事を進める一方で、目上に対する依頼事が生じて来る年となります。Ⅴのように「刀刃」部分が少し上向き、「住所」とも呼ばれる納筆部分が乱れるのは、あれこれやらなければならないことが出て来て多忙であり、移動も多く、部下・後輩に関して奔走する年です。Ⅵのように「刀刃」が中央上部に向かって跳ね上がり、納筆下部に乱れが出ているのは、目上からの恩恵や引立てはあるが、目下との関係は悪く、身内関連の心配事が発生しやすく、私生活全体が落ち着かない年です。Ⅶのように「刀刃」部分が丸くなって出発し、納筆側は魚尾のように大きく割れているのは、異性関係での問題や悩みが生じやすく、物事すべて頓挫しやすい年です。この年に結婚すると必ず離婚に至る相です。Ⅷのように「刀刃」部分が鳥の嘴のように割れてスタートするのは、待ち望む願望は時間を要することを表わす印であると共に、口論や対立が生じやすい年を暗示しています。

「本」の字の墨色種々相と病気予知法

筆文字で「本」を書いたとき、縦中央線の中間付近と、左払いの書き出し部分に〝欠け〟や〝かすれ〟が生じているのは、心臓と股関節とに弱点を持っている墨色の相で、この〝欠け〟や〝かすれ〟が広範囲に及ぶほど、実生活に支障が生じて来る年となります。明らかに〝欠け〟となっている場合は手術をした方が良いことの暗示で、医薬品の投与だけでは完全復帰は難しいのが特徴です。母方家系への墓参をすれば病状回避が可能です。

筆文字で「本」を書いたとき、縦中央線の終末部分が激しく散乱し、短い横線の止まり部分が膨らんで、その内部に〝濃い墨溜まり〟が生じているのは、女性であれば〝妊娠時〟に表出しやすい墨色であり、男性であれば泌尿器系疾患から手術を要する時に多い墨色です。女性で既に妊娠している場合は年内の出産で、母子共に健康です。男性で病気の自覚がない時には、腸が弱く〝下りやすい体質〟の人以外は膀胱結石に要注意です。

筆文字で「本」を書いたとき、最後の短い横線が乱れて、その書き出しも〝割れて〟出発し、納筆部分も小さく散乱しているのは、男女共に性機能に弱点があり、既婚者の場合〝セックスレス〟に陥りやすく、そのため夫婦間に行き違いが生じやすい一年となります。また女性の場合は〝婦人科系疾患〟にもかかりやすく、男性の場合は〝膀胱炎〟や〝性病〟にも注意しなければなりません。性ホルモンのバランスが崩れやすい相です。

筆文字で「本」を書いたとき、縦の中央線の上部だけが〝くびれたように欠ける〟のは、咽喉や気管支に弱点が生じやすい墨色で、話し声に異常が生じるとか、飲食時に違和感が生じるとかした場合、〝咽喉のポリープ〟や〝喉頭がん〟や〝扁桃腺炎〟が疑われます。稀には病気ではなくて、スポーツや車の事故などで〝首に頸椎捻挫〟を起こすようなケースも見受けられます。いずれにせよ、首や咽喉には注意が必要な一年間と言えます。

「本」の字の墨色種々相と病気予知法

筆文字で「本」を書いたとき、縦線中央部のやや下方に〝欠け〟や〝かすれ〟が生じるような場合、これは「本」を人体に観立てた時、腹部の位置に相当するところから、多くの場合は胃腸などの消化器系に弱点を持つ人の墨色となります。胃潰瘍とか消化不良とか肝臓病などの疾患にかかりやすい相で、〝欠け〟や〝かすれ〟の面積が広範囲になるほど重病であり、仕事などにも支障が出る事態になりやすいので日頃から注意が必要です。

筆文字で「本」を書いたとき、最後の短い横線の納筆部分に空洞のような〝欠け〟や〝かすれ〟が生じるのは、女性の場合、子宮がんや子宮筋腫にかかりやすい人の墨色で、手術をしていったん治っても、再発しやすいことが特徴です。また本人に「水子」があって、十分供養されていない傾向が強いものです。或いは〝何度も堕胎した経験があるとか、〝不妊手術を受けている〟場合にも、同様の墨色となって表れることがあります。

筆文字で「本」を書いたとき、墨色の中に〝薄く白い線〟、或いは〝細く黒い線〟が走って浮き上がっているケースがあります。これは「病症線」で、極端な場合は「死亡線」として出現することもあり、体内に巣食っている〝病原体〟を表わす危険な線です。たいていの場合は〝激しい痛みを伴う病気〟で、神経系の疾患では、墨色全てに〝白や黒の線〟が走ることもあります。重いリウマチとか痛風とかの場合に見掛ける相です。

筆文字で「本」を書いたとき、右払い線の後半部分がかすれてきて、納筆の終末が散乱することがあります。これは片足に支障が生じやすいことの暗示で、この場合は〝右足に故障が起こる〟予告となります。この場合、〝かすれ〟が始まる部分から故障が生じるので、日頃スポーツを行っている人は〝怪我の多い一年〟にならぬよう慎重な行動が求められます。なお、終末の散乱が激しい場合は、手術を要する怪我をする予告となります。

「本」の字の墨色種々相と病気予知法

筆文字で「本」を書いたとき、その縦の中央線の書き出し部分が、散乱し凹んだように〝欠けてしまう〟のは、頭部に何らかの異常が見受けられる形で、予期せぬ形で病状が進行していて、〝脳出血〟とか〝脳梗塞〟とかに要注意の墨色と言えます。この場合、仕事上のストレスから健康を害している場合と、対人面でのストレスから健康を害している場合があり、それらストレスを軽減できれば、病気の発生を抑えることが出来ます。

筆文字で「本」を書いたとき、人相の「小人形法」と同じように「本」の字を〝人体〟に観立てた時、胸の付近に〝奇妙な丸型〟が出現するのは、多くの場合〝凶悪な腫瘍〟が存在していることを表し、肺がんとか、胃がんを患っている人に見掛ける墨色と言えます。「本」の字の形状に〝欠け〟や〝散乱〟がない場合は、その患部さえ取り除いてしまえば、健康体に回復が出来ます。かすれが無ければ神仏や先祖への祈願が有効な墨色です。

筆文字で「本」を書いたとき、縦の中央線の納筆部分が大きく凹み、〝欠け〟たり〝かすれ〟たりしているのは、日頃、健康な人であれば、〝痔疾〟や〝坐骨神経痛〟の墨色となり、現在すでに病床にあり、重い疾患にかかっている場合は〝生命力〟そのものが失われつつある相となります。まだ若い人の場合にこのような墨色となるのは、エイズなどの特殊な病気に注意が必要で、ここ一年は日頃から健康診断を欠かしてはなりません。

筆文字で「本」を書いたとき、横線の後半から納筆部分だけに〝ざざ波を打ったような墨溜まり〟が見受けられるのは、片方の腕や手に何らかの支障が生じて来ることの予告で、この場合は右手の方に問題が生じる〝さざ波〟となります。この〝さざ波型の墨溜まり〟は、その部位が正常な機能を果たせなくなるときに出現する相で、慢性病的な要素が強いのですが、手肢の場合は怪我による〝骨折〟の可能性も見受けられるものです。

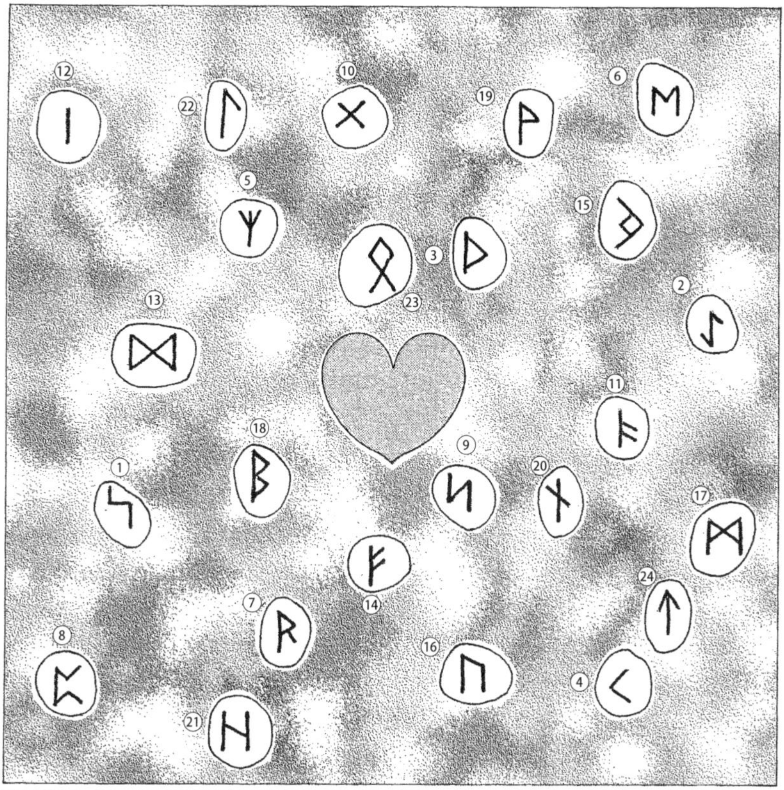

西洋ルーン占法による運勢と愛の行方

北欧の女神による恋愛診断室

ノルウェー、スウェーデン、デンマークの北欧地域と、その影響下にあったイギリス北部、ドイツ、ロシア、ハンガリーで紀元前から使用されていた神聖文字が「ルーン」です。使用された地域により文字数や文字形に若干の違いがあるのですが、その使用された初期段階から呪術・宗教との関わりが強く、「ルーン文字」そのものに護符的な意味合いを持たせていたのが特徴です。文字そのものに呪術的な意味合いが存在していたという点では、古代エジプトの聖刻文字である「ヒエログリフ」、古代マヤ文明の「マヤ暦日文字」、殷王朝文明の「甲骨干支暦日」と同様です。

けれども、何故か歴史から忽然と姿を消してしまったのが「ルーン」なのです。石に彫り付けることが多かったせいで、すべて直線で構成されているのが文字の特徴です。元々、占いとして使用する場合は、眼を閉じて木片や小石に刻まれた「ルーン」24個を入れた袋から3個だけ抜き出して占うケースが多いのですが、ここでは今後一年間の運勢、特に「恋愛に関しての運勢」「愛の行方」「SEX運」を予知することが目的なので、一個の「ルーン」だけの方が的確に導き出すことが可能です。まず、上に示した「ルーン」24文字を漠然と眺めて下さい。そうして、これから一年間の「愛の行方」を予知するのだという想いを抱きながら、眼を閉じ、深く深呼吸をして、ゆっくりと眼を開くと同時に〝あなたの眼に飛び込んできた〟「ルーン」の解説こそ、今後一年間のあなたの「愛の行方」です。

① ヤラ

実りの年

新たな出逢いはタイミングが重要で、夏場にチャンスが訪れるでしょう。純粋な愛情を意中の相手に注いできた人は、片想いから次へのステップへ駆け上がるチャンス。三年以上継続しているカップルはゴールインへ向かいそう。偽りの愛を重ねてきたあなたは悲しい結末へと…。

SEX運

何度かデートを重ね、気持ちを確かめた上で〝カラダの関係〟に進んでいきそうです。キスから徐々に全身の愛撫へと時間をかけて、手指のテクニックが磨かれていきます。

② ユル

制約

恋愛交際や結婚生活に変化が訪れます。昔の恋人との再会や、過去と同じような別れのパターンが訪れそうです。その一方、クサレ縁の異性との関係にはハッキリとした決断を下せるでしょう。身近な人の死がキッカケで新たな縁や、お見合い話が持ち込まれる可能性もあります。

SEX運

精力的な異性との強引なセックスに悦びを見出します。同性愛的セックスとか特異なテクニックに惹かれる場合もあるでしょう。アブノーマルな行為に誘われる可能性も…。

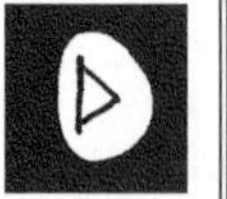

③ ソーン

障壁

異性からの甘い誘惑が訪れるでしょう。危険だと知りつつも、魅力的な誘いに惹かれ深い仲に発展する可能性が…。些細な日常の食い違いから、パートナーに対する愛情が一気に冷めてしまうかもしれません。一時的な感情に走っての行動は後悔するので冷静さを取り戻しましょう。

SEX運

受け身のセックスになりがちです。性的な問題やトラウマが際立ってくる場合があります。肉体的なコンプレックスを抱えている場合、愛する人に正直に打ち明けましょう。

④ ケン

たいまつ

情熱的な恋に身を捧げている状態です。出逢いが無いと感じていた人は、燃えるような恋心を抱く相手が現れるでしょう。理屈より直感で動くと、愛する人と関係が深まります。胸の中に閉じ込めている想いを、素直に言葉にして伝えると、相手の心に届く確率が高まるでしょう。

SEX運

朝から燃えるようなセックスをするとか、互いに何度も求め合ったりします。夏は青空の下で愛撫し合う場面もあるでしょう。セクシーな洋服やポーズで挑発する場合も…。

⑤ エオロー

仲間

異性に対して、ちょっと神経質になっているかもしれません。気軽に誘って来る異性を勘ぐり過ぎていませんか。せっかくの縁や出逢いを逃してしまうこともあるようです。学校や職場の仲間内から恋愛が芽生えそうです。愛の告白は、キューピット役の友人を頼りにしましょう。

SEX運

手を繋ぐとかハグするなど、スキンシップを通じ欲望が高まります。悩みを打ち明けた人に慰められ、そのまま男女関係に発展することも…。テレホンSEXで興奮しそう。

⑥ エオー

双児

一気に恋愛状況が変わってしまう出来事があるでしょう。恋を諦め、趣味や仕事に真剣に打ち込んだ途端、素敵な出逢いが舞い込む場合もあります。ここ一年は相手側に主導権があるので、強引に押し切られる形の恋愛になるかもしれません。リードに身を任せるのが良いのかも…。

SEX運

相手が求める行為を、素直に受け入れると快感が増します。求めに応じて、ベッドの中で積極的に反応しましょう。卑猥な言葉を口にすると、興奮が高まり絶頂感が訪れます。

⑦ ラド

進化

恋愛面での変化が訪れるでしょう。片想いの人は暴走気味の気持を抑えることができません。好きな人とは、メールや電話でコミュニケーションを深めるのがベストです。ドライブや旅行など遠方へと出掛ける機会を増やすのもおススメで、愛の強さを行動で確認できるでしょう。

SEX運

車の中や旅先でのセックスは官能を大いに刺激し合います。室内ではバスルームで抱き合い、そのままソファーからベッドへと愛撫を重ね、互いに激しく求め合いましょう。

⑧ ペオース

ハプニング

偶然に訪れた出逢いやハプニングによって始まる〝ドラマティックな恋〟です。恋する気持を隠さず、感じるまま行動に移して…。家族ぐるみの付き合いに進めば必ずゴールインするでしょう。さり気なく好きな人の仕事を手伝うとか、悩みを聞いて心の距離感を縮めましょう。

SEX運

美味しいものを頬張る子供のように、セックスの悦びを得られます。自宅へと遊びに行って、自然に身体を求め合うカタチです。定期的に愛し合うような情熱溢れる恋です。

⑨ シゲル

生命力

どうぞ自信を持って、情熱のまま恋愛を楽しんで下さい。恋のライバルが出現して来ても、最終的にはあなたに幸運の女神が微笑むでしょう。ここ一年間は愛のパワーに満ち溢れているからです。三角関係のもつれや、浮気トラブルを乗り越えて、まことの愛が復活するからです。

SEX運

朝日の差し込む部屋で、お互いを求め合うようなセックスが理想的です。激しいロックのリズムに合わせて、激しく呻いて腰を振り、愛の一滴まで燃え尽くすことでしょう。

⑩ ギューフ

救援

揺るぎのない愛情が心に生まれます。愛されるよりも愛する側で、誠意を持って好きな相手に尽くしていきましょう。心がこもったプレゼントを贈るのも効果的です。カップルの場合、安定した関係を維持出来るでしょう。シングルの人は、意外な人から愛の告白を受けそうです。

SEX運

あなたがリードするカタチで、ベッドへと導くのが理想的です。相手が望んでいる性愛を探り当て、望みを叶えて愛の絆を深めましょう。愛の小道具を使うのも効果的です。

⑪ オス

保護

好みの異性に対しては、ハッキリ言葉や態度で好意を示しましょう。真っ直ぐな眼差しで、相手に気持ちを伝えるのが効果的です。直接だと緊張してしまう場合や口下手な人は、電話やメールでも大丈夫です。恋愛の悩みは、年上の友人に相談すると良いアドバイスが得られます。

SEX運

指先や唇を巧く使って、パートナーを悦ばせましょう。口唇や舌先を用いた全身への愛撫がおすすめです。耳元への息遣いや呻き声などで官能的な気分を盛り上げましょう。

⑫ イス

刃先

心が凍えそうな今は、じっと春の訪れを待つ時期です。恋の進展が無いよう思うかもしれませんが、焦りは禁物です。お互いの心の中に、過去のトラウマや忘れられない恋の傷跡がありそうです。心の奥にしまった好きだという純粋な想いを大切に、ゆっくり育てていきましょう。

SEX運

心とカラダのタイミングが一致していないようです。急ぐと快感を得られずに、虚しい行為として終わります。何度もカラダを重ね、徐々に悦びを見付ける組み合わせです。

⑬ ダエグ

交換

一つの恋愛のサイクルが切り替わっていく時期です。決まった相手がいる場合でも、予期せぬ出逢いから異性との新たな関係が始まるかもしれません。アクシデント的な出来事から恋愛へと進展する場合があるのです。いつ誘われても応じられるように準備を整えておきましょう。

SEX運

セックス面での相性が良く、何度も絶頂を味わう体験が出来そうです。パートナーの交換とか、複数相手のセックスとか、アンモラルな一夜を迎えてしまうかもしれません。

⑭ フェオ

発展力

地道に恋の種をまいてきた人は、小さな花が咲き始める頃です。思い切った愛の告白も、アッサリ受け入れられるかもしれません。暗礁に乗り上げていた恋愛トラブルも解決へと向かいそうです。精神的に大きく成長する時期なので、現実を受け入れ前向きに進んでいきましょう。

SEX運

相手があなたより年上であっても、母性を忘れずベッドに入りましょう。優しく包み込むように愛するのが効果的です。相手に合わせて、フィニッシュを受け入れましょう。

⑮ イング

豊饒

あなたの隠れた魅力が溢れ出す時です。肌を露出するファッションや、セクシーな下着を身に付けましょう。ワイルドな異性から熱烈にアプローチされるかも…。強引な誘いを断れず、出逢ったその日にセックスまで進む夜もありそうです。抑えていた欲望が一気に噴き出しそう。

SEX運

経験豊富で魅惑的な異性から、セックスをリードされることでしょう。一度だけと思っても、ずるずる官能の肌を合わせてしまいそう。愛の熱帯を開発され激しく悶えます。

⑯ ウル

野望

運命の出逢いは突然やって来るでしょう。一目ぼれの可能性もあります。恐れず、あなたの想いをさらけ出しましょう。片思いばかり続けてきた人は、異性に自分から話しかけたりするとチャンスに恵まれます。マンネリを感じているカップルは、別れ話が出て来る夜もありそう。

SEX運

性的な欲求が高まりやすい時期です。ベッドの中で受け身だった人ほど、官能を求める衝動にかられそう。野生的で荒々しいセックスに憧れ、別人のように燃え上がります。

⑰ マン

自己主張

似たような環境にいる相手と惹かれ合い、恋に落ちていく可能性があります。仲間内的な繋がりの中で愛情が育っていくでしょう。良き相談相手や仕事上のパートナーと禁断の仲になるかもしれません。相手の立場を理解しながら、互いに支え合う関係に発展すると愛が実ります。

SEX運

互いの趣味・嗜好を尊重し合って、独特の快感へ導かれるようになるでしょう。信頼感が深まるほど、肉体的な絆も得られるようになります。目指すは癒しのセックスです。

⑱ ベオーク

母性

深い母性と慈しみを与えるように相手を愛しましょう。好きな人のわがままや欠点まで全て受け入れ、大人の関係を築きましょう。聖母となって、愛と優しさを惜しみなく与えましょう。急がず少しずつ愛を注いで、鉢植えのように成長を楽しみ、やがて花開く時を待ちましょう。

SEX運

好奇心が刺激される不思議な男女関係です。リクエストに応え着替えるとか、大胆な下着姿で、新しい夜が訪れるでしょう。乳房による愛撫を行うと甘えん坊になるかも…。

⑲ ウイン

栄光

心が弾むような出逢いや嬉しい恋の予感が生まれそうです。落ち込んでいる時も笑顔を絶やさず、前向きな様子で振る舞いましょう。旅から戻ったばかりの人との出逢いや、あなたが訪れた旅先での出会いも考えられます。異国の風が、新たな恋のステップを踏んで近づいてきます。

SEX運

性愛に未熟な人ほど、未知への領域に足を踏み込む年になるでしょう。スポーツをするように、爽やかにセックスを楽しむ時です。同性愛や外国人との関係が生じそうです。

⑳ ニイド

助力

過去の傷ついた恋愛や、トラウマのような別れの場面が蘇って来るようです。目の前の出逢いを大切にして、傷口を癒していくと良いでしょう。プライドや意地、それに劣等感を切り捨てると、本物の愛が見えてきます。心から望んでいる人は誰なのか、本心を確かめましょう。

SEX運

身体に関するコンプレックスや、自らの未熟なセックスに拘りがちです。大事なのは性愛技巧ではなく、愛情そのものです。ベッドの上での素直な欲求を大切にしましょう。

㉑ ハガル

氷雪

憧れの異性の意外な一面や、パートナーの隠された秘密を知ってしまうかもしれません。直感が冴える時期ですが、神経質にならないよう気をつけましょう。愛する人との心の行き違い、小さな争いに重要な意味などありません。アクシデントこそ、愛を深める魔法の鍵です。

SEX運

良いムードになってきた時、邪魔が入るとか、電話が来るとか、何かと水を差されてしまいそう。セックスは焦らすのが効果的。心身共に慌てず、ゆっくり愛撫しましょう。

㉒ ラーグ

状況変化

ロマンティックな恋をしたいと焦がれている状態が続きます。想像が先走って、理想のロマンスが頭を駆け巡っているかもしれません。飲食時の出逢いは、一気に盛り上がって進展する可能性があります。お酒を飲んだ勢いで、甘い囁きに溺れ、一夜を過ごす場合もあるでしょう。

SEX運

性的な気分が高揚して、異性から誘われるとすぐに応じてしまいそう。カラダの関係だけと割り切って遊ぶならＯＫ。愛する人とのセックスは、官能的な反応が強まります。

㉓ オセル

遺産

愛する人が一緒に居て、くつろげるような雰囲気を作りましょう。ホームパーティーとか、仲間内での小旅行など効果的です。押しつける愛情でなく、求めに対し応えるような愛情を心掛けましょう。過去の失恋パターンを分析し、そこから学んだ恋愛遊戯に移っていきましょう。

SEX運

過去の相手にこだわらず、二人だけの性愛の世界を作っていきましょう。ベッドの中でのタブーはありません。新しい方法やテクニックにも挑戦し、性愛を楽しみましょう。

㉔ ティール

正義

出逢いが無いと嘆いている人は、自ら動いてチャンスを掴みましょう。積極的なアプローチが、何より効果的な年だからです。恋のライバルがいても気にすることはありません。堂々と闘い奪い取る決意に恋の女神も手助けします。婚約や結婚など迷いは禁物、決断は速やかに…。

SEX運

友達以上で恋人未満は、セクシー攻撃で陥落させましょう。会話しながら、さり気なくスキンシップしていくのを忘れずに…。夜は変身、女優のように肌を合わせましょう。

西洋トランプ占いによる運勢と金運の獲得

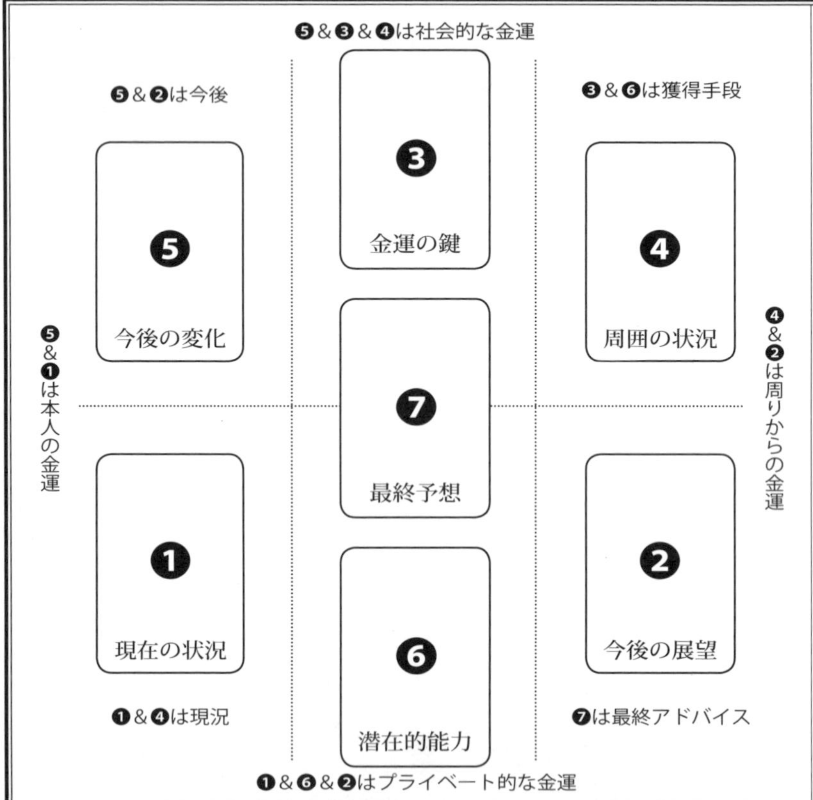

トランプとタロットの共通性と相違点

日本ではもっぱら〝遊戯用〟として扱われるトランプカードですが、ヨーロッパでは〝ギャンブル用〟、〝占い用〟、〝マジック用〟と様々な用途で使い分けられているのがトランプの特徴です。占い専用の「タロット」は、最初「大アルカナ」だけの22枚（厳密に言うと原初は21枚）でしたが、やがてトランプカードを「小アルカナ」として取り込む形で78枚となりました。したがって現在でも、ヨーロッパで発行される「タロット」の中には、トランプカードを兼ねた図柄のカードが存在しています。元々トランプを〝占い用〟として使用していたのはジプシーの人々です。トランプの四つのスート「ダイヤ」「ハート」「クラブ」「スペード」は、彼らの生活の必需品を表し、ダイヤモンドの財宝、ハートの愛情、クラブの草木、スペードの刀剣を意味するものでした。タロットでは、これらがペンタクルの金貨、カップの聖杯、ワンドの王杖、ソードの聖剣へと置き換えられたのです。現在の「トランプ占い」は、「ジプシー占い」の流れをくむものですが、若干、研究者や実践家によって、その占い方や解釈に違いがあるようです。今回は潜在的に眠っているあなたの〝金運・財運の獲得法〟を中心にリーディングする方法をご紹介します。上記のカード配布（❶〜❼）がそれで、カードは必ず三枚ずつ重ねて置き、その三枚目だけを開く形式で進めていきます。上記図解で示したように、金運へのアドバイスを読み解くには、カードは単独で観るのではなく、総合的に判断すべきものです。

トランプカードの象徴を一気に把握する（スート＆数理の象徴）

◆ダイヤ

ダイヤのマークは文字通り「ダイヤモンド」から来ていて、宝石とか財産を表わします。「ダリアの花びら」から来ているという説もあり、豪華で華やかな生活という解釈もあります。ビジネスや商取引、作物の収穫も表します。季節は「春」で、３月21日～６月21日を表します。

♥ハート

ハートのマークは「心臓の形」から来ていて、愛情や家庭を表わします。聖杯である「カップの形」から来ているという説もあり、〝祝祭の象徴〟という解釈もあります。心臓は〝胸のトキメキ〟も表し、恋愛や宗教も表します。季節は「夏」で、６月22日～９月23日を表します。

♣クラブ

クラブのマークは「葉っぱの形」から来ていて、農業や牧畜を表わします。王が持つ「杖の形」から来ているという説もあり、〝権力や権威〟という解釈もあります。職場における〝役職や職務〟を表し、健康状態をも表します。季節は「秋」で、９月24日～12月22日を表します。

♠スペード

スペードのマークは「双刃の剣」から来ていて、戦闘や殺傷を表わします。「杉の木の象形」から来ているという説もあり、〝土方など重労働〟という解釈もあります。人生の〝災難やトラブル〟を表し、損害や病気も表します。季節は「冬」で、12月23日～３月20日を表します。

1 この数字は物事すべての「発祥」を意味する数字です。したがって「1」、つまり「A」のカードには、新規に開始される出来事であることが予告されているのです。また開拓者精神の強さ、物事を推進させていく能力、今後の発展性が秘められているカードです。

2 この数字には二つのモノが「混合」する意味、「離反」する意味が含まれています。つまり、そのどちらにもなり得る可能性が予告されているのです。また実占上では、矛盾し合う二つのモノが混在していて、本人にも迷いがある時に出易いカードです。

3 この数字は「時」・「所」・「物」を象徴し、その三つを揃えた〝完成形の数〟であることを示します。また三角形に象徴されている「調和」「協調」「進展」といった暗示を含んでもいるのです。バランスの良い人生の選択を行おうとするカードです。

4 この数字は「四角形」を象徴し、動きが止まった〝凝固の数〟であることを示します。またある種の「落ち着き」「安定」「所有」を意味する場合もあります。したがって、動きや変化を求める時には不吉で、現状維持を望む場合は望ましいカードです。

5 この数字は男性数「陽の数＝3」と、女性数「陰の数＝2」の〝男女が一体化した数〟で「陰陽の統一」、「陰陽の分裂」、「陰陽の発展」の途中段階とも言えます。ＳＥＸに関係が深い数との解釈もあり、男女間の今後と交わりを知る上で重要なカードです。

6 この数字は「3」と「2」を掛け合わせるか、「3」と「3」をプラスすると出て来る数で、「立体数」や「統合数」と観ることが出来ます。そういう数字が巻き起こす人生模様は「躍動・取引・求愛」といった現象として、実生活では具体化されます。

7 この数字は「3」の〝進展〟と「4」の〝固定〟を合わせた時に生まれる数で、「利害関係」とか「対立関係」の時に出やすい数です。もう一つ、人生上の「基礎固め」を表わすような状況で出やすく、一時的な「休止状態」のような時にも出現します。

8 この数字は「2」と「4」を掛け合わせるか、「4」と「4」をプラスする時に出て来る数で、「強引な強制力」を暗示している数です。何らかの「対立状態」や「分裂状態」を内部的には抱えている数字で、危険な「衝動性」をも秘めている数字です。

9 この数字は「完成数」としての「3」を掛け合わせた時に出て来る数で、「3」は元々「陽数」主導的な数であり、それを掛け合わせるので「帰着数」とも言えます。その一方では哀しみの「集約数」として、時に「悲劇の連鎖」を秘めている数字です。

10 この数字は「1」と「0」との組み合わせで、「1」の「推進力」と「0」の「無に還す」作用とが、微妙なバランスで「交錯する数」とも言えます。また「終結・究極・再出発・到達点」等の意味も秘めています。先祖との関わりが表れやすい数です。

トランプカードの象徴を一気に把握する（金運を解釈するヒント）

◆ダイヤ

◇K	目上の快活な人物。希望ある事柄。親切な人物。利益のある仕事。
◇Q	富裕で快活な女性。虚栄が生じやすい。愛が芽生える。オシャレ。
◇J	流行を追う青年。裏切られやすい。遊び仲間。頼りにならぬ若者。
◇10	金運が良くなる。社会的な恩恵。快適な旅行。援助金を得られる。
◇9	予期せぬ利益。心配事が解決する。昇給をする。予想以上の収入。
◇8	アイディアによる収益。金運の好転。企画の成功。仕事上の旅行。
◇7	与えられる金銭。商品券による幸運。株価の上昇。商取引は不調。
◇6	自由にできるお金。収益からの配分。事業報酬。虚栄による散財。
◇5	豊かな物質運。健康と富裕の獲得。努力による収益。地道な財運。
◇4	仕事上の再出発。短期間の旅行。ビジネス上の移動。新たな取引。
◇3	一か月程度の金運。収入面の好調。金運を運ぶ来訪者。取引順調。
◇2	プレゼント品を得る。大いなる利潤。予期せぬ財運。お金が届く。
◇A	投資に成功する。高価な指輪。財産の獲得。高価な贈り物が届く。

♥ハート

♡K	目上からの引立て運。人気のある男性。芸術的才能。敬愛する心。
♡Q	心優しい女性。魅力的な美女。家庭的な愛情。同情心が呼ぶ幸運。
♡J	心優しい青年。信頼できる若者。計画実行のチャンス。良い環境。
♡10	集団による悦び。評判が良くなる。良き仲間達。素晴らしい旅行。
♡9	願い事の実現。心配事が片付く。誠意のこもった仕事。周囲の賞賛。
♡8	恋愛の開始。望み事が叶えられる。宝石の贈り物。多くの訪問者。
♡7	美しい芸術作品。高価な贈り物。地道な努力が実る。有益な品物。
♡6	情熱的な愛情行為。恋愛面での悦び。プロポーズ。親友との友情。
♡5	玉の輿型の結婚。引立による出世。子供を得る。豊かな愛情生活。
♡4	恋愛の発展性。パーティーへの招待。社交的交流。華やかな舞台。
♡3	悦び事が多い一週間。愛する人を訪ねる。健康な日々。社交生活。
♡2	欲しかった物の獲得。可愛らしい贈り物。熱愛。愉しい異性交流。
♡A	家庭的願望の達成。親戚間の悦び。創意工夫が実る。家系的幸運。

♣クラブ

♧K	実務的な人物。順調な仕事。尊敬を集める男性。家庭的な悦び事。
♧Q	勤勉でクールな女性。家事に熱心。相談事の遅れ。物事に献身的。
♧J	事務的でクールな男性。将来性ある人物。野心。落ち着き乏しい。
♧10	実務上の取引。職業的な成功。充実した船旅。実務能力に優れる。
♧9	事業商売の発展。諸計画の成功。現状の継続。今後の取引の拡大。
♧8	仕事上の取引や交渉。長い航海。仕事の延長。交渉の調整長引く。
♧7	値打ちある物品。水商売上の成功。心配事の発生。体の変調注意。
♧6	地位や名誉を得る。危険が迫っている。任務の役職。重要な岐路。
♧5	重要な文書類。遠方からの手紙。海外のニュース。責任ある仕事。
♧4	移動が必要な商売。仕事上での活動。物事の衰退。方向性の変更。
♧3	三カ月間の労働。短期間での終了。責務を果たす。健康的な任務。
♧2	富裕な人達との交流。立派な友人。野心が強まる。様々な仲間達。
♧A	重要な文書と手紙。証書の所有。吉凶の分岐点。通信手段の獲得。

♠スペード

♤K	腹黒い人物。頑迷な男性。策略にはまる危険。多大な損害を被る。
♤Q	無節操な女性。罠にはまる未亡人。執念深い企み。暴走しての失敗。
♤J	過去のある若者。不良仲間がいる。迷惑を掛ける。不品行な行為。
♤10	災難による損害。計画上のミス。人生上の邪魔者。取引上の損失。
♤9	悪意ある干渉と妨害。世間的な悪評。破産宣告。和解は成立する。
♤8	損失を招く旅。仕事上の変化。将来への不安と脅え。失望する旅。
♤7	激しい争い事。金銭的な窮乏。将来の経済的な不安。逆境に陥る。
♤6	前方にある障害。前進できない状況。恥ずかしい姿。仕事上の障壁。
♤5	激しい闘争劇。犠牲者が出る。決裂する交渉事。終わらない喧嘩。
♤4	生き別れの家族。旅行中トラブル。意見衝突がある。不穏な警戒。
♤3	見通しが立たない。時間的な変更。病気。物事への大いなる疑問。
♤2	偽りの愛情。任務の解任。失意の職場異動。悲惨な境遇へと変わる。
♤A	不運の襲来。凶災への突入。愛する人の死。大いなる煩悶が続く。

実践トランプ占いの〝コツ〟を伝授（金運獲得リーディング）

実践的な「トランプ占い」のコツを伝授します。まず「金銭獲得リーディング」の具体的な方法です。最初に何回も練習し、カードをバランス良く配布できるようにしておきましょう。どの位置のカードも三枚重ねにし、その三枚目だけを開き「占うカード」とします。重ねる三枚のカードは、はみ出さぬよう丁寧に重ねましょう。❶〜❼まではカード配布の順番です。まずジョーカーを抜き、テーブル上で裏向きに〝円を描くよう〟52枚を混ぜ合わせます。この時「今後一年間の金運」と意識しながら両手で混ぜ合わせます。ある程度混ぜ合せたなら、一組にまとめ、❶〜❼の位置に、三枚重ねで置いていきます。❶—❷—❸の三枚のカードは、本人単独の現在から一年間の金運の推移を表わしています。❹—❺—❻の三枚のカードは、本人を取り巻く周囲の状況や相手からの金運の変化を表わすものです。極端に言えば、❶〜❸までのカードが良ければ本人自身に金運があり、❹〜❻までのカードが良ければ、家族や仲間が本人に金運を調達してくれるのです。また❶—❹は「現在の状況」を表し、❷—❺は「今後の金運」を表し、❸—❻は「具体的な獲得方法」を表し、❼は「最終予想」としてのアドバイスです。左図のようなカード配布の場合、❶が〝不品行により迷惑を掛ける〟形で、❹が〝与えられる金銭〟ですので、当然、今現在の本人は真面目に働かず金運は乏しいが、親などが〝お金を与えてくれる〟形で、当分心配はないと判断できます。❷—❺の今後は、男性なら〝年上女性〟に関わり、思わぬ利益を手に出来る可能性があります。その具体的方法は❸—❻から、年上の女性から〝高価な贈り物〟や〝芸術作品〟を与えられたことによると考えられます。さらに❼から、最終的に彼は〝心やさしくて魅力的な女性〟を得ていくことでしょう。

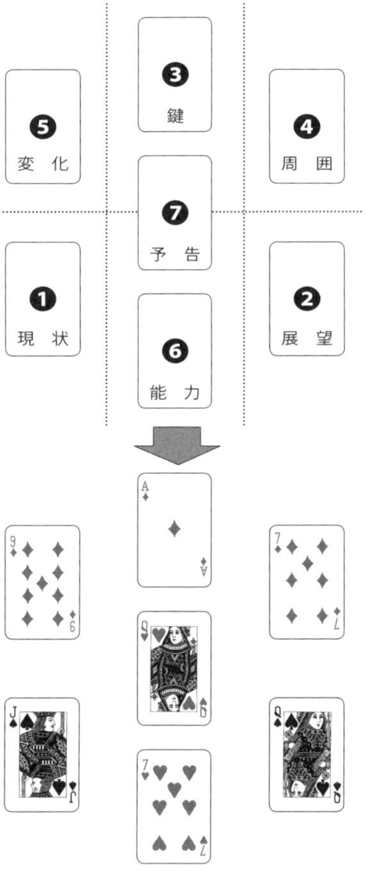

金運獲得のためのカード配布法
上はカード配布び順番と個々の意味

実践トランプ占いの〝コツ〟を伝授（運勢全般のリーディング）

運勢全般を占いたい時には「ホロスコープ法」と呼ばれるカードの配布法が適しています。左図を見ればわかるように、カード位置には〝各運勢の意味〟が備わっています。カード占いで心得ておくべきは、実際のホロスコープと違って、一つのハウスに〝一つの意味〟だけが表れると解釈することです。複数の意味を当てはめると、明確な判断が出来なくなります。また13枚全体で〝吉カード〟が多いか、〝凶カード〟が多いかを判別しておくことは重要で、運勢全般が上昇中なのか、低迷している時期なのか、最初に把握できるからです。左図のようなカード配置の場合、まずカード全体では「A」や「Q」のカードが多く、決定的な事項が多く、女性が運勢に強く関わってくる年と言えます。もし、若い女性が占ってこのようなカードなら、❼の「恋愛」にスペードの10、❾の「SEX」にスペードのK、この二枚から恋愛上の大きな損失や失敗、それも腹黒い中年男性と不倫をしたことが原因と予測できます。❷の「結婚」にはハートのAが居て、不倫相手と別れることが出来れば、素晴らしい結婚も十分に可能となります。

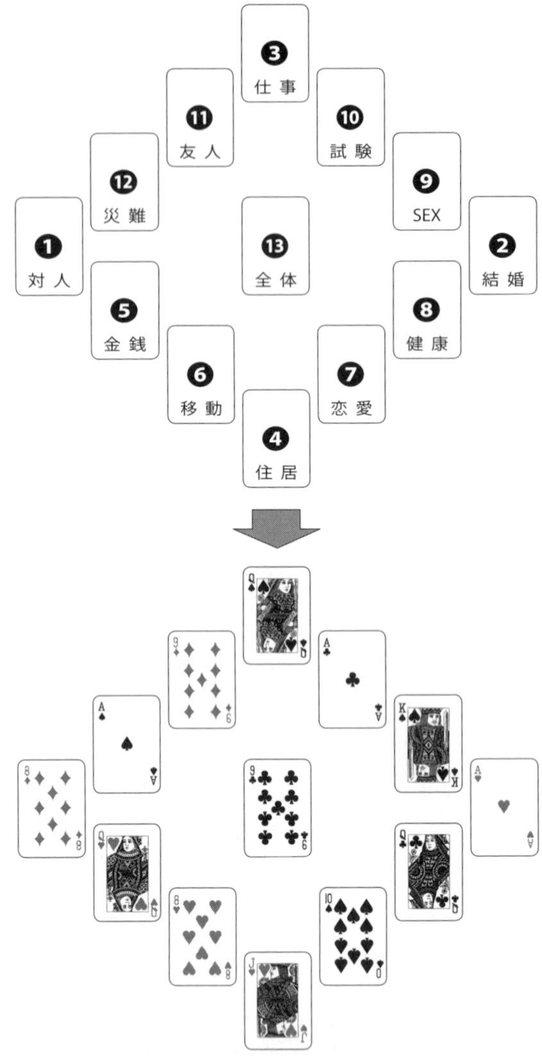

運勢全般を読むためのカード配布法

東洋測字判断法による運勢と恋の出逢い

馬	高	履	変	田
一	尋	勁	兄	舞
音	未	歩	欧	我
細	者	輸	妥	思
大	魏	左	家	芸

漢字が産み出した不可思議な占い

今から2500年くらい前の中国で誕生したのが「測字」占法です。占って欲しい事柄が生じた時、心に思い浮かんだ漢字一文字には〝未来への回答〟が潜んでいる、というのが「測字」占法の発想です。その占断は、漢字そのままの意味や解釈にあるのではなく、提示された一文字から〝さまざまな漢字〟を創作して、その組み合わせなどから判断を下していくものです。いくつかの法則があって、それにのっとって〝新たな漢字を読み取って〟行くのですが、その一部だけを抽出することもあれば、片側だけを利用することもあれば、書き出し順序を借用することもあります。多数の漢字に精通していることと、測字の法則、連想力、ある種の霊感も加わって、的確な未来が引き出されていきます。実にさまざまな角度から、漢字を読み取っていくのがこの占いの興味深いところです。ただ日本人の場合、日常で用いる漢字が限定されているせいか、最初からランダムに漢字を提出し、その中から選ばせる方法が「的確な未来」を引き出しやすいと経験的に確認しています。そこで今回は「恋愛運」主体の測字判断とします。実質的には、今後一年間の「恋の出逢い」を中心とした測字判断を行っていきます。〝今後一年以内の出逢い〟ということを強く意識しながら、上記に示されている漢字の中から、一文字だけお選びください。あまり考えすぎず、何となく〝引き寄せられた漢字〟を、一文字だけ選びだしてください。因みに文字の配置や位置は、回答には何の関係もありません。

田

「恋の出逢い」は信仰心の強いほど有利です。「神」という文字の一部分に「田」の形が含まれ、出逢いに〝神が関わっている〟ことが暗示されています。また「恵（めぐ）み」にも「田」の文字が含まれ、信仰あれば〝神の恵みとして〟出逢いが訪れるのです。「田」は「遇う」の一部分で〝偶然の出逢い〟です。女性なら、相手はちょっと〝力不足の男性〟で、男性なら〝親しみやすい女性〟です。何故なら、「田」は「男」という文字の下の部分「力」が欠けている文字であり、また本来は親しい女性の〝俗称〟である「嬶（かかあ）」の一部分でもあるからです。

舞

「恋の出逢い」は年の前半は難しく、後半になって出て来るようです。それは「舞」の文字の前半が「無い」の前半と同一字で、「舞」の下部に「年」という文字の〝後半が表れている〟からです。ただ出逢いが多いかといえば、それほど多いとは言えません。「舞」の下部には「多い」の半分「夕」だけが描かれているからです。その出逢いは室内ではなく、昼間でもありません。何故なら「舞」下部の「夕」は、「外」という文字の最初であり、「夕方」の「夕」、「夜」の一部分でもあり、職場や自宅を後にした〝外出時の夕方以降〟に出逢う可能性が強いのです。

我

「恋の出逢い」は、「我」が「或る」の一部を含んでいるところから生じては来ますが、それほど明確なものではなく、「惑う」の「惑」の一部、「戯れ」の「戯」の一部で、何となく〝遊び半分の出逢い方〟である可能性が強いようです。どこで出逢うのかというと、「領域」の「域」の外枠と共通で〝生活圏内〟ではあるが、近隣ではないとわかります。或いは「我」が「職」の一部を含むところから、仕事関係で知り合うことも考えられます。出逢いの後、どうなるかというと「便箋」の「箋」と一部共通し、〝メールのやり取り〟主体の付き合いとなります。

思

「恋の出逢い」には〝大いに恵まれる〟可能性が暗示されています。何故なら「思」の文字には「恵」の大部分があり、〝大いに恵まれる〟と解釈できます。「恵」に不足しているのは上部「十」で、十月は出逢うことが出来ません。「思」には「遇う」の始めが含まれ、偶然の出逢いです。男性が出逢いの確率を高めるには、上半身に着る洋服が〝赤に近いピンク&オレンジ色〟ならベストです。それは「思」は、その上部が「男」と同一で、その上部を「亦」に変えると「恋」という文字に変化するからです。「亦」は「赤」に近いけれど、完全な赤色ではありません。

芸

「恋の出逢い」は〝住居や職場を変えた時〟に訪れる可能性が示されています。何故なら「芸」には「転ずる」の「転」の後半部分が存在し、「転じて後に…」と解釈できるからです。また「転耘」のどちらにも「云」の文字が含まれ、単なる職場異動でなく、仕事そのものを変える職場移動の方が確実です。また「云」には「去る」に縦線が不足する形で、〝去りたい気持ち〟で揺れている可能性が読み取れます。また「芸」の上部は「慕う」の初め、「募る」の始めでもあり、出逢いから〝片想い〟へと、ネットなどで〝広く募って〟から出逢う可能性もあります。

変

「恋の出逢い」は、いつものように〝秋〟に訪れる可能性が強いと思われます。何故、いつものようになのかというと、「変」の最初は「亦」であり「また」と読むので〝またしても秋〟という解釈です。どうして「秋」なのかといえば、「変」の下の文字は「夏」の〝終わりの部分〟でもあり、「冬」の〝始まりの部分〟でもあるからです。さらに「逢う」の〝初めの部分〟でもあり、この時期に出逢うのは確実です。そして「変」の始めは「恋」の始めと同一で、出逢いは必ず〝恋に発展〟します。けれど「愛」の〝終わりの部分〟でもあるので、すぐに終了します。

兄

「恋の出逢い」は、何かの〝お祝い事〟で西方位へ足を運んだ時に訪れる可能性が強いと思われます。何故かというと、「兄」という文字は「お祝い」や「悦び」の一部であり、西方位を意味する易卦「兌」の大部分で、「足」の上部とも共通だからです。但し、出逢いは有っても〝継続する〟とは考えにくいのです。何故なら「競う」という文字には〝二つの兄〟があって、〝恋のライバルと競い合う〟可能性が強いからです。しかも、「兄」の上部は「別れ」という文字の〝初めの部分〟でもあり、出逢いの最初から〝別れが始まっている〟文字といえるからです。

欧

「恋の出逢い」はあるのですが、その後の展開には〝要注意の年〟と言えそうです。何故なら「欧」という文字は、「凶い」が横倒しになった形で始まっているからです。そして「凶」と組み合わさっているのが「欠ける」の「欠」で、〝凶い状態から欠けてしまう〟結果となりやすいのです。「凶」は「離れる」にも部分的に組み込まれ、元々この出逢いが〝遠距離的要素〟を秘めている証しです。さらに「盗み」の一部分とも重なり、不倫や三角関係となりやすいのです。さらに「欺く」の後半部分とも重なり、「独り」といっていた嘘に気付いて最終的に別れるのです。

妥

「恋の出逢い」は俗に言う〝一目ぼれ〟の形となります。何故なら「妥」の始めは「舜」の始めで、〝瞬時に好きになる〟相手と思われるからです。また「彩り」の始めでもあって、〝華やかな容姿&ファッションの相手〟である可能性が強いのです。それが女性の場合、〝妻となっていく可能性ある女性〟で、「妥」も「妻」も、共に「女」が下に位置し共通しているからです。また「妥」には「愛」と同様な「爪」字が頭に来ていて、〝愛されるタイプの女性〟とわかります。結婚後は、「婆」の後半部分でもあり、比較的早く〝老けていく〟可能性もあります。

家

「恋の出逢い」は〝実りの秋〟に訪れる可能性が強いと思われます。何故なら「家」の始めは「実り」の始めと同一だからです。また「寒い」の始めとも共通で、〝寒くなりかけた頃〟が示唆されています。どこで出逢うのかというと、〝墓参りに行ったとき〟の可能性が大です。何故なら「家」は、お墓を表わす「塚」の大部分を占めているからです。特に男性側が女性と出逢った場合、「家」の横に「女」で「嫁」という文字となり、〝お嫁さんにふさわしい女性〟との出逢いということになります。また「家」の「豕」と「女」を入れ替えて「安」心をする形です。

履

「恋の出逢い」は十分〝得られていく形〟ですが、初めての出逢いばかりでなく、「復縁」という形の出逢いも生まれてくる可能性を秘めています。何故なら、「履」には「得る」という文字の偏が含まれているだけでなく、旁の一部も含まれているからです。また「復縁」の「復」の字も含まれ、「戻る」の一部もあり〝復縁的な出逢い〟の可能性を示唆しているのです。「夏」の終わり、「冬」の始めの部首が含まれ、「秋」に出逢う可能性が強いようです。「行く」の始めも含まれ、出先で出逢う可能性が強いようです。「傷」の一部もあって、結果的には辛い恋です。

勁

「恋の出逢い」は〝動き巡る〟中で出逢う形です。何故なら「勁」には「動く」という文字の旁と、「巡る」という文字の大部分があるからです。また「働く」の一部も含まれるところから〝仕事関連での移動中〟に出逢う可能性が考えられます。その出逢いは、「挨拶」の「拶」の一部も含まれ、何気ない挨拶から始まるのです。こちらからの誘いは、「勁」の中に「功（てがら）」のすべてが含まれ、見事〝成功〟するでしょう。ただ女性から男性を誘う方がうまく行くのは、「勁」という文字が、「男」という文字の〝下の部分〟だけが表出されている文字だからです。

歩

「恋の出逢い」は、今後一年間に限っては決して多くはありません。それは「歩」という文字の上部が「止まる」で、下部が「少ない」の組合せで構成された文字だからです。このことは一年間を表わす「歳」という文字にも重ねて示されていて、その上部に「止まる」が描かれ、その下部（内部）に「少ない」に近い「小」が描かれているからです。したがって、一年の前半は出逢いが無く、後半に至って〝少しある〟ということです。しかも「歩」の上部が「正式」の「正」上部の横線を欠いていて、不倫などの〝不正な恋愛〟へと発展しやすいようです。

輸

「恋の出逢い」は〝車での移動中〟や〝車輌で出掛けた先〟で生まれそうです。何故なら「輸」には「車」が含まれ、「車輌」という語も双方に「車」字があるからです。また「運転」という語にも双方に「車」が使われ、〝運転が関わっている出逢い〟のようです。出逢いが生まれやすいのは〝日差しが輝く朝〟です。それは「朝」という文字の偏の「日」に上下からの縦線を突き刺せば「車」になるからです。つまり「日に刺す」で「日差し」と読めるのです。また「輸」の「車」を「小」に変えると「愉しい」となり、小型車にした方がより出逢いが生まれます。

左

「恋の出逢い」は〝十分に存在する〟でしょう。何故なら「左」には、「存在」の両方の文字に共通する書き出しの部分が有るからです。この「有る」という文字の書き出しも同一で、出逢いが生まれることは間違いありません。ただこの出逢いが「結婚式」に繋がるかというと、それはありません。何故なら「左」は「式」を反転させたような文字で、〝式にならない〟と言えるからです。また「左」の文字には「貢」の書き出し部分が含まれ、〝貢ぎ始める恋〟ともなりそうです。又、「左」は「差」の上部を欠いた形で〝身長差の大きいカップル〟となりそうです。

高

「恋の出逢い」ですが、「高」の書き出しは「交わる」の書き出しと同一で、出逢いと交際は比較的スムーズに開始されるでしょう。その時期としてもっとも可能性が強いのは、「高」の書き出しが「亥」の書き出しとも重なるので、亥月（11月）の初め頃と言えるでしょう。又、「高」には「和合」という漢字に必要な〝二つの「口」〟があり、会話があれば仲良く付き合えます。ただ「停まる」という文字の一部が含まれているところから、一時的に〝ストップが掛かる時期〟が出て来ると思われます。「橋」という文字の大部分と共通で何とか〝繋がり〟続けます。

尋

「恋の出逢い」は〝仏様の導き〟による可能性が強いものです。何故なら「尋」には「寺」という文字、「導く」という文字の後半部分が含まれ、〝先祖が導いてくれた縁〟と解釈できるからです。〝お見合い〟としての出逢いであれば、特に幸運です。それはお祝い事に使う「壽」という文字の中に、「尋」の大半が含まれているからです。但し「尋」には〝三つのカタカナ〟が含まれていて、「エ・ロ・ヨ」と読めます。下の「寸」を加えると「一寸（ちょっと）エ・ロ・ヨ」と読むことが出来、結婚後は〝官能的な悦び〟を追い求める女性であると指摘できます。

未

「恋の出逢い」は沢山ありそうです。あなたが女性の場合は、向うから〝寄って来る〟形の出逢いとなりそうです。何故なら「未」に点を二つ加えると「来る」の文字になり、縦線の一部を省くと「夫」の文字となるからです。出逢いの時期としては、二月、八月、十月の木曜日が有力です。何故なら「未」という文字は「二」と「八」と「十」の数字を組み合わせて出来ている文字だからです。また横線を一本省くと「木」となって、木曜日が有力とみるのです。男性の場合は〝妹のような女性〟との出逢いで、「女」が寄り添うと「妹」という文字となるからです。

者

「恋の出逢い」が本格的な交際へと進展するためには〝日曜日〟に出逢うことがベストです。何故なら「者」という文字には「日」が含まれていますが、その部分を別な文字に取り換えると、「老」や「考」や「孝」となって、恋愛対象ではなくなるからです。出逢うのは街中です。それは「都会」の「都」に「者」が含まれているからです。時期的には二月か六月が良く、それは「者」が「春」に似て「春」ではない文字だからです。片手に一枚のマフラーを抱え歩くのが良く、そうすれば「者」に〝二つの糸〟が加わり「一緒」になる人と出逢えるからです。

魏

「恋の出逢い」は必ず訪れます。何故なら「魏」という文字には、「女」という文字と、「男」という文字の大部分が含まれているからです。しかも「魅力」の「魅」の大部分が含まれているので、多分に〝魅力的な男女〟の集まりと言えます。また「魏」は「季」と始まりが同じ、「季」は元々〝季節の終り〟を意味する文字で、つまり四季の終わりを意味する三・六・九・十二月の〝始め〟に出逢うと判断できます。また「魏」は「和」の始めでもあり、最初から打ち解けて、仲良く出来ます。「魏」に「妻」の後半部分あり、やがては〝妻となる〟可能性もありそうです。

馬

「恋の出逢い」は感情の揺れが激しい時に訪れます。何故なら「馬」という文字は、「驚く」や、「騒ぐ」や、「罵る」の文字に含まれているからです。また、出逢いの場所としては「馬」字を含んだ「駅」や「駐車場」や「駐在所」で訪れる可能性が強いものです。出逢いが六月か九月なら、〝遠距離となる〟可能性があります。それは六月が「午（馬）月」、九月が「酉（鳥）月」、「馬」も「鳥」も後半が同一で、双方共〝移動の速い〟生き物だからです。もし交際が始まって太り出したら、それは〝ダメになるサイン〟で、「駄目」の「駄」が「太」と一体化した文字だからです。

一

「恋の出逢い」は何度も訪れます。一月、三月、五月、六月、七月、十一月です。何故なら、これらの月には「一」という文字が含まれているからです。出逢いの時間帯としては〝朝早く〟と〝昼過ぎ頃〟の二つの時間帯が考えられます。それは〝日の出を表わす〟「旦」という文字の終り、そして「昼」という文字の終りに出て来るからです。ただ男性の場合、出逢う女性が何らかの理由から〝滅多に逢えない女性〟と覚悟すべきです。何故なら「一」字から「女」を綴るには「く」と「ノ」を加えねばならず、合わせて「くの一＝忍びの者」となるからです。

音

「恋の出逢い」は〝職場の中〟で訪れる可能性が強いと思われます。それは「職」という文字の中央部に「音」という文字が入っているからです。また同じ職場の中でも〝トイレに立った時〟とか〝階段を上っている時〟に出逢う可能性が強いものです。それは「音」が含まれる文字に「鏡」があり、通常それは化粧室だからです。また「音」には「立つ」という文字そのものもあって、階段を「昇る」最初の部分が「音」の後半であり、席を立って昇り始めた時、という解釈です。その出逢いは女性の場合、首から名札を下げると「婚」となって結婚に繋がります。

細

「恋の出逢い」は〝電車通勤〟をしている人に有利な形となっています。何故なら「電」にも「車」にも「通」にも、その一部に「細」の旁である「田」の字形が含まれているからです。この出逢いですが、特に八月と十一月の出逢いは進展性が強いものです。八月は「申月」で、「細」の旁「田」の中央「｜」を引き延ばせば「紳士」の「紳」となり、十一月は、その数字を「細」の偏「糸」の横に小さく並べると「結婚」の「結」字に近づくのです。つまり女性の場合、〝紳士に出逢えば結婚に近づく〟と解釈できます。但し「縛る」にも近く〝独占欲型〟の愛情です。

大

「恋の出逢い」は難しく、仮に出逢っても一人だけですが、その後の進展が期待し難いのです。どうしてかというと、「大」は分解すると「一」と「人」になるので、合せて「一人」と読めるからです。つまり、良い解釈を引き出すと「一人に出逢う」ですが、悪い解釈を引き出すと「一人のまま」ということで、どちらになるか微妙なのです。しかも「大」は「夫」に似て「夫」ならずの文字で、〝この人は？〟と期待しても、結局は「大」の後半が「分かれる」の「分」の始めとなるので長続きせず、結局、〝一人のままになる〟可能性が強い文字なのです。

東洋擲銭易占法による運勢と願望の達成

通常は筮竹を用いる易占には「擲銭法」と呼ぶ〝硬貨を用いる技法〟が存在しています。この擲銭法では、硬貨の「裏・表」を「陰・陽」に観立て、その組み合わせで本格的な易占を可能とするのです。まず十円銅貨三枚を用意します。その三枚を両掌で包み込むようにし、眼を閉じ硬貨を振り、具体的な願望を心の中で唱えたなら、掌を開いてテーブルの上に硬貨を振り落とします。テーブルの上の十円銅貨が、三枚共に表なら「陽」、一枚だけ表なら「陽」、三枚共に裏なら「陰」、一枚だけ裏なら「陰」として記録していきます。そして一投目を「初爻」、二投目を「二爻」、（中略）五投目を「五爻」、六投目を「上爻」として易卦を表出するのです。つまり六投で「得卦」が出ます。その六投の内、三枚共に表で「陽」の場合には「陰」、三枚共に裏で「陰」の場合には「陽」へと変化するのが「之卦」と呼ばれる易卦です。この二つの易卦から、現在の運勢が「得卦」に、願望の結果が「之卦」の方に示されます。

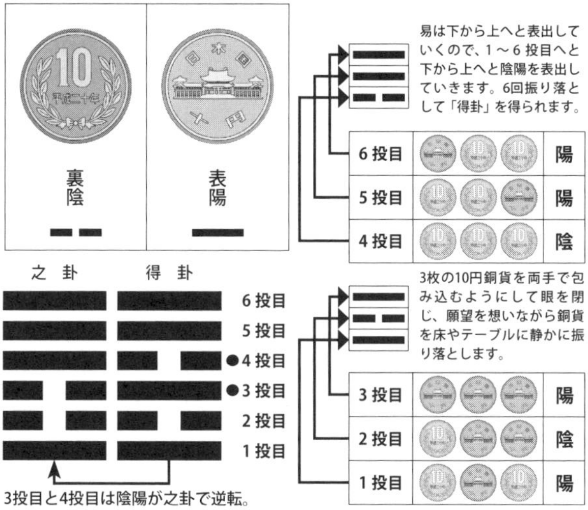

六十四卦の早見表

下卦＼上卦	乾（天）	兌（沢）	離（火）	震（雷）	巽（風）	坎（水）	艮（山）	坤（地）
乾（天）	①乾為天	②沢天夬	③火天大有	④雷天大壮	⑤風天小畜	⑥水天需	⑦山天大畜	⑧地天泰
兌（沢）	⑨天沢履	⑩兌為沢	⑪火沢睽	⑫雷沢帰妹	⑬風沢中孚	⑭水沢節	⑮山沢損	⑯地沢臨
離（火）	⑰天火同人	⑱沢火革	⑲離為火	⑳雷火豊	㉑風火家人	㉒水火既済	㉓山火賁	㉔地火明夷
震（雷）	㉕天雷无妄	㉖沢雷随	㉗火雷噬嗑	㉘震為雷	㉙風雷益	㉚水雷屯	㉛山雷頤	㉜地雷復
巽（風）	㉝天風姤	㉞沢風大過	㉟火風鼎	㊱雷風恒	㊲巽為風	㊳水風井	㊴山風蠱	㊵地風升
坎（水）	㊶天水訟	㊷沢水困	㊸火水未済	㊹雷水解	㊺風水渙	㊻坎為水	㊼山水蒙	㊽地水師
艮（山）	㊾天山遯	㊿沢山咸	(51)火山旅	(52)雷山小過	(53)風山漸	(54)水山蹇	(55)艮為山	(56)地山謙
坤（地）	(57)天地否	(58)沢地萃	(59)火地晋	(60)雷地豫	(61)風地観	(62)水地比	(63)山地剥	(64)坤為地

① 乾為天（けんいてん）

得卦の意

運勢は、目標や理想が高すぎ、現実との間にギャップがあって物事すべて空回りしやすい時です。もう少し実生活を大切にした方が良いかもしれません。目上の引立てを得るチャンスです。

之卦の意

願望は、神仏に関すること、役職に関すること、精神的なこと、父親に関することなら叶う可能性があります。それ以外は難しいでしょう。もう少し現実に沿った願望に切り替えましょう。

② 沢天夬（たくてんかい）

得卦の意

運勢は、予期せぬ災難やトラブルに見舞われやすい時です。また引き延ばしてきた結論を出さなければならないとか、別れを決断するとか、悩み続けてきた問題の解決策を発見する時です。

之卦の意

願望は、すぐ実行できること以外は、途中トラブルが生じて叶いません。金銭的なトラブルの可能性もあり、交渉事は決裂します。感情的になって喧嘩しやすいので冷静に対処すべきです。

③ 火天大有（かてんたいゆう）

得卦の意

運勢は、心身とも充実し、とても恵まれていて、輝かしい未来が感じられる時です。明るく華やかに振る舞うとより幸運を得られます。ピアスやネックレスなど身に付けるのもプラスです。

之卦の意

願望は、公明正大な願いであれば、必ず叶えることが出来るでしょう。何かのコンテストとか競技会とか試験など、晴れやかな結果セレモニーがあるような願望ほど叶えることが出来ます。

④ 雷天大壮（らいてんたいそう）

得卦の意

運勢は、血気盛んな情熱や行動力が伴っている時ですが、やや暴走気味となりやすい時期でしょう。何事も急ぎすぎたり、焦り過ぎたりしなければ、好結果に結び付きやすいことでしょう。

之卦の意

願望は、車に関すること、お金に関すること、行動に関することであれば比較的叶いやすく、それ以外は〝焦って失敗しやすい〟ので注意が必要です。慎重さを伴えば成功できるでしょう。

⑤ 風天小畜（ふうてんしょうちく）

得卦の意

運勢は、小休止で不平や不満が少しだけ溜まり始めている時です。何を行うにも焦りは禁物で、ストップが掛かりやすく、欲求不満を周囲にぶつけないことです。預金開始には良い時期です。

之卦の意

願望は、学問や仕事等で時間のかかることは叶う可能性があります。又、何かを収集する願望なら大吉です。それ以外は、障害あって今すぐの実現は無理であり時期待ちと言えるでしょう。

⑥ 水天需（すいてんじゅ）

得卦の意

運勢は、いずれは盛運を得るけれども、今すぐは時期尚早で確かな手ごたえを得るのが難しい時です。時期到来までは、飲食を楽しみながら、タイミングを待っていることが良いでしょう。

之卦の意

願望は、天候のこと、旅行のこと、飲食のことなどは比較的叶いやすいでしょう。但し、今すぐは無理です。他の事柄は世の中の動きに左右されるので、チャンスをじっくり待ちましょう。

⑦ 山天大畜（さんてんたいちく）

得卦の意

運勢は、長期ビジョンに関した物事を進めている時には大変に良い運勢だと言えます。それ以外の時であれば、大きな問題が横たわっていて、その解決に時間が奪われやすい運勢の時です。

之卦の意

願望は、学問や財産に関連したもの、人材の確保、収穫物などであれば叶う可能性が強いものです。それ以外の願望は、長期的な事柄以外は行く手が塞がれているので今すぐは叶いません。

⑧ 地天泰（ちてんたい）

得卦の意

運勢は、比較的穏やかな時期で、心身とも安泰で平和な運勢の時です。パートナー運の良い時で、仕事でもプライベートでも相手との息がピッタリで、良好な関係を築いていけるでしょう。

之卦の意

願望は、結婚のこと、相性のこと、パートナーとのことであれば、文句なく叶うことでしょう。それ以外の場合、大きな変化を要しないことであれば叶うし、変化を伴うことは叶いません。

⑨ ䷉ 天沢履（てんたくり）

得卦の意

運勢は、秩序正しい状態であれば、良い運勢を招く時ですし、秩序が乱れていれば、運気不安定な時と言えます。微妙な感じの後継者問題や金銭が絡む男女問題が生じやすい運勢の時です。

之卦の意

願望は、金銭関連のこと、男女関連のこと、SEX関連の大体三つが関わりやすい時です。お金と裸が絡んでいる願い事は成立します。また面接に関しては口約束があれば叶うでしょう。

⑩ ䷹ 兌為沢（だいたく）

得卦の意

運勢は、仲間内で楽しく笑い合っていることが多い時です。飲食に関連が深く、親しい相手と飲んだり食べたり歌ったりしながら、互いの友好を温め合っていく時期にふさわしい運勢です。

之卦の意

願望は、単独の目的や願望ではなく、仲間全員の願望なら叶うことになりやすい時です。飲食が絡んだ楽しい願いほど通りやすいことでしょう。お金の願望は複数を一つに集めればOKです。

⑪ ䷥ 火沢睽（かたくけい）

得卦の意

運勢は、普段一緒に居る相手との間で衝突するような可能性の強い時です。運勢そのものは、対人面を除けば比較的良好です。向いていないことでも、やらなければならない運勢の時です。

之卦の意

願望は、スムーズに通るような形ではありません。兄弟や親子に関しての願望なら、仲良くすることが出来れば叶えられます。相手を理解しようとしないと、どんな願望も叶えられません。

⑫ ䷵ 雷沢帰妹（らいたくきまい）

得卦の意

運勢は、何かとの交換条件で物事が成立しやすい運勢の時です。不倫関係など発生しやすい時でもあります。又、小さなミスが生じやすい時です。年下の近親者が結婚する可能性もあります。

之卦の意

願望は、何かを差し出し何かを受け取る形で、交換条件的な形なら成立します。副業や配偶者以外の愛人に関する願望なら、叶う可能性が強いでしょう。それ以外はミスにより叶いません。

⑬ ䷼ 風沢中孚（ふうたくちゅうふ）

得卦の意

運勢は、何事に対しても、あなたの日頃のまごころが通じやすい時です。これまで温めてきた企画とかアイデアとか想いとかを形にすべき時です。愛情関係は片想いの告白に良い時です。

之卦の意

願望は、妊娠・出産に関すること、芸術作品に関すること、共同事業に関することは叶えられそうです。それ以外でも誠心誠意、物事に取り組んできたことであれば叶う可能性があります。

⑭ ䷻ 水沢節（すいたくせつ）

得卦の意

運勢は、いつもの繰り返しの中で、少しずつ進展していくような運気の時期です。一気に進もうとすると、必ず一時停止となるので、何事も焦らずに、じっくりマイペースで行いましょう。

之卦の意

願望は、水商売的なこと、飲み会のこと、水回りのことであれば、叶いやすいでしょう。それ以外は一難去ってまた一難というように忍耐強く取り組めば、やがて物事を成し遂げられます。

⑮ ䷨ 山沢損（さんたくそん）

得卦の意

運勢は、「損して得取れ」という格言そのまま、献身的に尽くしていくのにふさわしい運気の時です。損得を考えずに行えば、必ず結果が付いてきます。恋愛も自ら愛することが大切です。

之卦の意

願望は、自分のためというより、相手のために、という気持ちが強い願いであれば、叶えられる可能性が強まります。経済的な負担があってもという願望も、叶えられる確率が高いようです。

⑯ ䷒ 地沢臨（ちたくりん）

得卦の意

運勢は、未知の世界を求めて旅立っていくような旺盛な運気の時です。心をオープンにしてさまざまな人達と交流を持ちましょう。若々しい行動力や荒々しい開拓者魂が活かされる時です。

之卦の意

願望は、留学とか、海外赴任とか、未知の世界に旅立つこと、何かを学び始めることは叶いやすいでしょう。それ以外は積極性と行動力がプラスに働きます。恋愛も押しの一手が有効です。

⑰ 天火同人（てんかどうじん）

得卦の意

運勢は、仲間達との交流が盛んで、相性の良い相手が周りに増えていく時です。志を同じくした同志的結合が強まります。身内・親戚間での悦び事や助け合い、互いの情報交換が増えます。

之卦の意

願望は、単独の願いではなく、相手や仲間と一緒に希望することの方が叶いやすいようです。同棲、結婚、共同事業など、誰かと一体化する願望は叶います。単独の願いは難しいようです。

⑱ 沢火革（たくかかく）

得卦の意

運勢は、現状からの脱却や変革を行わなければならない時です。新しい生活に飛び込む勇気が必要です。現状維持は難しく、新たな運勢のサイクル周期がすでに開始されようとしています。

之卦の意

願望は、新しい世界に飛び込むこと、腐敗から脱却しようとすること、新たな相手を求めることは叶うでしょう。それ以外はもっと新たな手段を考えないと、成功させるのは難しいでしょう。

⑲ 離為火（りいか）

得卦の意

運勢は、激しい火花が散っている状態で、紛争に巻き込まれやすい運勢の時です。これまで慣れ親しんできたものとの別離も生じやすい運気です。恋愛面では新たな出逢いも生まれそうです。

之卦の意

願望は、今度こそ別れようという気持ち、今度こそ悪習を断とうという気持ち、など再度の願いであれば叶えられる可能性が強まります。感情的な願いや衝動的な願いは聞き入れられません。

⑳ 雷火豊（らいかほう）

得卦の意

運勢は、今現在がピークであり、これから下り坂に向かうところの運気です。夕日の輝きが強いように、見掛け倒しの気配が漂っています。何事も感情的でなく、冷静に対処すべき時です。

之卦の意

願望は、今すぐ実現できること以外は難しいと予測されます。神仏に関すること、葬祭に関すること以外は実現難しいでしょう。一見、簡単に叶いそうな気配なのに叶わないのが特徴です。

㉑ 風火家人（ふうかかじん）

得卦の意

運勢は、家庭や家族に関しての問題が生じがちの時です。基本的に家族・親戚が力になってくれる時です。それに甘えるのが良い時です。良い家族を持ったと改めて感じる日々の運気です。

之卦の意

願望は、家族に関すること、家庭に関すること、兄弟間に関すること、住宅に関することであれば叶う可能性が強いでしょう。それ以外なら、家族の誰かの協力や支援を必要としています。

㉒ 水火既済（すいかきせい）

得卦の意

運勢は、すでにある程度まで人生上の使命が成就されつつ状態を表わしています。相性の良い人とだけ付き合いましょう。仕事面では、もはや九分通り完成している職務や任務があります。

之卦の意

願望は、もうほとんど達成しているようなもので、文字通りあと一歩まで届いた願望です。男女関係のこと、性愛上のこと、結婚のことなら大丈夫です。もっと自信を持っても良いでしょう。

㉓ 山火賁（さんかひ）

得卦の意

運勢は、長期ビジョンに関した物事を進めている時には大変に良い運勢だと言えます。それ以外の時であれば、大きな問題が横たわっていて、その解決に時間が奪われやすい運勢の時です。

之卦の意

願望は、学問や財産に関連したもの、人材の確保、収穫物などであれば叶う可能性が強いものです。それ以外の願望は、長期的な事柄以外は行く手が塞がれているので今すぐは叶いません。

㉔ 地火明夷（ちかめいい）

得卦の意

運勢は、闇に閉ざされてしまったかのような運気で希望が見えません。精神面で深く傷つくようなことが生じやすい時です。どんなに頑張っても、社会的に才能が評価されにくい運勢です。

之卦の意

願望は、表立ってのことではなく、人知れずの願望であれば叶う可能性もありますが、心の中で強く想っているような願いは受け入れられません。叶わないだけでなく傷つくのが特徴です。

㉕ 天雷无妄（てんらいむぼう）

得卦の意

運勢は、予想していたことは起こらない代わり、まったく予想していなかったようなことが起きてくる時です。策を弄さず、状況の流れに沿って自然な対応を心掛けるのが最善の運勢です。

之卦の意

願望は、ここぞと願ったようなことは叶わず、ダメ元で願ってみたようなことは叶うのが特徴です。どうしてもと意気込むのはかえってマイナスです。一応、合掌するくらいが良いのです。

㉖ 沢雷随（たくらいずい）

得卦の意

運勢は、自我を出し過ぎず、何事も目上の人に従って物事を行っていくのが良い時です。相手を信頼してついていくべき時なのです。先祖代々の墓参りをすると運勢が上昇し始めます。

之卦の意

願望は、誰かに従って行うようなこと、男女がペアを組んで実行すること、秘書としてついていくようなことは可能となるでしょう。お金に関する願望も、自らが動いていけば叶えられます。

㉗ 火雷噬嗑（からいぜいごう）

得卦の意

運勢は、誰かが行く手を邪魔しやすい運勢の時で、意見の衝突なども生じやすい時です。法律問題にも巻き込まれやすいでしょう。出来るだけ意見の衝突は避けた方が運勢的には無難です。

之卦の意

願望は、途中で邪魔をする人や物があって、中々叶えられません。但し、目上の人がこちらに加担してくれれば叶います。訴訟関係の願望では、良い弁護士を複数得られれば勝利できます。

㉘ 震為雷（しんいらい）

得卦の意

運勢は、周りがうるさく騒がしい状態で、それが気持ちを苛立たせます。何かを実行しようと思ってもなかなか実行に移せません。物事が空中分解しやすく、精神的焦りや苛立ちが多い時です。

之卦の意

願望は、気が変わりやすく、持久力に乏しく、急ぎすぎるので叶えられません。何事も、もう少し落ち着いて取り組まないと叶えることが出来ません。急がば回れ、の格言に従いましょう。

㉙ 風雷益（ふうらいえき）

得卦の意

運勢は、仕事上の協力者やパートナーを得られやすい時です。大きな事業や商売も、相手を間違えなければ成功しやすい運勢です。相性の良い尽くし甲斐のある相手を択ぶのが肝心な時です。

之卦の意

願望は、仕事や商売に関すること、提携や交渉事に関すること、パートナーに関することであれば叶う可能性が強いようです。金銭的な願望は相手に利益を与えられれば叶うことでしょう。

㉚ 水雷屯（すいらいちゅん）

得卦の意

運勢は、現在のところで少しの間は停滞し続ける運勢です。状況から見て、動きたくても動けるような時期ではありません。もう少し時期を待たなければ、何事も好結果を期待できません。

之卦の意

願望は、最初から時間のかかることや、今すぐ動けなくても良いこと以外、叶えることが出来ません。動かなければならない願望はすべて不可です。最低限、春先までは動きが取れません。

㉛ 山雷頤（さんらいい）

得卦の意

運勢は、飲食に関連する出来事が多く発生しやすい時です。また部下・後輩や子供達など、自分が養わなければならない存在が関わってくる運勢です。意見の衝突も起こりやすいでしょう。

之卦の意

願望は、共同事業やペアを組む仕事、飲食関連のことなどは、意見の衝突を防げれば叶う可能性はあります。それ以外は意見の相違が目立ち、立ち消えになってしまう可能性が強いものです。

㉜ 地雷復（ちらいふく）

得卦の意

運勢は、いったん失われたものや事柄が復活してくる時です。運勢そのものも、長い低迷期からようやく脱却し始める時です。再就職とか、再婚時に出た場合には大変良い運勢と言えます。

之卦の意

願望は、復縁のこと、復職のこと、健康回復のこと、紛失物のこと、地元に戻ることに関しては叶う可能性が強いものです。それ以外は、二度目であれば叶う可能性が少しだけ出て来ます。

㉝ 天風姤（てんぷうこう）

得卦の意

運勢は、思いもよらぬ人と偶然に出逢うようなことが起きやすい運勢です。女性の場合、独りで何人もの男性達を巧みに操っているような時です。男性は多方面からの重圧に苦しむ時です。

之卦の意

願望は、出逢いに関することやＳＥＸに関することであれば叶う可能性があります。女性の場合、複数の相手と同時に付き合うことも可能です。それ以外は重すぎて押しつぶされる願望です。

㉞ 沢風大過（たくふうたいか）

得卦の意

運勢は、問題があり過ぎて、どこから手を付けて良いか判らないような運気の時です。何事も過剰になりやすく、通常のレールを外れがちです。問題から逃げ出したいような気分の時です。

之卦の意

願望は、現在の状況や実力と願望との間に差があり過ぎて、成立しえない時です。ただ逆に、極端な年齢差のカップルや、経済差の大きいカップルなどは願いが叶い、成立する時もあります。

㉟ 火風鼎（かふうてい）

得卦の意

運勢は、神仏に関わりの生じやすい時で、祭り事を執り行うと運気が盛大になります。新しいことに取り組まなければならない状況の時です。三人一緒であれば全ての物事が成立します。

之卦の意

願望は、神仏のこと、妊娠のこと、三人で取り組むこと、鍋物のこと、新たに取り組むことであれば、叶う可能性が強いようです。それ以外は、神仏への祈りがあれば叶えられる願望です。

㊱ 雷風恒（らいふうこう）

得卦の意

運勢は、いつもと同じような状態が今後もしばらく続いていく運勢です。地味ですが、それなりに充実感は備えている運気です。新しい物事に取り組む時でなく、現状を維持すべき時です。

之卦の意

願望は、夫婦のこと、妊娠のこと、安定収入のこと、健康のことなどは叶う可能性があります。それ以外は、今の状態からの特別な変化や飛躍は期待できません。新たな願望は叶いません。

㊲ 巽為風（そんいふう）

得卦の意

運勢は、何となくそわそわした気分の時ですが、特別大きな出来事は生じません。外部からの誘いや噂話などが出やすい時です。二つから、一つを選択しなければならない迷いが生じます。

之卦の意

願望は、複数の願望を一度に願いやすいようです。叶いそうで叶わないとか、諦めかけたら叶うとか、気紛れな結果となります。外部から誘って貰える願望であれば、間違いなく叶います。

㊳ 水風井（すいふうせい）

得卦の意

運勢は、周囲の人達との日常的な生活面での関わりが多くなる運勢です。庶民レベルの話題が花盛りの時です。たとえ環境を変えることがあっても、仕事を変えることはしない運勢の時です。

之卦の意

願望は、身近な人達に役立つこと、飲料水のこと、温泉のこと、発掘に関することであれば、叶う可能性が強いでしょう。就職や面接は、前に行っていた仕事への復職は叶えられるでしょう。

㊴ 山風蠱（さんぷうこ）

得卦の意

運勢は、色々な問題が一挙に噴き出してくる時です。対人関係では、良くない人々に足元が脅かされやすい時です。飲食物に注意しないと、予想外の形から病気にかかりやすいことでしょう。

之卦の意

願望は、あまり健全な願望ではない可能性があります。不倫や近親相姦など、歪んだ愛欲は叶えられる可能性があります。それ以外は、願望それ自体の腐敗が進んで崩れてしまうでしょう。

㊵ 地風升（ちふうしょう）

得卦の意

運勢は、軽やかな音楽が聴こえてくるような上昇運の時です。思うことが思うままに達成しやすいことでしょう。特に社会的な面では、引立てを得ての地位上昇がやって来やすい運気です。

之卦の意

願望は、徐々に物事が推し進められていく時で、何事も叶う可能性が強い時です。特に、旅行のこと、試験のこと、出世に関しては可能性が大です。それ以外は自ら進んで好結果を得ます。

㊶ 天水訟（てんすいしょう）

得卦の意

運勢は、目上との関係が悪くなりがちで、苦労しそうな雲行きの時です。目上との意見の衝突は不利です。たとえ訴訟に持ち込んでも勝ち目はありません。感情的になったら負けの運気です。

之卦の意

願望は、訴訟事に関すること、役所や目上が絡んでいる願望は、叶う可能性がありません。公共的な願望も叶いません。時期的にも不利なので、ここは出直した方が得策と言えるでしょう。

㊷ 沢水困（たくすいこん）

得卦の意

運勢は、日常生活に困った問題が多く、悩みを抱え過ごさなければならない時です。特に、金銭面と恋愛面で問題が発生しやすいようです。飲食関係にも要注意で、飲み過ぎは失敗の元です。

之卦の意

願望は、土台が無謀な願望である場合が多く、達成は困難です。もう少し現実に沿って最初から考え直しましょう。お金に関する願望は特に凶で、元も子もなくしてしまう危険な願望です。

㊸ 火水未済（かすいびせい）

得卦の意

運勢は、まだすべてが未成熟な段階にある印象で、発展の機会を捉えきれない時です。若さは感じられるのですが、もう一歩、詰めの甘さが目立ってしまいがちな時で、不安定な運勢です。

之卦の意

願望は、男女関係のこと、恋愛に関することが多く、今すぐは無理でも将来的に可能となる要素を秘めています。それ以外は、準備不足であり、途中挫折してしまいやすく達成は困難です。

㊹ 雷水解（らいすいかい）

得卦の意

運勢は、これまで順調に来ていた取引や交渉事は、横槍が入って流れてしまう可能性強い時です。逆に、これまで揉めていた出来事に関しては、ようやく解決の見通しが立つような運気です。

之卦の意

願望は、動くことであれば南西に向かえば叶えられる可能性があり、先方からやって来ることであれば落ち着いて待つのが良いでしょう。対話や交渉事は誤解が生じ、成立不可となります。

㊺ 風水渙（ふうすいかん）

得卦の意

運勢は、港を旅立つ船のように、停滞していた物事が水しぶきを上げ動き始めていく時です。悩みぬいてきたことからは解放されます。遠方との関係に変化が訪れ、重要視される運勢です。

之卦の意

願望は、思い付きのように浮かんだ小さな願いは、すぐさま消えていきます。船旅や遠方が絡んだこと、何かの報せを待ち望んでいる願いは、叶えられます。それ以外は散ってしまいます。

㊻ 坎為水（かんいすい）

得卦の意

運勢は、二つの大きな問題が発生しやすい時です。物事が悪い方へ悪い方へと徐々に流れていく時です。考え方や気持ちまで暗くなって、今後への漠然とした不安感に満ちている運勢です。

之卦の意

願望は、悩みの中から出て来たものであり、良くない事柄を背景としての願いなので叶えられません。流されたままの今の生活では、願望を叶えるエネルギーに乏しいので叶えられません。

㊼ 山水蒙（さんすいもう）

得卦の意

運勢は、長期的な見通しがたたずに、迷いながら立ち止まって途方にくれる時です。前途の方針が不明確すぎます。誰か頼りになる人を探して、今後の体勢を立て直さなければなりません。

之卦の意

願望は、良き先導者や指導者がいれば叶いますが、そうでなければ叶いません。特に、試験や学習に関しては、教え方しだいで結果が大きく左右されます。願望に無意味な迷いは禁物です。

㊽ 地水師（ちすいし）

得卦の意

運勢は、勢いある形で大勢の人達をリードすべき時にあります。或いは信頼できる指導者を得て、その人について闘いに挑んでいく時です。多少トラブルあっても正面突破できる運気です。

之卦の意

願望は、単独ではなく、多くの部下・後輩を従え突き進んでいけば勝利することが出来ます。単独で叶えられるような願望は成就しません。何かの資格を取る願望は達成しやすいでしょう。

㊾ 天山遯（てんざんとん）

得卦の意

運勢は、衰退ムードが強まる時で、第一線から退きたくなるような時期です。向かって行く意欲が薄れて、尻込みしがちな空気が漂っています。蔭に隠れた存在になりたがっている時です。

之卦の意

願望は、途中退散しやすく最後まで貫き通すことが出来ないので叶いません。実家に戻るとか、早期退職するとか、家出をするなどは叶う可能性があります。それ以外は立ち消えとなります。

㊿ 沢山咸（たくさんかん）

得卦の意

運勢は、感覚が研ぎ澄まされ、自分と感性の合うものを見付けやすい時です。誰かと一緒に気持ちを共有しやすい運勢です。情緒性が強まっているので、喜怒哀楽の感情が強まっています。

之卦の意

願望は、二人で一緒に行うこと、恋愛のこと、感覚的なこと、霊的な事柄なら叶いやすいでしょう。それ以外は感情に左右されやすいので、気分が良い時は叶いますが、悪いと叶いません。

51 火山旅（かざんりょ）

得卦の意

運勢は、一人旅に出ているような気分で、孤独でセンチメンタルになりやすい時です。自分の居場所が失われてしまったような寂しさがあります。未知の人達と知り合う場面が出て来ます。

之卦の意

願望は、旅行のこと、海外のこと、異動のこと、遠方取引のこと、遠距離恋愛のことなどは叶う可能性があります。それ以外は、孤軍奮闘する形ですが、周りの助けを得られず叶いません。

52 雷山小過（らいざんしょうか）

得卦の意

運勢は、他人から見れば、小さな悩みをいくつも抱えやすい時です。予期せぬ水難に遭いやすい時です。過去に犯した過ちが、トラウマのように自分の心を閉ざしてしまいがちな運勢です。

之卦の意

願望は、転居のこと、過去のこと、金銭のこと、ＳＥＸのこと等は、気持ちを切り替えられれば叶いますが、今のままでは叶いません。それ以外は、元々願望自体に無理があるので叶いません。

53 風山漸（ふうざんぜん）

得卦の意

運勢は、徐々に成長していく樹木のような将来の可能性がいっぱいの時です。新しいことへの着手は、焦らず長期的な視点が必要です。これまで身近に居た人が離れ去っていく時でもあります。

之卦の意

願望は、歳月を要すること、徐々に離れること、新たなものを育てることは、叶う可能性が強いものです。遠方へと嫁ぐことも実現する可能性が大です。それ以外なら長い歳月が必要です。

54 水山蹇（すいざんけん）

得卦の意

運勢は、身動きのできない状態が訪れやすい時です。足腰に異常が発生しやすい時です。動き出さねばならない状況下で、思うように動けない出来事が発生した時に表出しやすい易卦です。

之卦の意

願望は、何事によらず、すぐ達成は難しい状況で、時間を要することを覚悟しなければなりません。しかも、身動きできない状況に追い込まれやすく、何らかの助けやサポートが必要です。

55 艮為山（ごんいざん）

得卦の意

運勢は、身内関係のことで煩わしい問題が発生しやすい時です。目的に向かって進もうとしても、一歩も先に進むことが出来ない状況です。現状維持以外に、手の打ちようがない運勢です。

之卦の意

願望は、身内のこと、家族のこと、同僚のこと、住宅のこと、山林のこと等であれば、叶う可能性があります。それ以外は、現状のままで何の変化もなく、願望を叶えることは出来ません。

56 地山謙（ちざんけん）

得卦の意

運勢は、丸裸のような状態ですが、人間的な魅力あれば多くの人達が集まってきます。自分を過小評価しがちな運勢の時です。やや地味ですが、堅実に働き続けることで評価高まる運勢です。

之卦の意

願望は、お金のこと、役職のこと、性愛上のこと、住居のことであれば、人間的信頼が厚ければ叶う可能性があります。それ以外は金銭上の不足や、倫理上の問題があって、叶えられません。

⑸⑺ 天地否（てんちひ）

得卦の意

運勢は、男女関係での問題を抱えやすい時で、周囲からも拒絶されやすい運勢です。人心の離反をコントロールできないと何事も進みません。パートナーとの復活が何よりも重要な時です。

之卦の意

願望は、夫婦間に関すること、対人面に関すること、男女間のことは相手の拒絶感が強く、対応を根本から考え直さないと成就しません。それ以外のことも無理で、正反対の結果が出ます。

⑸⑻ 沢地萃（たくちすい）

得卦の意

運勢は、人や物がどこからともなく集まってくる時で、運気盛大で発展性があります。先祖供養を行うと、より恵まれた状態がやって来ます。身内・親戚間との交流を大切にすべき時です。

之卦の意

願望は、お金のこと、物品のこと、人材のこと、企画のことは、いずれも大いに叶う可能性があります。それ以外でも、比較的叶う確率が高く、特に先祖供養で願ったことは必ず叶います。

⑸⑼ 火地晋（かちしん）

得卦の意

運勢は、朝日が地平線上に顔を出したような盛運期で、今後が大いに期待できます。社会的に著名になっていく可能性もあります。動きを伴う幸運期で、移動する方がチャンスを掴めます。

之卦の意

願望は、異動のこと、旅行のこと、名誉のこと、人気のこと、合格のこと等は叶う可能性が強いでしょう。出産に関しても成就します。それ以外は、輝かしいことは叶う可能性があります。

⑹⑽ 雷地豫（らいちよ）

得卦の意

運勢は、音楽や旅行など趣味・嗜好に心が向かいがちの時です。これまで地道に努力を重ねて来た人は、一気に世の中に知れるチャンスが訪れそうです。東奔西走でいろいろ忙しい時です。

之卦の意

願望は、音楽関係や宗教関係、趣味的な移動・旅行であれば叶う可能性が十分にあります。それ以外であれば、遊び呆けていた人は叶わず、人知れず努力を続けてきた人は一気に叶います。

⑹⑴ 風地観（ふうちかん）

得卦の意

運勢は、長い目で現在の状況を分析すべき時で、自分の役割を十分に果たしていれば好結果が得られる運勢です。自らを客観視すべき時で、それに沿う形の行動は好結果を導いてくれます。

之卦の意

願望は、過去に関連あること、地域に関連あること、観光に関連あること、ビルに関連あることであれば、叶う可能性があります。それ以外であれば時間を要することで今すぐ叶いません。

⑹⑵ 水地比（すいちひ）

得卦の意

運勢は、周囲との交流が大切な時で、特に居住地域の人々や職場内の人々に親しみ、一体化していくことが重要な時です。それが出来れば運勢が盛運に向かって、人気運が上昇し始めます。

之卦の意

願望は、その願うものに対して日頃からいかに親しみ、愛情を注いでいるかが重要で、それが出来ればそんなに努力せずとも成就可能です。ライバルが出現しやすいので、その点要注意です。

⑹⑶ 山地剥（さんちはく）

得卦の意

運勢は、何かと不安定な状態の時で、知らぬ間に周囲から孤立するとか、追い詰められた状況にある場合が多い時です。安心だと思っていた職場や家庭に不穏な空気が流れやすい運勢です。

之卦の意

願望は、あまりにも土台が脆く危ない印象の願いで、とても叶えることは出来ません。特に金銭が絡むようなことは、根こそぎ失われる形で崩壊が目前なので手出しすべきではありません。

⑹⑷ 坤為地（こんいち）

得卦の意

運勢は、自分の意志や目的がやや薄弱になりやすい時で、何となく目上や周囲の言葉に、大人しく従っているような状態の時です。母親や年上女性との関係が深まりやすい状態の運勢です。

之卦の意

願望は、母親のこと、土地や不動産のこと、熟女たちのことであれば、ある程度は叶う可能性があります。それ以外は目上に指導してくれる人がいれば叶いますが、いなければ叶いません。

西洋予知夢占い による運勢と凶災回避法

予知夢にはいくつかの特徴が存在する

幻視的予知夢

今まさに起こりつつある出来事や事件、或いは近日中に現実化される出来事が鮮明に展開していくもので、好ましい予知夢は少なく、不吉な予知夢が多いものです。この場合、その内容や映像は「幻視」のように鮮明であっても、その一部は〝夢でしかありえない〟奇妙な場面構成となっているのが特徴です。目覚めた後も記憶に残ります。

潜在的予知夢

日頃から気になっている事柄や状況が夢の中で表れ、象徴的なものを使って予告する形で表現される予知夢です。もっとも多いのは「近親者の死」を予告する夢で、多くの場合は亡くなる方が真っ白い衣裳や、真っ黒い衣裳を身に付けて登場します。何かの事故や事件の前触れとして、何度も似た場面が登場する夢を見るケースもあります。

①鮮烈な印象

「予知夢」の特徴として共通しているのは、極めて鮮烈な内容で、その映像が記憶に残り、簡単には忘れないという点です。多くの場合、夢の記憶は強烈な感情を伴うもので、目覚めて後しばらくは、その時の感情や感覚が不思議なほど実感を伴って残り続けます。

②簡潔なストーリー

「予知夢」による夢の内容は、普段見る夢と違いストーリーが判然としています。ダラダラ意味なく続くことがなく、ある方向へと展開していきます。

③予感を伴う

「予知夢」の場合、その夢から目覚めた後、誰かに何か悪いことが起こるのでは…と、不安や胸騒ぎが残ります。

④いつもとは違う夢見

「予知夢」は必ずしも夜に見るとは限らず、突然、睡魔に襲われてとか、ちょっと転寝をした時などが多いものです。

リンカーン大統領が見た不思議な予知夢

アブラハム・リンカーンといえば、アメリカ合衆国・第16代大統領として歴史に名を遺した人物ですが、そのリンカーンが南北戦争が終結し、ホワイトハウスに親しい友人たちを招いて食事会をしていた時のことです。平和が戻ったことで誰もが明るく談笑し、酒が進み、皆楽しそうでした。彼は急に浮かない顔をし、自分が見た夢の話をし始めたのです。

——先日、私は夢を見たのですが、それ以来ずっとその夢にとりつかれているというか、気になって仕方がないのです。それはこの建物のどこかの部屋だったような気がするのですが、どこからか大勢の人達が低い声ですすり泣いているのを聞いたのです。それでどこから聞こえるのだろうと思い、次から次へと部屋を見て回ったのですが、誰も泣いてなどいません。皆、普通に仕事をしているのです。けれども私が歩き回っている間も、ずっと悲しそうな嘆きの声が聞こえてくるのです。とうとう東側の最後の扉を開いた時のことです。そこには荘厳な一つの壇があったのです。その上には死の衣裳に包まれた一人の遺体が横たわっていました。その周りを兵士たちが護衛し、一群の人々がその遺体を憐れんですすり泣いているのです。死者の顔には覆いがかけられていました。「誰が死んだのだね？」と兵士のひとりに訊くと、彼は「大統領が…暗殺者に撃たれたのです」と答えたのです。その時、会場内にはひときわ哀しみの声が響き渡り、そのあまりの大きさに私は夢から目覚めたのです。

——そういってリンカーンは小さなため息をつきました。奇妙にもその夜、つまり１８６５年4月14日夜10時過ぎ頃、彼はワシントンのフォード劇場で観劇中、凶漢ブースによって狙撃されたのです。

さまざまな予知夢を理解する

正夢

「予知夢」を代表しているのが「正夢」で、文字通り映像化されたままの出来事や現象が起こります。感覚の鋭い人や、日頃から信仰心の篤い人が見やすいものです。その映像は鮮明で、強烈な感情を伴い、何となく実現するような予感を伴っているのが普通です。

逆夢

通常の夢の中で、もっとも多いのは「逆夢」としての予知夢です。これは実際の未来とは、正反対のような現象や出来事として夢の中では映像化されるものです。心の中の不安や葛藤が、潜在意識の「シンボル」を用いて、未来を〝象徴的に映像化〟するものです。

警告夢

夢から覚めた後で、その中の一つの場面とか、一つの出来事が妙に印象に残ることがあります。或いは同じシーンばかり続けて見るとか、同じ数字や言葉だけ繰り返すのは、潜在意識から本人へ発せられたメッセージであり、警告を含んでいる場合が多いものです。

性夢

フロイトなどの精神分析で主張されたのが「性夢」としての解釈です。潜在的に眠っている性的欲求や願望、それに過去のトラウマが夢の中に反映されているという解釈です。10代～20代の性的欲求が強い人には当てはまりますが、全てに当てはめるのは強引です。

悪夢

俗に言う「怖い夢」を何度も見るのは、心の中に不安や葛藤があるからで、真面目で抑圧意識の強い人が見る夢の特徴です。ただ稀には、心霊的な作用によって強制的に〝同じような場面〟を繰り返し夢として映像化され、メッセージ化されている場合もあります。

テレパシーの夢

愛する者同士とか、身近な者同士で時折みられるのが〝想いの共有化〟としての夢です。つまり一方が強く何かを思念することで、相手が眠っている状態の時、その思念を反映するような夢を見るのです。双子の兄弟とか仲の良い親子や夫婦の間で起こる現象です。

もう一人のあなたが未来を映像化する

時代・場所・背景

夢の中に登場する時代や年齢や場所などは、潜在意識が予知している未来と関わっていることが多いものです。例えば夢の時代背景が大昔の場合、その時のような〝心の状態〟が訪れると教えている場合もあります。夢の背景は、そのまま〝心の背景〟として選別しているからです。田舎の情景なら、そういうのんびりとした日々が訪れます。

行動やストーリー

夢の行動やストーリーはとりとめのないものが多いのですが、その行動を促す意識や願望は一定している場合が多いものです。つまり、〝何故それを行っているのか〟という部分です。それは潜在意識が〝過去の教訓〟として行わせる場合が多く、友人と一緒に行動する場面が多いなら、過去の友人関係から学びなさい、というメッセージなのです。

登場する人物・動物

夢の中に登場する人物には、身近な人もいれば日常では出て来ない人もいます。身近な人の場合、それが〝もう一人の自分〟の反映として出ている場合が多いものです。その言葉や表情は、もう一人の自分からの重要なメッセージを含んでいるケースが少なくありません。日常では見掛けない動物は、今後の感覚的な運勢イメージの反映です。

印象に残ったモノ

近年の科学的な夢研究の成果から、私たちは誰でも、一晩の内に何回も夢を見ていることがわかってきています。したがって朝目覚めた時、記憶に残っている夢とは、目覚める直前の夢か、もっとも印象に残った場面であることが多いのです。そして記憶が鮮明な夢ほど、潜在意識からの〝未来へのヒント〟が隠されている可能性が強いものです。

幸運なことが起こる前兆としての夢

★新しい服を買う。洋服を着替える。生まれ変ろうとしている。新しい職場に変る。新しい家を得る。結婚。就職。

★木を植える。家の庭の草木が育つ。運気が今後上向く。新しい事業や企画が成功する。部下後輩から慕われる。

★牛が起ち上がる。牛が家まで来る。大きな幸運が訪れる。大きな収穫が得られる。今後は確実に増収していく。

★鍵を持っている。鍵束の鍵を択ぶ。恋人や配偶者を得る。難問を解決できる。多くの異性から結婚相手を択ぶ。

★家が火事になる。火事で火傷する。商売や業務が繁栄する。仕事へと情熱を傾ける。新たな異性と恋愛をする。

★自ら髪を洗う。髪型を整えている。心労から解放される。病気が治る。問題解決する。気力と体力が充実する。

★稲光で雷を聞く。四方で雷が鳴る。何事も通達する瑞兆の証。多方面で商機を掴む。住居を移して幸運を得る。

★御飯が溢れている。米俵を眺める。非常に大きな金銭運を掴む。女性は玉の輿に乗る。大きな事業に成功する。

★大便が身体に付く。排便している。金銭や財産が身に付く。問題や悩み事が解消する。願望が確実に通達する。

★陽光が差し込む。太陽光が照らす。開運出世のチャンス。結婚や妊娠の予兆。目上の引立て。恋人が出現する。

★緑の田畑を見る。田畑を刈り入れる。結婚が近づいている。貯蓄が増える。遠方への旅行実現。家庭生活の充実。

★鶏が卵を産む。卵から雛がかえる。将来利益となる仕事が始まる。人を雇い入れる。希望に満ちた人生が始まる。

★乳房が張って来る。乳が出て来る。未婚女性は結婚や縁談の予兆。既婚女性は妊娠の予兆。男性は財運の向上。

★小鳥が空を飛ぶ。小鳥を捕まえる。悩みから解放される。何らかの悦び事がある。待ち望んだ恋人が得られる。

★泥棒に盗まれる。洋服を盗まれる。予期せぬ利益がある。良い報せが入ってくる。病気が癒える。災いが消える。

★誰かを殴っている。誰かに殴られる。愛情が深まる。求愛を受ける。性愛を体験する。大きなお金が与えられる。

★高い塔に上る。塔から下界を見る。社会的な地位を築く。出世コースを歩んでいる。自分の仕事に自信がある。

★放尿をしている。尿まみれになる。悩み事や問題から解放される。病気が快方に向かう。金銭財産を得ていく。

★美しい庭を見る。庭園に水を撒く。良い結婚をする。家庭的悦びがある。新たな収入を得る。結婚生活が潤う。

★虫歯が抜ける。自ら白い歯を抜く。問題が解決する。病気が癒える。借金を返済する。悩み事から解放される。

★きれいな墓を見る。墓掃除をする。予期せぬ悦び事がある。祖先祭祀で幸運を得る。新たな結婚生活へと入る。

★バッグを購入する。新品を用いる。自分の能力や魅力を磨く。新たな恋愛相手を得る。性的な満足が得られる。

★美しい浴槽での入浴。身体を洗う。疾病が取り除かれる。健康回復する。新たな運気が始まる。異性と出逢う。

★熱心に本を読む。書籍を購入する。仕事上の解決策を学ぶ。懸案事項の解決が近づく。新たな資格技術を得る。

★死人を前に泣く。葬式に出て泣く。困っていた問題が解決する。異性との出逢いがある。身内に祝い事がある。

★とぐろを巻く蛇が現れる。蛇を掴む。近日中に大金を得る。異様に性欲が旺盛になる。金銭的な援助を得られる。

★お金、財布を落とす。お金を捨てる。金運上昇のチャンスを掴む。ギャンブルで大勝ちする。収入が大きく増える。

★試験会場で苦しむ。試験に落ちる。目上から高い評価を得る。出世や成功の予兆。才能発揮。目上からの恩恵。

★人殺しをする。人殺しを目撃する。大金が入ってくる。出世競争に勝つ。良い報せが来る。嬉しいメールが届く。

★険しい山に登る。有名な山に登る。これまでの努力や願いが報いられる。出世運が強まる。目上の引立てを得る。

★部屋の窓を探す。窓を開いている。積極的に問題の解決策を見つける。社交性豊かになる。親の恩恵が強まる。

★教師と話す。教師から教えられる。眠っていた能力を発見する。難しい問題が片付く。仕事上での成果を得る。

不幸なことが起こる前兆としての夢

★歯が抜け落ちる。歯が欠けている。親に事故や重病が生じる。親戚の不幸。身内との別れ。目上とのトラブル。

★毛髪が抜ける。髪をバッサリ切る。恋人との別れが近づいている。財産が失われる。経済的に追い詰められる。

★指を失ってしまう。指を怪我する。困難な状況の出現。自分自身の失態。大金を失う。仕事上の取引先を失う。

★車が壊れる。車が何故か動かない。計画中の事業が失敗する。移動がうまくゆかない。恋愛面で支障が生じる。

★飛行先の変更。飛行中の故障事故。目標への達成が困難。生活が不安定な状態となる。健康上に支障が生じる。

★戦争中の生活。戦闘員で参加する。肉体が病魔と闘っている。身体の機能障害。仕事で過労状態に陥った警告。

★電車に乗り遅れる。走行中の事故。千載一遇のチャンスを逃す。重要試験の不合格。家庭生活が崩壊していく。

★手が汚れている。手指に傷がある。不正な行動への警告。予定のお金を得られない暗示。不正行為が発覚する。

★鏡が壊れる。自ら鏡を割って壊す。近日中に訪れるショックな出来事。甘く見た予定の失敗。願望達成は困難。

★お金を支払う。お金を路上で拾う。詐欺やスリに遭う前兆。経済的な失敗や損失。ギャンブルによる大金喪失。

★テレビが見えない。テレビの故障。未来に対し希望が持てない。願望が叶わない。将来に対しての不安と絶望。

★遊泳中に溺れる。海が荒れている。仕事上のトラブル。精神状態の不安定。人生上の試練。お酒の席での失敗。

★サイズ違いの服。汚れた服を着る。内部的な病気の前兆。境遇に違和感がある。職場への反発。仕事上のミス。

★犬に追われる。猛犬が吠え続ける。周りからの非難や中傷。ストーカー的相手がいる。深刻な裏切りが起こる。

★家が壊される。家の中が妙に暗い。家族に病人が出る。身体の慢性的な疾患。家族が離散しそうな問題が生じる。

★他人の乳児を抱く。赤ん坊が死ぬ。危険な仕事が与えられる。新しい企画がつぶされる。計画の見直しが必要。

★カラスが鳴く。カラスが集合する。人から中傷を受ける。親戚に不幸な出来事が生じる。仕事上のミスに注意。

★川が淀んでいる。深い川を横切る。夫婦間に問題が横たわっている。恋愛のトラブル。流れに逆らった生き方。

★木が枯れる。樹の葉が散っていく。生命力の衰え。能力の衰え。身体の慢性的疾患。家庭内で心配事が生じる。

★靴を失くす。自分の靴が履けない。頼るべき人が居なくなる。部下・後輩の離反に遭う。恋人や配偶者を失う。

★玄関先が暗い。扉がこじ開けられる。運気が閉ざされている。前途に希望が持てない。仕事の納期に追われている。

★死者と行動する。怖い死者を見る。生きる力が弱まっている。間違った方向に進んでいる。重い疾患が発覚する。

★水道の水が出ない。水道水が濁る。収入の道が閉ざされる。腎臓機能が衰える。性愛行為でトラブルが起こる。

★月が欠ける。夕月が雲に遮られる。母や妻に異変が生じる。支援者との関係が悪化する。愛情面での醜い争い。

凶災を回避するアドバイス

危険な人物が迫ってくる夢、災難から必死に逃れようとしている夢、身近な人達が次々消えて行ってしまう夢など、目覚めが良くない夢というのは沢山あるものです。上記で採り上げた「不幸の前兆」を見た場合も憂鬱なことでしょう。そういう時は「バク　バク　バク」と三回唱えるのが良いのです。バクは昔から〝夢を食う〟とされている動物だからです。或いは「見し夢を　バクの餌食となすからは心も晴れし　曙の空」という歌を半紙などに書き、早朝に川に流すという方法もあります。日常的な方法としては、身近な人に「怖い夢」の内容を話してしまうことです。この時、話を途中で遮られてしまうと凶災が消滅しないので、最後まできちんと聞いてくれる相手に話すことです。

東洋風水家相術による運勢と財運の向上

風水上で理想的なオフィスの部署の方位配置

オフィスの理想的な風水上の部署配置は、業種形態によっても、居住領域によっても異なります。ここでは一般的なオフィスビルで、一企業が特定階を独占している場合として述べていきます。入口は重要な観点ですが、広報・営業が入口近くであれば理想的です。技術・制作・管理は入口から遠くが良く、近いと従業員が定着しません。方位的には研究・技術など地味な部署は北側、広報・宣伝の部署は南側に配置します。交渉・取引の多い業種では、南東に営業・販売を置き、お金の出し入れの多い業種では、経理の位置が重要で、西側にあれば取引先や顧客が増え、金回りも順調となります。

営業 販売	広報 宣伝	労務 制作
企画 開発	南 東←→西 北	人事 経理
管理 倉庫	技術 研究	統括 社長

理想的なオフィス内の部署の分割

風水上で理想的な家庭住居内の部屋の配置

戸建て住宅における理想的な風水配置は、家族構成によって大きく異なります。ここでは一般的な家庭として話を進めます。戸建て住宅の場合、玄関を東側に設け、リビングの南側には大きな窓やテラスがあり、北側には寝室や書斎が来るような配置が理想的です。北東位置に子供部屋を置くのも悪くありません。ダイニングは夕食を家族全員で行うなら西側が良く、朝の方が家族一緒なら南東に置くのが良いのです。子供部屋は、長男は東側、長女は南東が理想的です。ただ家に居る時間が少ない場合には、北東や西側に持ってくるのもOKです。南西は婦人の部屋か老人部屋が理想ですが、家族みんなが会社勤めならリビングでも良いのです。戸建て住宅で避けたいのは、北東、及び西南の玄関、北側のリビングやダイニング、南西や北西の子供部屋、北西のキッチン、南の浴室などです。北東の玄関は“幽鬼の入りやすい家”となって不可解なことに悩まされる住宅となります。北の玄関は盗みに入られやすく、病人が出入りしやすい住宅ともなります。北面側のリビングは家族関係の悪化を招き、暗い家庭を演出します。北西のキッチンは、ご主人の仕事運に支障をもたらし、健康にも赤信号が点滅します。南の浴室は、社会的な信用や評判を汚すような事柄などが生じやすいものです。

長女の 部屋	リビング	奥様の 部屋
長男の 部屋	南 東←→西 北	趣味の 部屋
ウォーキング クローゼット	寝室	ご主人の 部屋

理想的な家庭内の部屋の分割

八方位に対応する風水早見表

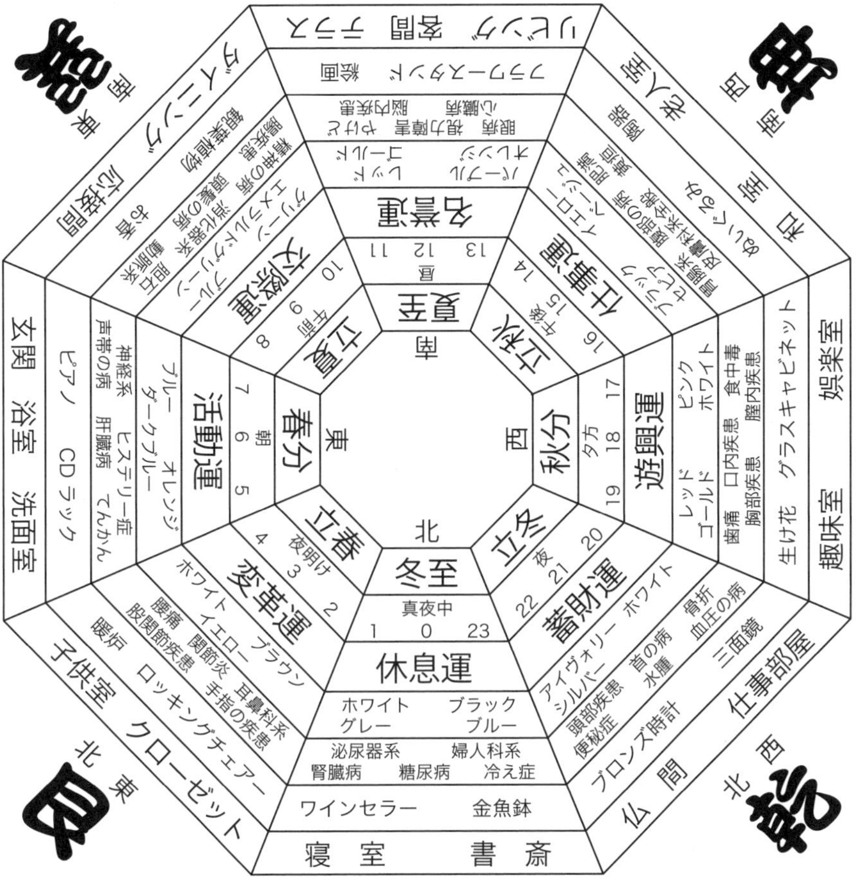

八方位に対応する季節＆時間

風水で重要なのは、自然界の様相を正しく受け止め、それに相応する居住空間の在り方、日常サイクルの在り方を実践することです。自然環境に調和した生き方を取り入れることです。そのような観点からいって八方位は、何よりも「季節」と「時間」に対応し、我々の生活に深く関わっています。例えば東方位は〝太陽の昇る方位〟で、春分には昼夜が等分され〝日照時間が増していく〟境の位置方位に当ります。南方位は〝太陽が南中する方位〟で、〝日照時間がもっとも長い〟夏至にふさわしい方位です。西方位は〝太陽が地平線下に沈む方位〟で、季節的には秋分にふさわしい方位です。北方位は〝太陽が失われた方位〟で、〝日照時間がもっとも短い〟冬至にふさわしい方位です。これらの延長として捉えたものが風水家相です。

「風水家相術」24山方位吉凶早見表

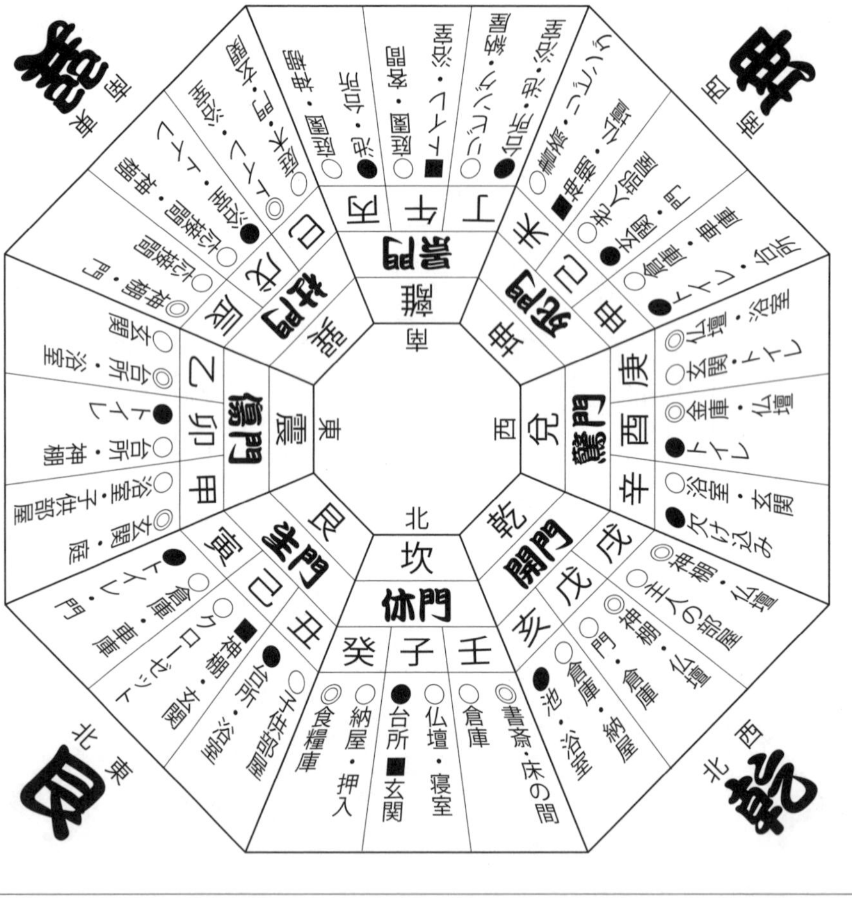

24山方位吉凶早見表の解説

古来、門や玄関の方位、トイレや浴室など水回りの方位、神棚や仏壇の配置、そして外観上の欠け込みについて様々なことがいわれてきました。確かに「鬼門」とされる北東の門や玄関は一般家庭として避けた方が無難です。北の玄関も深夜に出入りする職業以外、盗難や病難を招くので賛成できません。現代の住居環境ではトイレはさほど問題になりません。ただ真南、真西、真東ラインは避けましょう。特に西方位のトイレと欠け込みは金運に支障が出ます。南西の欠けは母親が、北西の欠けは父親が、それぞれ不在となる住居です。北東の欠けた住居は後継者が育ちません。神棚は東・南東・南向きが良く、仏壇は毎日扉を開くならリビングに置き、普段手を合わせないなら客間が良いでしょう。寝室は北・北東・北西がベストです。

庭にある「樹木」方位の吉凶

職業と「玄関」方位の吉凶

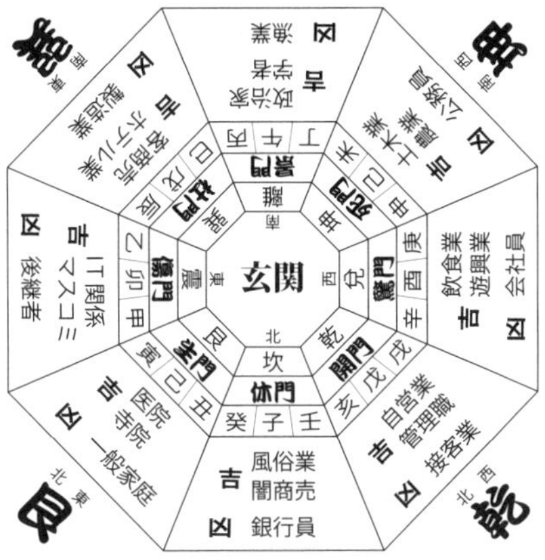

「キッチン」方位の吉凶

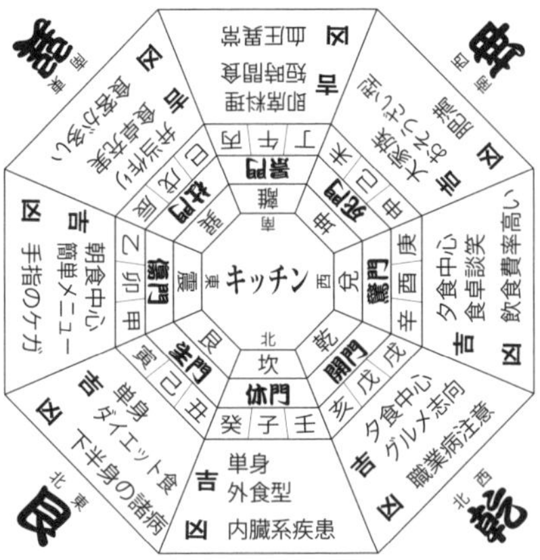

「リビング」方位の吉凶

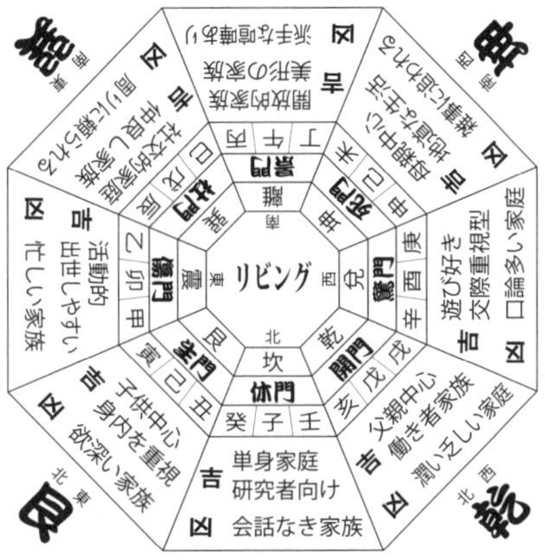

「欠け」&「張り」方位の吉凶

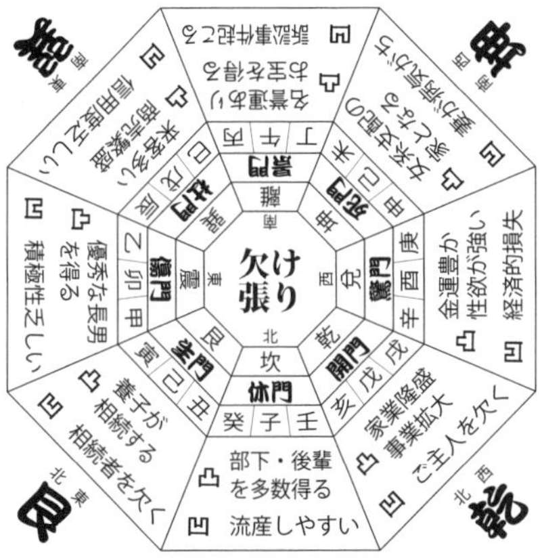

「寝室」方位の吉凶

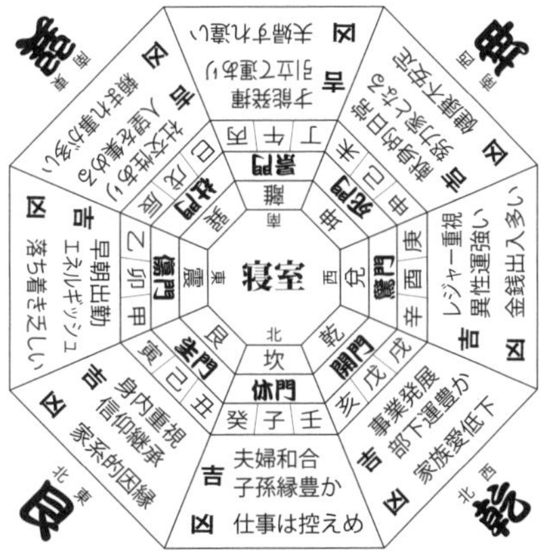

職業別・成功のための風水家相①

**プロデューサー
各種仲介業
人材派遣業**

玄関が大きく広く作られていること。明るく広い応接間を持っているか、南東向きの応接間であること。家全体に窓やベランダの多いこと。南東張りの家であること。長い廊下があること。

**パイロット
レーサー
騎手**

立派な門が付いている戸建て住宅であること。門、或いは玄関が東方位、南東方位のいずれかであること。門内に何らかの生き物を飼っていること。駐車場が大きく、北西方位にあること。

**弁護士
刑事
検察官**

南方位、又は南向きの門か玄関であること。家の外観上、南や北西に欠けのないこと。北、北東、北西のいずれかに書斎があること。リビングが南側にあるか、南側に窓が付いていること。

**宗教家
霊能師
気功師**

北、北東、北西に門か玄関があること。新築ではない家であること。室内にペットがいるか、鉢植え植物が沢山あること。仕事用の特別な部屋があること。神棚や祭壇、仏壇が大きいこと。

**ケースワーカー
カウンセラー
セラピスト**

北方位、又は南東方位に門か玄関のあること。北側や南側が張り出した外観の家であること。室内に観葉植物の多いこと。寝室がごちゃごちゃしていないこと。ポプリなど香りが漂うこと。

**機械器具関係
化学・光学関係
金属加工業**

北西方位にある門・玄関か、北西向きの門・又は玄関であること。玄関か、又はリビングに円形か楕円形の立派な鏡があること。室内に大理石が存在すること。豪華な照明器具があること。

**風俗嬢
AV女優
ストリッパー**

北方位、又は西方位の玄関であること。南方位に出窓やベランダがあること。室内の西側にドレッサーがあること。西方位に大きな窓があること。浴室が豪華で大きな鏡が付いていること。

**清掃業
クリーニング業
染織業**

浴室、トイレ、台所が清潔で水の流れが良いこと。部屋の照明が普通以上に明るいこと。北側にトイレ浴室が来ていないこと。外壁が白かグレーであること。押入れが整理されていること。

**農業
牧畜業
土木関係**

戸建ての住居であること。広い庭を所有していること。門、及び塀や柵が低いこと。大家族が一つ屋根の下で暮していること。家の南西に広い敷地があり、そこに物置や犬小屋があること。

**写真家
発明家
天文学者**

南方位、及び北西方位に門か玄関のあること。吹き抜けのある家であること。東方位に出窓かベランダのあること。集合住宅なら高層マンションであること。照明器具が大きくて明るいこと。

**調律師
画廊経営
宝飾デザイナー**

南方位か西方位に張り出しある住居であること。窓の形に工夫が凝らされていること。室内に絵画が多数飾られていること。美しい花瓶沢山あること。ドレッサーが西に置かれてあること。

**通訳
ツアー・コンダクター
運転手**

東方位、南東方位のいずれかに門か玄関のあること。家の東側、又は南側に主要道路があること。東~南にパソコンや電話が置かれていること。家の東側、南側に車庫か駐車場のあること。

職業別・成功のための風水家相②

TVタレント
アナウンサー
観光ガイド

東、南東、南のいずれかの方位に門か玄関のあること。東方位、南東方位、西方位のいずれかが張り出した外観であること。応接間か客間が豪華であること。CDやテレビが東側にあること。

貿易商
外交官
駐在員

門や玄関が南東方位にあるか、又は南東向きであること。南東方位、又は北西方位に物置、倉庫、別棟のあること。家の南東が張り出した外観であること。南東に大きなテラスのあること。

コンビニ経営
デパート勤務
流通業務

南西方位、又は北西方位に物置や別棟のあること。門や玄関が南西、又は南東にあり、広く入りやすいこと。室内に大きなポスター、カレンダー、写真があって、三人以上で暮していること。

製紙加工業
繊維工業
木材業

家の外観上、東から南東にかけ張り出していること。南西、北西、北東のいずれかに大きすぎない程度の別棟や倉庫のあること。東方位、南東方位にはトイレ、浴室、キッチンがないこと。

銀行員
金融業
証券マン

家の外観上、西方位、又は北西方位がやや張り出していること。西～北西方位にトイレ、浴室、キッチンのないこと。北方位に大きな収納部分があること。家の北西位置に金庫があること。

保母
寮母
助産婦

南西方位か北方位に門か玄関のあること。南西、又は北がやや張り出していること。戸建てなら広い庭のあること。室内に植物が多いこと。ペットを飼っていること。北に寝室のあること。

ディレクター
シナリオライター
コピーライター

戸建てよりもマンション、それも高層マンションの上層階に居住していること。ベランダや窓の多い室内であること。東方位、又は南方位に張り出しがあること。パソコンが東にあること。

不動産業
ホテル・旅館業
インテリア・コーディネーター

家の外観上、北西方位、或いは南西方位が張り出していること。南東方位の門や玄関の造りが豪華であること。玄関に花が常に飾られていること。南西、又は北東に物置か別棟のあること。

ファッション・デザイナー
エステティシャン
美容師

家の南東から南にかけ広いテラスやベランダがあり、豪華なカーテンで飾られていること。応接間や客間に飾り枠付き鏡があること。室内に花が飾られていること。照明器具が形良いこと。

雑誌・新聞記者
ルポライター
リポーター

東、南東、北西のいずれかに門か玄関のあること。家の外観上、東方位か南方位が張り出していること。電話、パソコン、プリンターが東に置かれていること。室外で犬を飼っていること。

薬剤師
各種医療技師
歯科衛生士

家の中央にトイレ、浴室、キッチン、階段のないこと。家全体が明るく、湿気のないこと。室内に植物が多いこと。家の外観上、欠けのないこと。住居内で金魚や熱帯魚を飼っていること。

司法書士
行政書士
税理士

南方位、北西方位に門か玄関のあること。家の外観や内部が複雑な構造になっていないこと。南方位か西方位が張り出していること。北西方位にトイレ、浴室、キッチンが来ていないこと。

幸運を招く　生まれ星別　トータル・インテリア

艮星

1月21日～3月5日の間に生まれている人の星名です

トータル インテリア

◎ドアの向きが南、南西、西のいずれか方位であれば、生命力の強い部屋となります。
◎淡いオレンジや淡いセピアの内装色やカーペットが健康と幸運を授けてくれます。
◎陶器、仏壇、柱時計、ロッキングチェアが運気をアップさせてくれるアイテムです。

本　箱	ＴＶ 陶　器	観葉植物 ドレッサー
パソコン	南 東 ← → 西 北	仏　壇 クローゼット
ロッキングチェア 柱時計	机 金　庫	ベッド 宝石箱

坎星

12月8日～1月20日の間に生まれている人の星名です

トータル インテリア

◎ドアの向きが南東、南、南西のいずれかの方位であれば、生命力の強い部屋となります。
◎オフホワイトや淡いグレーの内装色やカーペットが健康と幸運を授けてくれます。
◎金魚鉢、書画、洋酒ボトル、座布団などが運気をアップさせてくれるアイテムです。

金魚鉢 チェスト パソコン	本　箱	観葉植物 ＴＶ
カップボード ワインセラー	南 東 ← → 西 北	ソファー
机	ベッド 書　画	ドレッサー クローゼット

巽星

4月20日～6月5日の間に生まれている人の星名です

トータル インテリア

◎ドアの向きが北、北西、西のいずれかの方位であれば、生命力の強い部屋となります。
◎淡いグレーや淡いグリーンの内装色や窓のカーテンが健康と幸運を授けてくれます。
◎鉢植えの観葉植物、ポプリ、髪の長い人形が運気をアップさせてくれるアイテムです。

ベッド ポプリ	ＴＶ パソコン	フラワースタンド 人　形
観葉植物	南 東 ← → 西 北	本　箱
クローゼット	ドレッサー 籐の椅子	チェスト

震星

3月6日～4月19日の間に生まれている人の星名です

トータル インテリア

◎ドアの向きが北西、西、南西いずれかの方位であれば、生命力の強い部屋となります。
◎淡いグレーや淡いブルーの内装色や窓のカーテンが健康と幸運を授けてくれます。
◎オルゴール、楽器、チャイム、オーディオが運気をアップさせてくれるアイテムです。

観葉植物 ＴＶ	ゲーム機	ぬいぐるみ
ベッド オルゴール 目覚まし時計	南 東 ← → 西 北	楽　器
クローゼット	電　話 神　棚	パソコン 机 ドレッサー

幸運を招く　生まれ星別　トータル・インテリア

坤星

7月23日～9月7日の間に生まれている人の星名です

トータル インテリア

◎ドアの向きが東、北東、北のいずれかの方位であれば、生命力の強い部屋となります。
◎淡いオレンジや淡いイエローの内装色やカーテンが健康と幸運を授けてくれます。
◎ぬいぐるみ、ペット、袋物、日常の骨董品が運気をアップさせてくれるアイテムです。

ゲーム機	ＴＶ	骨董品 観葉植物
パソコン 電　話	南 東　西 北	机 本　箱
ベッド （布団）	ソファー ぬいぐるみ	クローゼット

離星

6月6日～7月22日の間に生まれている人の星名です

トータル インテリア

◎ドアの向きが北東、北、北西のいずれかの方位であれば、生命力の強い部屋となります。
◎淡いグリーンや淡いオレンジの内装色やカーテンが健康と幸運を授けてくれます。
◎色鮮やかなポスター、写真、美しい絵画が運気をアップさせてくれるアイテムです。

時　計 電　話	ベッド ポスター	ラ　グ
パソコン ＴＶ	南 東　西 北	神　棚 チェスト 宝石箱
花　瓶 ドレッサー	クローゼット	机 本　箱

乾星

10月24日～12月7日の間に生まれている人の星名です

トータル インテリア

◎ドアの向きが南、南東、東のいずれかの方位であれば、生命力の強い部屋となります。
◎淡いセピアやオフホワイトの内装色やカーペットが健康と幸運を授けてくれます。
◎大理石の置時計、大きい金庫、立派な神棚が運気をアップさせてくれるアイテムです。

ＴＶ	フロアスタンド	チェスト
パソコン 机	南 東　西 北	電　話 ドレッサー
本　箱	神　棚 金　庫	置き時計 ベッド

兌星

9月8日～10月23日の間に生まれている人の星名です

トータル インテリア

◎ドアの向きが北東、南東、東のいずれかの方位であれば、生命力の強い部屋となります。
◎淡いイエローや淡いピンクの内装色やカーペットが健康と幸運を授けてくれます。
◎花瓶、宝石箱、貯金箱、カップボード等が運気をアップさせてくれるアイテムです。

花　瓶 電　話	ＴＶ	本　箱
パソコン	南 東　西 北	宝石箱 クローゼット
机 ぬいぐるみ 貯金箱	ドレッサー カップボード	ベッド

聖霊水浄化によるパワー開運術

全国から厳選した霊水・聖水・湧水

地球上の生物にとって水は無くてはならない〝生命の源〟です。日本列島は水資源が豊富なので「水」が秘めている偉力を忘れがちですが、開運術として知られる「風水」でも、気学の「お水取り」でも、「パワースポット巡り」でも、必ず重要視されるのが「水」との関係です。風水の場合、近隣に水流のある地域であることが「金の流れを呼ぶ」として重要視されました。気学による「お水取り」では、本当は〝聖域内から湧き出る水〟を求めるのが正しいのですが、近年は単なる〝吉方位の神社水〟に変容させられています。一時期流行した「パワースポット巡り」では、すでに〝パワーが失われている場所〟まで脚光を浴びましたが、一番のポイントは「生命力の強さ」で、「水」と「木」の生命力が溢れている所が〝自然の中のパワースポット〟であり、「人」と「建物」の喧騒と生命力が溢れている所が〝都会の中のパワースポット〟です。つまり、大自然だけが「パワースポット」なのではなく、街中にも「パワースポット」は存在するのです。大きな幼稚園や小学校の体育館や運動場には〝若いエネルギー〟が溢れています。高校球児たちが集まる甲子園とか、子供から大人まで集うディズニーランドや花火大会の会場、若者が熱狂する野外ライブの会場にも「パワースポット」は存在するのです。

但し、心身を根底から浄化し、傷ついた生命を癒してくれるのは「聖なる水」を伴うパワースポット以外にはありません。もし、近隣に見当たらない場合は、「聖水」や「霊水」を通販で販売している所もあるので、それを買い求めるのが良いでしょう。

北海道《羊蹄山の湧水》

＊「蝦夷富士」として道内随一の霊峰・羊蹄は、湧水が豊富で17ヶ所もの噴き出し口がある。地下の水脈から一気に噴き出す水は、とても冷たく、まろやかと評判。

■場所…北海道虻田郡京極町／交通…道南バス伊達紋別駅行、京極農協前下車。徒歩15分。

青森県《岩木山神社の御神水》

＊昔から「お岩木さま」と呼ばれ、崇められてきた神社の水場。標高1625mの霊山・岩木山南東麓に位置し、旧8月「お山参詣」が行われ、柄の長い柄杓で飲む。

■場所…青森県弘前市百沢字寺沢／交通…弘前駅～枯木平行バス、岩木山神社前下車。徒歩1分。

岩手県《金沢の座頭清水》

＊昔、七つの頭を持つ龍蛇が、岩手山中腹の滝に棲み、山里を降りようとして地中から頭を出した場所が「座頭清水」と呼ばれる七つの泉になったという伝説がある。

■場所…岩手県八幡平市松尾寄木／交通…岩手県北バス八幡平頂上行、交通センター下車。徒歩10分。

岩手県《龍泉洞の湧水》

＊日本三大鍾乳洞に数えられ、世界有数の透明度を誇る地底湖を形成。その龍泉洞の水はミネラル分をたっぷり含み、一口飲むと三年長生きするとの言い伝えがある。

■場所…岩手県下閉伊郡岩泉町／交通…岩泉駅～JRバス龍泉洞行き、龍泉洞下車。徒歩12分。

秋田県《六郷の百清水》

＊六郷町は、明治天皇の御膳水に使われたという「ニテコ清水」や、地元の信仰を集める「側清水」や、諏訪神社の庭にある「諏訪清水」等、60か所の清水がある。

■場所…秋田県仙北郡六郷町／交通…大曲駅。羽後交通バス六郷温泉行、上町下車10分。

福島県《磐梯山・龍ヶ沢の湧水》
＊磐梯山の西側の山麓から湧き出る水の一つが「龍ヶ沢湧水」で、多くの人が「雨乞い」してきた場所。しめ縄が張られる大きな岩間から冷たい水が湧き出している。
■場所…福島県耶麻郡磐梯町／交通…ＪＲ磐越西線。磐梯町駅下車。徒歩20分、慧日寺内。

神奈川県《銭洗弁財天の清水》
＊洞窟の岩から流れ出る〝鎌倉五名水〟の一つが「銭洗水」で、それを御神体とするのが宇賀福神社。通称「銭洗い弁天」で、この水でお金を洗うと十倍にも百倍にもなって還ってくる、と言われる。
■場所…神奈川県鎌倉市佐助2―25／交通…ＪＲ「鎌倉駅」下車。西口より徒歩20分。

新潟県《杜々の森の湧水》
＊かつては女人禁制だったという「杜々の森」は、豪雪地帯に広がる霊地で、馬頭人身の神が守っている森の奥から湧出する名水は、公園として整備された水汲み場から澄んだ軟水として溢れている。
■場所…新潟県長岡市西中野俣／交通…越後交通バス栃尾行、終点下車。新山行「西中野俣」下車。徒歩20分。

富山県《穴の谷の霊水》
＊この洞窟に住んだ呪術師の尼僧・岡本弘真の遺言から一気に広まった「どんな病にも効く霊水」が、白龍の口から出て来る奇跡の水。水場である薬師如来堂では、ポリタンクの口を開けて祈願する。
■場所…富山県中新川郡上市町／交通…北陸本線「富山駅」～地方鉄道で「上市」下車。徒歩1時間。

富山県《玉殿の湧水》
＊霊峰立山の室堂一帯は、金色の阿弥陀仏が顕現したと伝わる立山信仰の発祥地。万年雪が地中に染み込んだ後、数百年かけ濾過された貴重な水。標高２５００mで日本一高所に位置する湧水の名所。
■場所…富山県中新川郡立山町／交通…富山鉄道で立山下車。高原バス「立山室堂」下車。

石川県《古和秀水の霊水》
＊曹洞宗・總持寺祖院に湧く霊水で、龍神が瑩山禅師に寄進して湧きだしたと伝えられる。伝説上、父親には酒に感じられ、息子には清水に感じられたので「古和秀水」という名称になったとされる。
■場所…石川県輪島市門前町鬼屋／交通…門前特急バス「総持寺前」下車。徒歩約5キロ。

福井県《瓜割の滝の澄水》
＊伝承によれば、白山を開いたことで有名な名僧・泰澄がこの地に天徳寺を開いた時、八大龍王が飛来して霊水を湧き出させた。「真夏でも瓜が割れるほど冷たい」との故事から「瓜割の滝」という。
■場所…福井県三方上中郡若狭町／交通…ＪＲ小浜線「上中駅」下車。徒歩15分。

山梨県《富士の八海》
＊その昔、霊峰・富士山が爆発して湖を分断し、「忍野八海」という八つの湧水口が残された。八海の水源は富士山の降水だが、その中では「湧池」の水量がもっとも多く、澄んでいて味わい深い。
■場所…山梨県南都留郡忍野村／交通…富士急行バス内野行「八海入口」下車。徒歩５分。

静岡県《浅間大社の湧玉池》
＊草創がヤマトタケルの時代という浅間大社の古社・本殿脇には、禊の霊水をたたえている湧玉池が広がっている。富士山の雪解け水が濾過され、湧き出しているもので天然記念物に指定されている。
■場所…静岡県富士宮市宮町1―1／交通…ＪＲ身延線「富士宮駅」下車。徒歩10分。

長野県《弁財天の清水》
＊飯綱山の麓にある噴火口のような穴から、勢いよく噴き出しているのが「弁財天の清水」で、遠く縄文時代から湧き出していた可能性が指摘されている。弁財天を祀る神社の下から湧き出している。
■場所…長野県小諸市諸／交通…しなの鉄道「小諸駅」～千曲バス滝原線「ＪＡあさま大里支所」下車。

三重県《恵利原の湧水》
＊伊勢神宮林に覆われた逢坂山の中腹に、清澄な水を湧き出す小さな洞窟がある。「恵利原の水穴」は、この湧水を引いた水場で、石灰岩を潜り抜けて濾過された清水はミネラル分を多く含んでいる。

■場所…三重県志摩市磯部町恵利原／交通…三交バス伊勢市行「天の岩戸口」下車。徒歩15分。

滋賀県《十王村の清水》

＊元々水源地付近は「二十王堂」と呼ばれていたが、織田信長に焼き払われて後「十王」と名乗った。犬上川の伏流水であり、湧水口は、石の柵に囲まれた六角形のお堂の中「水神地蔵」の側にある。

■場所…滋賀県彦根市西今町／交通…ＪＲ東海道本線「南彦根駅」下車。徒歩15分。

京都府《磯清水の名水》

＊日本三景で有名な天橋立の狭い砂州の中で「橋立明神」の脇に井戸があり、ここで「長寿の霊泉」とも呼ばれる冷たくて美味しい水が飲める。「磯清水」は、塩味を含まない全くの真水なのが特徴。

■場所…京都府宮津市文珠　天橋立公園／交通…タンゴ鉄道「天橋立駅」下車。徒歩15分。

京都府《貴船神社の御神水》

＊京都の水の聖地で、水神を祀る貴船神社の境内にあり、貴船山からの御神水がこんこんと湧き出ているが、ここで行う「水占みくじ」も人気がある。御神水は「縁結び」にも御利益があるとされる。

■場所…京都市左京区鞍馬貴船町／交通…叡山電鉄「貴船口」駅～京都バス「貴船」下車。徒歩5分。

京都府《男山の石清水社》

＊昼なお暗い鬱蒼とした木々と竹林が覆う男山の中腹に、極彩色に彩られた石清水社の泉殿がある。この霊泉が決め手で、豊前の宇佐神宮からこの地に鎮まったのが「石清水八幡宮」だとされている。

■場所…京都府八幡市八幡高坊／交通…京阪電車「八幡市」下車。男山ケーブル「山上」下車。徒歩5分。

大阪府《離宮の水》

＊淀川の支流で水無瀬川の伏流といわれる「離宮の水」は、後鳥羽上皇が造営した水無瀬神宮の境内にある。神門の右側には石川五右衛門の手型が残っている。境内で湧いている水はのど越しが良い。

■場所…大阪府三島郡島本町広瀬3丁目／交通…阪急電鉄「水無瀬駅」下車。徒歩15分。

兵庫県《千種川の泉》

＊高い山々が連なる標高１０００m付近の千種高原に湧出する水が「千種川の泉」です。豊かな森が育んだ水が腐葉土を通り、地中深く内蔵され、湧き出している良質の自然水が「ラドンの泉」。

■場所…兵庫県北西部／交通…新幹線姫路駅下車。神姫バス「西河内」下車。徒歩30分。

奈良県《狭井神社の薬井戸》

＊原初神道の形を伝える大神神社の摂社・狭井神社で、三輪山への登拝口に位置しているが、その左手に三輪山からの御神水を湧きだしている「狭井の薬井戸」がある。霊験あらたかで万病に効く水。

■場所…奈良県桜井市三輪字狭井／交通…ＪＲ奈良線「三輪」下車。徒歩15分。

和歌山県《延命長寿の水》

＊世界遺産でもあり、蘇りの聖地として知られる那智の大滝の水は、古くから「延命長寿の水」として珍重されてきた。御滝を間近に拝することが可能な遙拝所への途中に、滝水を引いた場所がある。

■場所…和歌山県東牟婁郡那智勝浦町／交通…ＪＲ「紀伊勝浦」下車。バス「那智の滝前」。

鳥取県《天の真名井の湧水》

＊『古事記』に登場する神聖な井戸が「天の真名井」で、この清浄な水の湧く美しい池は淀井町の一番高いところにある。源泉の下流には弥生時代の遺跡も発見されている。古代からの神聖な水場だ。

■場所…鳥取県米子市淀江町高井谷／交通…ＪＲ山陰本線「淀江駅」下車。バス「上高井谷」下車。

岡山県《岩井の清水》

＊「子宝の水」としての伝承を持つ清水で、中津河川の上流の岩から湧き出るので「岩井」の名称がある。清水上には滝があり、不動明王が祭られている。湧水量は多くないが夏でも冷たく清涼な水。

■場所…岡山県苫田郡鏡野町上齋原／交通…ＪＲ「津山駅」下車。石越行バス終点下車。徒歩1時間。

島根県《清水寺の天川の水》

＊奈良時代に高僧・行基が洞窟の中から湧水を発見し、聖観音菩薩

を祀り「清水寺」を建てたとされる。現在でも清水寺の境内にある「天川の水」は枯れることなく、毎日400tも噴き出している。■場所…島根県隠岐郡海士町／交通…境港から隠岐汽船で「海士港」下船。タクシー20分。

山口県《弁天池の湧水》

＊奈良時代、この一帯は水不足に悩んでいた。ある夜、諏訪明神が夢に現れ、その言葉に従って社を建て、弁財天を祀り、神楽を奉じた。その結果湧きだしたのが「弁天池」で厳島神社の境内にある。■場所…山口県美祢市秋芳町別府／交通…JR「小郡駅」下車。秋芳洞行バス終点迄。徒歩5分。

徳島県《剣山の御神水》

＊霊峰・剣山の山頂付近には大剣神社が建っていて、古来、修験道の霊山だったことが窺われる。その山頂から西側真下、標高1800m付近に湧いているのが「剣山御神水」で、ミネラル分が豊富。■場所…徳島県三好市東祖谷／交通…徳島バス「見ノ越行」終点下車。観光リフト15分。

愛媛県《観音水の湧水》

＊戦国時代、武将がこの地に観音像を安置して、念じたところ清水が湧きだしたので「観音水」と呼ばれるようになった。水源である鍾乳洞からの湧水量は豊富で、沢となって宇和川へと流れていく。■場所…愛媛県西予市宇和町明間／交通…JR予讃線「卯之町駅」下車。JRバス「明間」下車。

福岡県《香椎宮の霊水・不老水》

＊神功皇后の側近だった竹内宿禰が食事や酒を造った霊水が「香椎宮の不老水」で、その竹内宿禰は244年も生きたという伝説がある。古来、不老水は持病を取り除き、寿命を延ばす水として評判。■場所…福岡市東区香椎3丁目／交通…JR香椎線「香椎神宮駅」下車。徒歩5分。

長崎県《島原の湧水群》

＊島原城の城下町として、また「水の都」としても有名な島原市内には50か所以上の湧水があり、これらは1792年の雲仙普賢岳噴火に誘発されて湧きだしたとされている。1日22万tにも達する。■場所…長崎県島原市白土桃山／交通…島原鉄道「南島原駅」下車。徒歩7分で「浜の川湧水」。

大分県《宇佐八幡宮の御霊水》

＊宇佐八幡宮の歴史を刻んだ境内の表参道左手に蓮の葉が覆う池がある。この池に八幡大菩薩は顕現したとされている。その池のほとりに「御霊水」と掲げられた一画がある。三つの井戸と石がある。■場所…大分県宇佐市南宇佐2859／交通…JR日豊本線「宇佐」下車。タクシー10分。

熊本県《阿蘇神社の神の泉》

＊阿蘇山・中岳に棲む龍神の御神水が麓のカルデラに豊富な命の水として噴き出している。神域から出て来る水は、〝美味芳醇な神の水〟として珍重されている。「不老長寿の水」としても知られる。■場所…熊本県阿蘇市一の宮町宮地3083／交通…JR豊肥線「宮地」下車。徒歩15分。

宮崎県《鵜戸神宮の御乳水》

＊奇妙な神話伝説を持つ鵜戸神宮は、日南海岸の洞窟内にある。本殿裏の岩壁に乳房の形をした岩が一対で並んでいる。それが「お乳岩」で、そこから染み出した雫を集めたものを「お乳水」と呼ぶ。■場所…宮崎県日南市宮浦／交通…宮交シティ空港・日南行「鵜戸神宮入口」下車。

鹿児島県《屋久島の湧水群》

＊世界遺産として有名な屋久島は雨が多く、いたるところから水が噴き出し、いくつもの川となり、或いは滝となって海へと流れていく。もっとも良質なのは「宮之浦岳流水」。手つかずの名水である。■場所…鹿児島県熊毛郡屋久島町／交通…鹿児島港から九州商船ジェットフォイルで約2時間。

沖縄県《垣花樋川の湧水》

＊海を見下ろす山の中腹に位置する聖地の湧き水で、地元の人も古くから〝神聖な水〟であることを認めていた。女性が使う水を「イナグ（女）川」、男性が使う水を「イキガ（男）川」と分けて用いる。■場所…沖縄県南城市玉城垣花／交通…沖縄バス39番百名線「垣花」下車。徒歩5分。

聖石三合法によるパワー開運術

聖石は三ヶ所に身に着けてパワーを発揮

古今東西を問わず王族は宝石を好むものです。それは単に身を飾りたいという単純な気持ちからだけではありません。宝石が不思議な魔力を備えていることを経験的に知っているからです。生命の危険から守ってくれるとか、潜在能力を磨いてくれるとか、愛する人を引き寄せてくれるとかいうことを肌で感じているからです。宝石なら何でも良いのかというと、そうではありません。それぞれの石にはそれぞれの意味や役割があり、人と石との相性もあるからです。

通常、我々は「宝石」という言葉を使いますが、神秘学的には「聖石」の方がふさわしいようです。パワーストーンとしての役割から捉えると、高価とか安価とかは関係がないからです。それよりも重要なのは「どんな魔力を求めているのか」という点です。邪悪なものから身を守りたいのか、潜在的な素質や能力を引き出したいのか、究極の愛を引き寄せたいのか、その目的が重要なのです。聖石としての魔力を効果的に発揮するには身に着け方も重要で、身体の三ヶ所に身に着けるのがベストなのです。女性の場合には耳のイヤリングやピアス、首・胸のネックレスやペンダントやブローチ、腕・手指のブレスレットやファッションリングが一般的ですが、三ヶ所であれば髪飾りでも、臍ピアスでも、脚アンクレットでもＯＫです。

また似た効果を持つ聖石を組み合わせる方がパワーとして強くはなるのですが、同じ聖石を三ヶ所に着ける方がファッションとして受け入れやすいかもしれません。なお、数多くの石を手首に巻いている方がいますが、数の多さや宝石の大きさは関係がありません。

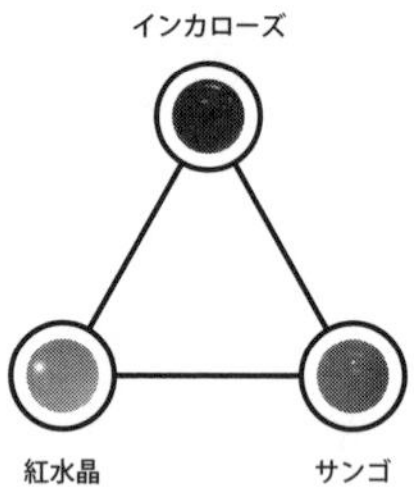

▲**運命の出逢い＆恋愛の成就**
インカローズ、サンゴ、紅水晶の組合せは、傷ついた過去を癒し、体内の情熱を目覚めさせ、予想外の所で運命を出逢いをもたらす。インカローズはリングかペンダントが良い。

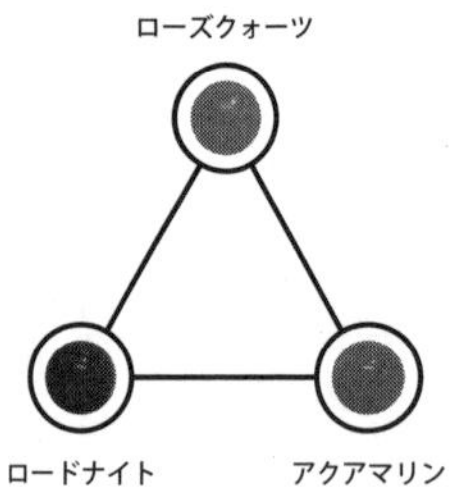

▲**美を引き出す＆若さを保つ**
ローズクォーツ、アクアマリン、ロードナイトの組合せは、眠っていた潜在能力を呼び覚まし、若々しい生命力や美しさの根源を引き出してくれる。聖石が目立たないほど効果的。

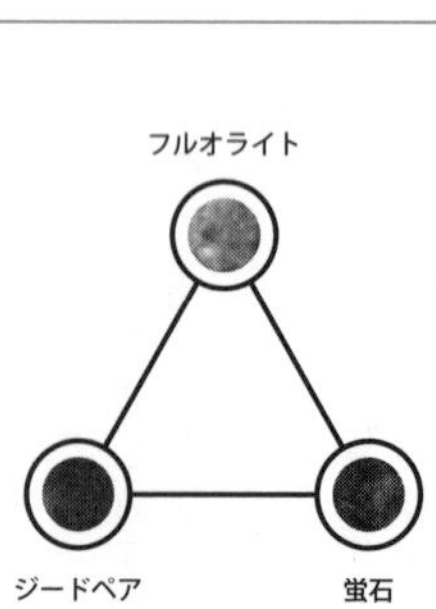

▲**予知能力を得る＆霊感が増す**
緑に輝くフルオライト、薄紫色の蛍石、不思議な輝きジードペアの組合せは、われわれをスピリチュアルな領域へといざない、神仏との関係を深める。信仰心が強い人ほど効果的。

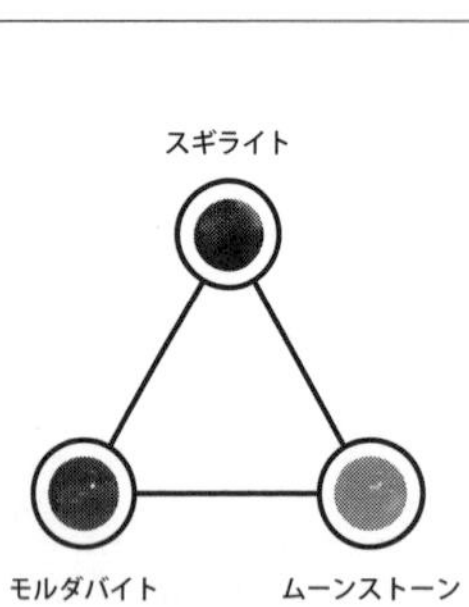

▲**愛の奇跡を呼ぶ＆心を強める**
日本で発見されたスギライト、チェコでのみ産出されるモルダバイト、旅人の石ともいわれるムーンストーンの組合せは、心を落ち着かせ、愛の出逢いや奇跡をもたらしてくれる。

▲ストレス消滅&心身が癒される

ハッとするほど美しいヒスイ、神秘的なエメラルド、爽やかな印象のペリドットの組合せは、傷ついた心身が癒され、日頃のストレスが軽減し、過去生で培われてきた潜在的な能力が開花して、思考力も増していく。

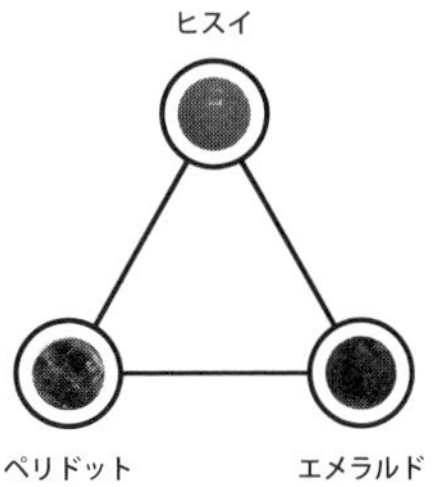

▲ストーカー撃退&邪念を払う

気品ある黒い輝きのオニキス、暗闇で光る黒曜石、外敵を寄せ付けず、怪しい雰囲気を醸し出すクジャク石の組合せは、しつこいストーカーから身を守り、古代の眠りから覚め呪術的な力を発揮し、不倫の愛を育んでいく。

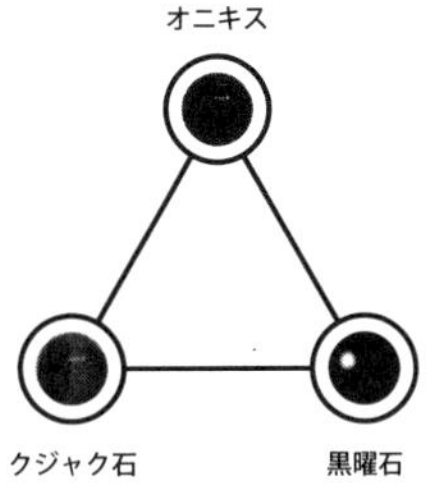

▲神に守護される&心が安らぐ

大人の輝きを放つブルーアパタイト、神が宿ると畏れられたラピスラズリ、心身のバランスを整えるのに有効な青瑪瑙の組合せは、信仰する神の御加護を受け、真実の愛の絆を繋ぎ、過去の苦しみ、トラウマから解放される。

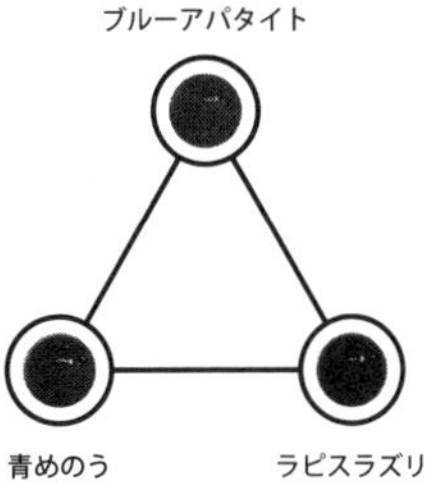

▲試験に受かる&知性が高まる

分析力の強化に効果的とされるブルートパーズ、あらゆる場面で判断力を高めるブルーレース、日常の中で無駄を省いてくれるアイオライトの組合せは、受験生の潜在的能力や記憶力や素質を最大限に発揮させる。

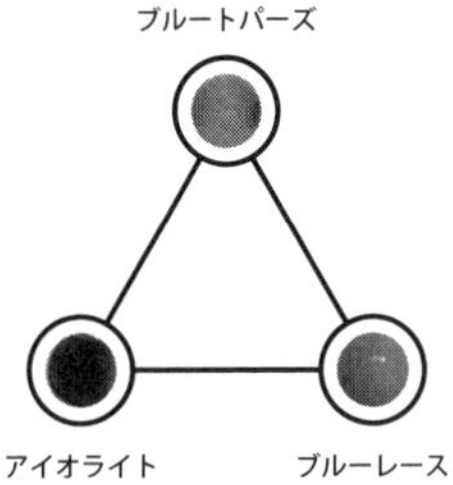

▲商才の発揮&金運財運を招く

野生の輝きを放つタイガーアイ、太古の眠りから目覚めた菊花石、生命力を秘めた琥珀の組合せは、潜在的な商才を呼び覚まし、財運を引き寄せ、ギャンブルやコンテストに勝つ。

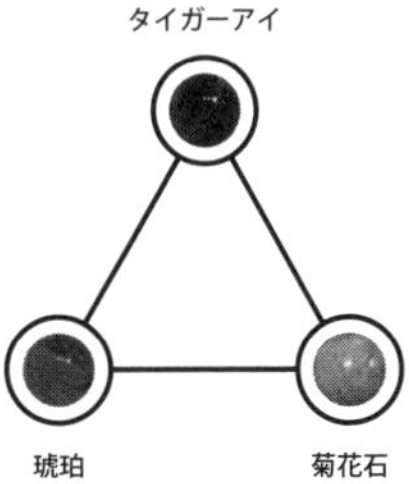

▲健康体となる&魂が浄化される

勇気と情熱をもたらす赤メノウ、人生の方向性を定めるアマゾナイト、浄化作用が強いトルマリンの組合せは、心身を健康に導き、心を穏やかに安定させ、日常を明るく変える。

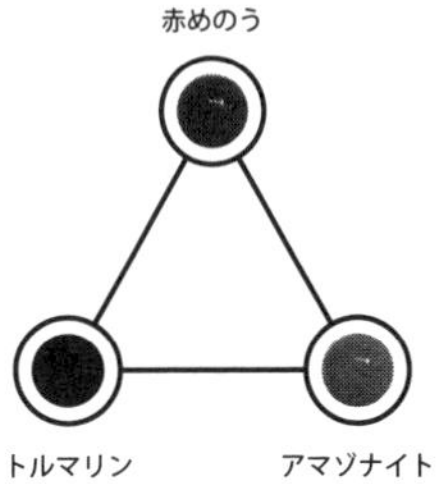

▲転職に成功&行動力が生まれる

新たな出逢いを導くアラゴナイト、行動力を促すレッドジャスパー、環境変化に強いラリマーの組合せは、転職時に用いると効果的。

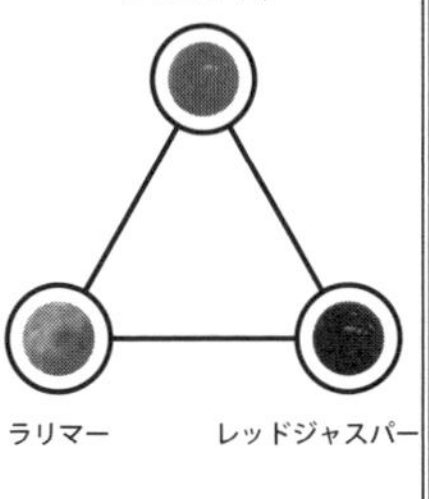

▲商取引に成功&判断力が強まる

正しい見通しをもたらすキャッツアイ、全てを解決に導くカルサイト、天空の眼差しホークアイの組合せは霊感を強め商取引に成功。

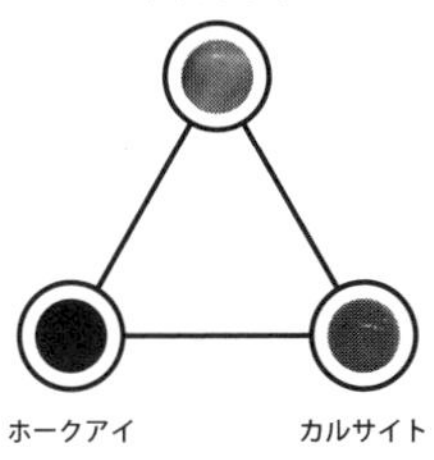

▲願望が叶う&才能が発揮される

金銭を引き寄せる針水晶、潜在能力を引き出すラブラドライト、頭脳をクリアにしてくれるアメジストの組合せは、金銭の獲得にも、恋愛成就にも効果的で、全ての願望を叶える。

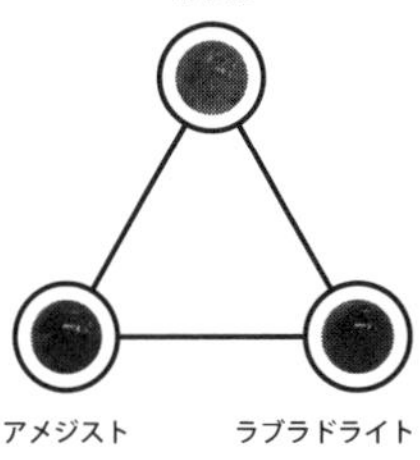

聖視オーラによる瞑想開運術

オーラが変わると運命が変わる

森林や草原の中で樹木や草花を見ていると、そこに個々の生命が放っている勢いのようなものを感じることがあります。植物は動物と違って、動くとか声を出すとかいうことはないのですが、それぞれから発せられる勢いの強弱は、不思議なほど感じ取ることが出来ます。花盛りの樹木は勢いがあり、枯れ果てた樹木は勢いが感じられません。この外部に向かって放出される〝生体エネルギー〟を「オーラ」と言います。人間の場合も同様で、誰もが命ある限り「オーラ」を放出しています。俗に「あの人はオーラがすごい」とか「芸能人としてのオーラが全開」など、日常会話の中にも登場してくるくらいです。もっとも、ここで扱う「オーラ」は、もう少し具体的に踏み込んだもので、実際に「形」として、或いは「色」として、判別が可能な「オーラ」を目的としています。古今東西において「オーラ」の存在自体は、何となく受け入れられてきました。神・仏を描いた画像・レリーフ・彫像の背後に備わっている光輪や後光は、実際にオーラを見た画家や彫刻家たちが付け加えた、と考えられています。20世紀初頭にはオーラを撮影できる「キルリアン写真」が開発され、その存在が世間的にも公認されるようになりました。けれども、科学的側面からの「オーラ」の研究は意外なほど進まず、未だ神秘学の〝片隅に追いやられたまま〟そこから脱却できていません。ただ〝生体エネルギー〟としての「オーラ」が、その時々で変化し、個々の健康状態や精神状態、さらには現在の運勢や環境からも影響を受け、変化し続けている存在であることは確実視されています。

そこで「オーラ」そのものの勢いを変えることが出来れば、健康や性質だけでなく、運勢それ自体も変えることが可能となるはずです。そのためにも、まずは「オーラ」に対して正しい知識を持たなければなりません。人体から放出されているオーラは、いくつかの層に分かれています。その一つは〝肉体に密接しているオーラ〟で、日本では俗に「幽体」と呼ばれてきたものです。肉体とほぼ一体化していますが、少しだけはみ出す感じにエネルギーを放出しています。二つめは〝肉体から10～15㎝はみ出しているオーラ〟で、一般に「内層オーラ」と呼ばれるものです。人によって、〝色〟や〝形〟に多少違いがあります。三つめは〝身体全体をぼうっと包み込むオーラ〟で、一般に「外層オーラ」と呼ばれるものです。この「外層オーラ」は、人によって大小や強弱の差が大きいものです。

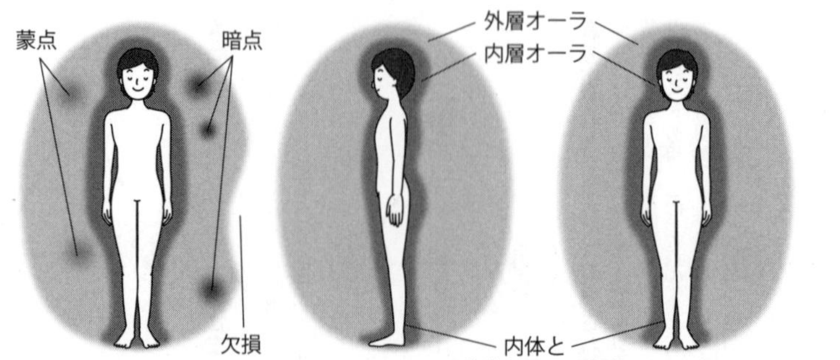

オーラの輝きが、スターとしての輝きを作る

どの時代にも「スター」として人気を博す人物はいます。俳優、歌手、アスリート、政治家、格闘家、アーティストなど、大衆の人気を一身に集める時代の寵児です。彼らは、優れた容姿や才能や強さで人気を得たのですが、それ以上に大衆を惹きつけたのは、実は「オーラ」なのです。ただオーラは見えないので、「何となく惹かれる」という〝スター性〟で人気を獲得することになるのです。この〝スターとしての輝き〟こそ、正に〝オーラの輝き〟に比例しているのです。その人物の「外層オーラ」が、大きく、強く、美しく輝いていれば、黙っていても大衆はそのオーラに引き寄せられ、賛美・思慕・応援・共鳴してくれるよう出来ているのです。実際、スターが舞台に立つとき、スポットライトが当たることで、よりオーラの輝きを倍増させる効果があります。多くの人は倍増されたオーラを本能的に認識し、そのオーラに吸い寄せられるようファンや応援団になるのです。そのような点からいえば、オーラは実際のところ〝視られている〟というより〝感じ取られている〟存在で、誰もが認識はしているのです。よく「あの人がいるだけで場が明るくなる」という表現を使いますが、実際にオーラでその場が明るくなっているのです。また「あの人はオーラがある」という表現も使われますが、これは「オーラが強い」、或いは「オーラが大きい」と表現すべきで、もちろん「外層オーラ」がそう感じさせているのです。外層オーラの強弱や大小は、本人の体調や運勢とも大きく関わり、世間的な注目度や人気度に比例しながら強弱や大小も変化していくものです。また宗教的イベント、思想的な集会、歌手のライブ、政治家の演説会、格闘技会場などでは、その場に集まった人達による〝オーラの一体化〟が無意識の内に行われ、黙っていても「オーラの絆」が培われるように出来ているのです。

人体が放出するオーラを視るコツと相手

「オーラ」は、私たち誰もが〝人体から放出しているエネルギー〟ですが、見ようと意識しすぎるとかえって見えません。どちらかというと無意識に「視えてしまった」というような印象の〝見え方〟が一番望ましいのです。それも〝視力で見た〟というのではなく、〝感覚的に見えた〟というふうな感じに捉えることが出来れば理想的です。日頃から感覚の鋭い人であれば、ふとしたはずみに〝見えてしまう〟のが「オーラ」だからです。例えば、運動会を行っている校庭で、結婚披露宴の会場で、昇進し初出勤の職場で、初産で出産した病室で、コンテストで入賞した会場でなど、一世一代の晴れ舞台とか、幸せの絶頂にある時、人は誰でも、〝オーラを人一倍大きく輝かせる〟ように出来ているからです。ウエディングドレス姿の新婦など普段と違って、大きく、強く、美しいオーラなので、見えやすいのです。もっとも、本人が幸福を感じていないとか、悦んでいないとか、活き活きとしていなければ、勢いのあるオーラとはなりません。基本的に「オーラ」は、生きるものだけが放出するエネルギーなので、生命力の弱っている人、持病で苦しんでいる人、寝たきり老人などは、力強く放出することが出来ないのです。時に暗蒙色などの〝汚い色合い〟のオーラが出ていることはあります。病気そのものではなくても、生きる気力の乏しい人も「外層オーラ」には力がなく、放出するエネルギー量が微弱なため、どんなに優れた素質や能力があっても世間に表出することが出来ません。持病などで問題を抱えている場合、疾患部位の近くに暗蒙の斑点とか、白蒙の斑点を形作ることもあります。また大きな事故とか、怪我とか、手術などが起こる場合、その付近に前もって赤蒙色が出ることもありますが、その部分だけが大きく凹むとか、欠けるとか、歪むという形で予告しているケースもあります。

外層オーラの形状による診断法

外層オーラの形状を分類することは、実際にはなかなか難しいことです。それは「外層オーラ」の外側の境界線が元々判然とはしていないからです。また、その時々によって変容しやすい「外層オーラ」は、その時の肉体的なコンディションとか、精神的な動揺状態とか、周りの環境・状況によっても、微妙に変化しやすいからです。肉体的にも精神的にも健康で、落ち着いた環境にあるときのオーラが、本来の「外層オーラ」であると言えます。したがって一時的な「外層オーラ」の形状だけで全てを決めつけないことが大切です。一般的に外層オーラの形状は「卵型」と「ロケット型」の二種類に分かれます。「ロケット型」は、時に〝ろうそくの炎のような形状〟となって、上方に拡散することもあります。また「外層オーラ」が他者のオーラと繋がることもあります。特に繋がりやすいのは「母親」と「乳児」で、包み込むような形状へと変化することもあります。外層オーラの形状は、人体を卵型に包み込むような感じで形成されるのが普通ですが、その一部が歪むとか、細るとか、凹むとか、欠けてしまうことは珍しくありません。逆に、一部分だけ膨れるとか、出っ張るとか、左右の大きさがアンバランスになることもあります。一部分だけが凹むとか、欠けてしまうのは、その部位に〝疾患が潜んでいる〟からで、胃腸に疾患があれば腹部の前面部、腰に疾患があれば臍下側面部、それぞれに凹みとか欠損が生じます。或いは、その部位付近に暗蒙色の斑点が浮かぶこともあります。また過去や現在の疾患部位が、そのまま暗蒙色となってオーラの一部を占領することがあります。暗蒙色部位は正常に〝機能していない〟ことが多いので、回復には時間を要するのが普通です。下半身が極端に薄れるオーラは、極端な冷え性や血行障害を表わしています。

通常の外層オーラは「卵型」に全身を包み込んでいる場合が多いのですが、その内部にあって「頭部を中心とした球形オーラ」と「腹部を中心とした球形オーラ」が個別に放出されるケースが見受けられます。これらのオーラは、通常は「外層オーラ」の内部に留まっていますが、稀には「外層オーラ」を突き抜けるような感じに目立った存在となることもあります。「外層オーラ」内における頭部のオーラと、腹部のオーラとが判然としていて、互いの球形がバランス良く配置されているのは、心身共に健康でエネルギーに溢れている人です。頭部の球形オーラが判然としていないのは、精神的な安定感に乏しく、外部からの刺激に脆いところが感じられます。腹部の球形オーラが判然としていないのは、肉体的に脆弱なところを持っていて、生活環境や周りからの影響を受けやすいようです。内臓が健康であればオーラの出現率が高まります。「外層オーラ」の上半身から頭部にかけて、狭く削ぎ落したように感じられるのは、精神面での悩みを抱えている時で、思考力そのものも減退しやすいことを表わしています。外層オーラの一部が尖って見えるとか、角張って感じられるのは、対人関係に問題が生じやすいオーラで、外部と衝突しやすいとか、外部との関係を遮断しがちなことを表わしています。本人の頭部に近い位置に〝暗蒙の斑点〟が出現するのは、俗に言う「霊障」が本人を悩ませ、生活に支障をもたらすことが多いものです。身体の左右で「外層オーラ」の形状がアンバランスとなるのは、精神的な病である分裂症や躁うつ病、人格障害の可能性もあります。また脳梗塞などに伴う半身不随のケースもあります。神経系統に支障ある場合には、外層オーラそのものがアメーバ状に分散することもあります。一般的には、外層オーラの右側は「現在の運勢」や「社会的な事柄」を反映しやすく、外層オーラの左側は「将来の運勢」や「個人的な事柄」を反映しやすいものです。左右のオーラに違いが見受けられる時は、心身のバランスが崩れている場合もあります。

外層オーラの色彩による診断法

オーラの色彩については、いくつかの重要な判断のポイントというものがあります。まず、知っておいて頂きたいのは、一色だけクッキリ出現することは稀で、多少なりとも混ざり合って表出しているケースが多いことです。また、同じ色彩でも鮮明さとか明るさとか雰囲気によって、好ましい面だけ具体化されるとか、悪い意味だけ表に出て来るケースもあります。

通常、放出する面積が大きい分「外層オーラ」が見えやすいのですが、色彩の安定感という点では「内層オーラ」の方が定着していて変わりにくい傾向を持っています。

オーラの色彩は、レッド系、オレンジ系、ピンク系、ブルー系、グリーン系、パープル系、イエロー系、ホワイト系に分けることが出来ます。実際はこれ以外にもいくつか存在しますが、「オーラ」そのものの色というよりも、オーラの吉凶を表わすための補色的な存在なので、ここには加えません。

レッド系のオーラには、赤暗色、鮮明な赤色、赤蒙色が含まれます。その内「赤暗色」は怒りや憎しみを抱えやすい人のオーラで、エネルギッシュですが事件や事故に巻き込まれやすいようです。「鮮明な赤色」は派手好きで自己顕示欲が強く、衝動買いに走りやすい人です。何らかの欲求不満を抱えています。「赤蒙色」は肉体的な病状、特に炎症や発熱を表わすケースが多いものです。

オレンジ系のオーラには、鮮明なオレンジ、不鮮明なオレンジが含まれます。健全な肉体に宿るオーラとして比較的出現率が高いものです。その内「鮮明なオレンジ」は物事すべてに意欲的であり、自信に満ち、野心の強い傾向を持っています。「不鮮明なオレンジ」は物事がスムーズに進まず、焦りや苛立ちが生じやすく、利己主義的な側面が出やすいものです。

ピンク系のオーラには、ローズピンク、ピーチピンクが含まれます。その内「ローズピンク」は俗に言う薔薇色ですが、愛情に満ちた性質で、純粋な恋愛をしている時、結婚間近の時に出現しやすいものです。「ピーチピンク」は白桃色ですが、慈しみの気持ちが強い人、周囲への配慮がある人に見受けられます。

ブルー系のオーラには、青白色、鮮明な青色、藍色が含まれます。総じて慎重な人が多いものです。その内「青白色」は霊的感受性の強い色で、何らかの心霊体験を持っているケースが多いものです。薄紫色に見えることもあります。「鮮明な青色」は道徳心と信仰心が強い色で、思慮深さを持っているのが特徴です。暗蒙色が混じらない「藍色」は洞察力と直観力に優れ、人生に対し自信を持っている人です。暗蒙色が混じると、自信が失われ悩みが多くなります。

グリーン系のオーラには、深緑色、緑蒙色、ブルーグリーンが含まれます。総じて心身の健康な人に出現しやすいものです。その内「深緑色」は精神的にも感情的にも安定している人で、対人関係全般に恵まれています。「緑蒙色」は運動不足からストレスが溜まっている人で、嫉妬深く、妬みやすい傾向が見受けられます。「ブルーグリーン」は自然に瞑想状態へと導かれる色で、周囲へのヒーリング効果を持っています。

パープル系のオーラには、ラベンダー色、赤紫色が含まれます。総じて神経過敏な人に出現しやすいものです。その内「ラベンダー色」は霊性が高く、鮮明であればあるほど信仰心が強く、高次元と繋がりやすいようです。「赤紫色」は過度の飲酒や喫煙で生ずることもあり、アレルギー体質に傾きやすいようです。

イエロー系のオーラには、レモン色、黄蒙色が含まれます。その内「レモン色」は完全主義者の理想家タイプで、ロマンチックな夢を描いて生活しやすい人です。「黄蒙色」は行動力を持っていますが慎重さに乏しく、仕事上でミスが生じやすいものです。

ホワイト系のオーラは「白光色」のみが存在していて、滅多に見受けられないオーラの色です。精神性の高い理想主義的な人生観を持つ人のオーラで、神・仏に通じ、霊的な守護を得ている人に出現することが多いものです。

クンダリーニによる瞑想開運術

心身を活性化し光り輝く人生を歩む

「クンダリーニ」による瞑想は、人間が本能的に持っている欲求をクリアにして〝光り輝く人生〟を歩んでいく方法です。「ありのままの自分として生きて行きたい」という自我欲求と、「自分にとっての理想郷を実現したい」という自己実現が、人間の本能的な欲求の最終テーマです。この二つを実現するためのプログラムが「クンダリーニ」による瞑想開運術なのです。瞑想を行うことで、ヨガで云う「チャクラ」（生命の発光座所）が活性化し、光り輝く人生を歩むことが可能になっていくのです。瞑想のための準備としては次のようなものが必要です。①は瞑想を行う場所で、心落ち着く静かな所、畳二畳分くらいのスペースが必要です。明る過ぎず、暗過ぎず、暑過ぎず、寒過ぎない所が理想です。②は瞑想を行う時間的余裕で、毎日同じ時間帯に続けるのが理想で、早朝とか、睡眠前とか、昼休み中とか、出来るだけ規則的に10～15分程度、継続できる時間が必要です。③は適度なカルシウムと緑黄野菜が補給できる食事で、神経を安定させ、血液を浄化するうえで望ましいのです。なお瞑想は満腹過ぎると眠くなり、空腹すぎると雑念が多くなるので、その辺も考慮することが必要です。④は軽い準備体操で、背骨にある自律神経が働かないと妄想に悩まされやすくなるので、背骨を柔軟にする軽い体操がベストです。⑤は瞑想の姿勢で、最初は椅子やソファに座ってでも良いのですが、本格的に取り組むためにはヨガや座禅のような背筋に安定感ある座り方で行うのがベストです。⑦は呼吸で、ゆっくりお腹から息を吐き出すところから始めます。

息は、基本的に腹式呼吸で口を閉じ、ゆっくりと鼻から体外へと吐き出し、ゆっくりと鼻から吸って、お腹へと戻していきます。これを自然に行えるよう練習します。

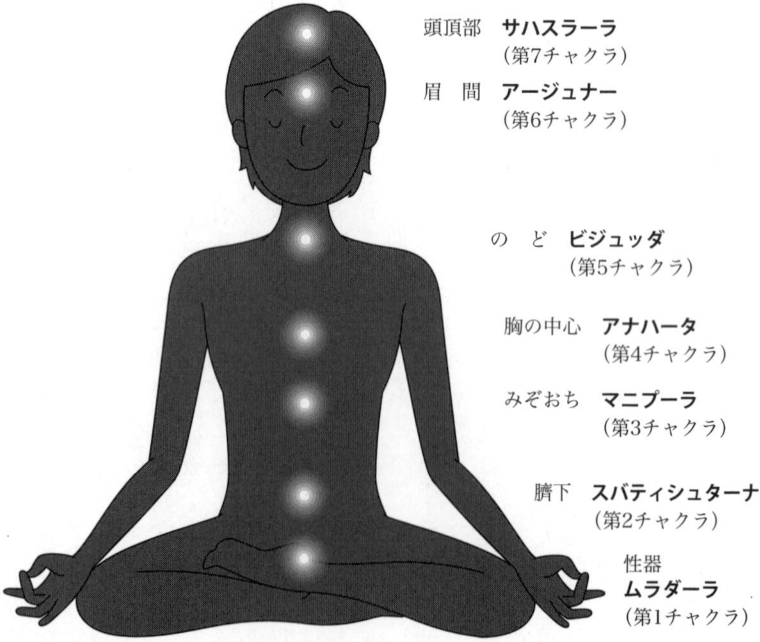

■瞑想への基本的なプロセス

①眼を閉じて行う瞑想は、最初のうちは真っ暗で何も見えないのが普通です。②そういう中で繰り返し続けていると、ぼんやり何かを感じ取れるようになります。③その何かを根気よく眺めていると、曇りガラスの向こうにあるような画像が見え始めます。④レンズの焦点が定まるよう徐々に画像が判然としてきます。⑤イメージ画像が鮮明となってリアルな感覚まで伝わるようになります。

■イメージを映像化する

①リラックスして眼を閉じ、正面に大きなスクリーンがあると想像します。そのスクリーンにイメージの映像が表れるのを待ちます。②映像は、眉間やや上部奥に位置している「第三の眼」（第6のチャクラ）で見るよう意識します。

■再現イメージによる練習

①実際には次のような「再現イメージ」からスタートします。②自分の好きな風景の写真を用意します。なるべく人物が写っていないA4～B5サイズの写真が最適です。③その風景を1～2分間、リラックスしたまま眺めます。④ゆっくり眼を閉じて、今眺めていた風景を正面のスクリーンに再現します。⑤最初は何となく映し出し徐々に鮮明な映像にしていきます。⑥眼を開き、再び1～2分間、実際の写真を眺めます。⑦それから同じように目を閉じ、正面のスクリーンに再現していきます。

※映像化する風景はあなた自身の心が落ち着き、癒されるようなものに限ります。本や雑誌の写真でも良いのですが、出来ればそのページだけ切り離し、他のことに神経が奪われないような状態で行うことが大切です。

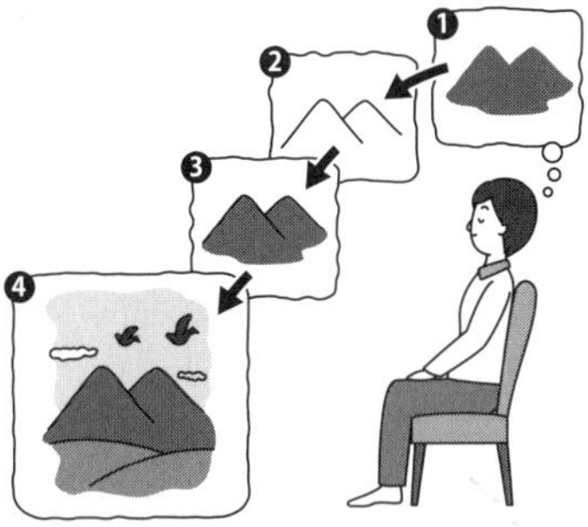

■色を優先する再現

❶リラックスして眼を閉じ、「再現イメージ」を展開しますが、特に「色」を意識して行うのが特徴です。❷まず何もない画面に「色」から着色していき、そこに風景の「形」を当てはめるよう映像化します。❸或る程度映像が完成していったら、そこに自分自身が加えたい風景を一部組み込んでいきます。❹実際の風景写真に存在しない「鳥が飛翔する姿」を映像化して取り込むなどします。

■肉体を心霊化する

①いよいよ本格瞑想のスタートです。背筋を伸ばし肩の力を抜き、ヨガや座禅のような姿勢を保ち、腹式呼吸をします。②眼を閉じ「第三の眼」を意識し、そこから前面の大きなスクリーンを見ます。③スクリーンに自分自身の身体を肉体としてではなく、半透明な心霊体として映し出します。④この時、肉体から心霊体だけがスクリーンへ投影されていく意識で行います。⑤その心霊体の映像を医師のように観察します。

■中心軸へのパイプ

①半透明の心霊体を「第三の眼」で5～10分ほど特別な感情を抱かず観察します。②映像が完全にスクリーンに定着したなら、天上から伸びて来た白光色に輝くパイプが、頭頂から一気に体内を貫き、臍下の「丹田」を通って、大地を突き抜け、地球中心へと突き刺さっていくのを意識します。③驚くべき速さで瞬時に身体の中を突きぬけますが、痛みはまったく感じず、逆にある種の高揚感に満たされます。④その様子を「第三の眼」によって、大きなスクリーンの中で、ビデオに撮った自分の映像を見るかのように観察します。

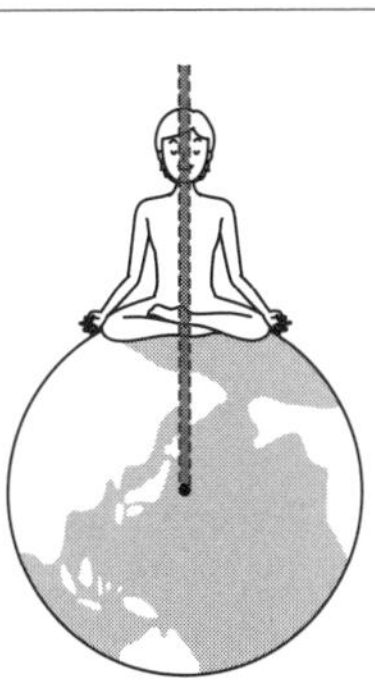

■丹田の活性化と「眼」の移動

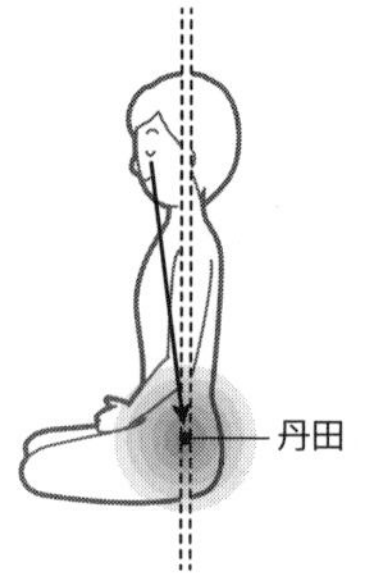

①安座し、白光色のパイプによる中心軸がイメージできたなら、それが通っている「丹田」に意識を向けます。「丹田」は臍下の奥に存在する〝エネルギーの集合点〟です。②その丹田に対して、最初は「大きな水晶球」のような存在として意識するとイメージしやすいと思われます。③徐々にその水晶球の中心へと意識を入り込ませていきます。入り込むほど〝熱く〟感じられます。④次に、スクリーンの心霊体にある「第三の眼」の位置を水平移動させ、中心軸のパイプ位置までずらします。⑤「第三の眼」の水平移動は、ゆっくり時間をかけて行います。一気に移動させてはいけません。⑥移動させたら、その心霊体をスクリーンから自分の肉体へと戻します。

■「魂の座」（アナハータ）の確認

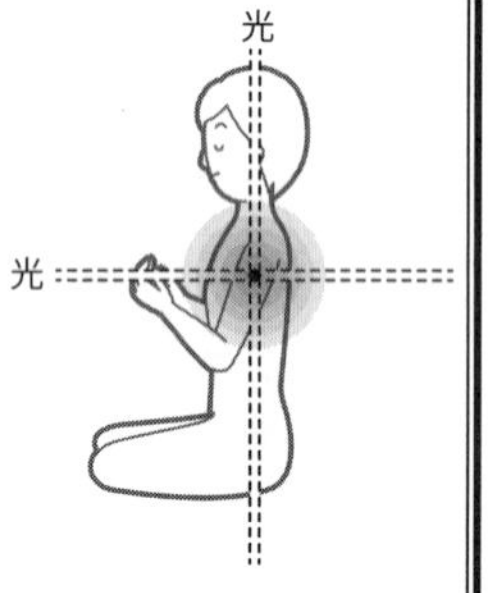

①安座し、白光色のパイプによる中心軸がイメージできたなら、それが通っている「胸の中心」奥の座所に意識を向けます。②次に両乳首の中間辺りにあるツボ「檀中」を軽く5分ほどマッサージし続けます。女性で乳房が下がり気味なら、「檀中」は少し上部に位置しています。③マッサージが終わったら、今度は両掌を重ねて、ツボの位置から少しだけ離して固定し、その両掌から白光体が出て来て、檀中から体内へと入り、背骨まで突き抜け、縦の中心軸のパイプと交差している様子を映像でイメージします。④光の中心軸の縦のパイプと、檀中から体内を通過した水平の白光体が交差する部分に「魂の座」（アナハータ）が存在していることを感じ取ります。

■天・地・人の座所の体得

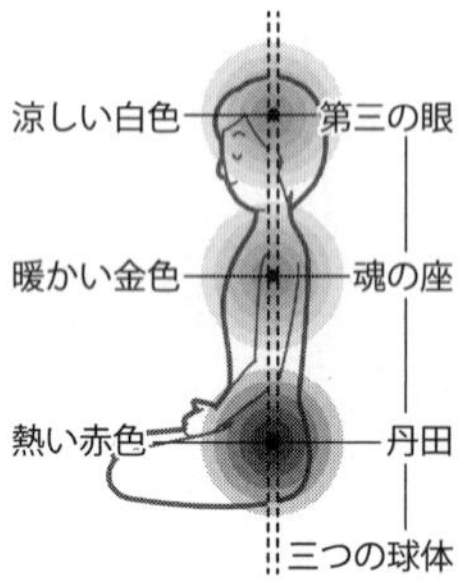

①これまで行ってきたことを繰り返し総合的に体得します。まず、中心軸としての白光体のパイプをイメージします。②人体における〝三つの重要な座所〟、「第三の眼」が位置する眉間上部から奥に進んで中心軸と一致した「天」、「丹田」が位置する臍下から奥に進んで中心軸に達する「地」、「檀中」が位置する両乳頭の中間から奥に進んで中心軸に達する「人」（魂の座）、三つの座所を確認します。③これらの座所それぞれに「チャクラとしての球体」が存在していることをスクリーンの映像で確かめます。④中心軸における「天」↓「人」↓「地」の間を、意識として移動していきます。⑤三つの部分それぞれに、「熱」と「色」が存在していることを感じ取ります。

■「第三の眼」で天上から眺める

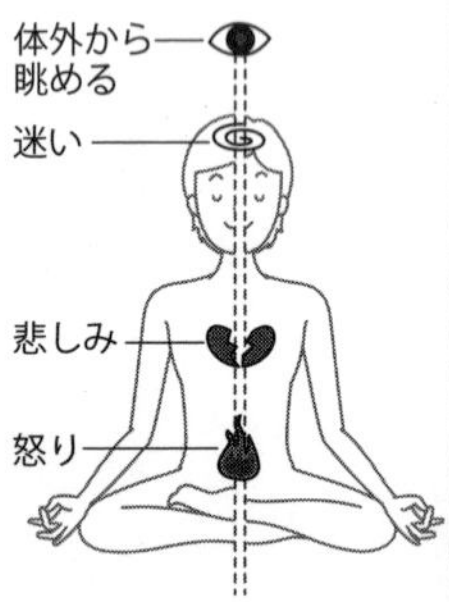

①これまでのような方法で中心軸のパイプがイメージできたなら、「天」の位置にある「第三の眼」に意識を向けます。②しばらくの間「第三の眼」に意識を集中したなら、その眼の位置を意識的に徐々に上昇させ、頭頂を突き抜けて、天上1m近くまで引き上げていきます。適度な位置まで来たら「第三の眼」をピタリと固定します。③天上に固定させた「第三の眼」を使って、体外から、自らの心霊体を客観的に眺めます。④心霊体の頭の中にある〝考え〟や〝迷い〟、心の中で抱いている〝不安〟や〝哀しみ〟、腹の中に収めている〝怒り〟や〝屈辱〟を、「第三の眼」を使って、手術中の医師が患者を見るような意識で、特別な感情を抱かずに眺め続けます。

■「第三の眼」で心の窓を開く

①これまでの過程を経て、中心軸へのパイプを通って「第三の眼」を徐々に下ろし、胸の奥に位置する「魂の座」に入り込み、一体化させます。②「魂の座」に留まって、心の中のさまざまな想いをしばらくの間眺め続けます。③次に「魂の座」に留まりながら、「第三の眼」を通して外界を見るため「心の窓」を開きます。イメージとしては、まず「心の窓」を設定し、「第三の眼」に意識を集中し、〝瞼を開くような〟感覚で「窓」を開いていくのです。④〝心の窓を開いた状態〟で外界を見ることで開放感が溢れ出し、もの皆すべてを受け入れる準備が整います。⑤開いた「心の窓」から、次々と「輝きに満ちた柔らかな光」が溢れだしてくるイメージを捉えます。

■「光」のコントロールを行う

①これまでの過程を通じて「魂の座」に、「第三の眼」を定着させます。②「心の窓」を開いて、そこから「光」が次々溢れ出て来るイメージを持ちます。③溢れ出てきた「光の波動」が全身を満たし、さらに外部まで広がっていきます。しばらくそれを継続します。④ある程度「光」が遠くにまで拡散したなら、そこで「光」の放出をストップさせ、今度はその「光」を身体近くにまで集合・縮小させていきます。全身が「濃厚な光のベール」に包み込まれるイメージです。⑤この全身を包み込む「光のベール」の放出・拡散と集合・縮小を意識的に繰り返して、ある程度まで自由自在に〝放出・拡散〟と〝集合・縮小〟とが出来るような映像世界を作り出します。

■自己実現の完成に近づく

①リラックスして安座し、腹式呼吸をした後、「丹田」に意識を集中します。その後、合掌を行いますが、この時、両掌をピッタリ重ね合わせること、肘を上げて、胸の手前に合掌が来ることが大切です。②これまでのように「魂の座」の位置まで「第三の眼」を下します。③天上から、金色に輝く「光の帯」が降り注いでくるイメージを持ちます。この「光の帯」は「中心軸のパイプ」とは異なり、幅広くてシャワーのように降り注いでくるものです。④まるで天上の円盤から照射されてでもいるように、全身を金色の帯がシャワーのように通り抜けていきます。⑤金色のシャワーを照射されることで、両掌が徐々にエネルギーを蓄え熱くなっていくのを待ちます。

■「光」十字形の達成

⑥上記の①〜⑤を経過して、「光」のエネルギーが両掌に溢れて来たなら、眼を閉じて安座したまま水平に両手を伸ばし、手指から「光り輝くエネルギー」を放出します。⑦胸の「魂の座」に溜まった金色のエネルギーも両腕を通じて放出されていきます。⑧天上から放射される「金色の光の帯」と、「魂の座」を経由した両腕から放射される「光の帯」で、十字形が形成されていきます。⑨やがて、それらは完全な「金色の十字形」となって〝世の中〟を照らし始める映像へと変わっていくのです。

天真坤元霊符による開運術

天真坤元十二符は十二支に対応し、それぞれ左記の二十八の霊応があるとされています。

無病長寿　増位増官　福徳長栄　子孫連綿
出陣勝利　売買利潤　疫病不犯　諸難不起
牛馬除病　養蚕倍盛　旅行無難　船中安穏
山中無害　毒虫不螫　悪犬退去　怪異消滅
食中除毒　災害不到　盗賊退散　五穀成熟
夫婦和合　居家安鎮　金銀積蔵　悪夢辟除
男女愛敬　諸芸得妙　諸運永久　所願皆達

自らの支より七つ目の支にあたる霊符（たとえば、子年生まれの人は馬形の霊符、丑年生まれの人は羊形の霊符）を書写して肌身離さず所持するか、壁や柱等の比較的高くて見やすい位置に貼り、時々見ることによって、先ほどの二十八の霊験ほか一切の願望が成就するといわれています。

和紙に墨で書写することが基本ですが、霊符の書写作法については『玄秘修法奥伝』（八幡書店刊）をご参照ください。和紙も八幡書店で販売していますので、お問い合わせ下さい。

子年生まれ（馬形霊符）

丑年生まれ（羊形霊符）

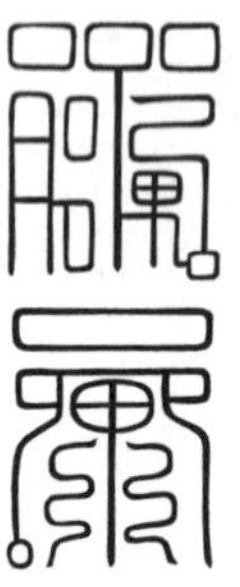

寅年生まれ（猴形霊符）

卯年生まれ（鶏形霊符）

辰年生まれ（狗形霊符）

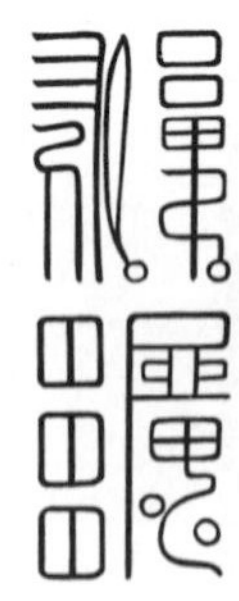

巳年生まれ（猪形霊符）

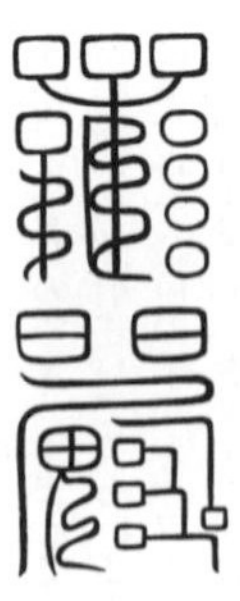

午年生まれ（鼠形霊符）

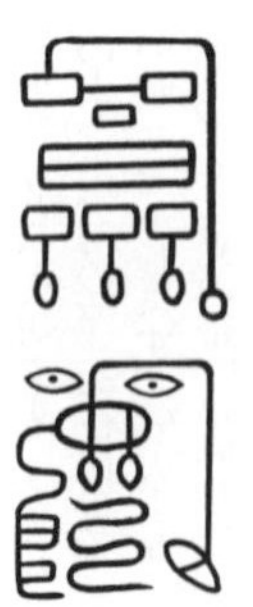

未年生まれ（牛形霊符）

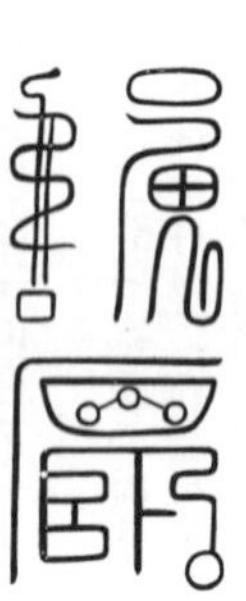

申年生まれ（虎形霊符）

酉年生まれ（兎形霊符）

戌年生まれ（龍形霊符）

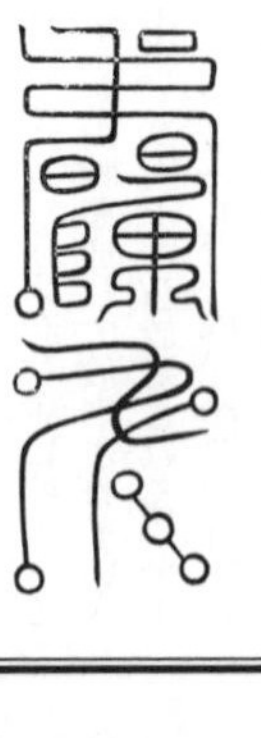

亥年生まれ（蛇形霊符）

運命学・精神世界 優良図書

発行：八幡書店　〒142-0051 東京都品川区平塚2-1-16 KKビル5F
TEL：03（3785）0881　FAX：03（3785）0882

書名	著者名	定価
高島周易講釈	高島嘉右衛門	四、八〇〇
易学字典	高島嘉右衛門他	三、八〇〇
易学速成講義録	大島中堂	一二、〇〇〇
周易埋物霊祟秘伝／易学霊祟咎障秘録	大島中堂	三、八〇〇
易学千里眼／新井白蛾秘伝集	大島中堂	二、八〇〇
米株易占／相場正夢考	九鬼盛隆	六、八〇〇
周易物語／易学童問	長井金風	二、八〇〇
周易純束義 上下巻	長井金風	五、六〇〇
周易秘説	長井金風	三、八〇〇
易之極意	柄澤照覚	二、八〇〇
契機大占貨殖伝	柄澤照覚	二、八〇〇
五行易指南	桜田虎門	五、八〇〇
梅花心易即座考	羽化仙人	二、八〇〇
南北相法秘伝書	水野南北	四、八〇〇
評注 神相全編稿本	谷村春樹	三、四〇〇
観相学の実地応用 奥秘伝全集	中司哲巌	四、八〇〇
五嶽先生 相法類編	五嶽道人	二、八〇〇
密教占星法	森田龍僊	一八、〇〇〇
宿曜経占真伝	若原敬経	一五、〇〇〇
八門遁甲秘伝	柄澤照覚	五、八〇〇
地理山水風水秘録	西岡玉全	一〇、〇〇〇
地相家相方位吉凶	多田鳴鳳	三、八〇〇
地相家相大全	小林白龍子	四、〇〇〇
布斗麻邇秘伝	横山孫次郎他	三、八〇〇
亀卜判断法	辻陳雄	三、八〇〇
宇良奈比真傳	佐野経彦	六、八〇〇
仏家九星秘伝	白日孔	六、八〇〇

書名	著者名	定価
玄秘修法奥伝	大宮司朗	一二、〇〇〇
太古真法玄義 第二版	大宮司朗	一五、〇〇〇
玄想法秘儀	大宮司朗	一二、〇〇〇
神法道術秘伝	大宮司朗	一二、〇〇〇
言霊玄修秘伝	大宮司朗	一二、〇〇〇
神仙養生法	大宮司朗	七、八〇〇
十種神宝秘玄（DVD）	大宮司朗監修	六、八〇〇
太古真法神符秘伝（DVD）	大宮司朗監修	六、八〇〇
鎮魂法極意	大宮司朗編	一二、〇〇〇
古神道祝詞集	大宮司朗	三、八〇〇
霊符秘密集傳	藤崎孝教	一三、〇〇〇
新装版 霊界物語 全14輯	出口王仁三郎	五三、二〇〇
霊界物語ガイドブック	木庭次守編	三、八〇〇
増補 三鏡	出口王仁三郎	二、八〇〇
新月の光 上下巻	木庭次守編	五、六〇〇
増補 スサノオと出口王仁三郎	出口和明	二、四〇〇
友清歓真選集 第一～三巻	友清歓真	各一〇、〇〇〇
大石凝霊学全集 全3巻	大石凝真素美	三六、〇〇〇
神道秘密集伝	宮永雄太郎	一三、八〇〇
霊魂観	川面凡児	一五、〇〇〇
霊能開発法	松原皎月	三、二〇〇
神仏秘法大全	柄澤照覚	四、八〇〇
稲荷大神霊験記／夢判断実験書	柄澤照覚	二、八〇〇
透視霊能秘法書	石崎輝峯	二、八〇〇
霊明法講授秘録	木原鬼仏	三、二〇〇
太霊道及霊子術講授録 上下巻	田中守平	七、六〇〇
交霊祈祷術	西村大観	二、八〇〇

書名	著者名	定価
加持祈祷奥伝	小野清秀	三、八〇〇
不動尊霊験祈祷法	小野清秀	三、五〇〇
神仏霊妙開運大秘書	陽新堂主人	三、〇〇〇
大祓に秘められたる純粋日本学講義	武智時三郎	三、八〇〇
大祓講話	水谷清	三、二〇〇
天津祝詞考／天都詔詞太詔詞考	平田篤胤他	三、四〇〇
言霊秘書	山口志道	一八、〇〇〇
言霊信仰	豊田国夫	一二、〇〇〇
言霊研究入門	小寺小次郎	一二、三〇〇
異境備忘録／幽界物語	宮地水位他	一二、〇〇〇
宮地神仙道玄義	清水宗徳	一三、〇〇〇
幽真界神字集纂	大宮司朗編	一二、〇〇〇
天津金木学綱要	水谷清	一〇、〇〇〇
天津菅曾学・天津祝詞学綱要	水谷清	一〇、〇〇〇
神職宝鑑	半井真澄編	六、八〇〇
霊観	三田光一	二、八〇〇
古神道と古流武術	大宮司朗他	一、七四八
古神道とお伽噺	大宮司朗	一、六〇〇
江間式心身鍛練法講義 上下巻	江間俊一	五、六〇〇
煉丹修養法	伊藤光遠	四、三〇〇
真言秘密大全	平原貞治	一五、〇〇〇
秘妙五段祈祷法	白日孔	一二、〇〇〇
密教秘印大鑑	白日孔	七、八〇〇
誰でも実践できる大黒天神法	白日孔	二、八〇〇
虚空蔵菩薩求聞持法	白日孔	二、八〇〇
真言秘密の魔力	木原鬼仏	四、八〇〇
オーラを磨く宇宙の法則	川合絵津子	一、五〇〇

※定価はすべて税抜価格です。

運命学・精神世界 優良図書（グッズ）

発行：八幡書店
TEL：03（3785）0881

神相全編正義
A5判　上製　クロス装幀　函入

陳希夷＝原著　石龍子法眼＝編訳

本体7,800円＋税

『神相全編』は、宋の時代の仙人・陳希夷が著した人相の秘伝書。この書なくしては、観相学は世に存在しなかったと評される原典中の原典である。当初漢文であったものを、文化二年に石龍子法眼が、返り点、送り仮名を付し注記を加え木版で上梓したのが『神相全編正義』である。これを新たに読み下し文として新組刊行した。

氣学密義
収録　氣学入門・九氣密意　九氣建築学・大氣薬用必携

田中胎東＝著　本体15,000円＋税　A5判　上製　クロス装幀　函入

氣学研究における泰斗・田中胎東の重要秘書四書を集録。通常の占術では、生まれた時の星回りによって運命や性格が定められ、それを自らの力で変えていくことは難しいとされる。田中胎東の「氣学」では、吉方位の祐氣を用いることによって、運気を向上し、商売繁盛や人間関係の円滑化、病気治癒等に結びつけることができるのである。

増補 高島易断 上下巻
A5判　上製　クロス装幀　函入

高島嘉右衛門＝著　本体36,000円＋税

本書『高島易断』は、易経の心読と幾多の易書研究、そして多年の実占体験の中から、易占の哲理と蘊奥を究められた高島嘉右衛門翁畢生の一大著述にしてまさに易学の神典とも称すべきものであり、至誠通神の境地における占筮の妙を示して余すところがない。当初、明治27年に和綴本12冊として刊行されたが、本書は、明治39年の増補決定版を底本として、上下巻で復刻した。

鬼谷古法 断易精蘊
A5判　上製　クロス装幀　函入

九鬼盛隆＝著　本体18,000円＋税

断易は五行易とも称し、支那上代の鬼谷子が創始したと伝えられ、周易の卦に干支を配し、占った時点の干支と照合、五行の相生相剋により吉凶を占断する。断易は易のなかでは異端とされる一方、古来、易占の名人は密かに断易を密用していたとされる。しかし、中国でも断易、五行易というと偽書、偽説が多く、信頼できる参考書は本書しかないのは、広く関係者の知るところである。

神易護符カード
大宮司朗＝監修

本体4,800円＋税　函入

本カード64枚には、神易六十四卦の意味、その卦を得た場合の心掛け、行動の指針を記し、加えてその卦に対応する霊符を配している。出たカードの啓示にしたがって行動するのはもちろん、そのカードを所持することによって、霊符の効能もあいまって、凶運を吉運に、吉運を大吉運に変化させることができる、古今絶無の最強護符カードである。**特別付録：厄除護符カード＋カードケース**

監修者略歴

波木星龍（なみき　せいりゅう）

北海道・室蘭市生まれ。札幌市在住。
占術研究家。手相家。占星家。古代文明研究家。
「正統占い教室」主宰。
東西の占術書を読破し、その該博な知識と、プロの占術家として培ってきた豊富なデータベースをもとに、各種占術に「波木流」の新たな地平を生み出してきた風雲児。
著書に右記の八幡書店刊行書の他、『占星学秘密教本』『心易占い開運秘法』『波木流風水・幸運の法則』『古代エジプト守護神占星術』など。スマホ・携帯用新コンテンツ「古代エジプト予言秘術」がスタート。

執筆協力

鮫島礼子（さめじま　れいこ）

OL、ヨガ講師、整体師などを経て、現在は占い師＆小説家。携帯電話・スマホの占いサイ「北国の巫女（トゥスクル）」などを監修。
『ルーンが囁く愛のカ・タ・チ』『愛
ん占い』『超セクシー恋愛占い』
ット秘占術』他多数。

波木星龍著作

四柱推命の謎と真実
本体2,800円＋税　A5判　上製

通常の推命学書とは異なり、多数の史料を駆使してその根本原理から徹底的に見直し、一般に普及している「四柱推命」と呼ばれる占いが、本当はどのような組み立てを持ち、どこまで信じられるものなのか、謎や真実を提起しながら考えていく。四柱推命を学んできた人にとっても初めて知るような知識も満載で、新たな角度からの解説をほどこしている。

江戸JAPAN極秘手相術
本体1,800円＋税　四六判　並製

日本の手相術は、大正時代以降に輸入された西洋式手相術が席巻しており、中国式・和式手相術は完全に隅に追いやられているのが現状である。なぜ和式手相術は廃れてしまったのかと問うことから始まり、中村文聰「気血色判断法」ほか、「吸気十体の秘伝」「求占察知の法」等、和式手相術の真髄を開示し、占断実例を挙げながら解説していく。図解満載で、初心者からプロまで活用できる。

実際手相鑑定密義
本書は、著者自らの手書き本の復刻になります

本体4,800円＋税　A5判　並製

有名、無名を問わず多数の人物の手相をとりあげ、実際の人生軌跡に反映されているかを検証し、手相占いの通説への疑問や反証を展開、さらに著者独自の観方や判断法を判りやすく興味深く解説した、実占手相の集大成ともいえる書。精密図解は実に280点余。